# "非遗"保护与文化认同

蒋明智 主编

中山大学出版社

·广州·

版权所有　翻印必究

**图书在版编目（CIP）数据**

"非遗"保护与文化认同/蒋明智主编．—广州：中山大学出版社，2021.12
　　ISBN 978-7-306-07355-6

Ⅰ.①非… Ⅱ.①蒋… Ⅲ.①非物质文化遗产—保护—研究—中国　Ⅳ.①G122

中国版本图书馆 CIP 数据核字（2021）第 249721 号

"Feiyi" Baohu Yu Wenhua Rentong

| 出 版 人：王天琪
| 策划编辑：嵇春霞
| 责任编辑：刘学谦
| 封面设计：曾　斌
| 责任校对：周昌华
| 责任技编：靳晓虹
| 出版发行：中山大学出版社
| 电　　话：编辑部 020-84110283，84113349，84111997，84110779，84110776
　　　　　　发行部 020-84111998，84111981，84111160
| 地　　址：广州市新港西路 135 号
| 邮　　编：510275　　传　真：020-84036565
| 网　　址：http://www.zsup.com.cn　　E-mail：zdcbs@mail.sysu.edu.cn
| 印 刷 者：广东虎彩云印刷有限公司
| 规　　格：787mm×1092mm　1/16　21.5 印张　363 千字
| 版次印次：2021 年 12 月第 1 版　2021 年 12 月第 1 次印刷
| 定　　价：68.00 元

如发现本书因印装质量影响阅读，请与出版社发行部联系调换

感谢教育部基地重大项目"非物质文化遗产保护与粤港澳文化认同研究"(批准号:16JJDGA007)的经费支持!

# 前　言

2019年2月18日，中共中央、国务院颁布《粤港澳大湾区发展规划纲要》，其战略定位是把粤港澳大湾区建设成世界级城市群和世界第四大湾区，并增强大湾区文化软实力，进一步提升居民文化素养与社会文明程度，共同塑造和丰富湾区人文精神内涵。

香港、澳门和广东省在历史上虽同源共生，但由于历史的原因，香港和澳门在社会、经济和文化制度上与广东省迥然而异，后来虽然回归了，但这种差异仍然存在；在特殊时期，它甚至导致了文化认同的危机。香港的"港独"闹剧、"占中"事件和暴徒乱港，就是这种危机的突出表现。文化认同的危机势必在某种程度上导致民族凝聚力的离散，严重的甚至会导致政治合法性的危机，造成社会动荡和经济衰退。

2019年11月16-17日，"非遗保护与文化认同"学术研讨会在中山大学召开，本次会议通过对粤港澳非物质文化遗产保护和文化认同的理论和个案研讨，旨在深入挖掘非物质文化遗产所蕴含的凝聚力量，这种文化认同不只在于维系社区、族群和民族之间的情感联系和实现精神凝聚，它的最高意义更在于国家认同——维护国家的主权、统一、稳定和团结。这在当前有着特别突出的意义。

非物质文化遗产保护和传承是文化认同的有效路径和方式。与会专家和学者们认为，非物质文化遗产保护和文化认同是粤港澳大湾区文化建设、文化关联和文化认同的重要学术行动，对粤港澳大湾区非物质文化遗产保护与文化认同的探讨，既是学术探索也是时代的使命。粤港澳大湾区的建设，除了经济建设，文化建设对经济发展的支撑功能和作用是不可或缺的。文化建设是消除分歧、沟通人心的手段，对粤港澳大湾区一体化建设具有重要的作用和影响。与会专家和学者表示，此次会议表明民俗学学科在未来的国家建设、文化建设、国家战略发展过程中不可小觑。同时，通过粤港澳大湾区文化建设经验和智慧的参考，对长三角一体化、京津冀、渤海湾湾区三个未来国家战略发展区域的文化建设和发展，也有一定的启示和参考。

# 目　录

## 上编　理论研究

湾区的文化认同与人物叙事 …………………………………… 田兆元 2
社区认同与非物质文化遗产本真性 …………………………… 黄　涛 7
"中国民间文化艺术之乡"建设的发展与规范 ………………… 向柏松 18
地方性知识与非遗的生态性保护
　　——基于广东顺德勒流街道龙舟文化的考察 ……………… 陈恩维 33
"非遗"保护与区域文化认同的建构 ………………… 季中扬　高鹏程 51
湾区文学与人文湾区片谈 ……………………………………… 于爱成 61
略谈宗教在粤港澳大湾区文化认同中的作用 ………………… 陈延超 65
可持续发展视角下的非物质文化遗产
　　——以莞香制作技艺为例 …………………………………… 胡小宇 72
非物质文化遗产与流行文化语境 ……………………………… 柳逢霖 85

## 中编　戏曲、演艺和竞技研究

从粤剧剧目发展史的遗留问题看林榆剧作的"示范"意义 … 董上德 106
民国粤剧戏班价银的约定与收取
　　——以中国香港、日本藏粤剧戏班经营文书为中心 ……… 陈志勇 120
机遇与挑战：粉丝文化背景下的相声艺术
　　——以德云社相声为例 ……………………………………… 游红霞 140
粤港澳共建"功夫影视重镇"的文化认同格局 ……………… 姚朝文 153
广州地区特色餐饮业"佐餐演艺"的文化传承与认同研究 … 邵一飞 161
粤港澳传统醒狮调查研究与数字化保护 ……………………… 谢中元 172
粤港澳大湾区传统武术保护现状及前景价值探讨 …………… 朱炳帆 186

## 下编　个案研究

试论中华民族妈祖信仰中的文化认同 ………………………… 王宪昭 198

香港黄大仙信仰的认同价值 ·················· 蒋明智 214
粤桂"大龙母文化"产业的整合和开发研究 ·········· 邓玉莲 225
从祭社到"起平安"
　　——传统民间信仰的现代变迁与重构 ············ 关溪莹 236
肇庆高要春社田野调查报告 ···················· 梁娟美 252
粤港澳金花夫人的传说与信仰 ·················· 曾钶锜 273
珠三角回娘家习俗的变迁
　　——以东莞市石碣镇刘屋新村为例 ············ 钟慧娴 286
乞巧节创新性发展过程中的地方差异 ·············· 李明洁 292
粤港澳"自梳女"文化资源的当代应用 ············· 樊　盾 301
东山村的人神共同体
　　——关于东山妈祖文化的深描 ················ 曾镜明 308
粤港澳大湾区文化研究态势及知识图谱分析
　　——以733篇中国知网论文为例 ··············· 王　京 313
民俗学如何挑起时代的重担?
　　——"非遗保护与文化认同"学术研讨会综述
　　·························· 梁娟美　曾钶锜 325
后　记 ······························ 蒋明智 336

# 上编 理论研究

# 湾区的文化认同与人物叙事

## 田兆元[*]

环渤海经济圈、粤港澳大湾区、长三角一体化这几项重大的国家战略大计，都在强调经济合作规划与分工，对这种"圈""湾""角"的文化认同问题，该如何选择，事实上是关乎这种共同体成败的大问题。虽然这些拟建共同体都是一个国家内的行政区，但是由于过去的行政分割、经济核算与利益分配差异及文化风俗不同，价值观念和利益立场一时难以达成共识，尤其是以何种文化为主导，成为难以决断的问题。

以长三角一体化国家战略之文化一体化战略看，是颇费周折的，长三角的文化认同问题可能是其他"圈""湾"的共同问题，也许是特殊问题。但无论如何，长三角的问题，也是值得关注的、值得借鉴的。

## 一、"圈""湾""角"文化以何种文化为主调

长三角原是以江浙沪地区 15 城为主体，现有安徽部分城市加入。长三角到底有多大，可能还是一个不断发展的问题，但是江浙沪皖是主体。放在 30 年前，说由上海文化主导是没有问题的。但是，江苏人公开撰文说，江苏 9 万亿 GDP（国内生产总值），3 倍于上海，应该以江苏文化为主。浙江人说，浙江文化博大精深，与良渚文化都是中国文化的源头。上海人自然也以为自己是老大。安徽人似乎没有求主导长三角文化的想法，"搭车"就行吧。如果是这样，谈何一体化呢？其实还是各自为政在争自我利益。

环渤海大约北京文化可以主导，但也不好说。

粤港澳似乎与长三角存在相同的问题，但是也有简单的处理方式。

这里有一个前提问题，"圈""湾""角"要不要建立共同的文化认

---

[*] 田兆元，华东师范大学社会发展学院教授、博士生导师。

同？如果没有文化认同，经济一体化是不是可以建立起来？这里的文化认同没有应该还是不应该的问题，但有认同的"圈""湾""角"应该优于没有认同的"圈""湾""角"。所谓的一体化，有文化的认同，才会是完整意义上的一体化。而以既有文化主导之，是行不通的。在长三角，上海文化主导不了，江苏文化更是主导不了，难道我们要建立一个文化互不相容的经济圈吗？这样的经济圈可行吗？"圈""湾""角"一定需要对文化认同问题有原则、态度和方针。在粤港澳，广东文化似乎也很难被香港文化接受，至少现在还是，而澳门文化体量较小，但是，广东文化能够接受香港文化吗？

我们很高兴地看到，《广东省推进"粤港澳大湾区文化圈"建设三年行动计划（2019—2021）》出台了，落实国家关于"共建人文湾区"的部署，提出实施"粤港澳大湾区文化圈"建设重点工程、湾区人文精神"同心圆"工程等，以岭南文化为纽带，促进粤港澳大湾区传承发展中华优秀传统文化，全方位开展文化交流合作。在粤港澳，其文化还存在着深化"一国两制"的问题。在这个计划里，我们清晰地读出一个主题：岭南文化！这就是地域文化传统。另外一个重要的主题是交流合作。一种超越三地的文化，又与三地的文化具有根性意义：这就是岭南地域文化。所以，既然是特定的地域，就应该以具有悠久传统的地域文化为纽带，粤港澳大湾区的文化原则就这样定了。

在粤港澳大湾区，广东文化的主导性其实在计划中就体现出来了。这个计划是广东做出来的，这当然应该由广东文化主导，因为广东文化是岭南文化的主体，港澳也是，但是无论是经济体量，还是现实影响力，广东拥有话语权。所以粤港澳看起来成分复杂，但是操作起来反倒容易，特别是原则，是较好确定的。

在长三角，这个问题就复杂很多。首先，谁来编撰这个计划？是上海，是江苏，还是浙江、安徽？估计没有哪一省市制定得了，但是各省市都没有等着。去年，上海率先提出了"江南文化"的概念。上海本来要以海派文化、红色文化和江南文化作为自己文化建设的三股绳。现在江南文化正好用于长三角文化的交流和认同。于是，长三角地区的江南文化研究院竞相建立起来。在这种竞争的背后，当然既有学校和机构的文化竞争，也有地方的文化作为与竞争。如上海松江区率先与华东师范大学建立江南文化研究院，其动机也是要在长三角文化一体化的过程中，争得

先机。

还是地域文化最具感召力。江南文化既是一个地域概念，又是一个富有诗情画意、雅致的文化概念，所以各方都乐意接受。江南文化是一种主调，也是一条纽带，未来无论谁来主导长三角一体化事业，江南文化这张牌，估计是无论如何都不会丢弃的。

长三角也有合作行动，这就是长三角区域合作办公室。2018年发布了《长三角地区一体化发展三年行动计划（2018—2020）》，覆盖了交通、能源、科创、产业、信息化、信用、环保、公共服务、商务金融等12个合作专题，并没有涉及文化，没有关于"文化一体化"的概念。当然，这个行动计划还是在长三角一体化国家战略被提出之前被提出的，这让人觉得长三角的文化未来是需要进一步讨论的。

按照2018年这一行动计划，是希望上海担当区域经济龙头。但是这个连一项世界文化遗产都没有的城市，担得起长三角文化一体化的担子吗？

北方的那个"圈""湾"，是使用北京文化为纽带，还是渤海湾文化为纽带，我们正拭目以待。

## 二、"圈""湾""角"人物叙事问题

既然大家找到一个地域名称来命名其"圈""湾""角"文化，总得找出具体的文化代表来构建认同。当然，这个对象可能不止一个，但是一个文化谱系的构建是必需的。在这个谱系中，历史上该地域的代表人物的叙事，应该是这个地域文化的核心问题。因为文化需要代表。

在粤港澳，伏波将军、冼夫人都是重要的地域英雄人物，更是国家英雄，而龙母、黄大仙则是重要的信仰目标，不可亵渎。

长三角也有很多人物可选，但是这些人物和信仰远不如在粤港澳那样活跃、那样浓烈。如春申君，在安徽、江苏、浙江和上海都有信仰，都有其叙事。在很多地方都是城隍，如苏州、湖州，在上海还是城市代表。但是令人有些淡淡的感觉，所以有很大的开拓、重构的空间。

而伍子胥对于江南更为重要。伍子胥老家在湖北，因为伍家被害逃到吴国，路过安徽昭关，一夜白头，所以安徽多有其故事。而苏州，因为伍子胥建立苏州城有功，为苏州人所怀想。江浙纵横的水系，传说为伍子胥

所开掘,这些河流至今流淌,成为世界上最为古老的运河之遗存者。如江苏胥河、浙江伍子塘、西塘(胥塘)、上海胥浦塘等。伍子胥对于江南人来说真的很重要。汉简有"伍子胥天下之圣人也"之叹,而汉代伍子胥铜镜上有"忠臣伍子胥"的叙事。但是,就像春申君一样,这些关于伍子胥的叙事都是散乱的,没有形成谱系,也没有集中在一起,很难形成共同的文化认同。而这种本来就有的叙事,正是文化一体化的重要基础。

中国的人物叙事有两种形式:一种是谱系性的,这种人物叙事形成了景观叙事与仪式叙事形态,形成了信仰。层次性呈现,谱系性呈现,妈祖较为典型,所以联系紧密;另一种是同一个人物叙事,相关信仰也不少,但他们之间没有关系,相互不联系、不合作,这种叙事各自表述。这种孤立的叙事和信仰,有其复杂的原因。虽然这两种叙事都是可以存在的,但是我们觉得形成谱系的、具有联系性的叙事会有更大的力量。

我们觉得,一个地域的具有认同感的历史人物和神话人物,相互之间形成关联,对于"圈""湾""角"的文化认同是有价值的。谱系性构建是一种文化的实践,也有其规律可循。

长三角地区的历史与传说人物有一个再造的任务摆在面前。跨地域的文化整理、跨地域的联系性传承,对于传说叙事的传承具有独特的意义。当然,也要防止过度同质化倾向。但是,如果客观看待同质化问题的话,就会发现,同质化是文化认同呈现的结果。所以我们要对同质化进行科学的分析。同质化不一定是不好的,关键是文化的丰富性呈现,需要有多样性的选择。

对于"圈""湾""角"的人物叙事再造,从语言口头叙事、仪式行为叙事和景观图像叙事三者结合出发,就会形成立体的历史传说人物形象。

我们认为,"圈""湾""角"这样的共同体,确实需要一种文化纽带、文化主调来建立对共同体的认同。这个纽带以传统的地域文化为核心,整体上是不错的。

历史传说人物作为地域文化的核心内涵,打破区域之限、突破地域之限,进行调查、整合、重构,在"圈""湾""角"文化建设、文化认同过程中具有优先意义。

在这一过程中,民俗学家参与资源挖掘、研究,以及重构方案的拟订是十分重要的。离开了民俗学家参与的湾区文化共同体建设,是会有缺憾的。所以民俗学家应该担当这一责任，同时，湾区文化的经济建设一定要发挥民俗学家的重要作用。

# 社区认同与非物质文化遗产本真性

## 黄 涛[*]

[摘要]"社区认同"既是非物质文化遗产(以下简称"非遗")基本概念的必要组成要素,也是非遗项目获得认定的必要条件。过去,非遗保护实践中存在对社区参与、社区认同重视不够的弊端;近年来,该问题已引起国际非遗保护领域的高度关注。联合国教科文组织《保护非物质文化遗产伦理原则》已做出关于非遗保护工作中以社区为中心的明确阐述和具体规定,我国政府应该高度重视该文件,并制定出适合我国国情的落实该文件更为切实的工作细则。本真性原则既强调非遗的传承性,也包容其变异性。社区认同是把握非遗本真性内涵中文化变异的方向与尺度的准绳,因而是非遗本真性的重要衡量标准。

[关键词] 非物质文化遗产 社区认同 本真性 社区中心

非物质文化遗产本真性问题是近年来中国民俗学者讨论较多的一个既有很强理论性,也有重要实践意义的热点问题。与国外相关研究相比较,国内学界对这一问题的研究取得了较大进展,有较多创新性见解。但前不久联合国教科文组织将"本真性"列为非遗保护领域的"不当用词",致使对这一问题的理论探讨在近几年几乎偃旗息鼓,甚至一般学者都忌讳使用该词。而原来本真性所指称的带有根本性的非遗保护问题却是回避不了的,短期内也还没有另一个大致相当的词汇来代替它,故本文仍然使用"本真性"这个词来讨论相关问题。

由于非遗本真性问题的复杂性,还有一些重要问题没有解决,有一些根本性问题存在争议。比如,非遗本真性的衡量标准是什么?谁是非遗本真性的裁决者?这些都是尚未解决好的关键性问题。本文依托联合国教科文组织《保护非物质文化遗产伦理原则》(以下简称《伦理原则》),提

---

[*] 黄涛,民俗学博士,温州大学瓯江特聘教授,河北大学文学院外聘博士生导师。

出并论证社区认同是非遗本真性的重要衡量标准，就是对这一关键性问题展开研讨。

一

社区认同（community identity）一般指居民对所属社区作为自己生活单位的认同和对社区组织、社区文化、自己与其他居民互动关系等的认同。本文所说的社区认同，专指非遗项目所属社区的大多数民众对特定非遗事象和非遗保护工作的认同。对非遗事象的认同，包括对非遗项目的活动、内涵、功能、历史、变化、发展方向等各方面的认同；对非遗保护工作的认同，指对官方、专家等外部力量采取的对非遗保护措施的认同和对社区内部非遗传承和保护活动的认同。

就非物质文化遗产的传承与保护而言，社区认同是社区参与的基础和动力。非物质文化遗产的绝大部分都是民俗文化。民俗文化是靠民众自觉主动地传承，在民间自然自在存活的文化，当然是以社区认同为基础和动力的。如果当地社区民众对它的认同感减弱或消失，那么它得以传承的基础和动力就会减弱或衰亡。因为非遗大都是在历史上的传统社会产生和发挥正常功能的文化，它们大都不很适合现代社会环境，其功能或多或少地减弱，民众对它们的认同感也或多或少地减弱，因此它们就程度不同地存在传承危机，所以才需要加强保护。而各种保护措施大多由来自当地社区外部的政府部门或专家学者，由他们来发起、组织和领导，如果不符合民俗传承和非遗保护的规律，不符合当地民众对"传统"的认知，就不能获得足够的社区认同，就会破坏非遗的本真性，给非遗的传承和保护带来严重危害。由于当地民众对非遗保护措施不认同，就不愿意参与到非遗保护工作中来，或者持旁观、抵触态度，这样的非遗保护就是无效的，甚至会给当地的社会发展造成损害。

作为非遗保护中社区工作的重要内容，社区认同不同于社区参与，但与社区参与有密切联系。非遗保护工作如果能够更好地获得社区认同，就有利于更多地获得社区参与。社区参与组织得好，最终也会使非遗保护工作获得更多的社区认同。

《伦理原则》以旗帜鲜明的态度和明确细致的规定，并以国际权威文件的形式确立了非遗保护以社区为中心的总原则。非遗保护以社区为中心

所涵盖的社区工作内容可以分为两大部分：社区认同和社区参与。此前，国际非遗保护领域主要提"社区参与"。从《伦理原则》等文件来看，非遗保护涉及的社区工作已经大大超过前期所谈论的社区参与的内容，诸如尊重社区价值观、认同社区民众接触非遗的传统方式、使社区民众事先和持续地知情等，就不是"社区参与"一词所能包括的。而"社区认同"可以涵盖"社区参与"所不能包含的社区工作内容，故本文用"社区认同"和"社区参与"两个术语来指称非遗保护中的主要社区工作。本文重点讨论社区认同问题。

《伦理原则》的所有条款都在阐述非遗保护以社区为中心的原则和做法，其内容已远远超出了此前所讨论的社区参与的范围。"社区参与"是在 2003 年《保护非物质文化遗产公约》以政府为主要保护主体的工作框架下提出的说法和议题，其目的是在非遗保护工作以政府为主导的情况下最大限度地使社区民众参与进来。而《伦理原则》对非遗保护中的政府作用和社区作用的位置做了根本调整，由此前事实上的以政府为主改为以社区为主，其中第一条就做了这样的明确规定。有鉴于此，以前所说的非遗保护的"社区参与"问题应该改成"社区中心"问题。社区中心原则包含社区认同和社区参与两方面内容。这样就有了关于非遗保护中社区工作的一套术语："社区中心""社区认同""社区参与"。这种术语的提炼便于非遗保护涉及社区工作时的指称和表述。"社区参与"指社区民众直接参与到非遗保护工作中的实际行为。而《伦理原则》所阐述的问题，诸如非遗保护措施必须尊重社区民众的意愿，并使其事先和持续地知情；必须尊重社区民众接触非遗的习惯做法；非遗的价值应由社区民众来评定，并且不受制于外部的价值评判；由社区民众评定外部因素对非遗存续力的影响，并以社区民众为主来决定怎样防止和减缓外部因素对非遗传承的不利影响和威胁；等等。这些问题都可归纳为政府、学者、媒体、企业等社区之外的力量对特定非遗项目保护中重要问题的看法、所采取的保护措施，以及其他外部因素对非遗传承的影响，这些都必须获得社区认同，属于对非遗保护的社区认同问题的阐述和规定。

笔者认为，《伦理原则》已经阐明了非遗保护中社区认同问题的主要内容和做法，此后关于非遗保护社区认同的社会工作和学术讨论都应以此为基础。《伦理原则》前三条是总括性表述，是总原则。第一条："相关社区、群体和个人在保护其所持有的非物质文化遗产过程中应发挥主要作

用。"这样强调社区参与的重要程度在联合国教科文组织的相关正式文件中是前所未有的。《伦理原则》第二条："社区、群体和个人继续其各种实践、观念表述、表现形式、知识和技能,以确保非物质文化遗产存续力之权利应得到承认和尊重。"其中,"社区、群体和个人(communities, groups and, where applicable, individuals)"是联合国教科文组织非遗保护文件中对非遗实践主体的惯用表述,本文出于表达方便,用"社区民众"指代这一组主体。该条款认为,非遗在现代社会的传承是社区民众的各种实践、观念表述、表现形式、知识和技能的继续,这也在说非遗是社区民众的文化,民众是非遗的主人并主宰着非遗的存续。而只有这样做,非遗才有存续力(viability),并且认为这样做是社区民众的权利,必须得到承认和尊重。这是从尊重和保护人权的高度强调非遗保护必须在社区认同的前提下和基础上进行。《伦理原则》第三条:"相互尊重以及对非物质文化遗产的尊重和相互欣赏,应在缔约国之间,社区、群体和个人之间的互动中蔚然成风。"该条款是在倡导各种保护主体之间应相互尊重、相互欣赏,并尊重非物质文化遗产。

除了第八条,《伦理原则》从第四条到第十二条都是关于外部力量应该如何尊重社区民众和防止外部因素对非物质文化遗产自然传承的过度影响的,这些都可以被看作非遗保护措施如何最大限度地获得社区认同的原则和做法。这些条款是对近年来各国在进行非遗保护工作中政府、专家、企业、媒体等过度干预非遗传承的种种不当做法的总的纠正,对于加强和保障社区参与和社区认同有很切实的指导意义和实践价值。

《伦理原则》绝大多数条款都在阐述怎样通过尊重社区民众及其非物质文化遗产,以防止外部力量和外部因素的过度影响对非物质文化遗产的本真性传承造成损害,其内容可归纳为两方面:一方面,其绝大部分是对自《保护非物质文化遗产公约》颁布以来国际非遗保护所形成的以政府为行政权威和主导性组织、以专家学者为学术权威和指导者的工作模式的纠偏,这种模式客观上造成了相对忽视社区认同和社区参与的严重弊端,在不同程度上损害了非遗的本真性传承。另一方面,有小部分内容是关于怎样通过尊重社区民众及其非遗以防止商业化、现代化社会生活等外部因素对非遗传承的过度影响而造成对非遗本真性的伤害。第一方面始终是《伦理原则》的内容重心和关注焦点。这是由于被各缔约国和相关学界奉为非遗保护最重要文件的《保护非物质文化遗产公约》在内容分布上确实存在过于重视非遗保护的政府主导作用而对社区认同、社区参与重视不够的问题,这主要表现在其绝大多数条款都在阐述政府如何组织和从事非遗保护工作,只有个别条款谈到社区参与问题,而且对社区参与没有做出具体规定,尽管该公约也有关于要高度重视社区参与的原则性语句,这客观上造成了各国非遗保护工作社区参与不足的弊端,成为国际非遗保护工作的重大偏颇所在。所以,该《伦理原则》作为《保护非物质文化遗产公约》的主要补充性和纠偏性文件,应被各缔约国视为和《保护非物质文化遗产公约》同等重要的基本法规。

## 二

近年来,相关学界对非遗保护中政府部门的过度干预和商业化的过度追求而严重伤害非遗本真性的问题有过很多讨论,但是至今为止对纠正以上偏颇的《伦理原则》却没有重视起来。相关政府部门对该文件的重视程度也远远不够。笔者曾写过两篇相关论文,即《近年来非物质文化遗产保护工作中政府角色的定位偏误与矫正》(2013)、《论非物质文化遗产的保护主体》(2014),指出了联合国教科文组织颁布的《保护非物质文化遗产公约》以及我国遵循该文件而制定的《非物质文化遗产法》等所存在的对社区参与重视不够的问题,分析了我国非遗保护实践中存在的若干相关弊端,并提出了一些解决办法;界定了非遗保护的主体构成及不同主体间的相互关系,对社区民众在非遗保护中的主要作用做了较充分的肯定和阐述。对照《伦理原则》,笔者认为这两篇论文的内容与《伦理原则》在学理上是一致的,而且《伦理原则》提出了更多的更为具体的解决办法和落实措施。因此,笔者认为,我国政府应该高度重视《伦理原则》,在非遗保护实践中认真落实这一重要和优秀的文件精神。《伦理原则》前言:"作为 2003 年《保护非物质文化遗产公约》《实施〈公约〉操作指南》和国家立法框架的补充,这份《伦理原则》可作为制定适用于地方和部门条件的具体道德准则和工具的基础。"目前,当务之急是按照这一要求制定出适合我国国情的、落实《伦理原则》更为具体和切实的工作准则和操作细则。这将对我国的非遗保护工作大有裨益,能够在很大程度上弥补此前非遗保护工作中社区参与不足的重大缺失。

《伦理原则》第八条的意思和用词需要加以讨论和辨析。其表述为:

"非物质文化遗产的动态性和活态性应始终受到尊重。本真性和排外性（authenticity and exclusivity）不应构成保护非物质文化遗产的问题和障碍（concerns and obstacles）。"其中，"排外性"在原文中对应的英文词exclusivity也可以翻译为"排他性""独特性"。联合国教科文组织亚太地区非遗国际培训中心将《伦理原则》第八条的第二句翻译为："真实性和排他性不应构成对非物质文化遗产保护的担忧和障碍。"①《牛津高阶英汉双解词典》（第四版增补本）将exclusiveness（词条括号内注明"也做exclusivity"）翻译为"独特性"。②笔者认为，《伦理原则》第八条的exclusivity应该翻译为"独特性"。因为根据《伦理原则》上下文，第八条第二句的意思应该是：不能因为追求、保护、宣扬非遗的本真性和独特性而忽视了非遗的动态性和活态性，不能因此使本真性和独特性成为保护非遗的忧虑和障碍。保持非遗的本真性和独特性本来是非遗保护的两个最基本的目标和原则。而有些地方错误理解本真性的内涵，过度强调和追求本真性，进而在保护非遗措施中试图把非遗固定为或宣扬为某一种"最早的、本原的"状态。独特性其实是文化多样性的基础，正因为有了各族群各具特色、丰富多彩的文化，才能保持人类文化的多样性。但各族群在努力保持和宣扬自己文化独特性的同时，有些族群出现偏颇，刻意宣扬自己的文化是唯一的、发源的、独创的，进而出现保守排外的言行，这些言行也会成为非遗保护的忧虑和障碍。所以《伦理原则》才制定第八条来纠正和防止这两种偏颇，以维护非遗的动态性和活态性。就是说，在第八条中，authenticity（本真性）和exclusivity（排他性）应该是两个褒义词。正因为是褒义词，才会有很多人追求、宣扬文化的本真性和独特性，才会由于误解了、过度强调了这两个原则而出现偏颇。但我们不能因此走向另一个极端，不能因为有很多地方、很多人出现这种偏颇，就把非遗的本真性和独特性这两个最基本的原则都否定了，那会导致非遗保护失去意义、目标和基本原则。汉语中"独特性""专属性""排他性""排外性"是一组近义词，都可以作为exclusivity的汉译候选词。其中，"独特性"是

---

① 《保护非物质文化遗产的伦理原则》，见联合国教科文组织亚太地区非物质文化遗产国际培训中心网（http://www.crihap.cn/2016-10/31/content_27228556.htm）。

② ［英］霍恩比：《牛津高阶英汉双解词典》，李北达编译，商务印书馆1997年版，第499页。

褒义词，"专属性""排他性"是中性词，"排外性"则是贬义词。译为"排外性"，exclusivity 在汉语译文中就成了贬义词。国际非遗保护领域已形成共识：非遗既是特定社区或族群的，也是全人类共享的财富，这意味着非遗既具有共享性，也具有一定程度的专属性。《伦理原则》各条款其实都隐含着对非遗项目所属社区相对于外部人员所具有的一定专属性的认可和尊重，第十二条更是对非遗所属社区专属性与人类共享性的关系的阐述。每个非遗项目都有其特定的社区、群体或个人作为申报者、传承者和保护者，这本身就是承认非遗项目具有一定的专属性，但是如果特定社区、群体或个人过于强调、过度保护其非遗项目的专属性，力图禁止其非遗对外传播或与外界交流，那么专属性就成了"排外性"，也就成了非遗保护的障碍（某些非遗项目产品的核心技艺的保密权是受尊重的，不在此列）。exclusivity 译为"排外性"这个贬义词，连带与它并列的"本真性"也成了贬义词。如果把这两个词当成贬义词，《伦理原则》第八条的第二句话在意思上就不通顺了，因为这句话的前提就是承认非遗有本真性和独特性，但不能承认非遗本身或非遗保护有"排外性"；既然是贬义的"排外性"，那当然会成为非遗保护的障碍，就不会说"不应构成保护非物质文化遗产的问题和障碍"了。从上下文的意思和用词上看，《伦理原则》的 12 项条款除了第八条以外，其实都是在讲外部力量怎样尊重社区民众以保持非遗的本真性和独特性，只有第八条是在讲保持本真性和独特性的同时不要出现另一方向的偏颇，是既针对外部力量也针对社区民众来说的。其实，如果正确理解本真性和独特性，就不会出现妨害动态性和活态性的问题，本真性和独特性也自然不会成为非遗保护的障碍。

## 三

本真性是非遗保护的重要原则，对此学界已有较多探讨，并获得较广泛的认可。但仍有学者对该原则持有异议，认为本真性原则只是强调保持文化本来的固定不变的状态，不符合非遗活态的、变化的、不断被创造的特点。其实，这是对非遗保护本真性原则的误解。本真性原则既强调非遗的传承性，也包容、认可非遗的变异性。刘魁立对本真性概念所包含的"不变"与"变化"这样一对看似矛盾的内涵及其对立统一的关系做了透彻的阐述："本真性的概念是在承认文化在变化的同时，保证文化的变化保持在一个同质限度之内。本真性的概念并不无视尤其并不反对文化的变化、创新，而是在承认社群自身有进行文化调适、文化创新的正当性的情况下，保证文化事象基本的一致性。文化的变化是不可避免的，只要变化不失其本真性，只要文化事象的基本功能、该事象对人的价值关系不发生本质性改变，就是可以被正常看待的。"他用两组几何图形尽可能深入浅出地说明本真性所包含的非物质文化基本属性的不变与其他内容的可变的关系：在非遗存活的历史长河中，其不变的基本属性、基本特质（即本真性）就包含在不断变化的非物质文化的整个蕴含及其表现形态之中。①

但是按照本真性原则，如何把握文化的本真与变迁的关系却是个难题。文化发生了怎样的变异、变异到什么程度？是否还符合本真性的标准？本真性原则包容文化变异，就可以随意变更吗？显然，要有一个限制变更的标准，这就是社区认同标准。

《伦理原则》对于非遗保护中的社区认同问题已经做了多方面的阐述与规定，此处我们讨论以社区认同标准来衡量非遗变异的本真性问题，可以从这些阐述和规定中提炼出一条重要原则：非遗的变化、调整与创新必须出于或符合社区民众的自主选择，这样发生的文化、变异才是合乎本真性的变异。

本真性原则既然认可文化变异，那么就会引起这样的问题：非遗可以发生任意的变化吗？利益相关主体，包括社区之外的保护主体，可以出于自身利益需要而左右非遗的变异吗？等等。实际上，作为特定族群或社区世代相传的历史文化，非遗具有自身的运行轨迹和传承规律，其变异是受到其自身传承规律制约的，如果没有受到过度的外力干扰，它一般也不会发生任意的变化，一般不会发生超越本真性原则的变化。而这种自身运行规律在很大程度上取决于文化持有者即社区民众对于文化变异的自主选择。社区民众按照习惯和生活需求来选择自己的生活方式，调整自己的文化观念和生活习俗，自有其规律，这在很大程度上限定了文化变异的方向和尺度。但是，在社会环境和时代生活发生快速变迁的情况下，原来的文化在某种程度上已不再适合社区民众新的生活需求，民众也会选择部分或完全放弃传统文化，从而导致传统文化本真性的基质发生不同程度的削弱

---

① 参见刘魁立《非物质文化遗产的共享性本真性与人类文化多样性发展》，载《山东社会科学》2010 年第 3 期。

或丧失。近年来，在快速的现代化和全球化背景下进行的非遗保护，就是在传统文化已经成为"遗产"、在快速衰弱或趋于消亡的情况下所采取的以较大外力改变其自身运行轨迹的系列措施。这些保护性措施必须遵循非遗的自身传承规律才不至于损害其本真性，而这样做，首先要在社区民众自主选择的基础上进行。社区民众的自主选择包含着最大限度的社区认同。

笔者曾对非遗保护主体做过一个界定："非物质文化遗产保护主体是以社区民众（包括传承人）为主的社会各方力量，包括相关的政府部门、教育科研单位、舆论媒体、资料保存展示场馆、企业等，其中最重要的部分是社区民众与相关政府部门，社区民众是非遗保护的主要承担者和根本力量，是非遗展演传承层面的主导者；政府部门是发起、组织、推动和管理的领导力量，是组织管理层面的主导者。"[①] 非遗保护主体虽然有各方力量，它们都可能对非遗保护产生一定影响，但是，其中只有社区民众才是特定非遗的主要持有者和传承者，因而非遗的传承与演变必须由社区民众来自主选择和完成，而不是受到作为外来力量的其他保护主体的左右。如此才能保障非遗的本真性不受损害。

非遗是社区民众在生活中根据自己的需要而创造的，又在世代相传的历史过程中由社区民众依据社会生活的变化而不断调整。非遗在当前现代社会的调整和变异当然也应由社区民众来自主选择和完成。社区民众是根据自己的生活需求和习惯来调整和改变自己的生活文化，包括非遗。也就是说，非遗的调整和改变应该主要是有利于社区民众的，而不是主要有利于其他相关主体的，比如官方、商家、学者。如果按照社区民众之外的其他利益相关主体的利益需求来调整和改变非遗，必然会不同程度地削弱、损害非遗本真性。正是由于非遗在根本上是社区民众的生活文化，社区民众对非遗的调整和改变是自然的、与非遗的历史流变一脉相承的，对非遗加以调整、改变的内容和形式也符合非遗自身演变规律，这样发生的非遗变异才不会损害非遗本真性。这样的非遗变异，就是在社区认同的基础上发生的变异，其变异的方向、内容、形式、程度等也是符合社区认同的。

---

① 黄涛：《论非物质文化遗产的保护主体》，载《河南社会科学》2014年第1期。

"非遗"保护与文化认同

## 四

12条《伦理原则》是关于外部力量如何尊重非遗所属社区民众的意愿、权利、价值观、传统习俗等，以及如何减轻、消除外部因素对非遗传承的不利影响的，可以归结为社区外部力量获得社区认同的问题。这些是非遗保护中社区认同问题的主要内容。除此之外，还有社区内部的认同问题：社区民众通常按着传统遵行民俗，自发自然地传承着非遗，小型的、分散的民俗活动，大家按照老规矩不约而同地行事，大型的民俗活动，按照惯例由民间社团和按传统方式推举出来的头领来组织，在按照约定俗成的传统方式来传承民俗时，很自然地具有或很容易获得社区认同。而对传统规矩做出调整时，如果是局部调整，或近年来按照社区生活需求和观念变化而做的缓慢调整，也能很容易地或者自然地获得社区认同。在这种情况下，非遗就发生了合乎本真性的演变或者适应性创新。但是，当其中个别人或少数人提议对民俗活动或非遗项目在短期内做出较大的变动时，就会出现社区内部分歧，不容易获得社区认同，也需要有社区内部的协调机制。一般来说，民间自有其约定俗成的传统议事机制，并不需要依靠外部力量来协调，但特殊情况下也需要政府或专家的配合、建议或裁定，这要具体问题具体分析。比如，浙江省文成县的"太公祭"是2011年入选第三批国家级非遗名录的项目，祭祀明朝开国元勋刘伯温，自明代传承到现在，有春秋二祭。春祭在夏历十二月二十九到正月初一，是刘姓家族祭；秋祭在夏历六月十五刘伯温诞辰日，是以刘姓族人为主，也有其他人员参加的先祖及先贤祭祀。秋祭因有许多外地来的刘氏宗亲参加，是个较大型的祭祀，如2017年参与仪式活动者（不包括旁观者）有2000余人。历史上，秋祭主要是家族祭，偶有公祭。清末以来，秋祭一直是刘氏宗亲组织、主祭和作为主要参加者的祭祀。2011年，刘基（即刘伯温）诞辰700周年时，在惯有的家族祭之外，县政府主办了一场公祭。因为秋祭参加人数多、规模较大，组织和接待工作比较难做，特别是主祭人、太公祭项目传承人刘先生更为辛苦，一场仪式下来嗓子都嘶哑了。祭祀仪式的组织者是南田镇刘基文化中心（是宗族性社团），该中心主任负责后勤事务，担任副主任的主祭人刘先生带领5个徒弟负责祭祀仪式的组织和操作。2017年举行秋祭前，刘先生跟几个徒弟商议后，向县非遗保护中心

## 社区认同与非物质文化遗产本真性

提出，希望将秋祭改为公祭，请上级领导来出席仪式，并请县政府派人手负责组织和接待工作。县非遗中心经过了解情况，认为改为公祭不符合非遗项目的民间祭祀仪式性质，仪式组织困难是社区参与机制没发挥好，尚有很大的以民间途径解决问题的潜力，就没有接受刘先生的提议。该年秋祭仪式依然按传统方式进行，政府部门在财力、安保等方面予以支持，并请专家调研和出谋划策。在此案例中，主祭人的提议是试图在短期内大规模改变非遗项目的内容，但这只是少数人的意见，社区内部有很大分歧，并没有以适当方式征求社区内大多数人的意见，不是在社区认同基础上的提议。相关政府部门不能听到来自社区的意见就轻率采纳，而要经过适当方式确认其是社区认同的意见才能据此采取相应的保护措施。社区认同应该是符合与非遗项目直接相关的社区内大多数成员的意愿的，而不是只符合负责人或少数人的意愿，对此应该有适当的认定方法。

政府相关部门、专家、企业、媒体等外部力量所采取的非遗保护措施以社区认同为基础，非遗所属社区内部的传承活动与保护措施也以获得社区大多数成员的认同为基础，这样的非遗传承与保护才是有本真性保障的。通常，基于社区认同的非遗变异与创新是自发的、自然的、渐进的、局部的、贯通的，这是文化流变中本真性基质的存留态。

最后应说明，本文认为社区认同是非遗本真性的重要衡量标准，但并不是唯一标准。应当在重视社区认同标准的基础上，适当结合学界公认的相关学理、联合国教科文组织及所在国家的相关文件和专家意见等，对非遗本真性做综合性衡量。甚至在少量案例中，社区内部大多数民众认同的做法也会违背国际非遗保护理念。比如，有些地方的社区民众由于缺乏文化自觉和非遗保护意识，出于经济利益考虑而不适当地放弃自己的特色文化，这时负有非遗保护责任的相关政府部门和专家就不应简单地顺从社区认同，而应该在尊重民众生活需求和文化权利的前提下加以引导，给予必要和充分的经济利益支持，在取得符合非遗保护理念的社区认同的基础上促使民众自主传承其特色文化。不过，这种特殊案例的存在并不妨碍前面主要阐述的合理性，只是须在今后做进一步的研究，以对前面的主要阐述做必要的补充。

# "中国民间文化艺术之乡"建设的发展与规范[*]

## 向柏松[**]

〔摘要〕20世纪80年代以来,中国民间文化艺术之乡建设自设立品牌项目之后便迅速发展,成就斐然,蔚为大观,但同时也相伴相生出现了一些亟待加以规范的问题。首先是内容的拓展与制约,从文艺之乡到文化之乡,从传统文化到现代文化,从非物质文化到物质文化,从民间文化到精英文化,其间虽具有内在逻辑联系,然而其发展也必须有所节制;其次是品牌的地域之争愈演愈烈,文章揭示了多种原因,提出了整合等措施;再次是民间文化艺术之乡的项目多为传统文化碎片上的发明,本文提出了以遗留的传统为根基的底线原则;最后是品牌地域分布不够均衡的问题,本文强调坚持"一县一品"的原则。

〔关键词〕民间文化艺术之乡 内容拓展 地域之争 传统的发明 "一县一品"

20世纪80年代以来,为弘扬中华民族优秀传统文化,推动基层群众文化艺术活动的繁荣发展,推进公共文化服务体系建设,文化和旅游部(原文化部)、中国文学艺术界联合会及中国民间文艺家协会,先后设立了以"中国民间文化艺术之乡"为名的地方特色文化品牌项目。文化和旅游部从1987年开始设立"中国民间文化艺术之乡",截至2014年,在全国范围内命名"中国民间文化艺术之乡"963个。中国文学艺术界联合会、中国民间文艺家协会从2003年开始在全国范围内命名"中国民间文化艺术之乡",截至2018年3月,共命名该类品牌478个(含基地)。多

---

[*] 本文是国家社会科学基金项目"中国神话活态传承形式与民族文化记忆研究"(批准号15BZW185)的研究成果。

[**] 向柏松,男,土家族,文学博士,中南民族大学文学与新闻传播学院教授、博士生导师。主要研究民间文学与民间文化。

年来,"中国民间文化艺术之乡"品牌的创建、评审与命名活动,有力地促进了中国民间文化艺术的传承发展,丰富了农村群众文化生活,推动了地方文化产业的开发及社会经济的发展。全国各地蓬勃开展的民间文化艺术之乡建设活动,积累了丰富的经验,同时也出现了一些新情况、新问题,亟待研究解决。

## 一、内容的拓展与制约

"中国民间文化艺术之乡"的内容范围经历了逐渐扩大的历程。1987年至2003年,文化和旅游部在全国命名了486个"中国民间艺术之乡"和"中国特色艺术之乡",将这一项目最初的范围界定为民间艺术或特色艺术。2008年,文化和旅游部制定并颁布了《"中国民间文化艺术之乡"命名办法》,正式定名为"中国民间文化艺术之乡",将"艺术之乡"扩充为"文化艺术之乡"。2011年,文化和旅游部重新制定了命名办法,为"中国民间文化艺术之乡"名称做出了明确界定:运用民间文化资源或某一特定艺术形式,通过创新发展,使其成为当地广大群众喜闻乐见并广泛参与的群众文化活动形式和表现形式,主要指县(县级市、区)、乡镇(街道)。2018年,文化和旅游部修订并发布文件——《"中国民间文化艺术之乡"命名和管理办法》,进一步明确界定:"'中国民间文化艺术之乡'是指经文化和旅游部命名,具有某一特色鲜明、群众喜闻乐见并广泛参与的民间文化艺术,并在全国产生较大影响的特定区域,主要指乡镇(街道),也包括部分县(县级市、区)。"[①] 至此,"民间文化艺术之乡"概念更为明确、清晰,其范围既包括民间艺术,也包括民间文学,还包括民间文学艺术以外的民间文化。这表明,中国民间文化艺术之乡经过二三十年的建设,其内涵和外延已经得到大幅度的拓展。主要表现在如下几个方面。

其一,从"民间艺术之乡"拓展到"文化之乡"。最初,文化和旅游部设立的命名范畴,侧重于民间艺术门类,后来逐渐扩大到文化领域更多的门类,涉及的内容更为丰富多样,所以将"艺术之乡"名称改为"文

---

① 《"中国民间文化艺术之乡"命名和管理办法》,见中华人民共和国中央政府网(http://www.gov.cn/xinwen/2018-03/17/content_ 5274939. htm)。

化艺术之乡",在"艺术"前面加上"文化"二字,表明品牌项目已经不仅仅局限于艺术领域,而是扩大到整个文化领域。2011 年,文化和旅游部颁布《"中国民间文化艺术之乡"命名办法》,将中国民间文化艺术之乡分为表演艺术、造型艺术、民间技艺、民俗活动四大类别。其中,除民俗活动类别外,其他都为民间文学艺术门类,可见,民间文学艺术是民间文化艺术的主要组成部分。2018 年 1 月 4 日,文化和旅游部又颁布《"中国民间文化艺术之乡"命名和管理办法》,称:"本办法所称民间文化艺术,涵盖传统美术、书法、音乐、舞蹈、戏剧、曲艺、杂技、民俗、体育、游艺等非物质文化遗产项目,也包括当代兴起的其他文化艺术形式,如摄影、合唱、油画等。"① 从中可见,民间文化艺术之乡建设的内容已由传统民间文学艺术门类扩展到现代文学艺术门类,甚至不仅仅是文学艺术门类,也包括其他文化门类。如中国民间文艺家协会命名的下列文化之乡:2010 年 9 月 14 日命名河北行唐县为"中国红枣文化之乡",2012 年 12 月 17 日命名江苏省扬中市为"中国河豚文化之乡",2013 年 5 月 19 日命名云南省宣威市为"中国火腿文化之乡",2013 年 6 月 26 日命名吉林省抚松县为"中国人参文化之乡",等等,这些文化之乡的内容多属于物质文化,远远超出了民间文学艺术的范围。民间文化艺术之乡由民间文学艺术的范畴扩大到民间文化的大部分领域,是事物发展过程中由局部蔓延到整体的规律显现。但是,尽管有了这样的发展,民间文化艺术之乡的核心部分或主体部分仍然应该是民间文学艺术。体现在全国各类民间文化艺术之乡所占比例上,民间文学艺术应该占据绝对多数的份额。

其二,从传统文化发展到现代文化。早期民间文化之乡的命名,主要对象为传统民间文化,后来逐渐纳入了现代文化。这似乎有悖传承传统民间文化的初衷。其实不然,这正表现了传统文化传承的发展趋向。传统文化,是指中华民族在社会历史发展过程中不断创造的物质财富和精神财富的总和。中华传统文化是经文明演化汇集而成的一种反映民族特质和风貌的民族文化,是民族历史上各种思想文化、观念形态与物质文化的总体表征。随着中国社会主义现代化建设的发展,传统文化必然在发展中创新,并在吸收外来优秀文化基础上实现现代性转换,从而形成现代文化。现代

---

① 《"中国民间文化艺术之乡"命名和管理办法》,见中华人民共和国中央政府网(http://www.gov.cn/xinwen/2018-03/17/content_5274939.htm)。

文化主要指由传统社会向经济富裕、政治稳定、科技发达的现代社会过渡中形成的文化。从传统文化与现代文化的关系可见，将现代文化纳入民间文化艺术之乡建设范围，也是题中应有之义。如沈阳市沈河区的"中国摄影文化之乡"，上海宝山区顾村镇的"中国诗歌文化之乡"，湖北黄冈市黄州区的"中国现代绘画文化之乡"，河北秦皇岛的"中国葡萄酒文化之乡"，江苏东海县的"中国水晶雕刻艺术之乡"，等等。这些文化艺术之乡，虽具有现代内容与形式，但与传统民间文化也还存在根脉相续的关系。今后，随着社会现代化进程的加快，将会不断地有现代文化进入民间文化之乡建设的范畴；但是，民间文化之乡的建设，不能偏离传统民间文化的主航线，必须在继承传统文化的基础上，吸纳现代文化，实现传统与现代的有机融合。因此，缺少传统文化基因的纯粹外来的现代文化事象，如西方涌进的洋节之类，就不能被列入"中国民间文化艺术之乡"建设的范畴。

其三，从以非物质文化遗产为主，发展到兼容物质文化内容。早期"中国民间文化艺术之乡"的建设多以非物质文化遗产为主要内容，文化和旅游部20世纪八九十年代设立的文化艺术之乡大多属于非物质文化遗产范畴。中国文联与中国文艺家协会的"中国民间文化艺术之乡"命名项目在21世纪初开始实施，几乎是与非物质遗产抢救保护工作同时起步，目的是配合非物质文化抢救保护工作，并弥补其不足。非物质文化遗产抢救保护工作，重在发掘、抢救、保护行将濒危的非物质文化遗产，使之能活态传承；文化艺术之乡的建设在于推广非物质文化遗产的相关活动，丰富乡镇人民群众的文化生活，将非物质文化遗产以传承人为主的传承转化为人民群众的生活传承。但是，随着民间文化之乡建设的进一步发展，其内容已不仅仅限于非物质文化遗产，而是发展到物质文化遗产，一些传统的物质文化也成为文化之乡建设的内容。如2006年河南省禹州市被命名为"中国陶瓷文化之乡"，2009年浙江省泰顺县被命名为"中国廊桥文化之乡"，2010年河北行唐县被命名为"中国红枣文化之乡"，2012年江苏省扬中市被命名为"中国河豚文化之乡"，等等。从非物质文化遗产之乡建设发展到物质文化遗产之乡建设，有其内在的逻辑性。联合国教科文组织《保护非物质文化遗产公约》指出："非物质文化遗产指被各群体、团体，有时为个人所视为其文化遗产的各种实践、表演、表现形式、知识体

系和技能及其有关的工具、实物、工艺品和文化场所。"① 从中可见，非物质文化遗产与物质文化遗产之间存在着内在的相互依存关系。物质文化遗产，又称"有形文化遗产"，根据联合国教科文组织《保护世界文化和自然遗产公约》，它包括历史文物、历史建筑、人类文化遗址等②，它们往往是非物质文化遗产赖以存在的基础和传承的载体。因此，民间文化艺术之乡的内容也必然兼有物质文化遗产部分。但是，民间文化艺术之乡建设注重民间文化艺术的活态传承，注重基层群众的广泛参与，与非物质文化遗产有着天然的因缘关系，而这也正是物质文化遗产的短缺之处。因此，在民间文化艺术之乡建设中，还是要以非物质文化遗产为主体，适当兼顾物质文化遗产。

其四，从民间文化发展到精英文化。民间文化是人民群众集体创造的、立足于民众生产生活背景的自娱自乐的文化形态，古往今来不断传承发展，是一种区别于精英文化的存在。"民间文化艺术之乡"命名伊始，主要立项的对象是乡村中为民众所喜闻乐见的民俗文化，但是在发展过程中逐渐融入了上层精英文化。应怎样看待这种现象呢？美国人类学家罗伯特·芮德菲尔德在其《农民社会与文化：人类学对文明的一种诠释》一书中提出了"大传统"与"小传统"的理论：大传统对应精英文化，小传统对应民间文化。芮德菲尔德解释说："在某一种文明里面，总会存在着两个传统：其一是为数很少的一些善于思考的人们创造出的一种大传统，其二是由为数很大的，但基本上是不会思考的人们创造出的一种小传统。大传统是在学堂或庙堂之内培育出来的，而小传统则是自发地萌发出来的，然后它就在它诞生的那些乡村社区的无知的群众的生活里摸爬滚打挣扎着持续下去。"③ 罗伯特·芮德菲尔德对小传统持轻视的态度姑且不论，他对社会文明两个层面的分析还是颇有道理的。他进而揭示了两种传统之间的关系："这两种传统——即大传统和小传统——是相互依赖的；

---

① 《保护非物质文化遗产公约》，见中国非物质文化遗产网（http://www.ihchina.cn/zhengce_details/11668）。
② 《保护世界文化和自然遗产公约》，见联合国网（https://www.un.org/zh/documents/treaty/files/whc.shtml）。
③ ［美］罗伯特·芮德菲尔德：《农民社会与文化：人类学对文明的一种诠释》，王莹译，中国社会科学出版社 2013 年版，第 94－95 页。

这两者长期来都是相互影响的,而且今后一直会是如此。"① 他又说:"我们可以把大传统和小传统看成是两条思想与行动之河流;它们俩虽各有各的河道,但彼此却常常相互溢进和溢出对方的河道。"② 据此可知,民间文化与精英文化是相互渗透又相互对立的统一体。一方面,精英文化要吸收民间文化的营养以使自身得到滋补;另一方面,精英文化要影响民间文化,将精英层面的观念化为民众的通俗活动。所以,在文化之乡建设过程中,一部分传统精英文化被采用,是因为这部分精英文化已经渗透民间,转化为民众世俗的活动,成为带有精英色彩的民间文化。如儒家的孝道思想,本属于精英文化范畴,但是由于统治阶层及儒家学者的长期倡导,已经深入民心,沉淀于民众的世俗活动之中,成为世俗生活的仪式和准则,所以孝道文化被纳入民间文化之乡建设范畴。类似的文化品牌还有:2010年授予河南民权县为"中国庄子文化之乡",2011 年授予河南鹿邑县为"中国老子文化之乡",2013 年授予河南鲁山县为"中国墨子文化之乡",等等。民间文化艺术之乡建设向精英文化的扩张发展,自然有其演进的逻辑性,但是,民间文化艺术之乡建设的主体仍然是民间文化,其宗旨是要传承优秀的民间文化,丰富广大基层群众的文化生活,保障基层群众基本的文化权益。所以,在引进精英文化打造民间文化之乡的过程中,必须严格控制数额,而且守住精英文化大众化、通俗化、生活化的底线。

## 二、地域之争与整合

近年来,在民间文化艺术之乡的建设过程中,文化事象的地域之争愈演愈烈,即多个地方同争一种文化品牌,包括名人故里之争、文化遗址之争、口头文学发源地之争等。毫无疑问,这种争议引起了人们对于那些尘封已久的传统文化事象的关注,有利于传统优秀文化的抢救与传承,也有利于提升地方的知名度,从而推动地方社会经济的发展。但是毋庸讳言,这些争议带有强烈的地方倾向,往往缺乏理性的思考与判断,难免产生负

---

① [美]罗伯特·芮德菲尔德:《农民社会与文化:人类学对文明的一种诠释》,王莹译,中国社会科学出版社 2013 年版,第 90 页。
② [美]罗伯特·芮德菲尔德:《农民社会与文化:人类学对文明的一种诠释》,王莹译,中国社会科学出版社 2013 年版,第 97 页。

面影响。为争夺文化事象的地域归属所进行的考察、考证及相关会议，浪费了大量财力、人力、物力，最终并不能获取实际的效果。造成文化品牌地域之争的原因是多方面的，其主要原因是对于地域文化的生成、形态、传承等缺乏深入、精准的了解，以至于形成片面的认识，导致不必要的争议大量产生。具体表现在如下四个方面。

其一，由同一文化事象处于不同行政划分区域而引起的地域文化之争。同一种文化事象存在的范围，包含多个行政划分区，各个行政划分区在进行文化之乡建设时，没有考虑到文化的整体性结构，各自为政，将一个完整的文化事象割裂成残缺的部分，由此引起文化事象名称的地域之争。

武汉市著名的知音文化以"高山流水"故事和相关遗址为基本内容，但是"高山流水"故事的背景及相关遗址却分布在汉阳与蔡甸两个区。如著名的古琴台遗址在汉阳钟家村，而钟子期墓遗址则在蔡甸。两个区长期以来都在各自建设"知音文化之乡"，虽无明显争议，暗中却有竞争之意。据记者报道：2005年"十一黄金周临近，武汉市的汉阳区和蔡甸区两出'知音大戏'同台打擂，9月29日，汉阳区政府在古琴台广场拉开'知音文化旅游节'的大幕。此前，蔡甸区方面也有消息传出，作为武汉市八大旅游项目之一——'大好河山'生态休闲旅游区经过一年的开发建设，前期项目知音园已于22日开园"。"两台'知音大戏'争相打擂的背后，是知音文化发源地之争。汉阳认为古琴台在汉阳，它是知音文化的发祥地，蔡甸则认为钟子期墓在蔡甸，蔡甸才是知音文化的发源地。"[①]虽然武汉市成立了知音文化研究中心，试图实施知音文化的整体建设，终因该中心不是行政实体，无法有效展开工作，机构形同虚设。一个整体的文化事象便被硬生生分割成两块，两区各自打造的知音文化，无论怎样"高大上"，终如各执破镜的一半而抱残守缺，令人遗憾。当然，出现这种现象的原因有多种，根本的原因还是在于"中国民间文化艺术之乡"品牌设置本身的局限性。如前所述，"中国民间文化艺术之乡"以县、乡为基本单位，而有些文化事象已突破了县、乡的界限，命名时难免削足适履，按县、乡格局切割文化事象。这一问题的解决可以参照非物质文化遗产名录打包申报的方式，几个同处一种地域文化范围的县、乡同时申报一

---

① 荣先明：《武汉知音文化同城打擂》，载《市场报》2005年9月30日第2版。

"中国民间文化艺术之乡"建设的发展与规范

个品牌,并各自有所侧重。事实上,时至今日,"中国民间文化艺术之乡"建设已经发展多年,应该设置升级版的品牌,即多县、乡联合共建并申报同一民间文化艺术之乡的品牌机制。

运河文化本是一种线性文化,是一个有机的整体,但由于有不同区域的河段,也曾经出现不同河段争抢"运河之都"名称的现象。当然,运河文化的情况比较复杂,一方面,京杭大运河是一个整体,附着其上的运河文化也是一个整体。诚如运河文化研究者所言:"运河乃人类在特定的社会历史条件下,通过跨自然水系的通航、漕运,促进运河流域不同文化区在思想意识、价值形态、社会理念、生产方式、文化艺术、风俗民情等领域的广角度、深层次交流融合,推动沿运河流域的社会政治、经济、科技、文化的全面发展而形成的一种跨水系、跨领域的网带状区域文化集合体。"① 因此,运河文化之乡的建设,必须从总体上立意,综合考虑运河文化整体面貌,突出运河文化的基本内核,而不是各自忙于建立各自的所谓"运河之都"。但同时,从另一个方面来看,由于运河从北京到杭州穿越了不同的自然环境、不同的古文化圈,因此各河段又呈现出不同的文化特点。有学者指出运河文化的多样性:"明清时期,在中国东部形成了受古代北方文化影响较大的京津文化区、受齐鲁文化浸润颇深的山东文化区、在古代吴越文化基础上成长起来的江浙文化区。"② 典籍也记载了运河各河段不同的称呼:"漕河之别(京杭运河):曰白漕(北京至天津段),卫漕(天津至临清段),闸漕(临清至苏北段),河漕(徐州至淮安段),湖漕(淮安至扬州段),江漕(江苏南部段),浙漕(浙江段),因地为号,流俗所通称也。"③ 这说明,运河不同地段也形成了不同的风貌。鉴于运河文化多元一体的特点,在文化艺术之乡的建设中,既要注重彰显不同河段地域的文化特色,建设富有特色的地域运河文化,又要注重展现运河整体的文化风貌,各地携手共建集大成的运河文化之乡,而不是争抢所谓的"运河之都"的大名。

其二,由同一种文化事象(主要指非物质形态的文化事象)在不同地域文化圈传播所引起的地域文化之争。同一文化事象或相似文化事象在

---

① 王永波:《运河文化的运动规律及其启示》,载《东南文化》2002年第3期。
② 李泉:《中国运河文化及其特点》,载《聊城大学学报》2008年第4期。
③ 《明史·河渠三》卷85,中华书局1974年版,第2013页。

不同地域传播，文化圈学派早有解释："文化圈学派把各种文化中相似的东西（甚至不论在空间上相距多远）都解释为大迁徙或大融合的结果。这就是说，各种文化之所以出现相似的东西，其原因是渗透、文化成果的借鉴等。"[1] 在中华民族大文化圈内，各种地域文化的相互传播、交流已成常态。因此，一种具体文化事象往往会在中国境内四散传播，并在多处地域落地生根，成为富有当地特色的文化事象，最终形成多地共有同类或同种文化事象的局面。不少地方在文化之乡的建设过程中，不顾文化传播的客观规律，将多地共有的文化事象说成是本地所独有，结果导致地域文化发源地的无谓之争。事实上，由文化传播的互渗性与复杂性所决定的，多地共有文化事象，往往很难确定其原生地或发祥地。如牛郎织女的传说及"七夕"相关的习俗，皆因牛郎织女星宿信仰而起，本无法判定确切的起源地，但是由于不少地方的山川风物被附会上牛郎织女的传说与习俗，就出现了争抢发祥地的现象。中国民间文艺家协会给多地授予了牛郎织女神话传说文化或"七夕"文化之乡，但并没有将任何一处称为牛郎织女故里，可谓稳妥处置。

其三，由族群迁徙所导致的族群祖先起源文化的地域文化之争。在中国历史上，由于族群（包括氏族、部落与民族）的不断迁徙导致了一种族群祖先起源文化在不同的地域次第传播，形成了多地共有一类族群祖先起源文化的现象。由于人们对于族群迁徙缺乏科学的认识，或为地方利益而罔顾历史事实，争夺族群祖先故里之事时有发生，比较突出的事例有伏羲故里之争、炎帝神农故里之争、黄帝故里之争、夜郎故里之争等。

如炎帝神农故里之争，有陕西宝鸡、山西高平、河南柘城、湖北随州、湖南会同县连山、湖南株洲炎陵县等先后介入。其实，只要重温历史，就能避免这种无谓之争。司马迁《史记·五帝本纪》正义引西晋皇甫谧《帝王世纪》："神农氏，姜姓也，母曰任姒，有蟜氏女登为少典妃，游华阳，有神龙首感，生炎帝，人身牛首，长于姜水，有圣德，以火德王，故号炎帝。初都陈，又徙鲁。又曰魁隗氏，又曰连山氏，又曰列山氏。"

炎帝神农有多种称谓，这是因为炎帝神农不是一个人，而是传承繁衍

---

[1] ［德］玛丽-路易斯·拉契、托马斯·海贝勒：《西方民族学概论》，赵振权译，载《民族译丛》1980年第4期，第38页。

数十代的一个部落,其部落首领在不同时代有不同的具体称号,如魁隗氏、连山氏、列山氏、烈山氏、历山氏等,但又有其统一的称号,即炎帝神农。炎帝神农故里有多种说法,如陕西宝鸡、山西高平、河南柘城、湖北随州、湖南会同县连山、湖南株洲炎陵县。这说明炎帝神农部落整体上经历了由北到南的迁徙过程,涉及极为广大的区域,其迁徙所到之地也必然留下有关炎帝神农发祥地、生平及其活动区域的神话传说与信仰观念、历史遗迹。可见,自称为炎帝神农故里的大多数地方,都只是炎帝神农部落迁徙之地,并非故里,因此,最妥当的称谓应该是炎帝神农文化之乡。在炎帝神农迁徙地建立神农文化之乡是有必要的,但不同地域的神农文化之乡要突出本地特色,比如展现不同时期的神农的风貌:战争中的炎帝神农、刀耕火种时期的炎帝神农、牛耕时期的炎帝神农、发明医药的炎帝神农等;又比如突出不同地域与炎帝神农相关的风物古迹:神农洞、神农山、神农墓、神农庙等。只有挖掘彰显各地炎帝神农文化的特色,才能避免雷同建设,提升各自存在的价值,从而吸引人们寻根问祖,踏访炎帝神农部落迁徙的足迹。

其四,由同源共生文化事象导致地域文化之争。同源共生文化事象包括民族同源共生文化事象与文化同源共生文化事象。

民族同源共生是指一源分流的亲缘民族虽分布各地,却保留着共同的文化事象。如部分苗族与瑶族、畲族有民族同源关系,所以共同传承盘瓠文化。再如蚩尤文化也属于民族同源共生类别。蚩尤部落与黄帝部落作战,战败后族人四散。其后裔有的融入汉族,有的成为苗族,有的成为瑶族,还有的成为羌族,等等,这些民族都以蚩尤为先祖,共同传承蚩尤文化。贵州丹寨县是苗族多个支系迁徙途中的必经地与居留地,至今仍保留着祭祀蚩尤的"祭尤节"。2005年,苗族"祭尤节"被列入省级非物质文化遗产代表作名录。2012年,丹寨县龙泉山蚩尤文化园正式开园。湖南省新化县的苗族、瑶族也是蚩尤文化的传承者。该县在大熊山国家森林公园内建有中华蚩尤文化园。当地仍留存着蚩尤部族及后裔苗族、瑶族的遗迹和传说。有蚩尤屋场、蚩尤谷和春姬峡(春姬系蚩尤妻)遗址。规划建有蚩尤大殿、护卫殿、春姬殿、蚩尤像、蚩尤古寨、农耕文化体验区等。2006年,湖南新化县被命名为"中国蚩尤故里文化之乡"。民族同源共生的地域文化之间虽不存在明显的故里之争,但在民间文化艺术之乡的建设中,还需要统筹安排,彰显特色,避免简单重复。

"非遗"保护与文化认同

文化同源共生是指不同地域的文化事象本出自一个源头,同属一个系统。人们从地域利益出发,将同源共生的文化事象说成是本地所独有,显然有悖于客观实际。如桃花源,本出于共同的文化源头,即陶渊明文学创作中想象的桃花源世界。陶渊明笔下的桃花源世界,虽然可能参照了一定的原型,但主要还是源自其虚构与想象,反映的是他心目中的淳朴、和谐、自由的理想世界。大致符合陶渊明描写的桃花源境况的地貌,在全国应该有多处,这就引起了桃花源的属地之争。湖南桃源县、重庆酉阳县、湖北竹山县、江苏宿城、江西星子县(现星子镇)、安徽黟县等地都自称是桃花源所在处,都以"正宗"自居,其荒谬性显而易见。揭示文化同源共生现象,有助于人们正确认识这种现象,不再做无谓的争论,而将主要精力用于共建互补。

## 三、传统的发明与文化遗存的传承

在全球经济一体化趋势的大背景中,我国的传统文化的传承也面临着种种挑战,特别是一部分传统民间文化,随着城镇化进程的加快,正在迅速走向濒危,一部分甚至已经失传或仅存于人们的记忆之中。不少地方在文化之乡建设的过程中,对濒危民间文化事象进行了抢救性挖掘传承,使那些行将或已经消失的民间文化事象获得了重生。

这是一种传统民间文化事象的复原工作,由于失去了可以复制的对象,就只能借助民间文化事象遗留物并参考同类民间文化事象来进行。其所借助的民间文化事象遗留物主要包括知情人的口述史、神话传说、残余仪式等。不难发现,濒危民间文化的复原从根本上来讲就是传统民间文化的再生,也就是传统文化的发明。诚如英国历史学家霍布斯鲍姆所言:"那些表面看来或者声称是古老的'传统',其起源的时间往往是相当晚近的,而且有时是被发明出来的。"① 需要指出的是,被发明的传统文化,虽然融入了时代的元素,但必须保持与传统的联系,而不是完全隔断联系,用以保持其传统性与本真性。霍布斯鲍姆认为:"被发明的传统,必然暗含与过去的联系性","我们认为,发明传统本质上是一种形式化和

---

① [英]霍布斯鲍姆等:《传统的发明》,顾杭、庞冠群译,译林出版社2008版,第1页。

仪式化的过程，其特点是与过去相关联，即使只是通过不断重复。"[1] 要保持被发明的传统文化与传统的联系，就需要认真对待濒危民间文化事象的遗留物，进行细致的田野调查工作，从丰富的田野调查材料中挖掘民间文化事象最基本的文化基因，使其在被发明的民间文化事象中处于核心地位，以确保传统民间文化事象的传统性。当然，传统民间文化事象的复原不是复古泥古，而是扬弃继承、转化创新，不断赋予新的时代内涵和现代表达形式，不断补充、拓展、完善，使濒危民间文化事象最基本的文化基因与当代文化相适应、与现代社会相协调，从而形成既是传统的又是现代的、富有生命力的新的民间文化事象。

恩施土家族"女儿会"文化之乡建设堪称传统被发明的典范。恩施女儿会，发端于恩施市的石灰窑和大山顶。两地分别为恩施市东、西两个海拔1800米的高寒山区，两地因分别出产名贵中药材（当归、党参）而成为享誉中外的药王之乡。据此推断，两地可能因为药市集会而产生了女儿会，因为在男女授受不亲的年代，集会为青年男女创造了接触的机会。当人们发现两地女儿会的时候，其已经是仅存于乡民记忆中的民俗了。经过政府及相关组织的发掘与推广，女儿会才得以成为如今恩施土家族的盛会。用霍布斯鲍姆的观点来分析，女儿会起源的时间是相当晚近的。据相关资料，从20世纪50年代到90年代，女儿会一般都由当地区、乡政府举办；从1995年起，女儿会开始由恩施市人民政府主办。1995年农历七月十二日，"中国湖北民俗风情游暨恩施土家族女儿会"活动在恩施市成功举行，土家女儿会首次从石灰窑、大山顶搬进了城市，举办地点在恩施市民族路。此后，恩施市政府对女儿会投入了更多的人力、物力，并积极思考土家族女儿会的出路与推广问题。在恩施城郊修建女儿城景区，作为举办女儿会的场所，开创了将女儿会与恩施景区旅游相结合的举办模式。2010年，"恩施土家女儿会"在女儿城举办，现场演出了《相约女儿会》《薅草锣鼓》《石工号子》《女儿梦》《女人不讲理》《太阳落土四山黄》等具有浓郁民族风情的大型歌舞表演，让现场万名观众如痴如醉，大饱眼福。同时举办的还有青年男女相亲会及民俗风情展演等。恩施女儿会原本仅仅是停留在人们记忆中的一种传统，经过被挖掘、创造，成为一个集万人相亲会、民族文艺表演会、大型商品洽谈会与旅游观光于一体的综合性

---

[1] ［英］霍布斯鲍姆等：《传统的发明》，顾杭、庞冠群译，译林出版社2008年版，第2页。

极强的节日盛会,充分展现了发明在传统文化创造性传承中的强大能量。

霍布斯鲍姆指出:"我们可以认为,在以下情况中,传统的发明会出现得更为频繁:当社会的迅速转型削弱甚或摧毁了那些与'旧'传统相适应的社会模式,并产生了旧传统已不能适应的新社会模式时;当这些旧传统和它们的机构载体与传播者不再具有充分的适应性和灵活性,或是已被消除时;总之,当需求方或供应方发生了相当大且迅速的变化时。"① 我国民间文化艺术之乡的建设是在传统民间文化面临濒危的背景下进行的,为数众多的民间文化艺术之乡传承的文化事象,都是被发明出来的。问题是这种发明必须有坚实的传统依据,切不可完全凭空捏造,制造出没有任何根由的伪民俗、伪文化。

## 四、项目的地域分布与"一县一品"

我国民间文化艺术之乡的命名以县、乡为基本单位,设立独具特色、传承有序、群众性强的地域文化品牌。我国目前有 2858 个县级行政区划单位,40858 个乡级行政区划单位。就目前已经命名的数目来看,文化艺术之乡的命名还有很大的空间,也就是说,要实现民间文化艺术之乡的全覆盖,还有数额极大的县、乡及社区需要命名。但是,在未来的民间文化艺术之乡的命名中,必须注意布局的均衡与合理,做到"一县一品",即在一县、一乡或一个社区设立一个特色鲜明的民间文化艺术之乡品牌,最终在全国范围内形成民间文化艺术之乡的网络系统。按照一县一品的要求,目前已经命名的民间文化艺术之乡,还存在地域分布不均衡、地域特色不鲜明、缺乏统筹安排等问题,需要认真分析,以便在未来的命名工作中得到改善。

其一,"中国民间文化艺术之乡"命名地域分布不均衡。以文化和旅游部截至 2014 年颁布的项目为例:江苏省 65 个,四川省 62 个,福建省 52 个,贵州省 50 个,山东省 48 个,河南省 47 个,广东省 47 个,湖南省 44 个,黑龙江省 42 个,浙江省 40 个,陕西省 39 个,湖北省 37 个,云南省 34 个,河北省 32 个,辽宁省 30 个,青海省 29 个,陕西省 26 个,江西省 25 个,安徽省 24 个,新疆维吾尔自治区 23 个,上海市 21 个,北京

---

① [英]霍布斯鲍姆等:《传统的发明》,顾杭、庞冠群译,译林出版社 2008 版,第 5 页。

市20个,广西壮族自治区19个,重庆市18个,吉林省18个,内蒙古自治区15个,天津市14个,西藏自治区14个,甘肃省8个,海南省7个。由以上数据可见,各地已获命名的民间文化艺术之乡项目的数量悬殊,多者为60项以上,少者则不足10项,还有不少地区在30项以下。今后的民间文化艺术之乡的命名应该优先考虑项目较少的地区,解决地域数量悬殊的问题,逐渐形成民间文化艺术之乡的全覆盖。

其二,"中国民间文化艺术之乡"题材雷同现象时有所见。我国目前所命名的民间文化艺术之乡虽然也注意到了地域的独特性,但是由于缺乏统筹规划,部分品牌在题材及相关的形式等方面,或多或少存在着特色不够鲜明甚至雷同的情况。以中国民间文艺家协会颁布的有关"七夕"节的项目为例,先后有:广东东莞望牛墩镇"中国乞巧文化之乡",河北邢台"中国七夕文化之乡",河南鲁山"中国牛郎织女文化之乡",湖北郧西"中国天河'七夕'文化之乡",江西新余市"中国七仙女传说之乡",陕西省和顺县"中国牛郎织女文化之乡",浙江洞头"中国'七夕'文化之乡",等等。这些有关"七夕"的文化之乡的建设,虽然也有意突出了各自的特色,但是区别不大,特色不够鲜明,确有雷同之嫌。为力避民间文化艺术之乡建设题材雷同的倾向,必须注意挖掘各地域独具特色的文化事象,作为文化艺术之乡建设的对象,并进行必要的调整、转换,免去特色不够鲜明的民间文化艺术之乡,做到民间文化艺术之乡"一县一品""一乡一品",品品不同,各放异彩。

其三,中国民间文化艺术之乡建设缺乏顶层设计、统筹兼顾、统一部署、统一安排。目前的民间文化艺术之乡的建设,主要由基层组织自行安排建设项目,随意性较强,无法形成项目之间既各具特色又交相辉映的系统。先秦以来,在中国大地上存在着多个地域文化圈和少数民族文化圈,如中原文化圈、北方文化圈、齐鲁文化圈、巴蜀文化圈、荆楚文化圈、吴越文化圈、秦文化圈等;这些文化圈既有各自的特点,又彼此相互交流影响,在广袤的大地上融合成历史底蕴丰厚的统一的中华民族文化圈。我们要在中华民族文化圈多元一体格局的框架内,合理安排彰显地域特色、民族特色的民间文化艺术之乡项目。在具体项目立项建设时,可以考虑实行双向选择的方式,即由上级主管部门颁布指导性意见,设立项目总体框架,基层单位则在项目的总体框架内确立具体的项目。双向选择的结果必将克服目前民间文化艺术之乡建设项目选择的盲目性,同时又能给予基层

单位立项的自由度。如果我们今后在文化品牌立项的过程中,实行宏观调控与微观把握相结合的方式,相信假以时日,必然会在全国范围内建成多元一体的民间文化艺术之乡的网络体系!

# 地方性知识与非遗的生态性保护
## ——基于广东顺德勒流街道龙舟文化的考察

陈恩维\*

[摘要] 非物质文化遗产，本质上是一种地方性知识。以地方性知识的视角，考察广东省佛山市顺德区勒流镇龙舟文化，可以发现作为非物质文化遗产的勒流龙舟不仅与勒流这一"地方"的自然和人文环境息息相关，也与黄连、龙眼等具体"地点"的特定时刻相关；勒流龙舟的仪式与习俗实际上是从地方自然环境和人文历史沿袭下来的、体现于象征符号中的意义模式；各种形式的龙舟比赛实际上是勒流所辖"地点"之间的一种交流方式，不仅表达了不同利益主体的地方认同，也表达了一种地方社会的权力关系；其种种保护传承措施，本质上是发掘和利用地方性知识，营造保护非物质文化遗产的地方文化生态。勒流龙舟的个案考察表明：我们不仅要从地方性知识的视角理解每一个非物质文化遗产项目，形成准确的阐释成果，为非物质文化遗产的生态性保护提供学理基础；而且要在实践上珍视各种地方性知识，最大限度地发掘与利用各种并存的地方性知识，为其生态性保护提供参考。

[关键词] 地方性知识　生态性保护　龙舟

在当代非遗研究和保护传承语境中，学界和公众对民间话语的兴趣剧增，地方性知识变得日益重要。那么，这种趋势有怎样的学术逻辑和实践基础呢？本文以广东省佛山市顺德区勒流镇的龙舟文化为个案，通过实地调查以及与文化持有者的访谈，以地方性知识的视角考察其仪式细节、赛

---

\* 陈恩维，生于1975年，男，湖南汨罗人，博士、教授，现任广东外语外贸大学中文学院教授，国际汉学研究中心主任，为广东省普通高校"千百十"工程省级培养对象。已主持国家社会科学基金项目2项、国家重大项目子项目1项、省部级项目4部。在人民出版社等出版专著4种，在《文学遗产》《民俗研究》等刊物发表论文100余篇，其中多篇为人大复印资料等转载。

事组织、传承措施与地方的内在关联,试图更为清楚地呈现地方性知识在非物质文化遗产语境下的表达和实践方式,同时吁请在非物质文化遗产保护实践中加大对地方性知识的深层关注和生态性保护。

## 一、地方性知识与非遗的关系

非物质文化遗产,本质上是一种地方性知识。人类学视野中的"地方性知识",主要是一种与地域和民族的民间性知识和认知模式相关的知识,它具有"总是与西方知识形成对照""指代与现代性知识相对照的非现代知识""与当地知识掌握者密切关联的知识"① 三个基本特征。《非物质文化遗产保护公约》指出:"非物质文化遗产指被各群体、团体、有时为个人所视为其文化遗产的各种实践、表演、表现形式、知识体系和技能及其有关的工具、实物、工艺品和文化场所。"《中华人民共和国非物质文化遗产法》则规定:"非物质文化遗产是指各族人民世代相传并视为其文化遗产组成部分的各种传统文化表现形式,以及与传统文化表现形式相关的实物和场所。"国际国内对于非物质文化遗产(以下简称"非遗")的定义,均强调了非遗持有者、其所处环境及相关知识体系的"地方性"。换言之,无论哪一种形态的非遗,本质上都是特定地域和情境中的知识掌握者持有并实践的地方性知识。

然而,从科学实践哲学来看,所谓的"地方性知识"是一种新型的知识观念,不是专指产生于非西方地域的知识,而是指知识的本性就具有地方性。其"地方性"(local)或者说"局域性",不仅是在特定的地域意义上说的,它还涉及在知识的生成与辩护中所形成的特定的情境(context),包括由特定的历史条件所形成的文化与亚文化群体的价值观,由特定的利益关系所决定的立场和视域等。从这个意义来说,地方性知识不仅是非遗的特性,而且也是一种认识、理解和保护非遗的视域和方法。任何非遗都是该地人们在所处的自然和文化环境中依赖和利用其资源所创造的。同一国家的不同地方的人们对自然、环境、资源的认识不同,因而其适应方式有异,由此也就造成了国家文化传统下的地方小传统,也形成了

---

① 吴彤:《两种"地方性知识"——兼评吉尔兹和劳斯的观点》,载《自然辩证法研究》2007年第11期。

在普遍性知识下的形态各异的非遗。这样的理念，其实也反映在国家对非遗的评审标准里。《国家级非物质文化遗产代表作申报评定暂行办法》的具体评审标准如下：（一）具有展现中华民族文化创造力的杰出价值；（二）扎根于相关社区的文化传统，世代相传，具有鲜明的地方特色；（三）具有促进中华民族文化认同、增强社会凝聚力、增进民族团结和社会稳定的作用，是文化交流的重要纽带；（四）出色地运用传统工艺和技能，体现出高超的水平；（五）具有见证中华民族活的文化传统的独特价值；（六）对维系中华民族的文化传承具有重要意义，同时因社会变革或缺乏保护措施而面临消失的危险。其中第一、三、五、六条是对非遗所蕴含的普遍性知识的反映，而第二、四条则是对非遗作为地方性知识的小传统的反映。这要求我们在保护和传承一项非遗时，首先要了解它与所属"地方"的内在关系。

所谓"地方"，指的是一个使它获得由常识赋予的名声的地点。勒流地处佛山市顺德区的中部，总面积90.78平方公里，下辖22个村（社区），户籍人口11.7万人，流动人口约16万人。境内河网密布，有82条河涌，总长度96.86公里，是著名的岭南水乡之一。父老相传，珠三角的母亲河"北江"流经勒流时向西分出一条支流。原本向东的水流，突然向西流去，人们觉得这个逆流的现象很奇怪，就把这里称之为"逆流"。因顺德话里面"逆"字就叫作"额"，于是把这里叫作"额流"，但又觉得"逆"字不好听且不吉利，于是就用相似读音的"勒"字代替，便有了今天的"勒流"。地方总是与某个具体的地点捆绑在一起。勒流最负盛名的三个村是黄连村、龙眼村和稔海村。黄连村是顺德境内最为古老的村落之一，在宋代原是海滩之地，后有黄姓和连姓渔民到此捕鱼，见水草丰美，遂定居，子孙日盛，因以两姓称所居之地为"黄连"。关于其得名，其实还有另外一个版本。黄连海滩中原有7座小山丘，名叫"七星岗"。七星岗看上去像是一朵七瓣的荷花，故又称"莲地"或"莲溪"。而当时，这里的居民多姓黄，以经商为主，形成了一个圩市，所以这里又被称为"黄莲圩"，后来因为海滩上的山丘因泥沙的淤积而相连，再加之"莲"与"连"读音相同，所以"黄莲"就慢慢被写成了"黄连"。龙眼村古称"龙渚"，意即龙脉所在的小海岛。明英宗正统十四年（1449年）四月，广州府南海县冲鹤堡潘村人（今广东省顺德）黄萧养在"龙渚"祭旗发动农民起义。起义军一度建立了大东国，但于次年失败。为了加强统治，景泰三年（1452年），朝廷将南海的东涌、马宁、鼎安、西淋四都和新会的白藤堡（1958年10月复归新会县）划出，置顺德县，取"顺天明德"之意。因为这一段历史，龙眼村在顺德人心中地位极高，成为"龙舟点睛"的圣地。稔海村是勒流颇具特色的鳗鱼养殖专业村。稔海村的"稔"是丰收的意思，"海"在珠江三角洲（以下简称"珠三角"）地区指的是河涌。"稔海"，意思是说这里是一个河涌密布的富饶之地。稔海村充分利用其水资源，因地制宜，主要从事渔业，当代稔海村是顺德规模养殖鳗鱼最早的专业村，被称为"鳗鱼之乡"。

"一个个地方，都是因人类或非人类的多种现象——体力劳动、叙述、想象、记忆、政治经济，以及潮水、植物和动物的生物物理效应——持续汇集和积极作用而造成的。一处处地方都是凭借人和理念的活动而成形，往昔岁月的遗迹以及未来的前景都是其中的构成因素。"① 勒流这一地方以及黄连、龙眼、稔海三个具体地点的得名历史，反映了其资源环境和人文特点，反映了勒流这一"地方"的历史以及未来的前景。其中，"勒流"的得名，主要反映了勒流河涌的由东向西的资源特点；而"黄连"的得名，记录了在宋代时期，由于潮水的作用，加上人为的原因，勒流由海滩化为陆地的历史；"龙眼"则关系到明代广府地区地方关系的调整以及顺德建县的历史；"稔海"则反映了当地人依靠自然环境形成了独特的支柱产业。换言之，黄连、龙眼和稔海，实际上是一个空间和时间的综合体，是相互交叉、空间化的社会关系中的"特定时刻"。

作为附着于"勒流"这一地方的勒流龙舟，不仅与勒流这一"地方"的自然和人文环境息息相关，也与黄连、龙眼、稔海三个具体"地点"的特定时刻相关，实际是一种关于勒流的地方性知识，而黄连、龙眼、稔海则是使之获得名声的具体地点。事实上，勒流龙舟文化中最负盛名的也正是黄连村的藏龙和起龙仪式、龙眼村的点睛仪式和稔海村鳗鱼商会等企业出资支持的稔海龙舟竞赛。

---

① ［美］休·拉弗勒斯：《亲密知识》，陈昕译，载《国际社会科学杂志》（中文版）2003年第3期。

## 二、地方性知识与非遗仪式

地方性知识，不仅指对地方的认识，也指各个地方人们发生和存在的规则、仪式和行为。就这个意义而言，非遗是地方性知识中的一个类别。勒流的传统扒龙舟习俗，一般在农历的五月初五端午节进行，目的是纪念伟大的爱国诗人屈原，这是一种普遍性的知识，可以看作是对国家文化大传统的呼应。但是，勒流扒龙舟还有其独特的地方小传统。如黄连村的藏龙和起龙仪式、龙眼村的点睛仪式，都是其他地方所罕见的。此外，勒流龙舟还有游龙行大运、龙舟水辟邪等地方俗信，这也是勒流龙舟的地方性知识。

### （一）起龙船

起龙船，是针对保存在水底下的龙舟而言的。根据制造材料的不同，龙船的保存方法也不一样，主要有两种：第一种是土埋（沉水）法，第二种是架晾法。保存黄连老龙用的是第一种方法。其说法有二：一是藏龙象征着"龙归故里"；二是为了避免龙船受曝晒而开裂，于是把龙船藏入泥中。

"四月八，龙船透底挖。"按照传统，多数珠三角地区的村庄会在四月初八（浴佛节）后开始起龙船。不过，四月初八只是初定的日子，具体可以根据实际情况选取吉日良辰。以黄连村为例，每年起龙当日，勒流黄连涌口坊龙船会的各位成员都会提前到达天后宫旁的"龙船窦"（即藏龙船之处），在岸边绑好旗帜，接着，主理祭拜事务的长老点燃香烛，将烧猪等祭品分别放在两个竹编的窝篮内。随后，长老带领众人祭拜，宣读祝祷文。祭拜完毕，立即燃放一串大爆竹。吉时一到，龙船鼓响，村民纷纷跳入水中。众人先把压住船身的沙包取出，将积压在龙船舱内的泥掏出，再合力一边喊号子，一边摇松龙船底的泥浆，拔出木桩，龙船头逐渐浮起（如图1所示）。与此同时，岸上的观众受起龙氛围的影响，也随着号子声齐声吆喝。起龙后，村民们把龙船抬上岸，清理船上的淤泥等杂物，将船身擦洗干净。待龙船完全晾干后，村民们会给龙船重新上漆、上色等，到五月初三时在龙眼村"点睛"之后，沉睡的"老龙"就"醒"过来了。

**图1 起龙船**

目前，勒流是珠三角地区保留传统藏龙和起龙仪式最为完整的村落，而历史最为悠久的，就要算黄连村的龙舟了。据划了30多年龙船的黄连村村民张启源所言，黄连村这条"苏醒"的老龙有150多年历史。船身全长26米，宽约1米，由坤甸木打造，可载34人，从制造至今，完好无损。

## （二）龙眼点睛

在龙眼村有一座太尉庙，是勒流乃至顺德各方的龙舟进行点睛的指定地点。太尉庙供奉的是汉代太尉周勃。相传，汉太尉周氏父子匡扶汉室，"点醒"了汉朝皇帝。因此，龙舟点睛在太尉庙进行，是为了"唤醒"老龙。据说，只有经过点睛的龙舟，行动敏捷，才能够出海比赛；而没有经点睛的龙舟则是盲龙，行动缓慢，容易发生翻船或触礁事故。在明代宗景泰三年（1452年）前，龙船点睛在龙眼市场附近进行。这原来有一个龙船坳，曾经有过划龙船活动，但是在划船时出现"插沙"（指龙船触礁翻船）现象，于是本地龙船就不在这里点睛了。明英宗天顺年间（1457—1467），龙眼村的太尉庙建成，点睛地点就搬至这里。

农历五月初二，龙眼村村民便忙碌地装饰点睛途经的道路，准备送给各方龙舟的红包和礼物。龙舟上水的河岸，早早挂着"欢迎群龙，太尉点睛"的横幅。五月初三一大早，就有龙舟来到龙眼村点睛了。来龙眼点睛的龙舟有游龙、赛龙、旱龙（一种不下水的龙舟，它主要是用作游赏观看的，一般颜色鲜艳，十分华丽）。龙舟一旦抵达上水的地方，一串串炮仗立即"劈里啪啦"响了起来，两头醒狮立即随着锣鼓声摇头摆尾，乡亲们也纷纷走出家门，来到涌边凑热闹，大家都不自觉地跟着鼓声手舞足蹈、兴高采烈。只见龙舟徐徐驶进，吆喝着泊入河岸，两头醒狮立即凑上前去迎接，龙眼村的主人也立刻上前招呼。坐在船头的男子，从船上跳入水中，将龙头取下托在肩膀上，船上的人把龙牌（写着龙舟的所在地、用于表明龙舟身份的木牌。一般第一行写所属街道，中间竖着写所在村；有的龙牌上的字全部竖着写，两边写所属地区，中间写所属庙宇）取下，船尾的人把龙尾取下，然后三人一同前往太尉庙（如图2所示）。有的龙头戴着红花，有的则没有戴，但每个龙头的嘴里都会衔着黄皮叶或龙眼叶，龙尾上也会挂着一束黄皮叶或龙眼叶，寓意辟邪。乡亲们拥簇着龙头、龙尾来到太尉庙。庙门前早已有一大班群众在等候，一看见龙头、龙尾便十分高兴，纷纷拿起相机拍摄，一对醒狮随着锣鼓响起，在太尉庙门前起舞迎接。托着龙头的人走在前，托着龙尾的人走在后，从左侧进庙后，男人们先把龙头放在太尉座前的点睛专用木架上，接着把龙尾安放在地上，最后把龙牌插在木架旁边的小孔里。女人们有的开始盛香，有的在询问龙舟的领头来人的数量，以便根据人数等派发红包、龙船符（一种用朱砂在黄色纸上写的符咒，据说可保平安健康、辟邪）和礼物（通常由水果、花生、烧酒等组成）。点睛的祭品通常是三杯酒水和一盘应节水果，如李子等。祭拜过太尉后，点睛人拿起朱砂和毛笔，一边帮龙头点睛（如图3所示），一边大声喊道："风调雨顺，国泰民安，身体健康！"在场的人也会应和着说："好！好！"点睛人把毛笔一路点向龙尾，祝贺道："年头旺到年尾！好！"点睛完毕后，男人们托着龙头、龙尾绕太尉庙内部一圈，逐一拜过内堂的神祇，然后从右侧走出庙门。

图2 取下龙头、龙牌、龙尾前往太尉庙

图3 给龙头点睛

过去，人们出了庙门后直接回到岸边，装上龙头、龙牌和龙尾，然后各自返回各村。近年来，点睛完毕，人们托着龙头和龙尾、举着龙牌走向距太尉庙不远的梁氏大宗祠。梁氏大宗祠前已有醒狮等候迎接，一见到龙头，群狮起舞，炮仗声响个不停。男人们托着龙头、龙尾从梁氏大宗祠祠门的左侧进去，带着龙头、龙尾祭拜梁氏祖宗太公，签上名后有一份礼品和红包，再从右边走出梁氏大宗祠，返回龙舟。在返回的路上，人们都会争相去摸一摸龙头，希望可以沾一点福气。在龙头、龙尾还没有返回时，龙舟上留守的人一直与其他龙舟上的人嬉笑泼水打闹，舟上的长者会假装"斥责"年轻人，但调皮的年轻人仍然不理不睬，打闹不停。老人和年轻人的表演，惹得岸上观看的人开怀大笑。不一会儿，龙头、龙尾回到了龙舟。点了睛的龙舟显得格外有神，利索地倒着出河涌，然后围绕龙眼村绕一圈或几圈，每至龙眼村的一个神社，龙舟都会得到人们的礼品和红包，寓意"行大运"，大吉大利。

### （三）祭拜地方神祇

龙舟无论是在点睛还是在竞技比赛之前，都要举行祭神仪式，一是为了表示村民对信仰之神的敬重，二是为了祈求平安。去龙眼村点睛的龙船一般都会从龙眼社区所辖的 10 个社经过，环河而游，俗称"行大运"。10 个社也会在点睛当天预先设点迎接经过的龙船，看到龙船到来，马上擂鼓助威，烧大炮，上香，并且用竹竿吊篮向船上的人递上烧酒、饼干、红包等，龙船上的人们则送上龙船符作为回礼。据说，龙船符可以保佑孩子健康长大。因此，不少妇女都希望得到寓意吉祥的龙船符，于是纷纷封上数额不等的红包，作为人神之间的交换。红包资金，将留作下一年龙眼点睛的费用。

各社所设接龙点，通常都会把代表该社的社神请出来让龙船祭拜。社神并无特定之神，主要负责保护本社风调雨顺，国泰民安。拜祭社神不是点睛的一个固定的环节，不过龙船经过的时候都去会拜祭一下，以表示对地方的尊重。龙眼点睛时，龙船经过的村社的顺序是：1 六队→2 五队→3 三队（点睛。在三队点完睛后，龙船用龙尾退出，到交界的时候退三步进两步，称"前三后二"，寓意"依依不舍"。）→4 四队→5 一队→6 七、八队。龙眼村村民梁孔升先生曾赋诗介绍龙舟路经地点："历朝龙渚凝八方，水抱山环永安中。古桥通往石狮埠，源水紧接火演渡。沙面石华连社

村,干道贯通龙凤线,木桥头引四方通。"

勒流各村的龙舟从内河扒龙舟出海的过程中,每遇到庙宇,一定要停舟上岸进行简单的祭祀,祷告龙舟出海顺风顺水,平安大吉。例如,稔海村开展龙舟竞技赛之前,就要拜地方神祇——竹树三娘,摘竹叶和插龙牌,以求平安。相传曾经有龙舟在内河经过庙宇不进去祭祀,结果到外海就翻艇了,船员无一生还。每年临近端午节,近海的人都会听到扒龙船的声音,龙船鼓声夹杂着哭喊声。从此以后,再也没有龙舟敢路过庙宇不进去祭祀了。

### (四)其他相关活动

**1. 龙舟竞投**

龙舟竞投,通常在河畔空地上举行,村民们依次对龙头、龙尾和大鼓进行竞投,价高者次日可占得这些位置。曾经顺龙堂有两条龙舟参加勒流举行的龙舟活动,主持人手持喇叭,对着数十名前来竞投的后生(粤语,意为"年轻人")喊道:"大鼓228蚊(粤语,意为"元")起!"有人刚报出数目,旁边就有人敲一下铜锣。一般是有新龙舟的时候就会竞投,竞投所得作为日后龙舟所需经费。

**2. 吃龙舟饭**

勒流扒完龙舟通常要吃龙舟饭。在旧时,龙舟饭是由妇女们为龙舟扒手(指扒龙舟的船员)准备的,菜肴中一定要有辣椒,因为当地人认为,龙舟扒手吃了辣椒全身发烫才能抵御水中所受的寒气,而且还会精神抖擞,特别有劲。村民在看完赛龙舟后,也可以和龙舟扒手们一起吃龙舟饭庆祝。群众都深信,端午吃龙舟饭会讨一个好意头,"小孩吃了聪明,大人吃了消灾"。此活动延续至今,中午、晚上均有龙舟饭,只不过菜式就没有以前那样讲究了。

**3. 洗龙舟水**

龙舟竞技赛结束后,当龙舟靠近岸边时,村民会喝龙舟上的水,或者用河涌里的水洗脸洗手(如图4所示),寓意"喝了龙舟水能消除百病",精神爽利。

勒流扒龙舟还有一些禁忌。以前女子是绝对不能上龙舟的,也不能站在龙舟经过的河涌的桥上——不能"骑"着龙舟,否则不吉利;男子如果当年家中有亲人去世(百日之内)或家里有人怀孕了,也不可以上龙舟。如果有人违反的话，当年如果村里有什么不好的事情发生，村民都会以为是违反者带来的霉运。

图4 洗龙舟水

上述勒流龙舟的仪式与习俗，实际上是从地方历史沿袭下来的体现于象征符号中的意义模式。藏龙，是一种利用自然环境更好地保护龙舟的地方性知识；起龙则是一种"唤醒"龙舟的仪式；点睛，是以象征的仪式规避"插沙"等事故。祭拜地方神祇，反映了龙眼村在勒流镇的中心地位以及相近社区的整合关系。其他仪式细节，也涉及地方整合以及当地社会观念的表达。换言之，勒流龙舟仪式，实际上是将地方性知识表现于象征仪式之中，通过这些象征仪式使当地人们得以相互沟通、绵延继续，从而增加对地方知识的了解。其中，黄连村起龙和龙眼村点睛，作为别具一格的仪式，成为勒流龙舟最重要的地方性知识，通过与其他地方的对话，不断地肯定和再度创造相对于无数个其他地方而言的地方性。我们保护和传承非遗，不仅是保护其仪式，更重要的是保护与之相关的地方性知识。

## 三、地方性知识规约下的赛事组织

勒流的传统龙舟赛事,主要有两种形式:扒龙艇和赛龙舟。扒龙艇的形式是游龙竞美,一般在内河进行;赛龙舟的形式是赛龙竞速,一般在宽阔的外海进行。游龙的龙头能够灵活地摇动,就像一条"活"龙,其重点在"美"。游龙形体庞大,长二三十米,可坐下三四十名船员,其装饰金碧辉煌,常见装饰品包括绣旗、罗伞等,有的还在船中装饰了一座微型庙宇。而赛龙则小得多,一般长十来米,形体轻便,不似游龙装有神楼和绣旗、罗伞,其重点在"速",即谁最先抵达终点。近年来,龙舟文化爱好者还恢复了一项传统比赛——龙虱竞渡。

### 1. 游龙竞美

游龙竞美,通常由几个村联合举行。例如,2014年6月2日,黄连社区联合江义村、龙眼村的游龙一起进行巡游,欢庆端午佳节。当日下午1点30分左右,23条彩龙从扶安河水乡阁河段正式出发,有序地往黄连河方向巡游,并在深窖涌口到江义大窝沙河段上来回穿梭、追逐竞美。划船健儿们身穿代表自己村的统一服装,个个精神饱满,喜笑颜开。如图5所示。

**图5 游龙竞美**

除了社区自发组织的游龙竞美之外，勒流街道每年也会举办龙舟竞美比赛。比赛前，各有关村居通常都会开展组织龙舟大赛组委会、筛选运动员、联系赞助单位、组织训练等前期准备工作。本地商家则是勒流龙舟的资金来源。他们大力支持勒流龙舟的各种活动，一是为了支持家乡的龙舟文化的传承，二是想通过举办龙舟活动宣传自己的产品。在勒流龙舟竞美活动的推动下，顺德区委区政府通常会在每年国庆期间举办大型龙舟竞美比赛。

2. **赛龙夺锦**

赛龙夺锦是勒流传统的赛龙竞速形式。因为规模较大，对场地和经费的要求都很高，赛龙夺锦已经非一般社区所能承办，所以主办者往往是勒流街道。例如，2007年，勒流街道和地方商会联合举办了"勒流商会杯"龙舟竞赛。此次大赛赛程长达14公里，算上来回路程，每支龙舟要行驶30多公里。36支参赛龙舟集中在顺德水道大戈沙附近放龙（如图6所示），往西途经勒流的江义、黄连、稔海、扶闾，至东方的三漕口，往南进入主赛场甘竹溪勒流河段的西安亭大桥前的三丫口，前后经过6个村居。所有龙舟到达三丫口后，就绕过水中的栋（标杆），往回行驶到三漕口，绕过设在三漕口的栋后又回到三丫口。在规定的两个半小时内，以谁转的次数多，并最早冲过观礼台附近的龙门为胜。对于观众来说，赛程太长不可能从头看到尾，重点集中在三漕口至三丫口之间的水道，而冲龙门最为精彩，不可错过。

图6 赛龙夺锦

### 3. 龙虱竞渡

龙虱是一种小型的单人龙舟，一般长约 3.3 米，宽约 0.4 米（如图 7 所示）。龙虱的诞生，源于顺德一种著名的丝织品：香云纱。勒流黄连是昔日顺德的香云纱的主要制作基地。当时，制作香云纱的工人巧妙地把薯莨桶（薯莨桶是专门储放制作香云纱的特色植物染料薯莨汁的木桶，椭圆形，大小可容纳一人）用作游龙竞渡之用，并且起名为"龙虱"。据当地老一辈所说，龙虱名字的由来，是因它像龙舟一样可以用作游龙竞渡，而"虱"就指它的形体小。据说，20 世纪 70 年代，当地爱好者曾在黄连村举办了一场名为"通天埠"的比赛。这是龙虱第一次正式亮相于大众面前。随着香云纱产业在黄连日渐衰落，龙虱竞渡再也没有出现了。2014 年中秋，在黄连龙舟制作爱好者何东成老人的推动下，黄连村举行了第一届龙虱竞渡，让沉寂多年的龙虱重新亮相于大众面前。当天共有 9 只龙虱参加，参赛者年龄最小的只有 5 岁，最大的 23 岁，都来自黄连武术醒狮队。不少村民早早地来到比赛现场，准备一睹龙虱竞渡的风采，特别是年过六旬的老人家，因为龙虱是他们集体的回忆，所以很高兴能够在有生之年再目睹龙虱竞渡。当时，还有村民编了一首《龙虱吟》："单桨激浪行孤舟，奋勇争先竞逆流。黄连传承七十载，龙虱文化越千秋。"[①] 龙虱竞渡相对于其他的龙舟赛事而言，成本低、规模小，比赛的主要目的也不是真的要赛出名次，而是借助比赛让"龙虱"重新为世人所知。龙虱竞渡虽然竞赛规模小、观赏性不及游龙竞美和赛龙夺锦，但是它与当地居民的历史记忆相关，所需资金不多，对地方政府和商会的依赖少，因此反而能够作为一种地方性知识，为地方居民所认同和接受，我们可以将其理解为地方性知识的再生产，也可以理解为一个创新过程。

勒流各种形式的龙舟比赛，与知识掌握者密切关联，实际上是勒流所辖"地点"之间的一种交流方式。"地方"在空间上有着多样化的尺度，某个社区、街道、城市，乃至区域与国家都可以成为地方感所依附的空间单元。而不同的空间单元，其利益诉求并不一致。通常来说，地方政府和商会喜欢举办场面铺排的赛龙夺锦，社区热衷参与能各自炫耀的游龙竞美，而居民个人则喜欢自娱自乐的龙虱竞渡。但是，不论他们的兴趣如何，他们都需要在地方性知识的规约下进行社会交流而各取所需。龙舟赛

---

① 胡嘉仪：《花甲老人"造龙"记》，载《南方都市报》2017 年 4 月 27 日。

事组织，需要地方政府与商会组织的资金支持，也需要地方群众和地方精英的参与支持，而这皆有赖于对龙舟有关地方性知识的熟知和认同。勒流的龙舟赛事，实际上反映了地方性知识规约下政府、商会、民间力量的交流和博弈。各种形式的扒龙舟不仅表达了地方不同利益主体的地方认同，也表达了一种地方社会的权力关系。

**图7　龙虱**

## 四、地方性知识与地方文化生态

如前所述，地方性知识并非孤立地存在，而是与当地居民的生产和生活有机地结合在一起，而当地的人们在传承非遗的过程中，几乎是在下意识的状况下贯彻地方性知识的行为准则。以龙眼村的龙舟点睛仪式为例，当地人并不是孤立地传承单一的点睛仪式，而是将其置于一系列的文化活动中，使点睛仪式一直处于一种文化"活水"的滋润之中。我们先来看2014年5月31日勒流龙眼点睛民俗活动的流程（见表1）。

地方性知识与非遗的生态性保护

**表 1　勒流龙眼点睛民俗活动的流程**

| 序号 | 活动时间 | 活动地点 | 活动项目 | 活动内容 | 参加人员 |
|---|---|---|---|---|---|
| 1 | 9：00—10：30 | 龙眼村耆趣园 | 龙眼村书画摄影展启动仪式 | ★2014年顺德区晚晴书画会会员作品展暨黄铨行《龙眼龙舟》民俗风情摄影作品展启动仪式<br>(1) 9：00—9：15　领导、嘉宾签到；<br>(2) 9：15—9：35　仪式开始，领导、代表致辞；<br>(3) 9：35—9：40　领导、嘉宾拉杆启动活动；<br>(4) 9：40—10：30　来宾欣赏展览 | 各级领导、嘉宾、社会各界人士以及媒体记者约150人 |
| 2 | 10：00—16：00 | 龙眼村太尉庙龙眼环村涌 | 龙眼点睛民俗活动仪式 | ★启动2014年龙眼点睛民俗活动，按照传统民俗分批对各地前来朝拜的龙舟进行点睛，点睛后的龙舟开展环村涌巡游活动<br>(1) 10：00—11：00　龙眼村五只新龙舟前往龙眼太尉庙进行第一批点睛活动；<br>(2) 11：00—16：00　龙眼村五只新龙舟点睛后到龙眼村猛流大涌迎接各方来点睛的龙舟；<br>(3) 10：00—16：00　来自各地的龙舟前往龙眼村太尉庙参加龙眼点睛的龙舟朝拜仪式，点睛后在环村涌巡游，领取11份吉祥礼品 | 各级领导、嘉宾、社会各界人士以及媒体记者 |
| 3 | 10：00—16：00 | 龙眼村 | 开展龙眼点睛民俗活动采风 | ★通过媒体组织区内外摄影、旅游、历史文化爱好者现场观摩龙眼点睛采风活动，用摄影作品和博文宣传推介龙眼点睛盛况 | 摄影、旅游、历史文化爱好者约100人 |

47

续表1

| 序号 | 活动时间 | 活动地点 | 活动项目 | 活动内容 | 参加人员 |
|---|---|---|---|---|---|
| 4 | 11：00—14：30 | 龙眼村城巴站球场（龙眼市场旁） | 好味到镇·勒流站——迎龙宴 | ★ 2014年好味到镇·勒流站美食旅游项目活动，通过顺德电台组织听众、旅行团观看龙舟点睛，品尝龙舟饭<br>(1) 11：00—12：00　勒流四大标准名菜展示；<br>(2) 11：00—14：30　美食灯谜竞猜活动，慈善义卖活动；<br>(3) 12：00—14：00　举办150围（粤语，意为"桌"）龙舟饭 | 各级领导、嘉宾、听众和旅行社团友约2000人 |
| 5 | 19：30—22：00 | 龙眼剧场 | "龙情厚意贺端午·乐韵悠扬迎盛会"联欢晚会 | ★ 勒流曲协、龙眼村凤鸣曲艺、龙眼曲社、龙眼健身队、龙眼小学、龙眼幼儿园共同献艺，齐贺端午节 | — |

　　从表1的活动详细流程来看，点睛文化活动以保护"龙舟点睛"仪式为核心，而书画摄影展、点睛活动采风、迎龙宴以及联欢晚会属于外围文化活动。整个活动将"龙眼点睛"这一核心文化要素放置在当地丰富多彩的文艺活动中，放置在地方政府、媒体、民众以及地方的其他相关人群的交流语境中，从而将非遗传承和文化传播结合起来，营造了一种"对话"的文化生态环境，使非遗的传承直接获得文化"活水"的浇灌和滋润。

　　此外，当地政府和社区还在大力保护与勒流龙舟文化密切相关的实物、场所，从而使勒流龙舟的保护与地方文化空间的营造结合起来，而这对于地方性知识的传播大有帮助。文化空间通常有一个或数个固定的核心象征，这些核心象征由集中体现其文化价值的符号组成，并被文化空间中

地方性知识与非遗的生态性保护

的共同体所有成员所认同。空间与该空间中人们的行为和关系进行互动，形成人们对空间的印象与地方感。如自2015年起，龙眼村开始对太尉庙、点睛台等古旧建筑进行修缮活化，投入资金用于龙船澳、龙船阁和重建龙渚初关等主体建筑，同时在龙眼市场正对面的公园里修建了一个宽约8米的埠头，这不仅为"龙眼点睛"习俗提供了活动空间，也加深了人们对于地方性知识的认知。除此之外，龙眼村还将龙舟文化植入校园，龙眼小学就将传承龙舟文化纳入校本课程，成立龙舟说唱社团，通过学校的文化教育以提升年青的一代对龙眼村和"龙眼点睛"习俗的认识，从而传承和发展地方文化。

综观勒流龙舟的种种保护、传承措施，实际上是与当地社会文化管理和生态环境保护有深刻关系，其本质是发掘和利用地方性知识，营造保护非遗的地方文化生态。这种地方性知识视角，强调了地方性、实践性与主体多元性，是一种与具体文化生态情境相联系的生态性保护。

## 结　语

勒流龙舟的仪式形态、赛事组织及保护实践表明，非遗本质上是一种地方性知识，发掘和利用地方性知识，保护所处地区的文化生态，是对非遗进行生态性保护的有效方式。应当指出的是，勒流当地群众尽管有着丰富的地方性知识，但是并没充分意识到它对于非遗的生态性保护的重要意义。首先，许多居民只是把扒龙舟当作一种娱乐玩耍休闲的方式或者一种民俗，没有认识到其与地方的关系以及对于地方的意义。这就造成勒流龙舟中一些具有深厚底蕴的地方性知识面临消失。如龙眼村的"点睛"仪式是顺德地区乃至珠三角地区最具特色的民俗活动，但当地居民和政府都只把它看作是赛龙舟的一个普通环节，直到2014年才在笔者和其他专家的呼吁和建议下以"顺德勒流龙眼点睛仪式"[①]为名申请第六批广东省非遗代表性项目名录，并于2015年成功入选。其次，当地对于地方性知识的重视和利用仍显不足。比如，地方政府和商会对龙舟赛事的支持，主要集中体现在某些重大节日或某些重大比赛，缺乏对一些社区赛事和村民自发组织的赛事的支持，没有充分认识到人们在公共文化服务中已经越来

---

① 陈绪厚：《顺德龙眼点睛将申省级非遗》，载《广州日报》2014年11月24日。

"非遗"保护与文化认同

期待地方性知识的分享。然而,勒流龙舟的保护实践仍然带给我们丰富的启示:不仅要从地方性知识的视角理解每一个非遗项目的地域和民族特色,同"文化持有者"即当地人展开积极的商谈对话,确保以接近"文化持有者"的眼界来理解文化,形成准确的阐释成果,为非遗的生态性保护提供学理基础,还要在实践上保护各种地方性知识,最大限度地发掘并利用各种并存的地方性知识,为其生态性保护提供参考。

本文访谈对象:
梁孔盛先生,顺德区勒流街道龙眼村梁氏大宗祠理事会会长。
梁汉忠先生,顺德区勒流街道龙眼村梁氏大宗祠理事会会长。
梁孔升先生,龙眼村龙舟点睛人。
何东成先生,顺德区勒流街道黄连村老龙舟保养者、小龙舟制作者、武馆馆长。

# "非遗"保护与区域文化认同的建构

## 季中扬　高鹏程[*]

[**摘要**]　从根本上来说，文化认同是一种被建构出来的集体意识，这种建构可能是从无到有的"发明"，也可能是稍做修改的"挪用"。在建构过程中，有三种主要因素参与其中，一是与他者的比较，二是外力模塑，三是特定的文化记忆。区域文化认同无疑也是可建构的，而非遗的地方性、审美性与符号性与区域文化认同之间具有耦合性，是建构区域文化认同的重要资源。但是，把小地方的非遗建构成较大区域的文化符号时，可能会产生矛盾，一是小地方不愿意自己的文化被征用，二是大区域并不认可来自小地方的非遗作为自己的文化象征。另外，区域文化认同建构过程中征用非遗等传统地方资源，这其实是本土意识对全球化的应激反应，这种区域文化认同其实暗含着某种排他性，可能导致"文化自闭症"，这是应该警惕的。

[**关键词**]　非物质文化遗产　文化认同　文化记忆　区域认同

从哲学家讨论的"同一性"（identity）问题，到心理学家讨论的"自居"（identity）现象，再到晚近人文社会学科都参与讨论的"身份"（identity）问题，认同（identity）问题在不同的学科范畴中都有所关注与讨论。时至今日，围绕此概念的研究仍在继续，可以说是一个常说常新的问题。就语义而言，文化认同（cultural identity）也可以译为"文化身份"，是身份问题的分支。其实不然，文化认同的要义并不在于个体的身份意识，而是指群体的文化自觉与集体归属感。对于相关问题的讨论，始于塞缪尔·亨廷顿（Samuel P. Huntington）1993 年发表于美国《外交》

---

[*]　季中扬，南京农业大学民俗学研究所教授、博士生导师，主要从事民俗艺术、非遗美学、乡村发展研究；高鹏程，南京农业大学民俗学专业 2019 级硕士研究生。

杂志上《文明的冲突?》①一文,其随后出版的《文明的冲突与世界秩序的重建》一书也在世界各地的学界引发了热烈讨论。在该书中,亨廷顿提出:"'冷战'的结束并未结束冲突,反而产生了基于文化的新认同以及不同文化集团(在最广的层面上是不同的文明)之间冲突的新模式。""全世界的人在更大程度上根据文化界线来区分自己,意味着文化集团之间的冲突越来越重要。"②亨廷顿提出的文化认同问题很快就引起了中国学者的关注,不仅是研究国际政治的学者,乃至于研究文学,尤其是关注后殖民批评的文学研究者③、人类学家④都开始参与到这个问题的讨论中来。高小康较早注意到非物质文化遗产(以下简称"非遗")与文化认同的关联⑤,蒋明智率先讨论了非遗龙母传说与粤港澳区域文化认同问题⑥,王利兵关注到南海非遗《更路簿》在渔民群体文化认同促进中的积极作用⑦,张举文以唐人街华人抗议石龙造型为案例,分析了非遗中龙的形象与海外华人认同的关系⑧。张举文还提出,在影视作品中,对非遗产品的全新解读可以促进民族的文化认同。⑨概而言之,大多学者认为,非遗在推动某一群体文化认同方面起到了非常积极的作用,并成为政府部门整合社会关系的一种重要话语机制。但值得注意的是,非遗作为对"小传统"的现代表征,其复杂性不言而喻,因此,对于非遗保护与区域文化认同之间的内在关联尚需在理论层面进一步探讨。

---

① Samuel P. Huntington "If Not Civilizations, What? Paradigms of the Post-Cold War World," *Foreign Affairs*, 1993 (72), pp. 186 – 194.
② [美]塞缪尔·亨廷顿:《文明的冲突与世界秩序的重建》(修订版),周琪等译,新华出版社2010年版,第110、108页。
③ 参见陶东风《全球化、文化认同与后殖民批评》,载《马克思主义与现实》1998年第6期;参见杨博华《全球化、文化认同与文化帝国主义》,载《南京社会科学》2000年第8期。
④ 参见麻国庆《全球化:文化的生产与文化认同——族群、地方社会与跨国文化圈》,载《北京大学学报》(哲学社会科学版)2000年第4期;参见周大鸣《澳门人的来源与文化认同》,载《广西民族研究》2000年第2期。
⑤ 参见高小康《非物质遗产与文学中的文化认同》,载《文艺争鸣》2007年第3期。
⑥ 参见蒋明智《龙母传说与粤港澳文化认同》,载《广西民族大学学报》(哲学社会科学版)2008年第6期。
⑦ 参见王利兵《记忆与认同:作为非物质文化遗产的南海〈更路簿〉》,载《太平洋学报》2019年第3期。
⑧ 参见张举文《龙信仰与海外华人认同符号的构建和重建》,载《文化遗产》2015年第6期。
⑨ 参见张举文《非物质文化遗产与乡土影视的民族认同情结:浅谈古琴和古埙的运用》,载《文化遗产》2013年第1期。

## 一、文化认同的建构性

关于认同问题,一直有本质主义与建构主义之争,在个体的自我认同方面,前者认为身份之认同与生俱来,与社会建构无关;后者则认为身份认同源于人们与社会的相互建构,个人会根据社会交往中的不同需求进行理性选择、"发现"自己的身份。① 王明珂认为,身份认同有"根基论"与"工具论"两种基本观念。"根基论"者强调个体与群体在血缘、语言、宗教、风俗习惯等方面根基性的联系,但并不以生物性特征与客观的文化传承定义群体,"相反,他们相当注意主观的文化因素";"工具论"者则倾向于以政治、经济资源分配来解释族群的形成、维持与变迁。② 就文化认同而言,除了极端原教旨主义者,很少有人主张本质主义。从根本上来说,文化认同就是一种被建构出来的集体意识,这种建构可能是从无到有的"发现",也可能是稍做修改的"挪用"。也就是说,文化认同并非"顿悟"性的,而是有着情感的线性发展过程。本文认为,文化认同的建构性涉及以下三个基本问题。

首先,文化认同意味着文化的自觉,而自觉的前提是对自身文化的存在有所认知,即费孝通所说的生活在一定文化之中的人对其文化的"自知之明"③,这种认知来自与他者的比较。人类学家认为,"人类生活应被视作一个整体———一个由许多方面和许多力量编织而成的结构,所有的一切都是由文化构建而成"④。就此而言,人们活在文化之中,就像鱼在水中一样,"百姓日用而不知",只有当他们离开水的时候,才会意识到水的存在。这种与异文化的相遇通常会给亲历者带来心理上的冲击,甚至生理上的不适,社会学家将这种现象称为"文化冲击"或"文化震撼"。面对异文化的冲击,人们总会从自身文化中寻求庇护,并以此为工具,推动对自身文化的认知与反思,在进行价值判断的过程中,产生文化自觉,继

---

① 参见[印]森阿蒂亚·森《身份与暴力》,李风华等译,中国人民大学出版社 2012 年版,第 15－32 页。
② 参见王明珂《华夏边缘》(增订版),浙江人民出版社 2013 年版,第 16 页。
③ 费孝通:《论人类学与文化自觉》,华夏出版社 2004 年版,第 188 页。
④ [美]詹姆斯·皮科克:《人类学透镜》(第二版),汪丽华译,北京大学出版社 2009 年版,第 1 页。

而形成文化认同。近年来,"只要出过国门就会更爱国"的话语得到了越来越多人的认可与支持。在海外,华人华侨及中国留学生的爱国之情与日俱增,逐渐成为中国展示大国形象的重要力量,而这背后,正是海外群体在对中华文化与他文化的比较中产生了文化自觉,强化了对"中华民族"这一群体的文化认同。

当然,对自身文化的自觉并不仅仅限于他者空间,当在本土遭遇他文化时,也有可能意识到自身文化的存在。一般情况下,在与他者文化进行比较后,本土会采取锚定(anchoring)或抵抗两种应对策略。所谓锚定,就是以固有的观念、话语去解释、命名、接纳不熟悉的事物或文化刺激。也就是说,锚定策略主要是从本土文化中寻找与他者文化中相似的部分,塑造一种"自古以来即有"的认知,以维护本土文化的完美形象。例如,马列主义刚被传入中国时,就曾有人以儒家学说中的"大同"一章来比附,试图证明马列主义并非外来的,而是一种文化的"回归"。这种文化策略看似既抵御了他者文化的冲击,又有效地维护了民族自尊心,其实不然,真正的文化自觉不应该是这种极端的"文化自恋",而应该是自我的理性批判。抵抗策略则更为极端,有文化原教旨主义倾向,对他者文化充满敌意,强调以本土的、传统的文化对抗外来文化。

其次,文化认同是由内在需要与外力影响共同塑造的。文化认同是一种归属感需要,但并非每个人都有文化认同的需要。对于个体而言,文化认同并不像性别认同那样必须做出选择,它是一种柔性需求,有时甚至是可有可无的。我们发现,个体为了能够更好地融入强势的"他者"之中,甚至会策略性地改变自己的文化认同。人类学家认为,民族文化认同往往受到政治、经济的强力影响,具有工具性倾向。我们发现,地域文化认同中也存在工具性、策略性选择现象。例如,宜兴紫砂行业中的机车壶匠人大多来自苏北兴化地区,他们常年聚居于苏南宜兴潜洛村一带,在日常生活及与兴化人的生意来往中,一般都操持兴化方言,而在与宜兴当地紫砂艺人的往来中,为了避免被视为"刚波宁"(江北人),提高生意上的谈判成功率,兴化人总是会操着一口不太流利的宜兴方言与其交流,而避免使用兴化方言及普通话,有时还会对自己的籍贯进行叙事改编,从而拉近与对方的地理空间隔阂。在文化认同塑造的过程中,外力影响的作用显得更为重要,因为外力在对文化认同的塑造中呈现出一种潜移默化的强制性,在不知不觉中影响、改造着人们的社会文化心理。这种外力主要表现

"非遗"保护与区域文化认同的建构

为社会学家所谓的"社会表征",即特定人群共有的思想、观点、形象与知识结构。在现代社会中,大众传媒就是一种典型的社会表征机制。但是,社会表征本身又具有两面性。即人们可能会以某种地方性的"小传统"社会表征抵制大众传媒社会表征的影响、形塑,尤其是借用非遗的力量,强化对地方与传统的认同。

最后,文化认同的建构应该基于特定的文化记忆。扬·阿斯曼指出,文化记忆是"传统的形成""对过去的指涉""政治认同或想象"等关键词的上位概念。① 也就是说,需要以文化记忆来解释传统与认同。小到一个家庭在聚会时会回顾斑驳发黄的照片,长辈会对晚辈讲述家族的故事,在对过往的回忆中建构属于家庭内部的文化认同;大到国家纪念日里举行的阅兵盛典、文艺晚会、各地对烈士的祭奠、对辉煌岁月的追忆,这些都成为国家建构文化认同的重要手段。在外力引导下的文化认同,如果没有特定的文化记忆支撑,就可能沦为短暂的、虚假的认同,因此加强文化记忆的建设就显得异常重要。阿斯曼在《文化记忆》一书中指出,所谓文化记忆,是集体记忆的一种类型,在这种"指向群体起源的巩固根基式回忆"中,仪式和节日是其首要的组织形式。与日常生活中的交往记忆不同,文化记忆主要"以文字、图像、舞蹈等进行的传统的、象征性的编码及展演"②。就此而言,方言、习俗、节日、传说等非物质文化遗产在区域性文化认同的建构过程中是具有特别意义的。"非遗"从其概念本身而言蕴含着时间的向度,是单向线性与曲线循环的双重复合,前者是指"非遗"的世代传承与持续,后者则可被理解为频繁的重复,乃至"被不断地再创造"③。正是在这种传承与重复中,人们的文化认同被不断地建构与加强,直到为群体内部所有人接受。

---

① 参见[德]扬·阿斯曼《文化记忆:早期高级文化中的文字、回忆和政治身份》,金寿福等译,北京大学出版社2015年版,第15页。
② 参见[德]扬·阿斯曼《文化记忆:早期高级文化中的文字、回忆和政治身份》,金寿福等译,北京大学出版社2015年版,第46、51页。
③ 《保护非物质文化遗产公约》(中文订正本),巴黎,2003年10月17日,第一章第二条(一)。

## 二、非遗与区域文化认同的"耦合性"

非遗是某一区域文化网络中的重要组成部分,是建构区域文化认同的重要资源。物理学中用"耦合"一词对两个及以上实体间的相互影响进行描述,如在电路网络中,某一部分的电压发生变化时,会对其他电路乃至整个网络产生影响,而对关联程度的测量则用"耦合性"来表示。这种电路网络的模型为我们理解非遗与区域文化认同之间的关系提供了一种思路。我们发现,非遗与区域文化认同之间具有一定的"耦合性",即非遗的某些内涵、元素的变化及运用等可以直接影响区域文化认同,甚至转化为区域文化认同的要素。具体可从如下三个方面进行考察。

其一,非遗具有地方性。非遗是民众日常生活文化的结晶,而民众日常生活文化具有明显的地方性,包含着特定的风土与人情。俗话说"一方水土养一方人",能够在当代传承且被纳入代表性"非遗"名录,必定为某一特定群体所特别珍视,必然具有鲜明的地域性。当然,在历史上,由于长期的人员流动与社会交往,很多文化形态都具有超地域性,如"七夕"传说、春节团聚、清明扫墓等。即使是这些具有全国性影响力的非遗,仍然有着独特的地方性。例如,在福鼎太姥山镇的冷城古堡内,当地百姓虽然也过端午节,但他们的端午节却是五月初四、初五两天,即"双端午"。这一习俗源于当地"端午节前一日出城杀倭寇"的历史记忆。

非遗的地方性意味着对其文化记忆总会与特定的地方相联系。正如诺拉在《记忆之场》中指出,"记忆之场首先是些残留物","博物馆、档案馆、墓地和收藏品、节日、周年纪念、契约、会议记录、古迹、庙宇、联想:所有这些就是别的时代和永恒幻觉的见证者"①。非遗并非就是无形的,也包括特定的物与空间,而这物与空间就是诺拉所谓的"记忆之场"。随着时间的流逝,人的交往记忆会在世代更迭中变化,甚至被忘却。特定的地理空间为记忆的传承与保存提供了载体,让每一位民众能较容易地了解到过往的艰辛与不易,进而唤醒其文化记忆。当然,有些非遗可能是属于某个家族、某个族群的,这是因为一个人的文化认同可以是多

---

① [法]皮埃尔·诺拉主编:《记忆之场:法国国民意识的文化社会史》,黄艳红等译,南京大学出版社2015年版,第10页。

元的，家族、族群的认同并不排斥地域认同，有时还可能因为在当地影响巨大，甚至成为地域认同中的代表。

其二，非遗具有审美性。一方面，非遗的审美经验具有区域公共性。康德认为，审美并非建立在个人的情感体验基础之上，而是基于人类共通的审美情感。① 在经验层面，我们无法确认人类究竟是否存在共通的审美情感，但是，在一定的文化圈内，人们的审美情感确实是有共通性的，尤其是在民俗文化层面。与精英艺术的审美经验不同，民俗文化的审美经验立足于广大民众的富有人情味的日常生活，它具有显著的地域相通性。所谓"百里不同风"，暗含着一种认知，即相对较小的地域内是"同风"的，而"风"即"风尚"，就是某种共通的审美经验。非遗本质上就是传统民俗文化中被认为具有某种现代价值的部分，因而，非遗审美经验必然具有地域共同感。另一方面，非遗审美经验不同于剧院、音乐厅、画廊中的审美经验，它是一种并未从日常生活空间剥离出来的、无距离的、融入性的审美。② 非遗审美经验往往不是来自辨识审美对象的新异性，而是来自对审美对象的文化认同，也就是从中发现、确认自身固有的某种文化理念或经验。因而，非遗审美经验具有共同的价值取向，主要是一种区域文化的认同性审美。

其三，非遗具有符号性。理论上来说，非遗表现为语言、习俗、技艺等，是无形的，并不具有符号性。其实不然，这些无形的遗产都需要具体的形象和载体来呈现。非遗总是呈现为某些可视化的符号，如具体的民间传说、技艺精湛的手工艺品等。不仅如此，某种非遗名称本身就是一个符号，如云锦，其名称本身就具有符号性，代表着南京文化的一个方面。后者尤为重要，它可以提升为区域文化的象征元素，可以成为建构区域文化认同的重要媒介。事实上，很多地方热衷于举办端午节、七夕节，重视宣传各种非遗，其潜在意图很明显，就是要塑造地方形象。而着力塑造地方形象不仅仅是为了提高对外知名度，也是为了强化地域认同感、自豪感，进而将其转化为招商引资的筹码。非遗符号化其实是一把"双刃剑"。一方面，非遗符号有利于将无形变为有形，令非遗本身得以具象化，在传播

---

① 参见［德］康德《判断力批判》，邓晓芒译，人民出版社2002年版，第76页。
② 参见季中扬《民间艺术的审美经验研究》，中国社会科学出版社2016年版，第12－16页。

方面拥有巨大的优势,成为建构区域文化认同的重要推手。比如,中国形象在传播中就非常重视非遗符号的使用,古琴、京剧脸谱、茶艺表演、书法篆刻、舞龙舞狮、汉服唐装、青砖黛瓦等,这些符号塑造出一种审美化的中国形象,在海内外产生了相当大的影响力。另一方面,非遗符号化也会导致形象固化、扁平化、表面化,将非遗丰富的文化内涵消解掉,甚而对文化认同的建构起到反作用。如"二人转"的广泛传播,对于建构东北地域文化形象就未必总是积极的,它可能诱导人们错误地想象东北人。

## 三、非遗与区域文化认同的矛盾性

文化认同其实是一种集体意识,或者说是一种共同体意识。任何共同体都并不一定是实际存在的,而可能是一种想象。想象的共同体也是有边界的。王明珂提出,人们通常以特征描述或历史追溯来界定一个共同体,其实,如同决定一个圆的并不是其内部的范围,而是圆圈"边缘"的线条,研究共同体的"边缘"更有助于理解这个共同体。[①] 问题是,想象的共同体的边界是无形的。而非遗是具有地方性的,这就意味着非遗的存在有着现实的地理空间边界,某种非遗边界与人们所要建构的区域文化认同的边界未必是重合的。为了建构区域文化认同,人们常常会策略性地强制两种边界重合,有时将小地方的非遗扩大成整个区域的文化符号,有时也会把大区域内的诸多文化故意精简为某一类非遗,这样,区域文化认同与非遗之间的矛盾其实是很难避免的。这个矛盾主要表现为两个方面,一是小地方并不愿意自己的文化被征用,二是大区域并不认可将来自小地方的非遗作为自己的象征文化。在那些非历史长期形成而是人为建构的文化区域内,这种矛盾尤为突出。比如,苏北宿迁市是1996年从淮安地区划出的新的地级市,所辖的三县两区历史上并无隶属关系,因而,不管是流行于沭阳县、泗阳县的淮海戏,还是流行于泗洪的泗州戏,或是流传于宿豫区的柳琴戏,无论其中的哪一个戏种,都无法代表所有民众的文化选择,都无法成为代表宿迁市的非遗文化,成为建构区域文化认同的符号资源。

以非遗建构区域文化认同还须考虑一个问题,即非遗与文化认同的时

---

[①] 参见王明珂《华夏边缘:历史记忆与族群认同》(增订本),浙江人民出版社2013年版,第2-4页。

间性问题。不管是"非遗",还是文化认同,都不是一朝一夕之事,往往需要数代人不断地沉淀与积累,而"建构"往往意味着策略性、短期性,二者之间是有矛盾的。要解决这个矛盾,以非遗建构区域文化认同时,应该充分考虑历史性、现实性与未来性。

首先,对非遗进行创新性阐释与利用时,必须尊重历史。非遗本质上是当代社会对于传统价值的再发现,因而,在对其进行保护与传承时既要有历史意识,也要有当代视域。所谓历史意识,是说要重视非遗的历史延续性,尊重非遗的历史内涵,保护好非遗的核心要素,让其能够得到活态化的传承,而不能根据现实需要随意地对其进行阐释与创新。正如苑利所言,不能把"现产"当成"遗产"。[①] 因此,在以非遗建构区域文化认同的过程中,要平衡好短期"策略"与长期"积淀"之间的关系。所谓当代视域,是说非遗的价值不仅仅在于它的历史性,它不是文物,"时间性"不是衡量非遗价值高低的主要尺度。事实上,一般对非遗所要求的传承时间,只要百年或三代即可,而不是说越是历史悠久,其价值就越高。在某种程度上,无论是创造经济效益、传承历史文化,还是维护社会稳定,非遗对现代生活的意义才是衡量其价值更为重要的尺度。

其次,在对非遗进行创新性阐释与利用时,要面向未来。所谓遗产,意指前人留给后人的财富,可以对后人未来的生活有所帮助,而非遗亦当如此。当我们把某种传统的生活文化视为非遗之时,就已经意味着对其当代性与未来性的肯定,认为它对我们未来生活是有积极意义的。一方面,非遗中体现"真、善、美",彰显对生命生生不息的追求,对美好生活的憧憬与向往,对家人团圆、亲友欢聚的期待,这些价值取向有着永恒的意义,既是当代的,又是未来的。另一方面,其未来性所内含的价值并非显而易见的,需要不断阐发、建构;尤其随着社会的变迁、进步,不断阐发、建构更为重要。不断阐发与建构终将积淀为历史,进而形成新的文化认同基础与文化圈。就是说,历史地看,非遗的主体、内涵并非固定不变的,其传承人,尤其是共享非遗的群体是不断变化的。就此而言,非遗与区域文化认同之间不管是空间上的,还是时间上的潜在矛盾,在面向未来的视角下,都有可能被逐渐消解。

---

① 参见苑利《把"现产"当"遗产":会不会使中国的非遗保护走上不归路?》,载《原生态民族文化学刊》2020年第12期。

## 结　语

总而言之，从根本上来说，文化认同关涉主体性与归属感。只有当个体意识到"我是谁""我属于哪个圈子"等问题，且必须面对和回答的时候，才能真正建构起自我认同与文化认同。就此而言，任何外力的建构都必须转化为主体的内在需要，否则都将是一场空谈。因此，建构区域文化认同时，尽可能地利用非遗等原本属于民众固有的地域文化资源显然是很好的策略。区域文化认同建构过程中征用非遗等传统地方资源，这其实是本土意识对全球化的应激反应，这种区域文化认同其实暗含着某种排他性，可能导致"文化自闭症"，对此，我们应该警惕。马里奥·瓦尔戈斯·略萨早就指出，"'文化认同'的概念是危险的"[1]。因此，我们在讨论建构文化认同这个问题时，应该清醒地意识到其中所暗含的危险性，尤其是当这种认同的建构不是基于个体的自由选择，而是意识形态的引导之时。具体而言，以非遗等传统文化建构大湾区文化认同，这固然有利于塑造特色鲜明的地域文化，但对于这个以"开放"著称的区域，其潜在的负面影响也应该警惕。

---

[1] ［秘鲁］马里奥·瓦尔戈斯·略萨、于海青：《全球化、民族主义与文化认同》，载《当代世界与社会主义》2002年第4期。

# 湾区文学与人文湾区片谈

## 于爱成[*]

对照国际著名大湾区的经验,上升到国家级区域经济战略高度的粤港澳大湾区建设,正有序并卓有成效地解决如何在"两种制度"下实现有效的跨境协调,如何在"三个关税区"实现生产要素的高效流通,如何在"三个法律体系"下构建深度融合的法律基础,如何在跨境多中心区域内推进城市群的错位发展,如何打消部分人群对粤港澳融合发展的疑虑等问题。可见,粤港澳大湾区首先是一个经济概念,背后涉及复杂的制度设计。相比较而言,大湾区文化包括文学艺术,是在经济背后起作用的精神层面的构成要素,是缓慢养成并缓慢起效的,但却不是可有可无的。对粤港澳大湾区来讲,文学艺术乃至文化生活的意义在于,如果没有湾区文学艺术的繁荣,自然很难有成功的湾区模式。这正如达拉斯和旧金山的区别。达拉斯有新兴产业,经济充满活力,但人才流失,只因缺乏文化氛围。而旧金山经过多年发展,在高新技术产业、金融服务业、文化产业和旅游业等方面取得显著成效,形成了良好的自然、生态和文化。

相对而言,粤港澳大湾区城市群的各个城市,文化和文学艺术有其基本共性,也各具特点。尤其是广州、香港、澳门、深圳四座城市在大湾区共同体中的功能定位,实际上是构建大湾区新文化的枢纽所在。广州是岭南地区传统的政治、经济和文化中心,直到今天仍是岭南文化的代表;香港是中西文化荟萃的国际大都市;澳门是传统与现代有机融合的典范;深圳是熔中国南北文化为一炉的新兴移民城市。广州源远流长的岭南文化传统,香港国际文化大都会的国际化背景和产业发展规模、制度优势,澳门中庸性、协调性的文化适应,深圳兼容南北、东西文化并超前试验的角色定位和实践,使得四地互有优势、不可取代,进行持续畅通、有效的交流和对话,并引领带动大湾区所有城市进行文化的融合、创新,这是大湾区

---

[*] 深圳市作协副主席、评协副主席,民俗学博士,研究员。

新文化形成的基础。这种多元化、国际化、市场化的资源以及由此带动的制度创新优势,是国内任何都市群、经济圈所不及的,也是粤港澳大湾区竞争力的体现和保障。

粤港澳大湾区的战略实施,基于地缘、人缘、心理定势、文化血脉的天然关联,旨在通过形成更多的文化认同、更深切的人文关怀和世俗关怀,打造大湾区新文化,形成交流共融、互动共赢的粤港澳大湾区经济文化共同体,开创粤港澳大湾区经济文化新时代。而文学作为文化的重要组成部分,作为小文化的核心,是历史、文化、政治、经济、社会最深刻的体现、最敏感的细胞、最迅捷的反映,大湾区文学将率先发挥起收拾世道人心、统聚人脉地气、提升人文氛围的功能,这是大湾区资源整合、经济共进、社会融合、人心所向,也是推动形成大湾区文化的新形态、新优势。

大都市群时代、大湾区时代的到来,必然会迎来都市文学写作的高潮和主潮,这种大湾区时代的新文学也必然对过去的城市文学写作形成兼容,产生变革,在兼容共同地域性、时代性、城市性、国际性的基础上,在葆有城市文化的连续性,保持文学创作所必然要求的识别度、个性化的前提下,呈现出都市群文学主题的某种共性特征。在这时候,很多人呼唤大湾区文学时代的到来,"大湾区文学"的概念也呼之已出了。

不过,对"大湾区文学"命名,我们还是需要警惕其中的命名机制可能带来的权力话语迷途。毕竟文学是相对个体化、个性化、多元性和丰富性强的精神表达。和内地的书写者不同,湾区或者说当代珠三角的书写者,往往要面对这样一个话题:自己与生活在这个省份、这片区域、所在城市之间的关系,以及自己在这里能写什么和怎么写。内地的写作者不需要回答这些问题,因为他们与所生活的地方有着与生俱来的联系,地域性、区域性关系先在地存在并得以确定,并没有纠结,但大湾区的写作者却无法摆脱,无从逃避。

以广州、深圳、东莞等地的大湾区写作者为例,我们会发现,他们当中的大多数并不能说清也不愿意试图厘清自己、自己的写作与所在区域到底存在什么关系,是否已经建立起关系或如何建立起关系这类问题。他们只是遵照生存和发展的法则,以移民的身份来到这里并进行写作,而并非在写作的意义上把自己与属地进行关联。身为他者,来到中国改革开放的源头,同时也是市场经济率先启动的区域,无论是生存还是写作,他者的身份始终存在，兴奋感、新鲜感过后的撕裂感、焦虑感、不适感的普遍存在也不言而喻。

在深圳、东莞等地，几乎很难找到一个从容不迫的书写者，甚至找不到一个有理论准备和书写谋略的城市书写的潜伏者。正如著名作家邓一光所深刻指出的："对现实生活的妥协和依赖，让大多数写作人委身于现实生存，委身于主要由城市体制代表的时代风尚，急匆匆、懵懵懂懂地与××诗人、××小说家、××剧作家这样一些符号画上等号，并以获取这样的符号为荣，放弃对历史、命运、时空的观照和抒写，不但没有视野景深，也没有文学想象力所要求的对现实真正的疏离与颠覆。"在上述写作中，写作人自身隐身了，诗人、小说家、剧作家不见了，人们看到的只是一个个以"××"地域为统一命名的格式化写作行为。

在全球化大潮中，还有多少写作人的生活及写作具有连续性，这个问题其实不言自明。珠三角地区或者说大湾区的写作者尤其如此，他们没有北京、上海、武汉、南京、西安等同行那样的文化脉络、文化积淀、传统谱系和文化背景，也缺乏对成熟城市文化的总结能力和把握能力，因此，除了现代性焦虑和现代人精神困境的写作，珠三角城市群和大湾区其实很难产生真正意义上的本土写作。这里的作家遭遇着史无前例的对旧有经验的纠缠和对新鲜经验的茫然，进退失据，左右游移。在这种处境下，当下广东的文学，尤其千呼万唤的"大湾区文学"难以迅速出现成熟的文学形象、产生成熟的文学经验，就是不言而喻的事情了。

因此，广东不是所有广东作家和诗人的本土，大湾区也不是所有"9+2"城市作家和诗人的本土，甚至也不会是任何一个作家和诗人的本土，广东、大湾区也远没有成为所有广东、大湾区作家和诗人认知世界中的精神家园。

当我们探讨"大湾区文学"这样的话题的时候，也许首先需要回答这样一个问题：真的有"大湾区文学"存在吗？如果有，它是什么？难道素材和内容与广东、岭南、珠江、大湾区有关，就等同于广东文学、大湾区文学吗？难道在这里生活，就一定会与以这个省份、这片区域、这座城市命名的文学书写发生关联吗？

当我们谈论"大湾区文学"的时候，我们还是需要提醒自己，写作和阅读都是个人的事情，但环境无疑也是重要的，它指证生命的可能性，激发写作的可能性。冲突的环境有助于写作的全然打开。我们因此可以

说,写作,与地域有关,与区域有关,但与地域符号无关,与区域符号无关,或者说无足够紧密关联,其中的权力关系是需要警惕的。

我们可以说,所谓"大湾区文学",并不是一个本质意义上的"大湾区文学"流派,这样的概念也不存在。但不妨将"大湾区文学"作为一个开放的体系,将其作为审美现代性在文学上的必然反映。

文学与文化认同(或者说身份认同)的关系,曾经是一个长期未被关注的问题。文化身份是一个被建构的过程,正如深圳文化、广州文化,都是如此。因此,本质化的、一成不变的大湾区文化是不存在的。大湾区文化只能形成于湾区城市群不同亚文化、不同历史文化、不同区域文化、不同民俗民间文化、不同城市文化的交流与交往中、对流与对话中、影响与博弈中。正如深圳文化的形成,也正如广州文化的新变。文学,大湾区不同城市的文学,所能做的也许只是展示,只是呈现,呈现大湾区的人、事、物、身、心、灵,呈现这个区域的发展变化与世相民生、人心人性、经验想象,至此也就足够。

只有在文本中,而不是在口号中,经验与想象两者共存,文学中的大湾区、城市哪些是经验中的,哪些是被想象所赋予意义的,被赋予的是什么样的意义,又是怎样被赋予意义,这些问题并不是写作者的事。可以肯定的是,文学中的大湾区和城市,并不完全来自经验叙述,在很大程度上,它是一个被赋予意义的区域和共同体,也即"文本大湾区"。正如深圳,自 20 世纪 70 年代末至经济特区建立、城市崛起,它表现为一种现代性意义的堆积,甚至表现出某种现代性修辞策略,并主要被表达为国家意义与现代化、城市化意义,以此构成了"文学中的深圳"这一强大的现代性身份。大湾区文学同样如此。

# 略谈宗教在粤港澳大湾区文化认同中的作用

## 陈延超[*]

〔摘要〕粤港澳五大宗教和民间信仰同根同源,历史悠久,信众众多,宗教文化遗产丰富,影响深远。宗教构成了粤港澳大湾区文化的重要组成部分。宗教信仰发展过程中留下的文化遗产和文化回忆组成了文化认同的基础。当下的宗教实践和文化交流有助于促进粤港澳三地民心相通,推动大湾区文化认同,构建共同的精神家园。在推动粤港澳大湾区文化认同和国家认同方面,宗教领域也要有所作为。

〔关键词〕宗教 文化认同 粤港澳大湾区

## 前　言

广东、香港、澳门多种宗教并存,主要有佛教、道教、天主教、基督教、伊斯兰教和内容庞杂的民间信仰[①],除此之外,在香港还有孔教、锡克教、印度教,在澳门有巴哈伊教和摩门教等新兴宗教。粤港澳三地地缘相近,语言相通,人缘相亲,各宗教在历史上渊源极深,在现实中长期存在着交往和联系,它们对三地社会、经济、文化的发展都产生了较大作用,是大湾区文化的一个重要组成部分,因此,在探讨和构建大湾区文化认同时就不能忽略了宗教的角色和作用价值。

---

[*] 陈延超,广东省民族宗教研究院宗教所所长,博士。
[①] 根据杨庆堃的"弥散性"宗教定义和现行管理体制,本文将民间信仰归入宗教范畴一起讨论。

## 一、宗教信众是大湾区文化认同主体的重要组成部分

粤港澳大湾区包括香港特别行政区、澳门特别行政区和广东省的广州、深圳、珠海、佛山、惠州、东莞、中山、江门、肇庆等9市。我们在探讨文化认同时，必须关注认同主体即人的情况。据不完全统计，广东湾区9市佛教、道教、伊斯兰教、天主教、基督教五大宗教教徒人数不少于193.74万人，教职人员2462人，民间信仰信众人数难以统计，几乎每村都有土地庙等地方信仰场所，民间信仰的信众人数肯定比五大宗教信徒的人数多得多①。香港的总人口700多万人，其中佛教、道教信众200万人，天主教和基督教信徒有84.3万人，伊斯兰教徒22万人，印度教徒4万人，锡克教1万人，等等②。澳门的总人口68万人，佛教、道教及民间信仰的信众有20多万人，天主教信徒3万人，基督教徒8000多人，巴哈伊教徒2000多人，等等③。香港、澳门的宗教信众人数平均占当地总人口的一半左右。

粤港澳大湾区宗教信众人口众多，他们构成了大湾区总人口的重要组成部分。与其他群体相比，他们具有不同程度的信仰，他们所认同的宗教教义理论，为其文化认同提供了一个意识上的基础。他们遵守一定的教规，共享一系列的符号系统，这让他们产生了共同的认知，从而形成团体意义上的文化认同。他们定期或不定期参与各种宗教仪式，这使其信徒身份不断得到重新确认，肯定自身的文化认同，从而在文化认同方面比其他人群更坚定。英国学者霍布斯鲍姆曾说："宗教原本就是人类用来团结力量、交流心灵的最古老组织之一。通过共同的仪式和兄弟之情，宗教便可以将完全没有共同性的人群集结在一起。"④ 与此同时，他们还会影响到身边一定数量的人，在各宗教周围，多存在一大片像基督教"慕道友"

---

① 据2019年有关主管部门的统计数字。据分析，教徒人数数字应该是保守数字。
② 参见张斌、张鸿羽《宗教多元与文化挑战：香港少数族裔的信仰现状分析》，载陈进国、张斌《粤港澳大湾区宗教蓝皮书（2019—2020）》，（澳门）文化公所2021年版，第110页。
③ 参见杨兆贵《"双庆"、治理、对外交流：2019年澳门宗教发展分析》，载陈进国、张斌《粤港澳大湾区宗教蓝皮书（2019—2020）》，（澳门）文化公所2021年版，第162页。
④ ［英］霍布斯鲍姆：《民族与民族主义》，李金梅，译，上海人民出版社2006年版，第77页。

那样既产生了信仰认同但还没正式履行入教程序的群体。宗教文化影响力实际上不限于这些信众,认同宗教信仰、价值、理念的人数大于正式皈依的信徒人数。

虽然各宗教信仰认同有差别,但并不影响信众和谐共处,甚至形成大的认同。中国的宗教与欧美的不一样。在同一个家庭中,父亲可以信道教,母亲拜佛,子女中可以有一个是天主教徒,一个是基督新教徒,甚至一个是圣公会,一个是浸信会或是小群教会。家庭成员虽有不同的宗教信仰,但不同宗教信仰的家庭成员照样可以和谐地生活在一起[①]。在一定条件下,小的族群会形成更高层次的认同和族群。大的认同下分有小的认同,小的认同可以提升大的认同[②]。各个宗教信仰有其"边界",但通过交流互动等,可以形成新的层次的认同。宗教实践是大众性的,宗教沟通和交流,可以推动不同宗教文化信仰,不同族群之间相互沟通交流、相互接纳,在"精神家园"层面上促进文化认同。在香港,基督教、天主教、佛教、道教、孔教和伊斯兰教等六大宗教自1978年开始成立"六宗教领袖联合秘书处",互通消息,每年春节联署发表新春贺词,并经常举行讨论会、意见交流会等,就"生、死、痛苦及教育"等问题交换意见,推动公民教育和社会道德建设,在社会信仰认同层面做出了积极贡献。

文化认同是由多个层次的因子构成的,不同的构成因子具有不同的意义和功能[③]。在以中华文化及国家归属为核心的文化认同的主体层次之下,包括宗教在内的多元文化价值取向就成为大的更高层次文化认同的基础和前提。宗教文化认同的建设,有助于建构大湾区文化认同,实现国家文化整合,增强湾区凝聚力、向心力,促进社会和谐稳定繁荣发展。

## 二、共同的宗教历史渊源是大湾区文化认同的重要因素

共同的文化渊源是文化认同最重要的因素[④]。粤港澳三地宗教基本是

---

① 参见吴梓明《宗教与香港社会:个案与理论的反思》,载《上海大学学报》2007年第3期。
② 参见周大鸣《澳门的族群》,载《中国社会科学》1997年第5期。
③ 参见郑晓云《澳门回归后的文化认同变化与整合》,载《中南民族大学学报》2010年第2期。
④ 参见周大鸣《澳门人的族群与文化认同》,载《广西民族研究》2000年第2期。

同源同根。除中国本土宗教道教由北往南传入广东外，佛教、伊斯兰教、天主教、基督教都由海路经广东传入中国内地。广州西来初地华林寺是我国佛教禅宗祖师达摩从古印度泛海而来在中国最早登陆的地方，广州怀圣寺是中国最早的伊斯兰教清真寺之一，清真先贤古墓是唐代阿拉伯伊斯兰教传教士宛葛素归真后的安葬地。天主教与基督教于晚明和清代相继从西方传入广东，他们先是以澳门、香港为重要传教据点向广东传教，最后以广东为依托向内地推进。道教由北而来，但早在西晋时期，道教理论家葛洪就在广东从事道学研究和修炼，自此以后道教在岭南绵延流传。

从古至今，广东宗教都与香港澳门有着密切的关系。香港佛教可追溯到南北朝刘宋年间，由杯渡禅师传入。广东四邑纪修法师，是香港宝莲寺开山祖师，广东南海筏可法师，创办了香港佛教联合会，广东新会圣一法师，既中兴曹溪南华寺又主持宝莲寺。澳门佛教，始于唐朝咸通年间真教禅师，后有广东石濂大汕、栖壑道丘曾驻锡澳门，广东观本法师曾任澳门功德林法席。近现代广东省高僧云峰长老和新成长老都曾驻锡香港，香港智慧长老、泉慧长老、澳门健钊长老都是弘法寺本焕长老嗣法门人。香港、澳门全真教法脉源自罗浮山冲虚观、广州三元宫、南海西樵山等，大多是从广东珠江三角洲地区的祖堂分支香港，香港道堂的科仪经本大多是承接广东道教科仪传统而来。香港、澳门华人穆斯林主要由广州、肇庆迁居过去，20世纪在香港、澳门兴建几座清真寺，在港澳清真寺任职的华人阿訇，大部分都是从广州聘请，如广州知名阿訇杨瑞生1938年赴澳门任阿訇，归真后葬于澳门回族公共坟场[①]。天主教方面，澳门是远东最早的传教中心，1568年葡萄牙人卡内罗主教奉罗马教皇之名，由印度抵达澳门，建立主教署，辖区包括广东、广西和海南。后来，意大利耶稣会士罗明坚、利玛窦等传教士从澳门到广东传教，在肇庆建立中国内地首座教堂仙花寺，发展华人入教[②]。中国基督新教开教鼻祖是英国伦敦会传教士马礼逊[③]，他也是由澳门进入广州进行传教，并在澳门给中国第一个华人

---

① 参见雷雨田等《广东宗教简史》，上海文艺出版总社2007年版，第252、257页。
② 参见雷雨田等《广东宗教简史》，上海文艺出版总社2007年版，第310页，第314 – 315页。
③ 参见广东省地方志编纂委员会《广东省志（宗教志）》，广东人民出版社2002年版，第349页。

信徒蔡高洗礼,在广州按立梁发为第一位华人传道人,并为其子施洗①。粤港澳三地宗教同源同根,交往密切,彼此熟悉,享有共同的历史文化回忆。

德国哲学家扬·阿斯曼指出,文化记忆是"传统的形成","对过去的指涉"和"政治认同或想象",是集体记忆的一种类型,一种"指向群体起源的巩固根基式回忆",主要"以文字、图像、舞蹈等进行的传统的、象征性的编码及展演"②。各宗教在提及传统和认同时,常需要以文化记忆来解释,各宗教的经典都在开始部分提到本教的创建过程及举行宗教仪式的日子,神职人员讲经说法是重要的一个环节,也常提到宗教历史。历史上的创教人、岭南开教祖师、传教过程中重要的神职人员和信众代表,以及经典语录、事件、节日的形成和传说等等,常是讲经说法中的重要内容,从而也成为认同的标识和象征。教职人员通过对过往的回忆建构了内部的文化认同,传统也成为"从过去传承而来并浸透了文化意义和象征意义"③。可以这么说,历史文化记忆是信仰文化认同得以从中产生的土壤,它为文化认同提供了生动丰富的历史素材,为信徒身份固化和宗教群体认同提供了重要基础,保证了宗教群体文化认同在历史发展中保有其文化身份的完整性、连续性和统一性而不被中断。历史文化回忆建构并保持着文化认同,倘若失去共同的文化记忆,就会失去文化认同。

## 三、丰富的宗教文化遗产是粤港澳大湾区重要的文化资源

粤港澳三地宗教在长期的发展过程中,形成了丰富的文化遗产,不仅包括大量的宗教物质文化遗产,如宗教文物古迹,还包括丰富多彩的宗教非物质文化遗产,如宗教民俗、宗教音乐、宗教仪式等,这些资源种类较多,形式各异,具有鲜明的地域特色,构成了大湾区重要的文化资源。

在广东,很多重要宗教活动场所属于全国重点或地方级文物保护单

---

① 参见雷雨田等《广东宗教简史》,上海文艺出版社2007年版,第418–419页。
② [德]扬·阿斯曼:《文化记忆:早期高级文化中的文字、回忆和政治身份》,金寿福,等译,北京大学出版社2015年版,第15、46、51页。
③ 陈志明:《传统与变迁——华南的认同和文化》,文津出版社2000年版,第3页。

位，如广州的光孝寺、六榕寺塔、华林寺塔、大佛寺大殿、仁威庙、怀圣寺光塔、清真先贤墓、圣心大教堂（石室）、露德天主教圣母堂、南海神庙，肇庆的梅庵、悦城龙母祖庙，惠州的冲虚古观、关帝庙，佛山的云泉仙馆，江门的方济各·沙勿略墓园，深圳天后宫，等等①。在香港，很多宗教场所被定为一级历史建筑，如洪圣古庙、犹太教莉亚堂、天主教圣母无原罪主教座堂、圣若瑟堂，些利街清真寺、红磡观音庙、青山禅院、东莲觉苑、黄大仙祠、长洲玉虚宫等②，在澳门，圣若瑟修院、大三巴牌坊、圣奥斯定教堂、圣老楞佐教堂、主教座堂、圣安多尼教堂、嘉模圣母堂、圣玫瑰堂、圣方济各堂、妈阁庙、哪吒庙、北帝庙等都是政府登记在册的重要历史文物建筑③。

  在宗教非物质文化遗产方面，粤港澳三地被评为国家级的项目就有很多，广东国家级宗教非物质文化遗产项目有禅宗祖师传说（六祖传说）、何仙姑与挂绿的传说、紫竹观道教音乐、"跳花棚"，香港国家级的有天后诞、（正一）道教仪式传统、长洲太平清醮、香港潮人盂兰胜会、全真道堂科仪音乐、黄大仙信俗，澳门国家级的有神像雕刻、道教科仪音乐、妈祖信俗、哪吒信俗、土地信俗、朱大仙信俗，此外，澳门还有很多上了当地非遗名录，如苦难善耶稣圣像出游、花地玛圣母圣像出游、圣安多尼瞻礼暨圣像出游、圣若翰节、圣罗格圣像出游、圣母无原罪瞻礼、盂兰节、观音开库、观音诞、北帝诞、佛诞节、谭公诞、关帝诞等④。

  粤港澳三地宗教文化遗产是大湾区不可再生的重要文化资源，文化积淀深厚，所蕴藏的重要和独特的历史文化符号有助于推进湾区文化认同。众多历史悠久的庙宇、教堂、宗教造像、碑刻、文献典籍、节日、习俗等，是三地宗教传播、文化交流、人员交往的"无声的讲解员"。丰富的湾区文化遗产印证了三地历史上精神文化上的辉煌过去，也在新的湾区建设中重新焕发出巨大的生命力，对赓续文脉、传承精神、凝聚共识、重塑记忆，构建湾区文化认同具有至关重要的作用。

---

① 参见广东省全国重点保护文物单位名录和省级文物保护单位。（https：//baike. so. com/doc/6665452 - 6879281. html）。

② 参见香港一级历史建筑（https：//baike. baidu. com/item/香港一级历史建筑/802942? fr = aladdin）。

③ 参见澳门文物名录（https：//baike. baidu. com/item/）。

④ 参见澳门非物质文化遗产清单汇总（http：//www. ihchina. cn/news_1_details/21356. html）。

目前，粤港澳大湾区的文化遗产，不管是宗教物质遗产还是非物质遗产，多得到保护。它们多处在宗教活动场所，处在"活态保护"状态中，有信众维护和传承。基于挖掘弘扬各类优秀宗教传统文化，依托宗教文化遗产而开展的宗教文化交流活动是推动湾区民心相通、型塑认同的重要途径。宗教与历史、语言、风俗等社会生活的民间认知和交流，是民心相通、文化互鉴的最广泛的领域，宗教与哲学、道德观念、政治法律思想、艺术等意识形态的观念认知密不可分①，不断开展宗教文化交流，就可以不断带来新的现代交集和共识，增进民心相通，增强文化凝心聚力，促进湾区共同的精神人文家园建设。

## 结　论

粤港澳三地宗教和民间信仰同根同源，历史悠久，信众众多，文化遗产丰富，构成了粤港澳大湾区文化的重要组成部分。在宗教信仰发展过程中形成的历史传统、文化遗产和文化回忆，组成了湾区文化认同的基础。当下，宗教实践和交流有助于促进三地民心相通。在加强大湾区建设中，要坚定文化自信，坚持宗教中国化方向，共同推进宗教优秀传统文化的传承发展，联合开展重大宗教文化遗产保护，合作举办宗教文化遗产展览、展演活动，保护、宣传、利用好湾区的宗教文物古迹和宗教非物质文化遗产，彰显湾区宗教文化的独特魅力，提升民众的文化素养与社会文明程度，共同塑造和丰富湾区人文精神内涵，推进大湾区的文化认同，增强湾区的中华文化认同和国家认同。

---

① 参见袁航《"一带一路"视野下的宗教文化遗产保护》，载《中国宗教》2017 年第 5 期。

# 可持续发展视角下的非物质文化遗产
## ——以莞香制作技艺为例

### 胡小宇
（中山大学非物质文化遗产研究中心）

〔摘要〕20世纪后期，工业化和全球化的深入推进使得全球生态问题、资源问题、经济问题日益突出，向人类提出了严峻挑战。为了应对这一挑战，"可持续发展"这一概念从1987年世界环境与发展委员会报告《我们共同的未来》中提出后便得到联合国层面的重视和支持，并反映在联合国所有领域的工作之中。2003年，联合国教科文组织《保护非物质文化遗产公约》强调，非物质文化遗产应顺应可持续发展理念。2016年版的《实施〈保护非物质文化遗产公约〉业务指南》更进一步专门针对可持续发展增加了一章，强调保护非物质文化遗产应对自然环境保护、经济发展、社会融合与和平发挥重要作用。本文梳理了可持续发展理念与非物质文化遗产的关系，以国家级非物质文化遗产莞香制作技艺为例，从具体的层面阐释非物质文化遗产与可持续发展的关系，并认为应通过对非物质文化遗产经验知识的批判继承及从宏观而整体的视角把握与非物质文化遗产相关的各种关系，从而在保证非物质文化遗产自身可持续发展的同时促进更广层面的可持续发展。

〔关键词〕可持续发展　非物质文化遗产　莞香　制作技艺

自我国于2004年加入《保护非物质文化遗产公约》以来，通过中央政府和地方政府的互动和有效施政，以及政府、传承人、学界、媒体、企业等各方的共同努力，我国的非物质文化遗产保护工程进行得如火如荼，取得了举世瞩目的成就并积累了宝贵的经验。一方面，从最早的非物质文化遗产全面普查、建立代表性项目和代表性项目的四级保护名录体系、发放传承人和项目补助金，到项目数字化采集、国家级代表性传承人抢救性记录、传承人群体研修研习培训计划及传统工艺振兴计划，我国的非物质文化遗产保护工作逐步深入;另一方面,非物质文化遗产保护的广度也大幅扩展,从单纯地保护项目和传承人转变为加强对互相联系的非物质文化遗产项目之间的保护,到推动非物质文化遗产项目和传承人与当地自然地理、物质文化遗产和社会环境的整体性保护,再到最近公布的第五批《国家级非物质文化遗产代表性项目推荐申报书》① 所强调的突出非物质文化遗产项目在当代的文化意义和社会功能,非物质文化遗产保护的目的已不局限于保护和传承祖辈们世代手口相传下来的优秀文化传统和文化基因,而是要服务于当代建设和谐社会、提高国民文化自信,并为环境、社会、经济的可持续发展贡献创新的力量。而这一变化也与联合国教科文组织《实施〈保护非物质文化遗产公约〉业务指南》② 强调的保护非物质文化遗产以促进经济、社会、环境可持续发展的相关要求相符。

# 一、可持续发展与非物质文化遗产关系溯源

"可持续发展"(sustainable development)这一理念最早可追溯至1972年。当时在瑞典政府的请求下,联合国大会在瑞典斯德哥尔摩举办了联合国人类环境大会,以解决环境和可持续发展问题,共有113个国家和400多个非政府组织的代表出席了会议。③ 1987年,世界环境与发展委员会在《我们共同的未来》(*Our Common Future*)中,对"可持续发展"一词作出明确定义,即"可持续发展是指既满足当代人的需求,又不损害后代人满足其需求的能力的发展"④。2002年,在南非约翰内斯堡举行的可持续发展世界高峰会议再次确认致力于可持续发展。

早期的联合国相关协议基本没有提及可持续发展与文化遗产之间的关系。2002年在南非约翰内斯堡召开的可持续发展世界高峰会议报告中强

---

① 第五批《国家级非物质文化遗产代表性项目推荐申报书》,见中国非物质文化遗产网(http://www.ihchina.cn/Uploads/File/2019/06/24/u5d108998260a5.docx)。
② 《实施〈保护非物质文化遗产公约〉业务指南》(2018年),见联合国教科文组织网(https://ich.unesco.org/doc/src/2003_Convention_Basic_Texts-_2018_version-CH.pdf)。
③ 见 https://www.encyclopedia.com/environment/energy-government-and-defense-magazines/united-nations-conference-human-environment-1972。
④ 世界环境与发展委员会:《我们共同的未来》,见联合国可持续发展网(https://sustainabledevelopment.un.org/content/documents/5987our-common-future.pdf)。

调，可持续发展三大支柱分别是经济发展、社会发展和环境保护，文化并不在其列。① 然而，可持续发展作为联合国的首要范式，联合国教科文组织将其理念融入教育、科学、文化等各个领域，并将文化作为可持续发展的四个维度之一。②联合国教科文组织在 2001 年的《文化多样性宣言》中提出，"文化，是人类可持续发展的关键"③。2002 年在伊斯坦布尔召开的非物质文化遗产部长级圆桌会议则明确强调了非物质文化遗产在可持续发展中的作用，认为"非物质文化遗产是可持续发展与和平的保障"④。2003 年的《保护非物质文化遗产公约》（以下简称《公约》）第二条第 1 款规定，"在本公约中，只考虑符合现有的国家人权文件，各社区、群体和个人之间相互尊重的需要和顺应可持续发展的非物质文化遗产"⑤。2016 年版的《实施〈保护非物质文化遗产公约〉业务指南》专门增加了一章，即第六章"在国家层面上保护非物质文化遗产和可持续发展"，提出各缔约国在保护非物质文化遗产的过程中要促进社会发展、经济发展、环境可持续以及和平。⑥

## 二、可持续发展与非物质文化遗产的几种关系

鉴于 2003 年的《公约》对非物质文化遗产的定义与可持续发展密不可分，而《公约》中又没有对二者的关系予以说明，那么，有必要提出疑问：可持续发展与非物质文化遗产有什么样的关系？保护非物质文化文化遗产的原因在于非物质文化遗产重要且历来不受重视，甚至濒临消失。

---

① 《就决议草案 A/C. 2/57/L. 38 进行的非正式协商提出的决议草案》，见联合国可持续发展网（https://www.un.org/ga/search/view_doc.asp?symbol = A/C.2/57/L.83&Lang = E）。

② 《可持续发展》，见联合国教科文组织网（https://en.unesco.org/themes/education – sustainable – development/what – is – esd/sd）。

③ 《文化多样性宣言》，见联合国教科文组织网（http://portal.unesco.org/en/ev.php – URL_ID = 13179&URL_DO = DO_TOPIC&URL_SECTION = 201.html）。

④ 见联合国教科文组织网（http://portal.unesco.org/en/ev.php – URL_ID = 6209&URL_DO = DO_TOPIC&URL_SECTION = 201.html）。

⑤ 《保护非物质文化遗产公约》，见联合国教科文组织网（https://ich.unesco.org/en/convention）。

⑥ 《实施〈保护非物质文化遗产公约〉业务指南》（2016 年），见联合国教科文组织网（https://ich.unesco.org/doc/src/ICH – Operational_Directives – 6.GA – ZH.docx）。

可持续发展视角下的非物质文化遗产

但是,濒临消失的非物质文化遗产如何能够促进环境保护、经济发展、社会融合乃至人类和平?非物质文化遗产是否能够担当起这样的责任?在解答前述问题之前,我们需要对非物质文化遗产与可持续发展之间的关系进行梳理。在此,笔者参考威廉·洛根和彼得·比勒·拉森①对可持续发展与文化遗产关系的分类,将非物质文化遗产与可持续发展的关系分类如下。

第一,可持续发展的非物质文化遗产,即从非物质文化遗产项目本身、传承与保护状况的角度来看是可持续的非物质文化遗产,如本文后面将举例分析的莞香制作技艺。

第二,有待持续的非物质文化遗产,即从可持续发展的角度来讲,该非物质文化遗产面临着各种问题和挑战,项目本身的传承、发展存在威胁及濒危的因素和可能,如联合国急需保护非物质文化遗产名录项目——黎锦。

第三,不符合可持续发展理念的非物质文化遗产,即非物质文化遗产项目本身存在破坏自然环境、经济发展和社会包容的因素,不利于社区乃至整个社会的可持续发展,如象牙雕刻等。

第四,可持续发展推动非物质文化遗产保护,如从资金、政策、社会等角度为非物质文化遗产保护提供支持。

第五,能够促进社会整体可持续发展的非物质文化遗产,即非物质文化遗产项目能够从环境的可持续发展、社会包容进步、经济良好发展、和平与安全等方面为可持续发展做出贡献。

在笔者看来,虽然对非物质文化遗产与可持续发展的分类如上,但是具体来看,上述五种关系并非相互分离,而是互相交叉、重叠在一起,这种关系可以为我们把握非物质文化遗产与可持续发展之间的关系提供路径。下文将以国家级非物质文化遗产莞香的制作技艺为例,分析莞香制作技艺与可持续发展之间的关系。

---

① William Logan, Peter Bille Larsen. *Policy-making at the World Heritage – sustainable introductory: introductiory remarks*. World Heritage and Sustainable Development, Routledge, New York, 2018, pp. 4-5.

"非遗"保护与文化认同

## 三、莞香的制作技艺

### (一) 莞香制作技艺概况

莞香制作技艺于2014年入选第四批国家级非物质文化遗产代表名录。所谓"莞香",即莞产沉香,因产于东莞而得名。沉香是一种产自沉香属树木的非木质林产品。从植物学的角度来讲,莞香树属于瑞香科沉香属土沉香种的常绿落叶乔木,主要产于广东、海南、广西、福建,其老茎受伤后所积得的树脂,俗称"沉香"。①从国际市场角度来讲,东南亚地区,如越南、马来西亚、印度尼西亚、老挝等地是国际沉香的主要产区。我国传统产香地区主要有广东东莞和海南。沉香可用于宗教、医药和日常生活,如阿拉伯国家主要用沉香制作香水,印度主要用于宗教仪式,中国则主要用于日常熏香和制作中医药。

我国种植沉香的历史非常久远。东汉番禺人杨孚所著《异物志》是我国第一部地区性物产专志,书中首次记载了沉香树的名称、采香方式等内容。"木蜜,名曰香树,生千岁。根木甚大,先伐僵之,四五岁乃往看。岁月久,树材恶者腐败,惟中节坚芬香者独在耳。"②根据相关方志记载,早在唐宋时期,东莞地区便已经广泛种植土沉香,土沉香已成为当地的特产。千百年来,东莞人掌握了一种可持续的莞香种植、生产技艺,并能与大自然和谐发展。清代广东著名学者屈大均所著的《广东新语·香语》对莞香的种植、生产方式有详细记载,至今变化不大。笔者将基于田野调查和文献分析对莞香制作技艺与可持续发展的关系展开论述。

### (二) 从可持续发展的角度对莞香制作技艺的分析

**1. 作为可持续遗产的莞香制作技艺**

可持续发展要求在维持当代人的需求的同时也要满足后代的需求,强调为后代着想的长期考虑和行为。与东南亚的土著采集野生沉香并杀鸡取

---

① 见中国植物物种信息数据库 (http://db.kib.ac.cn/CNFlora/SearchResult.aspx?id=24869)。

② (东汉)杨孚等:《南越五主传及其他七种》,广东人民出版社1982年版,第43页。

可持续发展视角下的非物质文化遗产

卵式地毁树取香不同，东莞莞香种植与生产过程不仅考虑到当代人的需求，也考虑到后代的需求，长久以来与自然环境相协调，并且在当代也是促进地方经济发展、提高当地居民经济收入的手段。

（1）香农与香市。唐宋以来，东莞人广泛种香，世代传承，种香之人被称为"香农"。据《元大德南海志》记载，早在唐代，广产沉香就作为土贡供宫廷使用。①宋代，广产沉香仍作为土贡。② 同时，沉香天下风靡，成为文人士大夫的四般闲事之一。③到了明代天顺年间（1457—1464），东莞"邑之三四五都皆产香"，而当时人仍多以为广产沉香，东莞人卢祥在《东莞县志》里面禁不住强调"江外虽传广产，其实於吾邑而已"。号称"明末四公子"之一的江南才子冒襄在其追忆亡妾董小宛的回忆录《影梅庵忆语》中记载"近南粤东莞茶园村，土人种黄熟，如江南之艺茶"④。明末清初的屈大均在《广东新语》中记载："莞人多种香，祖父之所遗，世享其利。地一亩可种三百余株。为香田之农。其胜于艺黍稷。"⑤莞香作为林产品，其经济产出远高于种植稻米，使得野生莞香树在明清时候便被砍伐殆尽，"昔之香生于天者已尽。幸而东莞以人力补之"⑥。而在莞香种植成为东莞农民的主业之后，东莞产的沉香在质量和数量方面比其他产香地区占据了绝对优势。"盖自有东莞种植之香，而诸州县之香山皆废矣。"⑦ 可见，明清时期，莞香/女儿香逐渐从少为人知到逐渐为人所知。同时，在这一时期，东莞不仅成为沉香的主要产区，也成为沉香的主要交易市场。紧邻沉香主要产区的大岭山镇寮步码头因水路交通方便，成为沉香贸易的主要场所。从寮步出发既可达省城广州，又可以溯江北上过大庾岭，转赣水进入长江，进而销往江浙地区和京师，也可以进入珠江主流将香运往珠江口的香港，进行周转贸易。据饶宗颐、罗香林等学者考证，香港便是因莞香而得名。寮步香市也因此与羊城花市、罗浮药市、廉州珠市

---

① 参见广州市地方志编纂委员会办公室编《元大德南海志残本》，广东人民出版社1989年版，第8页。
② 参见（宋）王存《元丰九域志》，中华书局1984年版，第408页。
③ 参见（宋）吴自牧《梦粱录》（卷十九），古典文学出版社（上海）1957年版，第303页。
④ （明）冒襄：《影梅庵忆语》，湖北辞书出版社1995年版，第42页。
⑤ （清）屈大均：《广东新语》，中华书局1985年版，第674页。
⑥ （清）屈大均：《广东新语》，中华书局1985年版，第677页。
⑦ （清）屈大均：《广东新语》，中华书局1985年版，第677页。

一并逐渐成为闻名的"粤东四市"。

（2）莞人的艺香方式。东莞种植莞香之后，诸州县的香山均荒废，这主要归功于东莞人的艺香方式，包括科学合理的莞香树种植方式和目光长远的莞香开采方式。

千百年来的香树种植历史使东莞人积累了丰富而科学的种植经验，至今仍然被大体沿用。具体来说，可以体现在如下五个方面。

第一，辨土。选择适合莞香树生长的土地是种植莞香树的前提条件。所谓"香在地而不在种。非其地则香种变"，"又以泥红名朱砂管者。或红如釉粉者。硗确而多阳者为良土"。① 莞香树性喜东莞当地开阔向阳、少霜冻、瘦瘠、多石的红壤坡地或丘陵，而不是肥沃的农田。土壤条件甚至会改变莞香树的品种，而对购香行家来说，了解了莞香的产地土壤就能基本摸清莞香的质量。"购香者问其所生何地，则其香之美恶可知矣。"②

第二，育种。"种五六年即结子。子如连翘而黑。落地即生。经人手摘则否。"③莞香树生长五六年即能结子，每年6—7月，当莞香树树籽的果皮变为黄绿色，果壳自行开裂的时候，莞香树树籽便成熟了。人工提前采摘的树籽如不够成熟便无法发芽育种。香农们通常会将掉在地上的香树籽收集起来并摊放在通风阴凉的地方，然后等树籽完全自行开裂后取种。因莞香树树籽放得过久便难以发芽，香农们通常在采集树籽5日内迅速育苗，约10天发芽，芽苗生长期为20～30天，然后将芽苗移植至由表土和有机肥料混匀的营养袋中。

第三，移植。"苗长尺许。乃拔而蒔。蒔宜疏。使根见日。疏则香头大。见日则阳气多。岁一犁土。使土松。草蔓不生。至四五岁。乃斩其正干鬻之。是为白木香。"④芽苗在营养袋或营养钵中生长至次年2—3月份，苗高30厘米左右，此时需要将树苗移植至砂石相杂、坚实而瘦的土壤里。再过3～5年，待树径长到5厘米左右，再将树苗进行第3次移植，株距2米，以促使其根系生长旺盛而密集，提高吸收水分和养分的能力，加快长势。

---

① （清）屈大均：《广东新语》，中华书局1985年版，第674页。
② （清）屈大均：《广东新语》，中华书局1985年版，第678页。
③ （清）屈大均：《广东新语》，中华书局1985年版，第674页。
④ （清）屈大均：《广东新语》，中华书局1985年版，第674页。

第四，折枝。7年树龄的香树，直径约20厘米，高约3.5米。此时，香农们会将主干拦腰斩断，保留顶端离地约2米，抑制香树向上生长。

第五，断根并再移植。莞香树属于直根系植物，其根系主要由主根和侧根构成。折枝1年后的3月份，香农会斩断全部根系，剩下约30厘米的根部，形成宿根，只留尺许泥土掩盖，从而控制香树根系的生长。断根后的次年3月，香农们会对香树进行第4次移植。通过这种饥饿种植法，香树长期处于饥饿或半饥饿状态，营养不良呈病态，免疫力逐渐下降，从而易于感染真菌，为接下来的开香门、结香做好准备。

东莞人种植莞香并能让"祖父之所遗，世享其利"，要归功于东莞人既考虑到当代人的需求，又考虑到子孙后代的利益。其可持续的采香方式主要包括开香门、采香等流程。首先说开香门。一般树龄8～9年后，每月12月，香农们会用凿、锯、刀等工具在树干的合适部位砍凿。"初凿一二片，曰开香门，亦曰开香口。"[①] 开香门这样的人为损伤，有利于真菌入侵、感染和繁殖，与伤口薄壁组织细胞贮存的淀粉酵化形成香脂，凝结于木材内，成为莞香。砍凿出的香口既不能太大也不能太小，香农们全凭长期的种植经验来决定。香口如果太大会破坏香树使其枯死；而伤口太小同样不行，因为莞香树的生命力十分旺盛，伤口太小香树会很容易愈合，细菌也不会感染香树从而凝结香脂，这种情况香农们一般称之为"反（返）身"。过去，开香门的时间视香农们的经济条件而定，"贫者八九岁则开香门，富者十余岁乃开香口"[②]。开了"香门"约8个月至1年后，莞香树的伤口就会凝结油脂结出莞香，香农们将这种情况称为"油格"。即便有了油格，要想采集到较好的莞香，起码要等7～8年乃至更长的时间，"盖香以岁久愈佳"，结香时间越久，香质越好。"凡凿香贵以其时。"过去，香农们多在春秋时间采香，"春以三月，秋以九月。"[③] 但是采香的频率和间隔也因香农们的经济条件不同而有所差异。"贫者凿于三月，复凿于九月耳。富者必俟十月乃再凿。盖以十月香胎气足，香乃大良也。"[④]如今，香农们通常选择在每年农历的小雪时节采香，并认为此时

---

① （清）屈大均：《广东新语》，中华书局1985年版，第675页。
② （清）屈大均：《广东新语》，中华书局1985年版，第675页。
③ （清）屈大均：《广东新语》，中华书局1985年版，第675页。
④ （清）屈大均：《广东新语》，中华书局1985年版，第675页。

香树精华内敛、木质尽化，香气最为纯正。

综上，世代传承莞香种植和制作技艺的东莞香农利用他们千百年来口口相传形成的种植、生产经验，形成了科学合理的莞香树种植方式和目光长远的莞香开采方式，是一种符合现代科学发展观、可持续发展观理念的非物质文化遗产，是一种可持续的非物质文化遗产。

### 2. 作为有待持续的非物质文化遗产

尽管从莞香制作技艺自身角度来讲，它是一种可持续的非物质文化遗产，但是从它所处的外部环境来讲，它自古以来就面临着政治、经济、社会、技术等方面的威胁和压力，因而也是一种有待持续的非物质文化遗产。

据相关史料记载，唐宋时期广产沉香便作为土贡供宫廷使用。宋代，随着造船技术的进步和指南针的广泛使用，东南亚诸国的沉香通过海运大量从广州、泉州等主要港口进口，与少量的广产沉香一道进入平民和贵族阶层的日常生活。①《宋史·食货志》记载："宋之经费，茶、盐、矾之外，惟香之为利博，故以官为市焉。"②香的大量使用和交易，使得国家将其变为政府控制买卖，以增加国家收入。宋代以前，广州港是我国最大的海外贸易港，在香料贸易中占有十分重要的地位。北宋前期，因两浙及福建仍在吴越和闽两个割据政权的控制下，广州实际上是宋朝从事海外贸易的唯一门户。到了南宋时期，泉州港逐渐兴盛，并在元代超越广州成为对外贸易第一大港，广州退居第二大港口，但其贸易量仍然十分可观。③据明代《广东通志》记载，洪武三十四年（1401）"冬十一月禁夹带番香货卖"。明代政府开始禁止进口沉香，虽然屡禁不止，但是进口沉香的减少无疑促进了国产沉香，尤其是莞香的种植。莞香也在明代达到了历史上的鼎盛时期。也正是从明代开始，莞香、女儿香之名开始闻名全国。

然而，明清时期的多次海禁对莞香种植影响甚大。明代的海禁主要是为了提防倭寇入侵，清代康熙年间的海禁主要是为了提防台湾郑成功的势力。海禁通常会采取"焦土政策"，对沿海25千米范围坚壁清野，烧山

---

① 参见林天蔚《宋代香药贸易史》，中国文化大学出版部1986年版；参见夏时华《宋代香药贸易与平民生活》，载《淮北煤炭师范学院学报》（哲学社会科学版）2008年第5期；参见夏时华《宋代香料与贵族生活》，载《上饶师范学院学报》2007年第4期。

② （元）脱脱等撰：《宋史·食货志》（卷一八五），中华书局1985年版，第4437页。

③ 参见陈高华、吴泰《宋元时期的海外贸易》，天津人民出版社1981年版，第131页。

毁林，故而对东莞、宝安沿海区域的莞香种植造成严重破坏。①此外，战乱和贪官剥削也影响莞香种植。"金钗脑、马蹄岗被戊子山贼焚烧殆尽，独金橘岭尚存数株留为香中硕果耳。"② 莞人陈伯陶在《东莞县志·物产下》中记载："闻前令时承指购异香，大索不获，至杖杀里役数人，一时艺香家尽凭其树，以去是尤物为祸不细矣。然则莞香至雍正初盖一跌不复振也。此酷令不知何名，深可痛嫉。改良种植固在居民，其亦赖良有司护惜哉！"③

然而，莞香虽然衰落，规模不再，但莞香的生产、销售和使用在民间并未间断。1921 年，广东省举行第二次农品展览会时，东莞的女儿香、镰头香分别获得最优奖和优等奖。中华人民共和国成立之初，鸡翅岭一带老香树仍然很多，还以种香为副业的人仍然十分常见。笔者采访的鸡翅岭村年纪较长者很多都能饶有兴致地讲起小时候去趁圩卖莞香的情景。

据香农们讲，真正让莞香几乎绝迹的是中华人民共和国成立后二三十年的"破四旧"和"大炼钢铁"两大运动。因为莞香在农村一般是用来祭拜祖先和神像的，虽然种植莞香树不是搞迷信，但烧莞香拜佛在当时被认为是搞迷信，也就没多少人敢种植、买卖。而"大炼钢铁"运动使得荔枝、龙眼、莞香树等树木纷纷被砍伐，莞香树濒临灭绝。此后几十年，莞香基本上退出了人们的生活，只有个别老人还会在逢年过节的时候买些莞香用来供奉，土生土长的年轻人大多都只闻其名而不知道莞香为何物了。

20 世纪 70 年代的两次石油危机导致国际原油价格大幅上涨，中东产油国因此获得大量石油外汇收入，中东的沉香消费需求大幅增加，导致各地的沉香价格大涨。1980 年，在原东莞县药材公司的发动下，鸡翅岭、龙岗等村又开始重新大规模培植莞香树。

2003 年"非典"时期，东莞当地的一些老人想起了先人用莞香驱逐瘟疫的故事，于是在老人们的带领下，东莞许多人家又掀起种植莞香树的热潮，一时间又出现了莞香难寻的局面，莞香的价格飞涨。而 40 岁以下

---

① Iu Kow-choy, "The Cultivation of the 'Incense Tree' (AQUILARIA SINENSIS)," *Journal of the Hong Kong Branch of the Royal Asiatic Society*, 1983（23），pp. 247 – 249.
② 陈伯陶纂：《东莞县志·物产下》（卷十四），成文出版社印行，1967 年第 1 版。
③ 陈伯陶纂：《东莞县志·物产下》（卷十四），成文出版社印行，1967 年第 1 版。

的中青年人,这时候才知道了"莞香"产自本地且具有如此功用。

因对沉香的强劲需求,大量的野生沉香树被砍伐或盗伐。这种情况在东南亚地区如印度尼西亚、马来西亚等地尤其严重,以至2005年国家野生动植物保护公约第13届大会将所有的沉香属树木列为濒危名录。我国的沉香树也遭遇了类似盗伐情况,尽管国家于2012年便将土沉香列入第二批《国家重点保护野生植物名录》并采取划定各地的母树、大树为保护树等措施对濒危香树严加保护,仍时有媒体报道东莞、香港、中山、深圳等地的野生莞香树被盗伐。

随着现代技术的进步和对沉香结香原理认识的提高,一些无良的种植户和商人使用有毒化学品或农药来诱导香树结香。这种方式简单易行并十分有效,但是这种行为不仅危害环境,其产出的沉香产品也会危害消费者的健康。[①] 国内不少地方也开始使用生物、化学试剂刺激香树结香,而对由相关试剂刺激结成的沉香的成分、药效和危害等的研究却有待深入。

**3. 助力可持续发展的莞香制作技艺**

莞香制作技艺被列入非物质文化遗产名录之后,各级政府采取各种措施对其进行保护,有效推动了莞香制作技艺的复兴。同时,莞香制作技艺的保护也从多个方面助力社区乃至地方经济的可持续发展。

(1) 保持生物多样性、拒绝使用农药。莞香树传统上与荔枝、龙眼等果树共存。为了节约用地、增加收入,香农们曾经将莞香与乌榄、芋头、姜、番薯套种,即乌榄树下种莞香,莞香树下种芋头,芋头下面种姜,姜下种番薯。人们如果砍伐乌榄不小心会压坏香树,当地俗语称之为"倒榄压到香",意指二者关系紧密,如"城门失火殃及池鱼"。根据莞香制作技艺国家级保护单位东莞尚正堂集团与中科院华南植物研究院相关合作研究发现,诱导莞香结香的菌群70%来自荔枝树,来自龙眼树的菌群则相对少一点。现代实验研究为传统的种植经验提供了科学依据,反过来也指导了当代的莞香种植应注重保持生物多样性,并拒绝使用农药破坏微生菌群赖以生存的土壤和植被。

(2) 传统的结香技艺启发了现代生物和化学,从而促进了对野生香树的保护。尽管《华盛顿公约》(Convention on International Trade in Endangered Species of Wild Fauna and Flora, CITES)和各国政府已经将野生

---

① Rozi Mohamed (Editor). Agarwood: Science Behind the Fragrance. *Springer*, 2016, pp. 63–64.

可持续发展视角下的非物质文化遗产

沉香属树木全部列为濒危保护植物,禁止野生沉香产品的交易,但是因为沉香产品的多样性和检测手段滞后,野生沉香树木的砍伐仍屡禁不止。近年来,包括中国、印度、越南、不丹和印度尼西亚等国的林业研究机构尝试通过科学实验来提高人工种植香树结香。2001年,美国明尼苏达大学研究人员在传统结香技艺基础上发明了化学结香法,并逐步推广。因这种方式操作简单,结香速度快,在东南亚地区被广泛使用。[1] 国家和野生动植物保护组织希望通过提升沉香种植的效用,用人工种植沉香代替野生沉香,从而保护野生沉香树种。

（3）传统结香技艺成为地方文化名片,带动就业,促进经济增长。对沉香的旺盛需求,带动了沉香行业的就业,促进了经济的增长,并提高了沉香种植、生产、交易和相关服务行业从业人员的收入。以东莞莞香为例,近10年来,东莞的莞香树种植面积大幅增加,催生了莞香树苗种植行业。另外,东莞寮步沉香博物馆的建设和中国（东莞）国际沉香博览会的举办,有效地提高了莞香的国内外知名度,并带动了经济的发展。东莞尚正堂集团目前则正在打造莞香小镇,谋划在莞香种植基地旁的百花洞村建设五星级酒店并计划将莞香种植园区打造成旅游综合区,在提供400个工作岗位的同时,带动百花洞村村民共同致富。

## 结　语

研究非物质文化遗产与可持续发展之间的关系,既是推动非物质文化遗产自身可持续发展的需求,也是蕴含人类丰富的经验知识的非物质文化遗产承担其责任以促进环境、社会、经济可持续发展的前提。为此,一方面需要在世代传承的感性经验基础上对非物质文化遗产的传统经验知识体系进行批判继承,摒弃经验知识中的不合理或不科学成分,找到合理部分的科学依据,从而使得经验知识转变为理性的科学知识。另一方面,相关社区、单位和个人在保护非物质文化遗产时应坚持宏观而整体的视角,要

---

[1] G. A. Persoon. "Growing Wood of the Gods": Agarwood Production in Southeast Asia//Smallholder Tree Growing for Rural Development and Environmental Services. Denyse J. Snelder and Rodel D. Lasco (eds.), Springer, 2008, p.264; Robert A. Blanchette and Henry Heuveling Van Beek. "Cultivated agarwood." U. S. Patent No.6, 848, 211. 1 Feb. 2005.

充分考虑并正确把握地区与地区之间，非物质文化遗产项目之间，非物质文化遗产与环境保护、社会融合、经济发展之间等各方面的关系，而不能采取"只见树木不见森林"的隔离式保护。由此，非物质文化遗产方能在自身可持续发展的同时，推动其所在社区的环境保护、经济发展、社会融合，从而促进人与环境的全面可持续发展。

# 非物质文化遗产与流行文化语境

## 柳逢霖

（香港城市大学）

[摘要] 东亚的非遗文化丰富多彩，琳琅满目，有着悠久的历史，并一代代地不断传承着，特别是中国和日本优秀的非遗文化的传承尤为引人注目。然而，随着当今社会流行文化潮流的不断更新、发展，非遗的传承遇到了前所未有的挑战，由于中日两国采取的传承策略不同，也就出现了不同的结果。因此，在当前形势下，找出中国非遗传承困难的症结，借鉴日本非遗传承的成功经验，将中国优秀的非遗文化植入当今流行文化中，使其在后现代流行视觉文化中得以重生、继续传承，同时促进区域经济甚至国民经济的发展，实现双赢，等等，就成为摆在我们面前的首要问题。为此，本文将从五个方面进行探讨，提出一些合理化建议，以供世人参考。

[关键词] 民俗发展　后现代　流行文化语境　大众媒介　地域经济

## 引　言

尼尔·波兹曼曾评价说：大众媒介蓬勃发展的20世纪后半叶，实际上就是一个娱乐至死的时代。如今，大众娱乐媒介和异军突起的流行文化已然成为这个时代人们日常生活中不可或缺的重要部分，甚至许多文化都逐渐衍化为娱乐的附庸。近几年，随着文化活动娱乐化、流行化的趋势不断加强，文化社会又形成了一个新兴的语境，即"流行文化语境"。

所谓流行文化语境，是指一定时期在社会与大众媒介中广泛流行的文化表达现象。近年来，这一流行语境在不断渗入文化领域的同时，也与席卷全球的西方后现代文化思潮相结合，不仅使社会文化心理产生了巨大嬗变，而且对传统民俗文化的冲击和颠覆也是巨大的。譬如，观看电影、网

络直播已取代了观赏皮影戏、地方戏，"双十一"购物节的热度远超重阳节、花朝节等传统节日的热度，并且摇滚、电音、雷鬼等流行音乐也取代了用古琴、尺八、三弦等传统乐器演奏的乐曲。

那么，在"后现代流行文化性质"已经成为一种世界性文化潮流的今天，如何将传统民俗文化完美地植入流行文化语境中，使二者互借其势、共同发展，已不仅是一个国家、一个民族要寻求的出路，而且是世界各国、各民族都亟待解决的问题。

尽管民俗文化自古以来便是人们日常生活中不可分割的一部分，但当下各国的传统民俗文化，也无不被后现代流行文化思潮所侵蚀，许多民俗项目都已跻身于"活化石"的行列，甚至已经失传。虽然中国的传统民俗曾以丰富多彩、广为传播著称，甚至对东亚、南亚诸国的民族习俗、节日庆典都产生了深远的影响，但在后现代流行文化语境的冲击下，中国传统民俗的影响力也不断地被削弱，几乎沦落为缺乏发展空间和传承动力的"古玩"和资料库中的"摆设"。那么，如何改变这种趋势，使后现代流行文化语境下的中国传统民俗华丽转身，实现其价值的最大化，就成为摆在我们面前的一个重要课题。本文试就这一问题从五个方面作一探索，不当之处，敬请方家教正。

## 一、被后现代流行文化蚕食的中国民俗

中国的传统民俗文化，无论是祭祀活动，还是民俗游戏、民间婚丧嫁娶，都曾以其本土浓郁的民间、民俗文化吸引着一代又一代民众的追捧和传承。历朝文人墨客在其诗文中，也都不吝笔墨地如实进行描述。例如，北宋词人柳永在其《破阵乐·露花倒影》中细致描述了三月三上巳节时，皇家在金明池畔行春禊、君臣宴饮的场景："时见凤辇宸游，鸾觞禊饮，临翠水，开镐宴。两两轻舠飞画楫，竞夺锦标霞烂。"同样，南宋文学家辛弃疾在《青玉案·元夕》中，一句"宝马雕车香满路。凤箫声动，玉壶光转，一夜鱼龙舞"便生动地将上元节宋都临安坊市间的节日氛围淋漓尽致地展现给读者。而在《洛阳伽蓝记》《东京梦华录》等记载民间市井生活的文化典籍中，也无一不将当时百姓在民俗节庆、祭典中的生活常态以文字的形式如实地记录了下来。

无论是诗词中的吟咏，还是典籍中的记载，都从某种程度上反映出民

俗文化在中国古代人们生活中的普及率与流行程度。事实上，传统民俗在中国古代人们日常生活中的地位与当今的流行文化、大众媒介相差无二，都是衔接社会与民生不可或缺的重要元素。

反观现今，随着全球化进程的加速，单一的民族文化正在受到多元的世界性文化的强力冲击，较之原生态的本土民俗文化，人们对异国风情更是充满了好奇与神往。20世纪末，以好莱坞电影和迪士尼动画为代表的西方流行文化，以及日本大量的动漫作品，不断涌入中国市场，并逐渐成为人们休闲娱乐的主要方式之一。与此同时，迅猛发展的现代化电子技术、新媒体以及大众媒介也以迅雷不及掩耳之势，削弱着传统民俗文化在大众日常生活中的影响力。现在，观赏新年贺岁片、用社交软件参与"摇一摇"抽奖等活动正在取代春节原有的放爆竹、逛庙会等既定习俗。传统年节时，不会再出现《东京梦华录》中所记载的元旦朝会时"京师市井儿遮路争献口号，观者如堵"①，以及元宵佳节"万姓皆在露台下观看，乐人时引万姓山呼"②的盛况；七夕节，人们不再乞巧拜月；下元节，不再修斋设醮；寒衣节，也不再焚香祭奠……可以说，在现今商品化、信息化、电子化的经济社会中，传统节庆的民俗活动逐渐地被边缘化，甚至淡出人们的视线，人们参与、传承习俗的意识也随之减弱或泯灭。这一现象在香港最负盛名的"太平清醮"醮会，长洲岛为庆祝北帝诞辰所举办的神轿巡街、醒狮祭神等祭祀礼俗活动，以及屏山邓氏的"食山头"拜山祭祖礼俗这三个传统祭祀礼俗中都颇有体现。

每年农历四月初八日，长洲居民举办的为期三天的"太平清醮"醮会是香港地区保存较完善、规模最大的传统祭祀活动。相传该仪式起源于清朝中叶，因为当时长洲地区曾经瘟疫横发，居民们为了消除灾厄，纷纷赶往北帝庙设坛拜祭，疫病才得以绝迹。自此，在这一节日祭典当中，有着例如"三朝三忏""晚参、召匠""走午朝""朱砂点睛""祭水幽""迎神""飘色巡游""祭山幽""抢包山"等一系列祭祀与观赏并重的活动。其中，最吸引人的就是在正醮第三天的"抢包山"比赛了。这一比赛自古以来便是长洲"太平清醮"最重要的醮会活动。"就传统而言，北帝庙旁则会筑起三座挂满平安包的包山，在道士的主持下，由长洲居民将

---

① （宋）孟元老：《东京梦华录》，中华书局出版社1985年版，第107页。
② （宋）孟元老：《东京梦华录》，中华书局出版社1985年版，第112页。

'幽包'（受到神灵庇护的包子）抢去……［2005年，政府］重启'抢包山'活动，不再限于长洲居民参加，但要求选手经过攀山学会的训练。"①

另一个著名的传统祭祀礼俗仪式，是在长洲玉虚宫北帝庙，每年农历三月初三，为庆祝北帝，也就是道教中真武大帝诞辰，当地居民也会展开神轿巡街、醒狮祭神等祭祀礼俗活动。它虽与日本祇园祭、天神祭等形式类似，也同样以地方民俗表演作为仪式的开端，并随后进行神舆游街巡行的仪式。然而，不同于日本单一的民俗团体舞蹈表演，长洲岛的民俗表演多为极具香港特色的龙狮团舞狮表演，且在祭祀之后还增加了传承至今的传统祭祀仪式中的百戏娱神表演。

除了长洲岛的祭祀仪式外，香港新界也同样保存着一道独具特色的家族祭祖的仪式——屏山邓氏的"食山头"拜山祭祖礼俗。这一祭祖习俗已有百余年的历史，每年清明节及重阳节前五天，屏山邓氏的"维新堂"都会组织族人进山祭拜祖先邓若虚，村民们会挑来生猪、鱿鱼、笋虾、枝竹等传统食材，在祭拜祖先仪式结束后，便在野外起灶，分批烹煮。随后便根据参与祭祀的人数，以及祭祀典礼前的登记情况，执行"打盆"仪式，即将各类菜品依序装盆，并组织参与家祭的人员分组取盆进餐。

这三例传统祭祀礼俗，虽然被香港政府列入非遗保护的行列，每年都举办隆重的祭祀礼仪活动，但是，从其在后现代社会中的发展模式来看，流行程度以及传播范围也都并不广泛。长洲的两项祭神仪式主要以当地岛民，或者宽泛地说，以香港地区民众为主要受众；而屏山邓氏祭祖"食山头"的祭典，可参与的民众范围就更加小了。据2015年由香港翡翠台播出的《香港本色》节目报道，在当年的邓氏"食山头"仪式中，仅有500余名男丁参加。而内地各省市的传统民俗文化活动也同样面临着这种张力不足、持续性不够且与地方经济发展不甚紧密的现状。

## 二、中国传统民俗与流行文化衔接断层之现状

近年来，尽管民俗工作者们也开始关注民俗文化在后现代社会中的发展形貌。比如说，香港历史文化研究者何耀生在《香港非物质文化遗产》

---

① 王爽：《香港长洲太平清醮声景研究与非物质文化遗产保护》，载《遗产与保护研究》2017年第3期，第96-99页。

一书中，提出要将民俗传统与城市社群建设以及通识教育、社区保育结合在一起，举办更多访谈、讲座，并建立民间博物馆等建议。香港教育局以及文化博物馆为了更深入地推动"太平清醮"民俗文化进校园，还特地编写了一套专门提供给学校师生的民俗传承教材，并将"太平清醮"的个案考察也归纳其中。如同内地的传统戏曲艺术走进校园一样，成为学生课程必修的一部分。但这样"传统正规"的传承策略，在后现代流行文化的强力冲击下，实际上未免略显"单薄"。因为民俗文化若要打入年轻群体，还应被作为兴趣培养，或具有流行时尚的元素，而非作为单一的课程设置。

譬如，2017年11月由陈柯宇创作的流行歌曲《生僻字》，一经发行便迅速大火，通过流行歌曲的方式，将中国的汉字文化传播到世界各地。这一歌曲被创作成RAP（说唱）以及绕口令后，不仅被年轻人大范围传唱，而且这一群体还将能完整、连贯地将生僻字RAP部分唱完，视为一种挑战和无形的比赛。在各类直播中，许多明星及网红都对该歌曲进行翻唱或改编。在"YouTube"（油管）视频网站上甚至还有外国人翻唱的合集，自2019年年初发布至今，该视频的点击量已破百万。从某种意义上说，这种传播方式显然更易于被年青的一代受众所喜爱和接受。由此可见，民俗文化的传播与传承，实则还需要借助流行文化和大众媒介多元化的载体，才能更加完美地绽放自身的价值。

传统民俗在后现代社会的媒介变迁中，其实也正在努力寻找适合自身发展的出路。例如，洛口村朱公庙会、济南药王庙会等，都曾是风靡一时的庙会祭祀礼俗。但现今因没有得到政府相关部门或相关团体的高度重视，不但官方网站上没有介绍，而且连地方政府对当地旅游资源的推广，也没有将其作为卖点。即便是具有国家祭祀规格的祭孔大典，也仅仅局限在山东曲阜每年一度举办的大型礼仪表演活动上，并没有真正融入流行文化中，成为在新一代年轻人心中乐于传播和传承的文化。所以，中国的民俗文化目前还局限于"地域性民俗"的标签下，无法突破受众少、传承难的壁垒。

在此情境下，与我国逐步走向边缘化的传统节庆祭典活动相比，新兴的商业网络平台，以各种噱头推出的"双十一购物节""情人节""618粉丝节"等活动，都远比传统节日——端午节、重阳节更易受到年轻人的青睐。据李才香在《网络社会背景下新型消费惯习的形成机制——以

"双十一"购物节为例》中的记述,"双十一"购物节"到2017年,仅仅8年的时间,销售额达到1682亿,是2009年的3000多倍。据统计,天猫'双十一'当日的物流订单达到8.2亿"①。可以说,天猫"双十一"购物节"深入人心"的程度,离不开其商品平台利用后现代大众媒介即时进行网络宣发所发挥的作用。而反观那些传统节日的祭礼习俗活动和庙会经济,几乎已淡出人们的视线,开始呈现出濒临消逝的征兆。

再来看我国传统民俗的传承问题。曾经辉煌的全城百姓正月十五观灯赏月、看龙舟赛的传统盛况,现今几乎被以电影、电视剧、手游为代表的视觉性流行文化,或者以微信、微博、Facebook(脸书)、Instagram(照片墙)等社交平台为代表的大众媒介所取代。究其原因,是传统民俗文化艺术的传播与展现,不仅难以避免时效性、地域性的多重限制,而且也难以抵挡更为贴近现代人们生活节奏的波普艺术、快餐文化的冲击。也就是说,以流行文化为代表的大众媒介相对传统民俗而言,有着更为广阔的发展空间,因为"它不受到某一独立空间(如博物馆、影院甚至大学)的限制,它无处不在。这一点说明大众传媒已经成为物。它比绘画、雕塑等媒介更贴近我们"②。

民俗传承被严重边缘化的问题,其实早就引起了学者们的广泛关注,并由此提出了各种各样的建议。2010年,董晓萍在《现代民俗传承策略》中曾提出,应制定一种"政府和高校合作进行现代民俗传承的宏观战略建设"③。这样的发展策略,可以说对民俗文化的发展具有积极的推动作用,因为政府及高校的联合,不仅将中国的优秀民俗划定为高等教育的一个环节,而且也开始将民俗传承范围着眼于年青的一代。尽管如此,但这一将民俗重点推广单独提上教育范畴的举措,或许会将民俗文化与民众的日常生活割裂开来,不仅会违背自古以来民间习俗源于生活、融于日常生活的初衷,而且还会使民俗传承陷入"逻各斯中心主义"二元对立的瓶颈中。

李倍雷在《现代与后现代艺术的反思》一书中曾分析:"德里达认为

---

① 李才香:《网络社会背景下新型消费惯习的形成机制——以"双十一"购物节为例》,载《社会建设》2019年第1期,第95页。
② [英]斯科特·拉什、[英]西莉亚·卢瑞:《全球文化工业——物的媒介化》,要乐新译,社会科学文献出版社2010年版,第11-12页。
③ 董晓萍:《现代民俗传承策略》,载《科学中国人》2010年第1期,第18-19页。

非物质文化遗产与流行文化语境

逻各斯中心主义的核心在于它设置了'二元对立论'的哲学基础,譬如'主体与客体''本质与现象''内容与形式'等。在这些二元对立理论中,两者之间是不平等的。形而上的'主体'精神在二元对立中,处于'在场'绝对的优势占主导地位,而'客体'的一面是从属地位,次要地位。"①

德里达所提出的二元对立论,不仅受用于艺术领域研究,而且也同样适用于民俗文化的研究与传承。倘若传统民俗成为被过分强调、过度"保护"的传统习俗,就无可避免地会被"他者"化,成为少数群体所掌握的话语。

而中国传统民俗自身的推广和传播力度又十分薄弱。许多传统民俗只在当地的一些相关节庆活动上有所展示,如河北武安的"傩戏"等,而且民俗传承人的年龄偏大、后继无人,大都是一些"有情怀"的人们在做这些民俗项目,即便有些民俗项目曾走出国门去展示了,但此后也没有形成可持续的传播渠道或产业链,更别说能生发出经济价值了。

## 三、日本将民俗植入后现代视效性大众媒介的启发

在日本,传统民俗中的祭典文化却被完美地植入到与人民日常生活紧密结合的后现代流行文化当中。众所周知,日本是一个动漫大国,其社会经济的发展,有很大一部分都得益于其发达的流行动漫产业。譬如,日本知名漫画杂志《周刊少年Jump》,虽说其销量"巅峰期的六百万份可能已成过去式,但现在每期仍能达到三百万份,而日本的人口数是一亿两千六百万","就整个日本杂志业而言,漫画约占六分之一,贡献了二千五百亿日元(三十亿美元)的营业额"。② 也就是说,以动漫、轻小说、电竞等为代表的后现代流行文化,不仅是日本年轻民众日常生活的一部分,同时也是带动经济增长、促进资产流通的有效源动力。

而在这些大众文化五花八门的题材选择之中,日本传统节日习俗中的祭典文化,竟出人意料地成为动漫、轻小说等作品中最为常见的元素之

---

① 李倍雷:《现代与后现代艺术的反思》,江西美术出版社2008年版,第15页。
② 保罗·葛拉维:《日本漫画60年》,台北:西游记文化事业有限公司2006年第1版,第13页。

一。其中，在以日本为剧情主要发生地点的流行文化作品中，几乎随处可见那些表现"糖苹果""捞金鱼""钓水球"等民间娱乐的祭典庙会活动，以及作为夏日祭经典环节的"花火大会"。更有甚者，一些日本后现代流行文化从业者还单独创作出仅以民俗祭典为主要内容的作品。

日本漫画家七岛佳那，自 2011 年至 2013 年在小学馆《Sho-Comi》杂志上刊登连载的漫画《青春梦飞扬》（又名《春色夏祭》），就以日本传统祭典"夜来祭"上独有的"鸣子舞"表演作为整部作品的主要切入点，进而描述青春少年少女在学习民俗舞蹈，并不断参与团体比赛的过程中成长、蜕变的故事。该作品在记叙剧情主线之余，不仅为读者细致讲解了"鸣子舞"表演的特征及道具，而且还充分描绘了在"夜来祭"中"鸣子舞"表演的特定模式，即表演团队在正式的舞台表演结束后，还需跟随地方车，沿着街道进行边走边跳的"游行式舞蹈"。同时，当这一流行文化作品的受众们被置于漫画家所勾画的剧情模式下时，他们会无意识地被主人公呈现递进趋势的竞技赛展演过程所带动，在观赏完整部作品后，对传统的"夜来祭"以及"鸣子舞"的了解，也在逐步地加深。

同样，在以京都为故事舞台背景的流行文化作品中，创作者对节日祭典的描绘甚至融入了奇幻构想。一方面，这些民间祭礼习俗有着影响整个剧情的作用；另一方面，民俗文化作为一种古老的"神秘元素"，也有助于奇幻作品产生一种引人入胜的效果。在这种独特的创作模式下，尤以被称为"京大双璧"的森见登美彦及万城目学的作品最具代表性。

在森见登美彦 2009 年出版的奇幻短篇小说集《宵山万华镜》中，京都最大规模的祭典"祇园祭"成了故事演进的核心。一直以来，这一起源于日本平安时代的祭典是京都的一个重要的文化标志。该祭典的主祭神社为八坂神社，整个祭典活动的高潮部分是 7 月 16 日的"宵山"，7 月 17 日的"山铎游行"。① 而森见登美彦《宵山万华镜》中的六则短篇奇幻故事，又都是围绕着祇园祭和 7 月中旬的"宵山"祭仪展开的。森见用他那充满着魔幻色泽的笔触，不断地通过六则故事中不同人物的视角，完整地向读者呈现出"祇园祭"的绮丽景象，有山铎上挂满的灯笼、街道两侧林立的摊贩、穿着浴衣的游客等等。这一宏大的祭典，以及"宵山"

---

① 梁媛：《日本夏日祭文化现象研究》，载《开封教育学院学报》2016 年第 1 期，第 228 – 229 页。

祭仪中浓郁的民俗风情，不仅被森见登美彦所青睐，而且还伴随着京都的另一知名祭典"葵祭"出现在万城目学的代表作《鸭川荷尔蒙》中。

这种将民俗祭典的宏大仪式感植入后现代流行文化的媒介效应中，并以大众媒体的形式向观众或读者传播，并再现传统民俗的方式，无疑在与人民生活不可分割的后现代大众媒体中，为民俗文化的传播开辟出一种普世性的、更易重归于群众日常生活的社会视效化语境。根据道格拉斯·凯尔纳曾提出的理论，"一种媒体文化已然出现，而其中的图像、音响和宏大的场面通过主宰休闲时间、塑造政治观念和社会行为，同时提供人们用以铸造自身身份的材料等，促进了日常生活结构的形成"①。也就是说，民俗学在以流行文化为代表的大众媒介的引导下，已不再仅仅是专家、学者等少数研究人员的课题，从它回归日常化的那一刻起，便已同大众文化一起成为后现代社会中群众生活的重要元素，并在这一新兴的结构下得以延续发展。

日本除了将民俗祭典植入流行文化作品中外，又把日本的神道文化、妖怪文化作为主要题材植入日本流行文化作品当中，并将其向受众普及推广。

在 2010 年由江口夏实创作的漫画《鬼灯的冷彻》中，有很多关于八大地狱、八寒地狱以及妖怪文化的描述，而且还融合了《桃太郎》《猴蟹之战》《一寸法师》等大量的民谣、神话传说。2014 年被改编的 TV 动画番剧中，片首 OP《地狱の沙汰も君次第》还是一首用于介绍彼岸世界各部门职能部署的歌曲。这首歌曲不仅在片头向观众们交代、普及了剧情发生的背景，而且将妖怪文化谱写入流行歌曲。这种做法，无疑是对日本民俗中的神怪文化进行发展、传承的一个途径。

特别是在这部动画第 13 集对日本盂兰盆祭的描述中，作者并未如森见登美彦和万城目学一样单以展现节日祭典的宏观场面见长，反而巧妙地从彼岸视角入手，重点向观众介绍盂兰盆节祭礼用具的成因。据邱丽君《由佛入浴，人神共度——盂兰盆会的日本传播与演进》中的阐述：盂兰盆节时，日本民众会"在佛龛前摆放茄子做的牛和黄瓜做的马，这是各地区的共同习俗。日本人认为祖先的灵魂是骑黄瓜做的马来到人间，用

---

① ［美］道格拉斯·凯尔纳：《媒体文化——介于现代与后现代之间的文化研究、认同性与政治》，丁宁译，商务印书馆 2004 年版，第 9 页。

茄子做的牛回到那个世界。骑马来寓意了日本人盼望祖先早些归来的急切心情。坐牛车慢慢地去，体现了日本人对祖先依依不舍的感情"①。这一独具特色且非常富有人情味的民间习俗，在动漫《鬼灯的冷彻》中，以画面的形式冲击着观众的观感，并将盂兰盆节祭礼民俗的成因及特征，以视觉化的方式简明扼要地向大人普及。

就像李衣云在其《读漫画——读者、漫画家和漫画产业》一书中说的"人是以视觉图像为基础来理解这个世界……在基础文化的层次上，对各个社会与文化层级的人而言，漫画有某种程度的共通性，这有助于它推展到不同的社会里"②。从感官呈现角度来看，不仅是漫画、动画，甚至各类后现代视觉艺术都可以被定义为一种文化产业与视觉载体。它们可以以一种可视性的方式，将抽象的、难以言说的概念具象化。这种现象，正如法国后现代思潮代言人让·弗朗索瓦·利奥塔在《后现代状况——关于知识的报告》中所表明的："后现代在现代中，把'不可言说的'表现在'再现本身'中"，"后现代寻求新的表现方式，并非要从中觅取享受，而是传达我们对'不可言说'的认识"。③ 事实上，民俗文化就是一种不可言说的文化现象，无论是民间游艺，还是祭礼习俗，它们大多都以视听和实践性的方式呈现。因而，大众群体对于民俗文化的接受过程，也同样是一种无法用理论话语来加以概括的过程。

可以说，日本的众多创作者都深谙此理，所以，不论是日本的知名祭典，如"祇园祭""葵祭""节分祭""三十三间堂远射"等，还是其民俗文化中多彩的神怪体系，都充分地借助流行文化在大众媒介中传播既广且快的效应，与后现代经济社会接轨，将民俗知识的传承范围不断扩大。这既使其不囿于传统艺术从业者或者专业研究人员，又能广泛地植根于一般大众群体的日常生活中。

如今，传统民俗在日本已然成为后现代视觉流行艺术中的一个重要文化符号，其传承与发展的途径则恰恰寓于流行文化传播的过程中。将传统民俗与后现代市场经济衔接，继而又衍生出新兴文化符号的发展模式，这

---

① 邱丽君：《由佛入浴，人神共度——盂兰盆会的日本传播与演进》，载《郑州大学学报》2018年第3期，第143-147页。
② 李衣云：《读漫画——读者、漫画家和漫画产业》，群学出版有限公司2012年版，第172页。
③ [法] 让·弗朗索瓦·利奥塔：《后现代状况——关于知识的报告》，岛子译，湖南美术出版社1996年版，第209页。

无不代表着日本的民俗文化已经突破保守发展固有的策略瓶颈,开始向商业化的大众媒介倾斜。而这种"文化生产的市场化倾向,意味着这种文化不是纯粹的文学、哲学或艺术,而是在政治、经济、日常生活的广泛领域中创造出新的符号与认同,同时也是以资本运作为中心的价值交换"①。以大众媒介传播,以及经济资本运作来恢复,并维系濒危民俗艺术在人民日常生活中的闪现频次,从潜意识角度和广告效益来说,也不失为一种促进传统文化传承、传播的发展策略之一。

## 四、双螺旋式发展的区域经济与民俗流行文化

在一个后现代市场经济与大众媒介并行的体系下,将流行化的地域性民俗文化与区域经济发展相结合,并推出相应的文化产业链,使其形成一种双螺旋式的互惠结构,即以民俗文化促进地域经济发展,同时又以经济增长来带动民俗传承,这是当今日本地方政府与民间组织促进民俗文化传承发展的又一有力策略。

一部漫画作品使原本以渔业、水产业为主的境港市成为日本著名的妖怪文化名城。随后,围绕妖怪文化相继建设了商业性的民俗文化建筑,开创了系列妖怪文化商品产业链和以妖怪民俗文化为主的娱乐活动。

被誉为日本"妖怪博士"的漫画家——水木茂创作的《鬼太郎》系列,其内容多涉及日本传统文化中的怪谈及民间传说。该漫画系列的第一部作品《怪怪怪的鬼太郎》于 1959 年正式发表于漫画杂志《妖奇传》,随后逐渐火爆,在 1968 年至 2010 年间,《鬼太郎》被不断地改编为动画及影视作品,共计推出 5 部动画、2 部电影及 1 部 NHK(日本放送协会)晨间剧,而且还在 2013 年推出首款手机社群游戏——《鬼太郎:全国妖怪大战》。

伴随着《鬼太郎》IP(知识产权)与水木茂知名度的不断提高,日本鸟取县境港市作为水木茂的故乡,从 1990 年该市召开"建设绿色与文化的城市论坛"后,其政府部门便展开了建设一条以水木茂《鬼太郎》中的妖怪民俗为主要卖点的商店街的策划,并预定在商店街道路两侧安置《鬼太郎》中的人物铜像。1993 年,在商店街安置的 23 座妖怪铜像现已

---

① 周才庶:《西方文论关键词:文化生产》,载《外国文学》2016 年第 5 期,第 67-76 页。

成为境港市"水木茂之路"的雏形。① 此后,这一取材便不断地被政府部门以及民间组织进行扩充,2000 年补建了妖怪神社,2003 年完成了水木茂纪念馆的建设,而且,截至 2018 年 7 月,在当地政府最初策划的"水木茂之路"上,总部署的妖怪铜像已达到 177 座(如图 1 所示)。②

**图 1 "水木茂之路"上的妖怪铜像**

资料来源:日本境港市观光协会官方网站(http://www.sakaiminato.net/c817/roadmap/map/)。

不仅如此,境港市在着眼于商业性民俗文化建筑之外,还形成了颇为完善的系列商品产业链。其妖怪文化的副产品"除了鬼太郎酒、鬼太郎点心、鬼太郎装饰品、妖怪汁,还有以'妖怪'或'鬼太郎'命名的茶屋、神社,甚至列车、站台、渡轮、机场和派出所等"③。日本的妖怪民俗,不仅在以《鬼太郎》系列漫画为中心形成的后现代流行视觉文化中得以重生,而且还通过区域性经济改革,对该 IP 进行衍生创作的过程,

---

① 见日本境港市水木茂纪念馆官方网站(http://mizuki.sakaiminato.net/?id = 17)。
② 见日本境港市观光协会官方网站(http://www.sakaiminato.net/c817/roadmap/map/)。
③ 陈缪:《以漫促游:日本地方城市的振兴之路》,载《丽水学院学报》2018 年第 1 期,第 71 - 81 页。

使其获得了新的生命力,也使境港市的城镇建设与市民生活紧密结合起来,并获得了新的机遇。

然而,境港市对《鬼太郎》中神怪民俗文化的开发利用,并未止步于将传统民俗与特定区域相融合的模式。该市市政府及各相关民间组织又在不断涌入的游客浪潮中嗅到了新的商机,并于近年来陆续推出更多关于鬼太郎,或者说直接以日本妖怪民俗文化为主题的娱乐活动。这些新兴活动,"既有妖怪印章收集、妖怪模仿大赛、新年倒计时等以游客参与为主的活动,也有妖怪灯笼节、妖怪七夕节、妖怪女儿节等观光和参与并重的活动"①。

从文化参与的角度来看,境港市将民间习俗与流行文化合理结合,并鼓励游客积极参与当地民俗旅游活动的机制,表面上是以游客参与为主,或是参与、观光二者并重,实际上其形态更像是一种"互动文化"。因为游客在境港市,不论是积极参与该地的文化活动,还是参观各个依据《鬼太郎》中的妖怪文化建立的地标建筑,抑或是购买手办等周边产品,在这一后现代流行文化工业化的模式内,游客早已成为该地产业链下的一个环节,对当地的经济及文化起到了助推作用。因而,大众在境港市购买产品或进行活动体验的同时,也实现了在流行文化包装下对传统民俗的传承。

这一借助流行文化传播弘扬、普及本土民间习俗,从而作用于城镇经济可持续发展的策略,无疑是成功的。截至目前,日本各地也都纷纷兴起了利用被大众喜闻乐见的后现代流行文化热潮,带动本土的民俗传承和经济发展。例如,森见登美彦于2007年由幻冬舍出版的轻小说《有顶天家族》,就成为日本京都经济振兴策略的一个重要流行文化IP。该作品主要以"狸猫、人类及大妖怪天狗共同栖息"的京都为舞台,不仅将下鸭神社、南禅寺、六角堂、六道珍皇寺等京都著名古建筑地标全部串联进作品剧情,而且还在展现与"祇园祭"并称为"京都传统四大节庆"的盂兰盆节五山送火仪式时(如图2所示),将新奇、魔幻的元素融入传统妖怪民俗中。该小说于2013年推出动漫版第一季,2017年动漫版第二季推出后,又被京都政府授予了"京都特别亲善大使"的头衔(如图3所示)。据悉,由于这一动漫"主题环绕京都,被当地政府认为有行销观光的效

---

① 王欣:《鸟取县:日本动漫之乡》,载《走向世界》2011年第32期,第20页。

果，希望能透过动画向全世界宣传京都的魅力，便于1月12日在故事发生地——世界文化一场下鸭神社举行任命活动，这同时也是首次动画作品成为亲善大使"①。

图2 魔幻元素被融入《有顶天家族》中

图3 《有顶天家族》被授予"京都特别亲善大使"

图2、图3资料来源：《有顶天家族》制作委员会官方网站（http://uchoten2-anime.com/kyoto-special/）。

同样，在日本埼玉县，由动漫《幸运星》带起的"圣地巡礼"，即动画粉丝们在三次元打卡观光动画景点的"剧情旅游"，也如《鬼太郎》IP所形成的效应一样，带动了整个鹫宫地区的旅游发展，进而促进了日本民俗学中神道传统的传播与传承。这部在2007年播出的动漫中，主角柊一家居住在以埼玉县鹫宫神社为原型参照的鹰宫神社内，身为一家之主的柊忠雄是神社的神主，而其妻女们则均为神职巫女。据记载，这一动画创作

---

① 《当动画成为京都特别亲善大使》，见 https://www.facebook.com/saikounippon/posts/750760808414111/。

原型地的鹫宫神社是山云族创立的关东地区最古老的大型神社，素有"神道圣地"之称，是日本重要的无形民俗文化遗产。①自从该地被动漫《幸运星》纳入巡礼观光的获利模式后，游客人数逐年飙升。"2011年新年三天的参拜人数达到了历史最高的47万人，是2007年的五倍还多，而动画剧播出前的2007年参拜人数仅为9万人。"②在这一朝圣热潮的促进下，鹫宫町商工会以及与神社相邻的大酉茶屋便策划鼓动该地商家团体集体贩售以《幸运星》动漫为题材的周边产品，并与消费者相互联动，从而完成IP产业链的建设。

为了进一步将当地独有的民俗文化再次植入流行文化中，相关部门还于2008年9月在鹫宫神社举办的传统民俗祭典——土师祭上，特别加入了以《幸运星》动画元素装饰的神舆（如图4所示），不仅以动漫衍生的周边产业吸引游客，而且还充分利用游客自身所具备的信息交流、传播的特质，巧妙地推广本土民俗。而地方商家在看到民俗文化可以重新焕发生机、获取更多经济效益时，便更乐意将民俗文化继续发展、承接下去。据悉，"埼玉县靠着《幸运星》圣地巡礼所造成的热潮，相关的经济效益在2007年至2010年间就已高达22亿日元"③。

可以说，在开拓民俗文化与区域经济发展相结合的旅游业中，日本流行文化与大众媒介恰恰担当起连接二者的轴承作用，如果没有后现代流行文化的协助，传统民间习俗未必能以更适于后现代经济社会发展的形貌，为有能力促进民俗传承的年轻群体所接受，并且也未必能更好地与后现代城镇旅游业改革接轨。虽然日本凭借地域性"动画片旅游观光业"来传播其民俗文化的策略，其中看似受益更大的是地域经济，然而，从地域经济对文化产生的良性反作用来看，在这一经济与民俗文化"双线"发展的过程中，文化概念也同样在以商品的形式参与社会生活。因此，对于受众的社会群体来说，不论身处这一"民俗文化+流行文化+商品经济"产业链条的哪一个环节，都在大众媒体的影响下，成为"不仅仅是媒体

---

① 李彬：《日本动漫旅游的一个成功案例：埼玉县》，载《文化学刊》2019年第1期，第94-99页。
② 李彬：《日本动漫旅游的一个成功案例：埼玉县》，载《文化学刊》2019年第1期，第94-99页。
③ 郭家宁：《现实与虚拟的交叉点——圣地巡礼的发展与前景》，见梁世佑主编《过动：第五届御宅文化研讨会暨巴哈姆特论文奖文集（上）》，台湾交通大学出版社，第37-60页。

内容的消费者,也是媒体内容的生产者和传播者,媒体对社会和文化的影响也就成了所有人共同的责任"①——即将大众媒介中搭载的民俗传统继续传承、扩散下去。从而,人人都可以成为传统民俗的接纳者与传承者。

**图4 装饰了《幸运星》动画元素的神舆**

资料来源:Qto日本官方网站,《幸运星》圣地巡礼(http://qto.co.jp/bj/garden/qto45_luckystar_tw.html)。

## 五、中国民俗精神内核仍需与流行文化完美融合

综观日本将民俗文化在后现代社会中的形态模式转换后,可以肯定的是,中国的传统民俗文化同样也可以突破边缘化的瓶颈,借助后现代流行文化和大众媒介的传播手段,深入大众,尤其是深入年轻人的心中,这样不仅可以将传统民俗文化很好地弘扬传承下去,而且同样可以成为区域经济增长的新兴产业。那么,如何加快民俗文化进行后现代重塑的进程呢?可从四个方面入手。

首先,可以像香港系列动画电影《麦兜故事》那样,将本土民俗文化植入到后现代流行文化的大众媒介中予以传播弘扬,在受众群体中掀起

---

① [美]亨利·詹金斯、[日]伊藤瑞子、[美]丹娜·博伊德:《参与的胜利:网络时代的参与文化》,高芳芳译,浙江大学出版社2017年版,第3、105页。

探究相关民俗的热潮。2001年，画家麦家碧和编剧谢立文在这部IP系列动画片中植入了不少对港风文化的描绘。尤其是对"太平清醮""抢包山"的描绘与展现。该片讲述了小猪麦兜在香港运动员李丽珊获得奥运会帆板冠军后，在妈妈的期许下，赶往长洲，拜李丽珊的师傅黎根为师，学习他的另一个独门绝学——长洲岛传统民俗运动"抢包山"的故事。该片在介绍长洲"抢包山"这一传统民俗时，运用了二维动画、三维建模以及纪录片回放等多种形式，非常清晰、直观地向观众们，尤其是对长洲"太平清醮"了解甚少的年青的一代普及了"抢包山"习俗的形貌。

2004年，在麦兜系列《麦兜菠萝油王子》中，作者再次利用流行动画影片的媒介手段，弘扬了香港戏曲民俗中的大戏棚文化，其中甚至还有数个传统戏曲表演中的"甩发"镜头。孙平曾提出："麦兜这一品牌应该说是一个传奇，在1988年诞生以来……从香港本地扩散到内地，又逐渐扩散到整个华语世界，以至于诞生了一个名词叫'麦兜族'，拥有了大批的追随者。"[1] 从另一个角度来看，传播范围广、影响力大，这也是麦兜IP作为流行文化在后现代社会经济模式下的最大优势之一。

其次，依托流行文化的大众传播媒介将民俗文化的传统符号推介出去，让更多的人乐于了解、观光和研究。譬如，国产动漫《大鱼海棠》上映后，福建永定旅游局立即展开立体营销。因为该片中植入的福建永定土楼民俗文化不仅加深了该片的文化底蕴，而且带动了福建土楼及周边旅游的热潮，撬动了福建旅游的经济杠杆。

再次，还应形成颇为完善的民俗系列商品产业链，使民俗文化充分融入地方商品经济产业链当中，进而形成一种独具风味的地方民俗文化。例如，北京的"兔爷儿"这一民间吉祥物在20世纪不仅诞生了与之相关的歇后语、动画、小说，而且每逢中秋佳节，"兔儿爷"都是老北京家家户户必备的民俗祭月、拜月物件。而现今，"兔儿爷"这样一个自带"中秋玉兔传说"、民俗雅趣的非遗却没有被合理利用，除了作为一种传统泥塑作品摆在"泥人张"等知名泥塑店的柜台上，便只有在东岳庙等民俗博物馆的展览上才能进入大众的视野。

从某种程度而言，中秋拜月、祭拜"兔儿爷"这样一个独特的老北京风味的民俗还应被积极、合理地传承下去。而这一传承形式，则完全可

---

[1] 余英时：《文史传统与文化重建》，生活·读书·新知三联书店2012年版，第8页。

以借鉴前文所述的日本鹫宫神社"土师祭"中《幸运星》动画巡礼的模式。先由人气影视作品入手，进而与东岳庙及民俗博物馆等相关部门联合，推出节日庆典与影视巡礼打卡共存的民俗项目，最终使得民俗文化在区域经济的促动下，得以传承发展。

最后，还可结合流行文化中再现的传统民俗娱乐活动，策划一些游客参与度高的民俗娱乐项目或体验活动，但目前国内多数民俗景区的民俗体验项目都不尽如人意。譬如说各地古城、老街，虽说所处地域不同、外观样式不同，但实则里面都充斥着同质化极为明显的小吃铺和商品档口。就好比北京南锣鼓巷、成都宽窄巷子以及上海田子坊等地入驻的商家，其实并没有太大区别，可以说，这些知名老街并未真正地、切实地结合其独特的地域民俗文化进行商业化发展，因此也就无法为当地居民以及外来游客普及更多的民俗风貌了，这也是地域民俗在传承中面临的一大结症。

由此可见，中国目前对民俗文化进行后现代重塑的进程，尚处于起步阶段。可以说，传统民俗文化精神内核的后现代转化，尚处于刚刚开启相互兼容模式。尽管我国不乏优秀的民俗文化，但其发展程度却不如日本民俗文化那样具有可持续发展的规划性。

虽然我国流行文化在摸索前行的过程中，也开始尝试着将民俗文化植入流行文化作品中，但尚未认识到民俗文化是一座巨大的宝库，其中所蕴含的"神秘性"元素，足以成为吸引消费者好奇心理的"药引子"。就如同安吉拉·默克罗比阐述的那样，"图像在当代社会里已经象征性地僭取了一种支配权……硬是挤进了社会生活的肌理之中"①。所以在这样一个以视效文化主导媒介发展以及文化工业演进的后现代社会，虽然许多流行文化商家都纷纷将图像化了的民俗元素加入其产品之中，但并没有真正将中国民俗文化的精神内核与流行文化完美地融合在一起。譬如，我国手游行业的两大巨头——网易和腾讯，近年来对于民俗文化的开发，虽然打造的游戏都非常火爆，然而，其对于中国民俗传承的推进，可以说寥寥无几。因为二者均将大量物力、精力、财力都运用在购买日本动漫IP版权、传播日本民俗文化上了。

自从2016年9月，由网易开发的大型手游《阴阳师》于IOS（苹果

---

① ［英］安吉拉·默克罗比：《后现代主义与大众文化》，田晓菲译，中央编译出版社2006版，第24-26页。

移动操作系统）平台首发以来，至今依旧是在年轻群体中最受欢迎的网络游戏之一。但该手游主要以日本平安时期作为背景设定，并以日本历史上知名"阴阳师"安倍晴明作为玩家的初始角色，其中包含有日本各式神怪以及神道宗传统习俗的介绍。此后，网易又多次推出结合日本妖怪动漫 IP 的联动游戏。更有甚者，在 2018 年 9 月，这一手游还与日本潮玩 PIPEROID 联合，开发出弘扬日本纸艺文化的"阴阳师纸筒人"系列。①而当《阴阳师》在青年群体中引发了火爆效应之后，作为网易竞争对手的腾讯也加大了二次元游戏布局力度，推出《火影忍者》《圣斗士星矢——官方正版》《妖精的尾巴：魔导少年》等 IP 大作，紧紧围绕热门（日本）动漫进行游戏开发，但是在自研原创二次元游戏方面仍然空白②。

如果说，网易热衷以民俗中的神怪文化作为流行文化产品的内在支撑力，那大可不必将视线聚焦在日本妖怪文化上。因为中国民俗中自古以来并不乏完备的神怪体系以及民间传说。不用说《聊斋志异》《搜神记》以及《子不语》这些耳熟能详的志怪小说，我国还有《夜雨秋灯录》《耳食录》《三异笔谈》《萤窗异草》《玄怪录》《拾遗记》等数个叙写神怪传说的书目。这些以网易为代表的流行文化公司，完全可以从中汲取灵感，把精力放在开发中国民俗文化上，打造出我们自己的原创民俗文化品牌，并且开创出独具中国特色的神怪视觉形象。

所以，如果将中国本土的传统民俗植入流行文化的大众媒介中，就会使其通过视效文化的方式，融入后现代民众的日常生活中，从而加快中国优秀民俗文化的传播、传承速度，扩大民俗传播的宽度和广度，并形成一种以年轻群体为主要对象，以市场经济为导向的文化工业。在流行文化与大众媒介的促进下，同经济"双线"发展，才是我国民俗面对后现代社会媒介娱乐化、信息化冲击的一个可行且有力的策略。

同时，中国的传统民俗文化要想从"活化石"的冰层中"解冻"出来，还需要政府的大力支持，以及各地方组织、流行文化公司、非营利组织等社会组织的协同推广，而且，流行文化与大众媒介在后现代社会中，对于信息传播的普及率以及扩散速度也同样不容忽视。因为不论是以动

---

① 见网易《阴阳师》官方网站（https://yys.163.com/piperoid/）。
② 徐竟伟：《二次元游戏的媒介融合趋势分析——以〈阴阳师〉为例》，载《新闻知识》2019 年第 4 期，第 90 - 92 页。

漫、网游、轻小说为代表的视效性快餐文化，还是微博、微信、直播间等网络社交平台，都是当今传播最广、受众群体最大的媒介。

虽说以阿尔多诺为首的法兰克福学派，曾对后现代主义波普文化有所顾虑，认为这是一种过于快餐化、扁平化、速成化的文化现象，并且不如古典主义，甚至现代主义艺术那般富于内涵、哲理。但这一现象的形成，主要归咎于一些后现代流行文化并没有找到合适的内容进行填充、承载，因此就出现了内涵稀缺、底蕴不足的现象。然而，这一深层的劣势，其实恰恰为当今各国民俗文化的传承与发展提供了一条可观的出路。流行文化缺乏深刻内涵，而民俗文化则急需能够促使其广角传播以带动传承发展的高速通道。若是将二者合理结合，使之协同并进，那么，便会形成一种"新型的知识普及化"趋势，故而使民俗文化与后现代社会接轨。就像在香港举办的《清明上河图3.0》数码艺术展一样，这一新式展览，以当下最流行时尚的科技手段，让民众在球幕影院体会"汴河码头"，在展厅观赏由数十位原画师打造的动态长卷，使民众更为直观地从时间、空间等各个维度，轻轻松松地走进宋朝百姓的市井生活。不仅如此，作为本次展览主办方之一的凤凰卫视，还每天不定时地在新闻直播节目中为观众们用一分钟时间，快速讲解、普及《清明上河图》中的某一个民俗文化知识点。从某种程度而言，这类与后现代化大众媒介结合的民俗文化的呈现方式，可以更容易且更迅速地被大众认可、接受。可以说，在这样一种传统民俗文化的信息流通增强的情形下，人人都可以成为"民俗文化嫁接于流行艺术"模式下的接受者与传播者，受众面一旦被打开，传承途径便会随之被无限拓宽。

# 中编 戏曲、演艺和竞技研究

# 从粤剧剧目发展史的遗留问题看林榆剧作的"示范"意义*

## 董上德
（中山大学中文系、中国非物质文化遗产研究中心）

〔摘要〕林榆，生于1920年，广东东莞人，是一位资深的文化干部、戏剧工作者和剧作家。2015年荣获第二届广东文艺终身成就奖。本文试图将林榆的粤剧剧本创作置于"粤剧剧目发展史"的维度上来考察，思考林榆的成功之道，论述林榆剧作的若干特色，以林榆的剧作和林榆的自述相比照，以期引起粤剧界、学术界对于林榆及其剧作所具有的"粤剧史意义"的关注和进一步研究。如今，粤剧的生存环境在它被列入世界级非物质文化遗产名录的10年里越来越好，人们在高度重视和期待着粤剧会有越来越多、越来越高质量的剧目上演。我们借由对林榆粤剧剧作的研讨，以便突显林榆剧作既与时俱进又不失粤剧"本色"的价值所在，或许对回应粤剧"怎样发展"的问题不无裨益。

〔关键词〕林榆剧作　粤剧剧目史　雅俗之辨

## 一、粤剧剧目发展史的遗留问题与今天研讨林榆剧作的"由头"

粤剧的保护和发展，是这一影响巨大的剧种如今相当需要关注的问题，尤其是它被列入世界级的非物质文化遗产名录10周年之际，如何保护、怎样发展，更是粤剧行内以及关心粤剧的社会人士共同关心的。

在众多的头绪中，笔者比较关注的是粤剧的剧目和剧本创作，并曾先后写过两篇相关的论文，一篇是《上世纪五十年代的粤剧论争及其启示》

---

\* 本文是"粤剧表演艺术的数字化研究"项目（批准号13JJD760003）的阶段性成果。

## 从粤剧剧目发展史的遗留问题看林榆剧作的 "示范" 意义

（载《广东艺术》2014年第4期），一篇是《试谈戒虚妄——商榷若干新编粤剧的剧情逻辑》（载《广东艺术》2016年第2期）。前者主要聚焦于粤剧剧本的"改革"问题，是在20世纪50年代的"戏改"语境下展开论述；后者主要提出了一些商榷意见，认为某些新编粤剧剧本片面追求"戏剧性"而违背了生活逻辑和历史逻辑，导致出现某种"虚妄"的剧情。笔者肯定了不少新编粤剧剧本的成绩和贡献，但也不必讳言，有不少新编的剧本尚嫌粗糙、生硬，上演之后没有给观众留下深刻印象，也没有出现可以"唱到街知巷闻"的重点唱段，总体上还没有达到前辈粤剧编剧所达到的高度，如杨子静、莫汝城等的《搜书院》（1956年）和《山乡风云》（1965年），如林榆的《伦文叙传奇》（1985年）和《花蕊夫人》（1986年）等，而可以跟谢宝、刘琴、伦文叙、花蕊夫人等相提并论的立体化的艺术形象也真不多。

回顾粤剧剧目发展史，行内专家郭秉箴先生曾经指出，就粤剧的剧目而言，问题比较突出的是"添油加醋、随意发挥的改编和臆造"，并举例说明："例如，马师曾模仿京剧《虹霓关》的故事，改头换面，先是将剧中的人物现代化，取名《古怪夫妻》，后来再将现代人物穿上古装，改名《佳偶兵戎》，成了他的首本戏。又如，廖侠怀，把文明戏《棒喝自由女》加上少妇被逼疯的情节，改编成了《花王之女》，演出时却是穿古装的。还有一些取材于重大历史题材编就的戏，其主要关目是以形同儿戏的表现方式来处理的，如《淝水之战》写的是苻坚投鞭可以断流的著名历史战役，戏中把谢安打败苻坚的关键写成由苻坚的爱姬张子慧作为内线，派丫头小红女扮男装向谢安报信，趁苻坚与张歌舞行乐之时，夜袭取胜。这等于开历史的玩笑。"[1] 而笔者之所以写出《试谈戒虚妄——商榷若干新编粤剧的剧情逻辑》一文，正是有感于粤剧剧目史上的这一"遗留问题"在当今的粤剧剧本创作中并未绝迹，提出了一点批评性的意见。

郭秉箴先生还说："粤剧的老大难问题，概括起来不外是：剧本质量低，特别是陈词滥调多；四功五法的功能不全，只能唱，不会做和打（包括舞）。"[2] 当然，郭先生已经辞世多年，他未能看到如今新一代的粤

---

[1] 郭秉箴：《粤剧风格论》，载《粤剧艺术论》，中国戏剧出版社1988年版，第78-79页。

[2] 郭秉箴：《粤剧改革的里程碑——论〈山乡风云〉戏曲化的经验》，载《粤剧艺术论》，中国戏剧出版社1988年，第262页。

剧艺人正在克服"只能唱,不会做和打(包括舞)"的弱点,积极练功,奋起直追,并努力向兄弟剧种学习,在"做手"和"唱"等表演艺术方面有了十分明显的进步和提升。可话说回来,"剧本质量"的问题依然突出,剧本的文学品位是有待提高的。

说及有成就的粤剧编剧,除了杨子静、莫汝城等著名人士外,林榆也是不可忽视的。本文将以林榆先生的粤剧剧本创作为话题,探寻林榆剧作的示范意义。在上述背景下,今天研讨林榆剧作的"由头"也就显得有一定的针对性。粤剧的生存环境在它被列入世界级非物质文化遗产名录后的10年里是越来越好,人们在高度重视和期待着粤剧会有越来越多、越来越高质量的剧目上演。我们借由对林榆粤剧剧作的研讨,以便突显林榆剧作既与时俱进又不失粤剧本色的价值所在,或许对粤剧剧本的认知会有所推进。相信如此选题,对回应粤剧的"怎样发展"问题也不无裨益。

## 二、戏剧评论界尚未注意到的地方

戏剧评论界已经对林榆粤剧剧本有过不少论述,《当代岭南文化名家·林榆》一书的第二板块"众说林榆"已经收录得较为齐备。这一板块再细分为"记人"和"评剧"两个部分,二者的内容其实互有交叉,宜合而观之。综观这些成果,约有数端。第一,论及林榆的导演实践与其编剧的关系,如李小瑛《林榆:新中国粤剧的幕后推手》记述了林榆戏剧活动中很值得关注的一个"事件":"1964年,中国京剧院来广州演出《红灯记》,给粤剧注射了强心剂。陶铸说粤剧也要搞一个'绿灯记',于是有了《山乡风云》。林榆参加了《山乡风云》从创作剧本到导演、演出的整个过程,1965年年底上京演出。……《人民日报》《戏剧报》发表文章给予高度赞扬。"该文还指出,林榆十分重视粤剧的剧本,强调新编粤剧要以简代繁、以虚代实、以少胜多。第二,论及《伦文叙传奇》的艺术成就,如李门《〈花蕊夫人——林榆剧作·论艺集〉序》以精炼的语言概括了《伦文叙传奇》(引文中简称《伦》——编辑注)的剧本特色:"《伦》剧以人们耳熟能详的地方掌故作为基础,却加强了它的人民性、文学性,使主人公变得更加可爱:不慕虚荣,面向民间,而令人忍俊不禁的对联斗句,更突出了《伦》剧的本色,说是推陈出新的佳构,绝不是

从粤剧剧目发展史的遗留问题看林榆剧作的"示范"意义

泛泛之词。"① 霍大寿《〈伦文叙〉的艺术魅力》认为林榆重新塑造了伦文叙的形象,突出了"卑贱者最聪明"的题旨②;而陈仕元《戏剧要多写观众爱看的戏——评粤剧〈伦文叙传奇〉》一文用三个"关键词"称赞此剧的成功之处:脱俗,好看,有益。③ 第三,论及《花蕊夫人》的艺术成就。如李门《〈花蕊夫人——林榆剧作·论艺集〉序》高度评价了《花蕊夫人》一剧的改编思路:"该剧取其历史大事,以艺术虚构手法抒写之,务求去却枝蔓,树立以花蕊夫人为中心的,包括耽乐无能的蜀主孟昶、大宋开国之君的赵匡胤、好色跋扈的大将军王全斌等鲜明形象,称为新编历史剧是适宜的。"④ 又如韦轩《后蜀名花带泪看——试谈粤剧〈花蕊夫人〉》指出该剧处理"人"与"戏"的关系颇有特点:"把历史上史料甚少的花蕊夫人写成一个大型长剧,写出一个比较丰满而才貌双全的花蕊夫人,又写出一个比较通情达理的开国之君、大宋王朝的赵匡胤及其一段缠绵哀怨的恋情,比较'准确'地反映出当时的历史面貌,又能有戏可看,应该说是粤剧创作中一朵脱颖而出的新花。"⑤ 而肖甲《试谈粤剧〈花蕊夫人〉》分析了该剧的美学特征:"剧作者面对史籍、传说、话本演义、民间散记和各种不同的考证推断,却从容地观照其大端,在符合历史大事件中,撷取和择用适于表现剧作主题的情节和细节,推衍出一出极明快的悲喜剧。"⑥

以上的评论,均各有见地,值得参考。而笔者写作此文的动因是,林榆剧作还有人们尚未注意到的地方。笔者认为,不宜就林榆论林榆,孤立地去看林榆剧作的价值;应该在粤剧剧目发展史的维度上观察林榆其人以

---

① 慎海雄主编,林榆、林西平编著:《当代岭南文化名家·林榆》,广东人民出版社 2017 年版,第 64 页。

② 参见慎海雄主编,林榆、林西平编著《当代岭南文化名家·林榆》,广东人民出版社 2017 年版,第 75 页。

③ 参见慎海雄主编,林榆、林西平编著《当代岭南文化名家·林榆》,广东人民出版社 2017 年版,第 84 页。

④ 慎海雄主编,林榆、林西平编著:《当代岭南文化名家·林榆》,广东人民出版社 2017 年版,第 64 页。

⑤ 慎海雄主编,林榆、林西平编著:《当代岭南文化名家·林榆》,广东人民出版社 2017 年版,第 92 页。

⑥ 慎海雄主编,林榆、林西平编著:《当代岭南文化名家·林榆》,广东人民出版社 2017 年版,第 99 页。

及他的剧作的"存在意义"。

早在中学时期,林榆就开始参加抗日救亡活动;在其漫长的职业生涯里,他积累了丰富的政治斗争、社会活动和舞台演艺的诸多经验。笔者将此三点联系起来看,可以说,如果"三缺一"都不是"这一个"林榆。一个成功的编剧,绝不是关在书斋里苦思冥想就足以点染"纸上春秋"的,绝不是仅靠翻阅古书、资料就可以写出传世之作的,绝不是只懂得一点"编剧技巧"就能够"笔下生风"的。没有深刻的阅世经历,没有高度的美学修养,没有丰富的"场上历练",要想做一个成功的编剧几无可能。林榆先生能够成为一位取得颇高成就的粤剧剧作家,与他拥有深刻的阅世经历、高度的美学修养、丰富的"场上历练"是密不可分且高度相关的。在粤剧发展史上,林榆就是独特的"这一个",他创作的剧目的原创性格外值得珍视。

我们不妨客观地看,粤剧史上,粤剧剧目数量相当庞大,公开出版的《粤剧剧目纲要一》和《粤剧剧目纲要二》(中国戏剧家协会广东分会编印于20世纪60年代,羊城晚报出版社于2007年重新出版)已经有较为充分的展示,但是,属于粤剧"原创"的剧目却并不多见。郭秉箴先生认为,过去的粤剧剧目大体是几种类型:一是木鱼书、小说、笔记的戏剧化,二是外国戏剧电影的粤剧化,三是添油加醋、随意发挥的改编和臆造,再有就是生命力不强的"直接针砭时事的改良新戏"和作为"案头剧本"的文人作品等。[①] 其实,郭先生遗漏了很重要的一点:还有为数甚多的粤剧剧目是从兄弟剧种长期传演的剧目中"移植"过来的。如果我们不是盲目乐观的话,丰富多彩的粤剧史有一块明显的"短板",就是粤剧剧本"外来的"多,"原创的"少(粤剧史上有一个相当长的"提纲戏"阶段,可称之为"无剧本演出";在一段较长的时间里,不重视剧本成为"惯例")。传承和发展粤剧,不仅要创作出更多的新编剧目,而且,还要下大力气提升剧本的质量,后者更具有"战略"意义。而林榆,他丰富的人生阅历、杰出的粤剧剧本创作,以及已经取得的众所公认的艺术成就,恰好是一个值得研究的"个案"。

郭秉箴先生还有过一个尖锐的批评,批评粤剧剧本有"四大病状":

---

① 参见郭秉箴《粤剧风格论》,载《粤剧艺术论》,中国戏剧出版社1988年版,第71–80页。

从粤剧剧目发展史的遗留问题看林榆剧作的"示范"意义

"满（不精炼），散（不集中），平（不感人），折（不连贯）。"① 这是一位深爱粤剧的评论家的肺腑之言。这四点之中，笔者认为最为核心的问题是"平"（不感人），而这恰恰是戏剧创作的"牛鼻子"。戏剧，可以写"平凡"的生活，也可以写"不平凡"的人生，前者如《伦文叙传奇》，后者如《花蕊夫人》，可不管如何，感人的艺术魅力是二者都必须具备的，否则就乏善可陈了。笔者试图聚焦于"感人的艺术魅力"这一点来解读林榆的粤剧剧作的魅力所在。

## 三、林榆粤剧剧本处理故事题材的若干特色

林榆的粤剧剧本，尤其是《伦文叙传奇》和《花蕊夫人》具有"感人的艺术魅力"，要破解其中奥秘，可以有不同的角度，笔者想从林榆粤剧剧本处理故事题材的若干特色入手，得出三点看法：一是林榆善于对比人性之劣与人性之善，而以人性之善作为"平凡生活"中最具诗意的"戏眼"；二是林榆善于突显主人公的悲悯情怀，使之成为"不平凡人生"中最夺目的亮点；三是林榆的粤剧剧本富于粤式的机趣，既有雅俗之辨，又能雅俗共赏。下面分别加以具体的论述。

### （一）人性之善与"平凡生活"中最具诗意的"戏眼"

写"平凡生活"，是对戏剧家极大的考验。比如，流传广府民间的伦文叙的故事：故事主人公原是一个出身低微的"卖菜仔"，读过几本书，牙尖嘴利，鬼马机灵，满身"急才"而不免"古惑"，有不少令人解颐甚至是"喷饭"的情节，其故事一度以浓郁的"市井味"而受到底层民众的喜欢。可林榆的学养和追求使他不甘心于将一个不无"低俗"趣味的人物和故事搬上舞台。他说过："伦文叙是广东南海人，因为出身贫贱，生活坎坷异常。过去的粤剧把伦文叙写成一个恃才傲物、捉弄乡人的浪荡子。要写这个人物就要摆脱这些俗套、旧套，还他质朴的、乐天的、穷不夺志的本性，表现他聪明过人、才气横溢以及他富贵不能淫、威武不能屈

---

① 郭秉箴：《粤剧改革的里程碑——论〈山乡风云〉戏曲化的经验》，载《粤剧艺术论》，中国戏剧出版社1988年版，第263页。

的情操。务求达到'脱俗'。"① 林榆的着力点固然是"还他质朴的、乐天的、穷不夺志的本性,表现他聪明过人、才气横溢,以及他富贵不能淫、威武不能屈的情操",可他深谙戏剧的底蕴,戏剧是在人物的关系、角色的互动中"出彩"的,能够打动人心的是人物内心的"善","善"能生"美",尤其是在"难能可贵"的情景里表现出的人性之"善",更是感人至深的,这是戏剧的一条规律。故此,林榆没有"拔高"伦文叙,而是在一个"善"字上来做文章,写出"善"与"善"的相遇和碰撞,即以伦文叙与阿琇的相遇和碰撞为主线,呈现的是一对心地善良、纯洁无瑕的年轻男女在毫无"机心"的前提下不期而遇,在几乎"不可能"的环境里,双方凭着一颗善良的心越走越近,从而激发出一段凉薄人世中的温暖而奇巧、意外而合理的真挚情缘。这是《伦文叙传奇》一剧的"主要戏脉"。

　　改造固有的伦文叙的形象而使之以新面貌出现于舞台之上,林榆的一个"高招"是用心塑造好阿琇的形象来与之"配戏"。这样一来,就为重新塑造伦文叙形象开拓出一个富有意味的戏剧空间。伦文叙质朴、善良、风骨等性格要素均可以在此戏剧空间里展现。写好阿琇,是为了写好伦文叙;也可反过来说,写好伦文叙,也是为了挖掘出阿琇在全剧中不可缺少的戏剧功能。试想,如果阿琇只是过去旧戏里的"梅香",纯粹跟随小姐上下场,做些"斟茶递水"的小动作,其戏剧功能难免极为微弱;可是,整部《伦文叙传奇》不能没有阿琇,而阿琇是以"第一女主角"的身份出现于林榆的笔下的,这正是林榆的神来之笔。阿琇的戏剧功能是双重的,一重是她的确是卑微的"梅香",在伦文叙与胡蓉(小姐)之间、伦文叙与胡员外(胡蓉之父)之间、胡家与伦家之间,均起着穿针引线的作用,此作用类似于《西厢记》里的红娘;另一重是她不仅仅是"梅香",更是剧作家要重点塑造的"女一号",她本来是真心希望胡蓉小姐不要"错过"了伦文叙这一个难得的婚姻对象(有善心,有才学,有前途,热诚朴实,侠义助人;而且胡员外对伦文叙的才学尤为看重,并寄予厚望,一心想招为"东床"),她对伦文叙的为人、为学极为敬佩。(阿琇不是一般的"下人",而是读过书、有眼光,只因遭遇不幸才被迫沦为婢

---

① 林榆:《也谈雅俗共赏》,载《花蕊夫人——林榆剧作·论艺集》,花城出版社1995年版,第283-284页。

## 从粤剧剧目发展史的遗留问题看林榆剧作的 "示范" 意义

女,她目睹小姐被疯狗狂追、伦文叙仗义"救护"的情景,她目睹伦文叙在胡家"招亲"时力压其余竞争者的出众才华,她目睹伦文叙孝顺娘亲、勤苦攻书、辛劳养家的种种行状。)她乐于帮助胡员外,还出主意设法让伦文叙对胡蓉小姐产生好感,以便完成胡员外的嘱托去"撮合"伦文叙和胡蓉的婚事。她除了敬佩伦文叙之外,并无"非分之想",只是满腔热情地为胡蓉小姐效劳,以此为自己的"本分"。她越是无"机心",就越是显得大方得体、善良可爱、纯洁无瑕。这就是"平凡生活"中最具诗意的"戏眼"。

　　林榆是懂得戏曲是"剧诗"的原理的。《伦文叙传奇》的剧情一路曲折发展,是顺着剧中的诗意蜿蜒而来的。试想,如果阿琇内心是平庸的、形象是扁平的、气质是低俗的,她怎么可能打动伦文叙,怎么可能让这位男主人公在获取状元后仍要执意迎娶她呢?须知,在金銮殿上,皇帝已经"打了招呼":"母后有言,谁中状元就招驸马。"(第六场)① 于是,经过轮番比试,结果马上出炉,皇帝面对伦文叙唱道:"(滚花)卿家穷不夺志,积健为雄。不但激励人心,孤亦为之感动。赐你鳌头独占,人来速报后宫。"伦文叙却出人意料地说:"陛下,慢,慢……"他要婉拒"状元"的名分,为的是"臣有妻,虽未娶,难变初衷";如果一旦接受了"状元"头衔,就会马上陷入后宫的"预设",自己就难以和阿琇成亲。一边是成为驸马的"荣耀转身",一边是与婢女结婚的"平凡之举",两相对比,似有云泥之别,可伦文叙只是喜欢并钟情于阿琇。这就是"平凡生活"中最具诗意的"戏眼"!伦文叙怎么能够忘记:在第三场,自己穷居之时,是阿琇"帮伦母把水挑进屋去,倒入水缸";自己在识破阿琇送来的小姐的"诗作"之时,阿琇还在设法帮小姐说话:"我小姐知错了,她很内疚,一晚都睡觉不着!所以'垂泪到天明'。"如此聪明灵巧,如此"尽忠职守",如此天真无邪;伦文叙向其母耳语之后,伦母对阿琇说:"姑娘,刚才文叙对我说,这是一首唐诗,是唐朝才子杜牧的诗。"阿琇随机应变,说:"借唐诗表情意,小姐正聪明得很。一来怕羞,免直抒情感;二来藏拙,免见笑才人。"伦文叙怎么能够忘记:阿琇看着掩饰不了,就主动招认"自作主张"替小姐选了一首唐诗:"明人不做暗事,相

---

　　① 本文引用林榆剧作,均据《花蕊夫人——林榆剧作·论艺集》,花城出版社1995年版。下文不再另外标注。

113

公请谅,实是我的主意。"阿琇的一片真诚和善良,将自己的母亲也打动了:"不应错怪姑娘。"伦文叙怎么能够忘记:阿琇自述悲惨身世,自幼饱经困苦,幸得一位落魄的教馆先生认作义女,才会"识字断文",可一场大水吞没了整条村庄,自己孤身一人,不得不"大户为奴至于今"。听到此处,伦文叙也忍不住激动和感叹:"此女身世凄凉无倚凭,饱经灾劫剩孤身。冰雪聪明伶俐甚,却屈居奴痛沉沦。"阿琇的善良、聪明和悲苦,令饱读诗书的伦文叙产生自然而然的"情感审美",当面向阿琇说:"姑娘不同流俗,慧眼识人。小生他日有成,一定不忘援引。"这很难说是"爱的宣言",却是伦文叙心地善良、同样慧眼识人的具体表现,可以说是惺惺相惜。可转到第四场,伦文叙和阿琇的感情得到进一步的升华,伦文叙准备上京应试,上船之前,在渡口等候阿琇,两人相见,依依不舍,含情脉脉;伦文叙感激阿琇前来送行,更感动于阿琇的深情表白:"相公不要将人看扁了,就算你失意归来,(唱滚花)我也为你将家务操持,糟糠同命。"好一个"糟糠同命",这是最能打动伦文叙,也是最能打动观众的十分朴素的"金句"。全剧的"诗眼"正在于此。所以,站在金銮殿上,伦文叙所言"虽未娶,难变初衷",是发自肺腑的,是义无反顾的。

戏演到这里,戏剧张力极强,伦文叙和阿琇这两个人物是在一系列"饱满的剧情"中互相成就着对方,他们的"戏份"相互依存,二人关系的变化和行为的互动构成了全剧情感戏的主线,而伦文叙的"功名之路"成了一条为之服务的副线。这正是林榆的剧本构思中不同凡响之处。

### (二)悲悯情怀与"不平凡人生"中最夺目的"亮点"

林榆的《花蕊夫人》选择了一位不平凡的人物做"女一号"。花蕊夫人生活于"残唐五代"时期,这是一个乱世,乱世"故事多",何况花蕊夫人有特殊的身份、特殊的经历和特殊的遭际,所有的"特殊"合在一起构成了其人生故事的传奇性。这绝对是跟《伦文叙传奇》里的阿琇相互迥异的人生。

林榆将花蕊夫人的出场安排在后蜀将亡而未亡之际。这是生死攸关的历史时刻。后蜀君王孟昶的宠幸和依恋、后蜀"母后"的鄙夷和冷眼、后蜀民众的困苦和不幸,这种种的戏剧元素丛集于花蕊夫人的心中。她是

## 从粤剧剧目发展史的遗留问题看林榆剧作的"示范"意义

孟昶的妃子,是母后的儿媳,更原是民众的一分子。(第二幕写孟昶彻夜难眠,等候回乡省亲的花蕊夫人返宫,这一戏剧情景,正是剧作家想要强调的花蕊夫人身上的"平民底色",在她登场之前,有意借情景的渲染而将此"平民底色"加以"放大"。)如果是一般的美女,没有什么思想,也无什么情怀,她不会产生身份认同,反正此刻的身份只有一个:"妃子"可是,花蕊夫人不是一般的美女,她有思想、有情怀,她的身份认同是复杂的:她固然已经是"妃子",可是其母后的冷眼并非没有来由,母后将自己的被宠幸看在眼里,内心大概时刻在想着"红颜祸水,女色误国",花蕊夫人明白自己在母后的眼里不是一个好儿媳;更为揪心的是,她虽然是孟昶的妃子,身处宫禁之内,有如笼中之鸟,但是她知书达理、察言观色、耳听八方,时时关心宫禁之外的世界,关注家乡父老的安危,尤其是眼下的这一次家乡之行,耳闻目睹"宫廷一席宴,农户十年粮"的残酷现状,亲身感受到"民不聊生衣食欠,繁苛租税苦相缠"的悲惨事实,她自觉地意识到自己身为君王身边的人,有不可推卸的责任,要规劝君王改弦更张、关心民瘼、改善民生。她还生怕口说无凭,特地将故乡的一束只有空壳的稻穗带回宫中,让孟昶"目验",让他知道天灾加上人祸是如何令老百姓苦不堪言、度日如年。她的一举一动,无不表现出急迫、痛心以及不无内疚与自责的心态。孟昶毕竟与花蕊夫人相处日久,两人声息相通,花蕊夫人的眼神、语气和急迫的情状,一一直抵孟昶的内心。花蕊夫人手持空壳稻穗递与孟昶,说:"这就是乡下的收获,正好比如今的蜀国!"不待她细述,孟昶当即知其用意,说:"哦哦,我明白了,夫人是为家乡父老恳求减免钱粮,孤王恩准就是。"我们可以看到,孟昶不是铁石心肠的人,他有一定的同情心,可是,他这么爽快地"恩准",主要目的在于"拥花蕊欲下",免得花蕊继续"啰唆"。剧作家这一舞台指示,一下子将花蕊夫人和孟昶二人的人生境界区别开来:孟昶的"恩准"带有自私性质,他急不可待地要和花蕊夫人亲热,以慰多日的相思之苦;而花蕊夫人还没有从家乡的苦况中走出来,剧作家赋予她的戏剧动作是:"(叹息)唉!……"她对于孟昶的重私情多于重民情感到极为不满,又觉得无可奈何,可是尽管如此,她还是想进一步劝说一番,剧本里的那一个"叹息"之后的"省略号"就显得意味无穷,而那一声"唉!"更是表明她哪有心情去寻欢作乐呢?剧作家笔下的花蕊夫人,在接着出现的一连串犹如惊涛骇浪般的剧情中,其悲悯情怀是她的"不平凡人生"

115

中最夺目的亮点。

随着剧情的步步展开，花蕊夫人的悲悯情怀与家国情怀是合而为一的。林榆的独创性在于，他写出具有悲悯情怀的花蕊夫人在其动荡而不凡的人生中与屈辱随行，而这些"屈辱"又与家国的命运相连。

面对一连串的屈辱，要是没有定力和主见，很容易变得自怨自艾或随波逐流。可是，剧中的花蕊，既坚贞不屈，又独立自守，不屈服于任何的淫威和权力。先是在后蜀将亡之际，花蕊不仅遭受母后的白眼，还无辜遭到母后的痛斥和指责："累皇儿骄奢失政，都是你！（顿足下）"花蕊听到此言，无比委屈，无比痛心，但又无比克制，她只有一句台词："太后严词切责，教人有口难言！"（第二幕）她不得不克制，因为这不是与太后争辩的时候；她不得不痛心，事实上太后的话没有"全错"；她不得不感到委屈，太后哪里知道自己曾几何时苦口婆心劝说过孟昶？这对于花蕊而言，是她所遭受的第一重屈辱。

她所遭受的第二重屈辱来自"破剑门南侵"的王全斌。王全斌是一个极为好色的将领，他以夺得花蕊作为人生的一个目标。当时，夜已渐深，孟昶已经给王全斌呈递降表。王全斌并不满足，提出了一个令人难堪、无法接受的要求："花蕊夫人我要定了。限明天一早送来，过时不送，我便杀入成都，屠城三日。"可在孟昶这一方，国中已无"勤王师旅"，也无"卫国之臣"，时间一点一滴过去，王全斌催促交人的"魔咒"一声高似一声，花蕊夫人誓不低头的心志随着时间的推移而愈发高亢，甚至猛然间拔出孟昶的佩剑自刎，幸得孟昶及时将剑夺回。情势越来越紧迫，戏剧张力越来越绷紧，孟昶在自怨自责，却束手无策，而一众大臣则急于等候投降。花蕊看在眼里，悲愤难忍，执笔题诗，以抒发其内心激愤："君王城上竖降旗，妾在深宫哪得知。四十万人齐解甲，更无一个是男儿！"在屈辱中的花蕊，没有畏缩，面对王全斌毫不示弱，且厉声唱道："在成都，烧杀抢，刀下多少冤魂；灭吾国，辱我君，还要淫污妃嫔；虎狼心，禽兽行，正是你王文斌！"（第三幕）字字铿锵，掷地有声。

花蕊夫人所遭受的第三重屈辱来自赵匡胤。赵匡胤以大宋皇帝之尊，也垂涎于花蕊的美貌，他虽然不像王全斌那样鲁莽露骨，却还是掩饰不住一片"色心"。林榆在赵匡胤和花蕊的关系问题上以"化实为虚"的方式来处理，写"精神恍惚"的赵匡胤在梦境中与花蕊"互动"，向花蕊表露欣赏之意，更对"更无一个是男儿"那首诗大为称叹。剧作家借幻境写

## 从粤剧剧目发展史的遗留问题看林榆剧作的"示范"意义

花蕊的应对:"妾身哪懂诗,偶有感触与忧思,写几句俚语抒我心志。"接着对不能自持的赵匡胤正色劝告:"臣妾心常记,君臣有尊卑。愿君遵礼义,出言莫相戏。"这似乎也是借以补足花蕊早前在孟昶身边时的苦口婆心。而在现实里,面对赵匡胤的滋扰,她有礼有节,巧于应对,甚至视死如归,她的最终死去,真值得"全场痛切,下跪致哀"。

花蕊经受的三重屈辱,是全剧的"戏肉"所在。她被历史狂潮裹挟着,其载浮载沉的命运不可能掌握在自己的手里,而她能够掌握、可以自主的是自己的人格、心志和悲悯情怀。她至死也感念曹彬对国家的忠心:自己遭遇曹彬的刺杀,身受重伤,必定不久于人世,可没有必要让曹彬也连带着一起牺牲。故而,她临终前的最后一句话是:"(唱)庸臣害政残民,我有切肤之痛。忠良之士,应得天地宽——容!"此语一出,惊天动地,花蕊也随之气绝,让连赵匡胤在内的众人深为感动并哀恸不已。这便是林榆精心打磨出的一部感人至深的悲剧。

### (三)"粤式"机趣与雅俗之辨

林榆是广府人,也是粤剧人。他在长年的耳濡目染中、在第一线的粤剧编演实践里深谙粤式机趣。粤剧史上有一个现象:凡是"收得"(粤剧界行话:指票房收入高)的剧目,每每是富于机趣的,它有逗笑的成分,可不是一般的"插科打诨";它有很接地气的市井味,可又不是一般的引车卖浆者的话语。林榆十分熟悉以马师曾为代表的粤剧表演艺术,已经注意到成熟时期的马师曾对于粤剧的机趣是有过雅俗之辨的,只不过,马师曾的舞台实践有的成功,有的不算成功。比如,林榆《马师曾生平及其艺术成就》一文就相当肯定马师曾改编京剧《四进士》为粤剧《审死官》的艺术尝试:"京剧《四进士》中的宋士杰是个深谋远虑的讼师,是用老生行当演的。他(马师曾)改写的《审死官》中的宋士杰却是个嬉笑怒骂、寓庄于谐的人物,……上述例子,说明他有丰富的想象力,有大胆革新的气魄。"[①] 换言之,马师曾所改写及扮演的宋士杰比起京剧的宋士杰更为近"俗",更接地气,而不无市井味,充满着"粤式"机趣。《审死官》因而受到粤剧爱好者的欢迎,也成为马师曾的一个重要剧目。(近年

---

① 慎海雄主编,林榆、林西平编著:《当代岭南文化名家·林榆》,广东人民出版社2017年版,第396页。

来，广州文学艺术创作研究院和广州粤剧院合作重排上演《审死官》，仍然大获成功。）如果与马师曾的一些其他剧目相比，《审死官》的"俗"是有分寸的，是以符合人物性格的规定性为前提的，不是一味求"俗"，可说是偏"俗"而不离"雅"、雅俗结合。可林榆也指出，马师曾的剧本"有好亦有坏，正如许多传统剧目一样有精华也有糟粕。要整理马师曾的剧作，必须经过一番去芜存菁，恐怕比一般的传统剧目还要花更大的气力"①。实际上是说马师曾在雅俗之辨方面尚未彻底自觉，他还留下了进一步探研的空间。

  林榆对粤剧的雅俗之辨是相当自觉的，一来他是文艺官员，熟悉文艺政策，也经历过"戏改"的全过程，在雅俗之间掌握了适当的"寸度"；二来在导演和编剧的实践中逐步形成自己的"雅俗观"，形成自己的偏"雅"而不离"俗"的审美倾向，这与马师曾的偏"俗"而不离"雅"的审美倾向形成对比。

  在《也谈雅俗共赏》一文中，林榆提出："雅与俗，不是对立的不可调和的矛盾。既然要共赏，就要把两者统一、结合起来。'雅'不能高雅到群众不能接受，要像兰香一样，大家都能品尝的'博雅'。'俗'不能庸俗到专家摇头，要像出淤泥而不染的莲花般的'脱俗'。"② 林榆所说的"博雅"是一个重要的提法，它不是高校的"博雅教育"的"博雅"，而是指广大群众能够接受和欣赏的"雅"；林榆所理解的"俗"，是广大群众喜闻乐见的、与他们声息相通的生活描写和语言表达，此"俗"绝非低俗，而是具有"莲花"般的内质，洗去浮艳，质朴感人。

  且看林榆夫子自道："花蕊夫人是蜀主孟昶的一个妃子，由于才貌双全，善于诗词而闻名。中国历史不乏女诗人女词家，同是宋人的李清照就是其中之一，她的诗词造诣和知名度就大大超过花蕊夫人，为什么我选择后者而不选择前者，主要与'博雅'有关。"他接着说，李清照的诗词虽是经世之作，但"过于高雅，广大观众一下不易理解"；而花蕊夫人的作品，"浅近易懂，憎爱分明，较为一般人所接受"。再有，《伦文叙传奇》，

---

  ① 慎海雄主编，林榆、林西平编著：《当代岭南文化名家·林榆》，广东人民出版社 2017 年版，第 396 页。

  ② 慎海雄主编，林榆、林西平编著：《当代岭南文化名家·林榆》，广东人民出版社 2017 年版，第 385 页。

## 从粤剧剧目发展史的遗留问题看林榆剧作的"示范"意义

本来故事是"够俗"的,于是,为了"脱俗","对传说的原材料,引用时加以必要的筛选;……本来是民间的顺口溜,念起来是很有趣的,但有些文理不通",于是,就只好自己加以"改作",以求"博雅"。

看来,在处理粤式机趣方面,林榆紧紧抓住"脱俗"与"博雅"这两个关键词,"脱俗"而不离"俗"(大众认可的、声息相通的),"博雅"而不求过于"雅"(大众难以理解的、不合大众口味的)。前者保留、继承了马师曾等已经积累的好的经验,后者则是力图克服马师曾等尚未克服的某些舞台陋习,在"博雅"的基础上"脱俗","博雅"和"脱俗"双管齐下,提升粤剧剧本的艺术品位。

本文所论及的《伦文叙传奇》和《花蕊夫人》,均有丰富的粤式机趣,剧本均在,读者不妨自行品鉴,限于篇幅,不再缕述。此处偏于点出林榆自觉的"雅俗之辨",以补学界论述之不足。

林榆对自己的粤剧剧本创作是有较高期许的,简言之,他不写"研究专家不感兴趣"的戏,也不写"群众不爱看"的戏。他的戏剧认知是:"戏是给群众看的,没有观众就没有戏剧。而专家往往掌握着质量的尺度,没有专家就难辨精粗、优劣。"[①] 所以,林榆追求的是观众和专家的共同认可。

本文试图将林榆的粤剧剧本创作置于粤剧剧目发展史的维度上来考察,思考林榆的成功之道,论述林榆剧作的若干特色,以林榆的剧作和林榆的自述相比照,以期引起粤剧界、学术界对于林榆及其剧作所具有的粤剧史意义的关注和进一步研究。而其示范意义也就在其中了。

---

[①] 慎海雄主编,林榆、林西平编著:《当代岭南文化名家·林榆》,广东人民出版社 2017 年版,第 385 页。

# 民国粤剧戏班价银的约定与收取
## ——以中国香港、日本藏粤剧戏班经营文书为中心

陈志勇[*]

〔摘要〕日本东京大学、中国香港文化博物馆和香港中央图书馆藏有一批民国时期广州太安公司下辖戏班的定戏契约及相关经营文书。这批文书直接展现了戏班（卖戏公司）与买戏主会之间对本价戏银和附加银价（中宵银、利市银、折合银等）的议定，戏班关于度量衡标准、主会克扣拖欠戏金以及各种不确定因素对戏金收取的风险规避。围绕戏金的约定和收取，戏班与买戏主会、行会组织、信息中介人、政府权力部门甚至盗匪、军队之间相互纠缠的利益关系得以清晰呈现。这批文书是了解民国时期粤剧戏班生存境遇和岭南墟镇演剧市场变迁的原始史料。

〔关键词〕粤剧　契约文书　戏价　戏班　吉庆公所　戏曲市场

价银也称戏价、戏金，多指职业戏班（卖戏公司，后不再注明）商业演出的经济收入。戏价的生成与给付，贯穿于戏曲演出的全过程，关涉戏金周边的多方利益人群，是窥悉戏班经营活动和伶人生存状态的重要角度。1924年，顾颉刚先生发表了《明清戏价》的读书杂记，表现出对明清时期戏价问题的浓厚兴趣[①]；近年来，也有学者从戏价角度观察明清戏曲发展的轨迹[②]，但由于缺乏更为翔实的文献，对戏班经营情况尚停留在概观介绍的层面，戏价相关问题的研究难以推进。

---

[*] 陈志勇，男，湖北嘉鱼人，中山大学中国非物质文化遗产研究中心教授，主要从事中国戏曲史研究。

[①] 顾颉刚《明清戏价》，载《小说月报》第十五卷第六号。

[②] 参见程鲁洁《明代至清中叶戏价问题初探》，载《中山大学学报》（社会科学版）2007年第1期；廖奔《中国戏曲史》，上海人民出版社2014年版，第181页；张发颖《中国戏班史》第十一章"戏班之财务"涉及伶人的戏价问题；李静《明清堂会演剧史》"明清堂会演剧习俗"也涉及堂会演剧戏钱与赏银问题。

民国粤剧戏班价银的约定与收取

近蒙黄仕忠教授赠阅一批日本东京大学东洋文化研究所藏民国时期（1914—1934）粤剧太安公司经营文书影印件。① 这批经营文书包括 41 份订戏合同、7 份执照、20 种共 23 份戏班横头单，以及 78 份信函与封套、6 份香港华民政务司签发的许可证。后又读到容世诚、关瑾华等学者的论文，知晓日本东京大学所藏这批粤剧戏班经营文书，实际与香港文化博物馆所藏 26 张戏班合同、香港中央图书馆所藏源氏太平戏院经营文书同出一源。② 这批数量庞大的经营文书直现了民国时期广州太安公司下辖祝太平、颂太平、咏太平、一统太平、永康年、太平剧团等戏班在粤属诸县墟镇的演出面貌。尤值称道的是，其中 67 份订戏契约对当时戏价的议定、组成、给付和扣减等事项有翔实的规定，是窥探近代粤剧戏班经营情况的重要史料。

## 一、本价戏银与附加银价的议定

戏班进行商业性演出，首先需要戏班接戏先生和聘戏的主会代表议定戏价。在不少地方把买卖双方议定戏价、戏目、日期的环节谓为"写戏"③，而在广府地区则有专门负责买卖戏的中介机构吉庆公所作为粤剧交易提供洽商的平台。④ 吉庆公所里常年悬挂着戏班名号的"班牌"和写有戏班阵容的"水牌"，供前来买戏者挑选；挂牌戏班还会派出接戏先生常驻吉庆公所，为聘戏者提供现场咨询服务。对于挂牌戏班的接戏，吉庆公所有着严格的操作流程和惩处制度，规避聘戏过程中各种徇私舞弊和戏班间的恶性竞争行为。

聘戏的主会代表确定演出戏班后，需要买卖双方签订合同。从日本东京大学和中国香港文化博物馆藏吉庆公所及其分支机构藉福公所签订的

---

① 这批文书已被收入黄仕忠主编《日本所藏稀见中国戏曲文献丛刊》（第二辑），广西师范大学出版社即将影印出版。
② 参见容世诚《"一统永寿，祝颂太平"：源氏家族粤剧戏班经营初探（1914—1932）》、关瑾华《源氏粤剧经营文件钩沉》，均参见容世诚主编《戏园·红船·影画——源氏珍藏"太平戏院文物"研究》，香港文化博物馆编制 2015 年版，第 139 页、第 72－97 页。
③ 《中国戏曲志·陕西卷》，中国 ISBN 中心 1995 年版，第 620 页。
④ 需要说明的是，提供卖戏、聘戏服务只是吉庆公所的一项职能，它还承接伶人搭班、艺人收徒、戏班伶人纠纷调解、行业筹款等多项事务。

67张聘戏契约来看，合同围绕戏价周详地规定买卖双方的权责和违约风险。为确保契约的有效生成和戏价的最终兑付，制定有"初下定银"和"再下定银"的流程与保障条款。

初下定银。签订合同的当场即要预付定银，定银的数额根据现有合同史料来看并无一定之规，也看不出与议定的戏价有直接的关联。如民国三年（1914）10月11日顺德龙山官田乡订到颂太平班京戏3本，戏价银980元，当日交定银141元8毫5仙；民国七年（1918）顺德东马宁水口坊订咏太平班3本戏，戏价银1380元，当日交定银261元6毫。这是定银比较多的情况，少的不到10元，如民国七年（1918）增城久裕乡订祝太平班4本，戏价银1130元，就日交定银9元6毫。初下定银只是对在吉庆公所签订合同的初步确认，主会代表还需将合同带回与其他主事商议，对戏价、演出戏目、演出时间、班中名角等相关事宜予以确认。对已签合同需再下定银以示确认，否则视为无效。

再下定银。在戏班尚未到埠演出前的规定期限内，主会代表会再下数额较大的定银，表示愿意履行已签合同各项条款，戏班也开始档期演出的准备工作。1914年11月7日，增城张何沙头乡订颂太平班的合同中写道："是感凡城乡市镇及各埠戏院过爱，不可听信戏祃惑言，务要亲到本所定允，写立合同，任班酌量，应推约于××日主会亲到本所听班回话。如不合式（适），任班恭辞主会另买别班。如肯应允，依期赴演。"回话时再下定银明显比初下定银要多，如民国六年（1917）6月7日东莞大享乡定祝太平班4本戏，戏价银1150元，初下定银是20元，在戏班正式下乡开台的前两天，主会亲到吉庆公所再下定银230元，虽然与合同约定的300元有所减少，但也明显比初下定银的数额要大得多。再下定银关系到订戏合同能否最终确立，为表达买戏方的诚意，其数额基本上占到全部戏价银的10%～20%。在初下、再下定银之后，戏班还会于演出过程中，陆续向主会催缴一定数额的预付定银，而戏班的管账先生会在合同的天头记录下这些定银的数额；当全部演出结束时，定银会从戏价银中予以扣减。定银的陆续支付，很大程度规范了买戏方的履约行为，为戏班的自身利益和演出活动提供保障。

戏班是由伶人、乐师以及其他管理者、杂勤人员组成的共同体，民国时期大型的粤剧红船班社都在 140～160 人之间，小班也有数十人，① 如此庞大团体的衣食住行是不小的开支。为保证戏班在演出前、中、后不同阶段资金的充足，合同对各个细节的支出都做了详细的规定，以期最大限度地保障戏班和伶人的各项权益。折合为银价和实物的戏班权益，都可被视为戏价的重要组成部分；这一点过去多被学者所忽略，而在太安公司粤剧戏班合同中却有很好的呈现。

首先是中宵银。中宵又称"中消"，是主会供应给戏班的伙食。伙食所需物品的清单会在订戏合同上详细开列。以民国三年（1914）11 月 7 日颂太平班到增城张何沙头乡庆贺共和万岁演戏为例，合同写明：

> 每日中宵白米二石六斗，要官斗，鲜鱼一十三斤，豆腐十斤，青菜三十斤，姜盐糖各二斤，生油七斤，干柴百斤。

不仅如此，赴演途中的戏班的伙食开支也会一并在合同的格式条款或附加要求中写明。颂太平班在沙头乡庆贺共和万岁演戏合同还写道：

> 上馆居住，上下马中宵多一日，水夫二名，床铺板凳柴水足用。
> 过驳盘船，每日白米二石六斗，官斗，生油七斤，鱼菜折银二大元。
> 干柴足用，原应有中宵，毋得包办，如违照罚。

戏班到乡下演出，人生地不熟，加之交通不便，为使艺人在生活上有良好保障，因此他们很少将柴米油菜及生活必需品折合成银两，而是直接在合同中列出实物数量，这种惯例一直延续到 20 世纪 20 年代末。1929 年，"寰球乐"班主何浩泉借口改善艺人生活，首倡取消"中宵"，除油盐糖茶仍供应实物外，其余统由主会每日折合现银 38 元发放，自此成为新的通例。② 中宵折银，虽给主会减少了麻烦，却为班主通过掌控伙食盘剥和控制中下层艺人提供了便利，是粤剧戏班管理历史上的一个转折点。

次之是利市银。利市银分为开台利市和开箱利市两种。粤俗，戏班到一个新的台基演出，第一晚都会破台、祭台，演出《祭白虎》《收妖》等例戏。粤剧破台仪式中由关公及其部将周仓、关平来煞鬼，若破台不成功，恶鬼还会来作祟，破台的演员也要招灾，③ 故而大破台后，当晚不演

---

① 参见黄伟《粤剧戏班史》，中国社会科学出版社 2012 年版，第 103 页。
② 参见刘国兴《戏班和戏院》，载《广东文史资料》第 11 辑，广东人民出版社 1963 年版，第 186 - 187 页。民国十七年（1928）8 月 16 日吉庆公所合同也有启事，编号 85797 - 33。
③ 谢醒伯、李少卓口述，彭芳记录整理：《清末民初粤剧史话》，载《粤剧研究》1988 年第 2 期，第 45 页。

出，顾主或会首照付戏金，还会给扮演神鬼的演员赏钱。① 开台利市在太安公司下辖戏班订戏合同中都有明确规定，如民国初年，一般"开台利市银八大元"，参加开台的"脚色银五毫正"，另由于开台要使用公鸡的血祭台，则有"现交挂红鸡银一毫五仙"②。开箱利市银既可以实物形式缴纳，也可折合为银圆支付，"每日开箱利市，戏桥纸、打面油、颜色，溪纸，脚香、茶叶，共银八毫正"③。开台利市和开箱利市是南粤地区民俗文化的产物，为祈愿戏班演出的吉利安泰和台基民众的福祉，这类利市银尽管未归于总的戏价本银中，但主会都不会无故拒绝支付。

与各种祭台收妖例戏收取赏金不同的是，诸如《碧天贺寿》《六国大封相》《跳加官》《天姬送子》《状元进宝》等吉祥戏，因为给主会带来好的彩头，演出的艺人或戏班往往会获得丰厚的赏金。在有些合同中，明确规定"如演落地《八仙贺寿》《加官》《送子》，每次利市银四大员（元）"④。随着时代的进步，思想观念的改变，加之各地主会首脑对戏班收取开台银颇有微词，20 世纪 20 年代吉庆公所经过公议，发表启事，"废去开台银"⑤。删减利市银名目与支出，目的是迎合各地主会尽量压低戏价的苛刻要求。

最后是各类折合银。此项戏价银属于杂项，有时具有一定灵活性和附加性，如遇到主会大摆宴席，艺人由于要上台演戏，不能及时吃到主会的酒席，以银折算更为实际，因此"每逢起庆摆席，每日折席金银四大元"⑥，至 20 世纪 20 年代这项折合银涨至八元⑦。再如，有的戏班与主会议定，会有点心银、茶水银等杂项，至民国十五年（1926）后还增加了"剧员整容费"⑧，即今天所说的化妆费用。民国十八年（1929）4 月 8 日新纪元班到四会白蚬步演出，在合同天头上记有点心银 1 元、槟榔银 1 元的字样，这说明有些折合银是戏班临时与主会商议而获得，并非合同规定

---

① 参见《中国戏曲志·广西卷》，中国 ISBN 中心 1995 年版，第 477 页。
② 民国十八年（1929）5 月 12 日吉庆公所合同，编号：85797 - 31。
③ 民国十八年（1929）5 月 12 日吉庆公所合同，编号：85797 - 31。
④ 民国十八年（1929）5 月 12 日吉庆公所合同，编号：85797 - 31。
⑤ 民国十五年（1926）5 月 23 日吉庆公所合同，编号：85797 - 23。
⑥ 民国十八年（1929）5 月 12 日吉庆公所合同，编号：85797 - 31。
⑦ 民国十八年（1929）8 月 15 日吉庆公所合同，编号：帙 5。
⑧ 民国十五年（1926）5 月 23 日吉庆公所合同，编号：85797 - 23。

的折合价银，但它们在一定意义上也是附加戏价银的组成部分。

综合民国吉庆公所订戏合同条款，民国时期粤剧戏班的戏价银其实包括两大部分：一部分就是演出本戏所获得的，它是整个戏价银的大头；另一部分是附加戏金，零零碎碎，名目繁杂，且具有相当的灵活度，有还是无、多还是少，很大程度取决于戏班与主会的协商，但它们也是戏价银的重要补充。另外，赏银曾是明清时期戏金的重要收入来源[①]，但在岭南地区的粤剧演出市场中，都归于利市一类，并在合同中清楚写明。这种在合同中直接写明赏金（利市）的做法使得主会易于操作，也是岭南人简洁务实作风的集中体现。

## 二、戏银收取的不利因素与风险规避

戏价议定以后，戏班就开始陆续收取报酬。从首笔定银开始，到演出结束时最后一笔尾款的收讫，可能是一个漫长的过程；如果出现拖欠，更是难以预期。令戏班同样头痛的是，部分主会以各种理由克扣戏价，在申演、赴演、演出和离埠的过程中遭遇不可抗拒的因素，也会导致戏价银的减除。可以说，戏价银议定数额，很多时候与最终收取的数额是不相吻合的，甚至相差甚远。这其中的影响因素蕴含着民国时期戏班与主会及各种地方势力的纠缠关系，也是当时戏班艰难生存状态的历史写照。

### （一）戏价给付的度量衡问题

戏金的给付包括银圆和实物两类，如果主会交纳的银圆成色不好，实物又缺斤短两，将直接损减价银的实际到账价值。民国初年，广东币值混乱，虽经整治但仍有多种货币流通，市面通行的除光绪十三年（1887）广东银圆局铸造的龙洋，还有西班牙本洋、墨西哥鹰洋、香港银圆、日本银圆等数种。民国三年（1914）国家新铸有袁世凯头像的银圆，每枚7钱2分，成为当时通用的主币，但仍有不法商家以劣充好，用成色不足、分量不够的银圆来流通。正因如此，太安公司所有的订戏合同都明确规定了银圆的收取标准："近因百物腾贵，集行公议，由民国三年七月起，各

---

[①] 参见程鲁洁《明代至清中叶戏价问题初探》，载《中山大学学报》（社会科学版）2007年第1期。

班戏价及杂项每元均收七贰,以撒毫计,免用平兑,并不折不扣。倘有固执历年向章,将戏价银圆七壹折交及抵扣等情,作欠戏金追收。"① 有的合同不仅在正式条款甚至在补充条款中也写入"每元均收七贰",表示着重强调。"每元均收七贰"即指银圆标准为库平0.72两,是当时通行的大银圆。

由于民国初年度量衡不统一,也存在戏价兑付不公的情况,因此对于量化白米的容器,合同中多规定要官斗。官斗较省斗大五合,而一合为4两,也就是说,官斗每斗要比省斗多1斤4两。如按当时合同规定,每个戏班"每日中宵白米二石六斗",那么,用官斗量取将要比省斗多出32斤8两白米。称重的秤,在吉庆公所的合同中也明确规定为"司马秤"。这种秤又名"司秤",以16两8钱为1斤②,民国时期存在多种衡制的秤,有的甚至以10两为1斤。显然,在订戏合同中将度量衡规定清楚,可以让戏班在收取实物戏价时不致吃亏,保障戏班和伶人正当权益的足额兑现。

### (二) 主会克扣拖欠戏金问题

主会不按合同兑付戏价,找各种理由克扣拖欠,对于已完成演出义务的戏班而言无疑是最为头痛的事情。粤剧戏班在县邑演出,时长基本固定,中午12时至晚6时为日场,晚7时至12时为夜场,然不同戏班演出时长各异,日戏正本或夜戏出头太长都会影响夜场正本戏艺人的按时上场,苛刻的主会则借口扣减戏金。鉴于此,在20世纪二三十年代吉庆公所的合同中都会加上这样的新条款以规避风险:"凡是日戏本太长,或是晚出头太长,为原有钟点时间所限至(制),该剧员不能出台唱演,无论各处戏院及乡村墟镇,均不得藉端短扣戏金。"③ 即便行会组织绞尽脑汁预料多种可能导致戏价受损的"假设"情况,但现实中的风险总是层出不穷,难以一一防备。民国六年(1917)9月咏太平班到南海堤田乡贺天后千秋演剧,议定戏价1460元,但在结算尾款时还是出现了克扣戏价的情况。戏班代理给位于广州黄沙太安公司总部的信函写道:

---

① 民国三年(1914)10月11日吉庆公所合同,编号:峡14。
② 法库县志编纂委员会编:《法库县志》,沈阳出版社1990年版,第410页。
③ 民国十八年(1929)8月15日吉庆公所合同,编号:峡5。

咏太平班在堤田乡唱演，该处主会万分野蛮，强迫点《卖胭脂》出头，否则不找数，不落箱。本班无奈，迫得哑忍，勉强演《卖胭脂》一出。及至找数时，主会又云："文仔演《卖胭脂》不踎步。"要强罚扣戏金。经弟多方理论，无奈主会恃蛮，硬减扣戏金94.55元。①

主会找岔子来减扣戏金，对于下埠跑乡的戏班而言是常见之事，强点《卖胭脂》之类的淫戏、指责艺员表演差池都是惯用手法。这类事情属于戏班演出过程中的联络事务和经济纠纷，主要是靠戏班主事（"坐舱"）和聘戏主会沟通协调。

现藏香港中央图书馆的太安公司《历年乡镇拖欠戏金账目》（共7页），涵盖了太安公司下辖戏班颂太平、咏太平、祝太平、一统太平、新纪元、花影女班，从1914年至1932年，在顺德、台山、增城、南海、新会、东莞、番禺、香山（中山）、花县、鹤山、新安、开平以及梧州等邑乡镇墟市演出时，各地主会历年所欠戏价72宗。②从年份分布来看，1914年最少，仅为1项；1917年、1918年、1919年3个年份最多，分别为11、9、10宗，其余年份2～5宗不等。就所欠金额情况来看，以台山为例，共13宗，总欠10249元，其中多的欠4400元，少的也有几十元，多数皆欠数百元不等。这种情况与东京大学藏1932年太安号整理的两张记账单（编号：85800-67、85800-75）对拖欠戏金账目的记录完全吻合③。以上数据表明，当时墟镇演剧拖欠戏价极为普遍，已然成为戏班正常回收价银最大的障碍。这份欠账单开出的时间为1934年，也就是说最长的一笔颂太平班在增城张何沙头乡拖欠戏金20年，已成呆账、死账。若将这些欠款视为坏账，减除这部分账单，原契约所订戏价总额将大打折扣。例如，民国五年（1916）咏太平班到顺德马滘乡为天后元君酬神演

---

① 日本东京大学藏太安公司粤剧往来文书，编号：85800-65。
② 参见容世诚《"一统永寿，祝颂太平"：源氏家族粤剧戏班经营初探（1914—1932）》，见容世诚主编《戏园·红船·影画——源氏珍藏"太平戏院文物"研究》，香港文化博物馆编制2015年版，第138页。容先生发现，日本东京大学和香港文化博物馆藏吉庆公所（藉福公所）合同，"都可以在太安公司乡镇拖欠戏金账目里面找到它们的条目"（第139页）。笔者认为这正是广州太安公司人员为追讨欠金而有意保留原始合同凭据的原因。
③ 记账单中，最多的1919年台城拖欠咏太平班戏金4400元，次之为1932年开邑大江拖欠永寿年班戏金1250元，其余基本是数百元。

出,合同戏价为 3 本 400 元,每本才 130 元,比当时墟镇演剧戏价均价 300 元要低一半,即便如此低的戏价,主会仍欠戏金 188.40 元。① 笔者猜测最终所欠戏价中可能包含附加价银,但普遍存在的拖欠戏价现象为戏班的正常经营带来不少烦恼和压力,也说明当时粤剧交易处于供过于求的"买方市场",戏班在交易过程中居于弱势地位。

讨要所拖欠戏价势必是太安公司及其所属戏班的重要工作,它需要粤剧八和会馆、吉庆公所协调行会组织的集体力量予以整肃和追讨。如上文所及 1917 年咏太平班遭到南海堤田乡当地主会刁难后,戏班主事及时向公司总部及吉庆公所报告事情经过,寻求总会的声援。在吉庆公所签订的合同,当按时足数缴纳登记银(也称"义号银""叙号银"),即视为愿意接受行业组织的监督和帮助,故而主会"对一个戏班的违约实际上是对八和所属演艺界的违约,吉庆公所可以强制所属戏班实施禁演"②。对于拖欠戏金,八和会馆和吉庆公所一般采取两种措施。

一是以行会集体意志,在行会的订戏格式合同中,明确规定前欠不结、新戏不订的条款,迫使欠钱地方结清欠款。粤剧实力最好的三十六班都会在吉庆公所挂牌,各地主会要想聘请到最优之戏班,必须到公所买戏;正因如此,清末民初的吉庆公所对粤剧市场具有相当大的操控能力。有些主会拖欠戏金,但又想聘到上等粤班,于是"改换地名,瞒定别班",吉庆公所发现后将这一问题专门写入合同:

> 凡该地拖欠戏金,必要该地方填还清楚,方得再到本总处买戏,倘或改换地方、瞒定别班,一经发觉,该班亦不到唱演,所交大小再定及保证费各项经费,一概无追,此合同视为故纸。③

吉庆公所利用契约的"诚信原则"和法律效力,杜绝拖欠戏金的地方主会"改换地方、瞒定别班"的不诚实行为,否则要承担所付定金"无追"的代价。

二是将拒不缴纳拖欠戏价的地方列入黑名单,发动所有粤剧班社在接

---

① 参见容世诚《"一统永寿,祝颂太平":源氏家族粤剧戏班经营初探(1914—1932)》,见容世诚主编《戏园·红船·影画——源氏珍藏"太平戏院文物"研究》,香港文化博物馆编制 2015 年版,第 138 页。

② 芦玲:《中介机构与戏剧演出市场——以清末民国时期广州"吉庆公所"为中心》,载《江汉论坛》2014 年第 8 期。

③ 民国十八年(1929)8 月 15 日吉庆公所合同,编号:帙 5。

戏之前，先催缴所欠戏金，否则不落乡开演新戏，且定银不退。在太安公司的经营文书中偶尔能见到这样的记载：民国六年（1917）6月7日，东莞大享乡订到祝太平戏班合同的天头有吉庆公所的红印启事："主会应允，如系在小响、梁下地段唱演，主会要填还旧欠国丰年班戏金。如不清还，本班不到唱演；所交定银及叙号经费银两一概不得退回，此合同视为故纸，毋得执拗。"① 既然是刻印好内容的红泥印章，则说明吉庆公所的这通启事并不仅仅是告知祝太平班，应该是告知所有粤剧班社，凡到莞邑小响、梁下地段演出，都有责任和义务替国丰年班追缴当地主会欠银。整合所有粤剧班社的集体力量参与追缴拖欠戏金问题，充分显示出八和会馆等行会组织的公信力和权威性，事实上也起到比较好的效果。民国十四年（1925）4月，颂太平班到台山潮境乡演出就收到吉庆公所的函件，要求该班"讨追代收"地方主会前欠顺太平班的20元、富康年班的25元②。这类的尾欠数额并不大，主会或存侥幸心理，以各种理由搪塞不予结清，当被八和会馆和吉庆公所列入前欠黑名单时，反而在新合同的议定中由于理亏而陷入被动局面。当然，先催交前欠、再落箱演戏的规则在现实中并未完全落实，行会的这条指导性意见对戏班不产生强制性作用，这也就可理解为何太平公司到1938年歇业时手中会有7页的戏价欠账明细了。

### （三）各类不确定因素对戏金收取的影响

戏金正常兑付的前提是戏班能提供合乎合同规定和主会要求的戏曲产品，而当演出环节出现不确定因素时，则会妨碍产品的"按期交付"。一般而言，不确定因素主要有两类：第一类是不可抗力因素导致戏班不能按期演出，第二类是名角因故不能登台演出。以上两类突发情况对于戏班主事而言，都是难以预料和掌控的，但它们的不期而至会影响到戏金的足额回收。一般而言，戏班对不确定因素的具体情况会有分别对待和处置，首先在合同中会规定不可抗力因素所导致的演出误期的免责条款。如民国三年（1914）11月颂太平班与增邑张河沙乡签订的订戏合同中就写定：

> 倘班遇官府传唤及班意外之事，以及雾时散班，不能赴演，只将原定及义号银送回，并无加倍。

---

① 民国六年（1917）6月7日吉庆公所合同，编号：帙15。
② 民国十四年（1925）4月22日吉庆公所合同，编号：85800-76。

如班到步（埠），官绅禁演，及因一切意外，不能演唱，其戏金亦要如数找足，毋得少欠。①

这两项条款的预设，虽然都因为强力作用而导致戏班不能履约，但处理方式截然不同：前者因为官府的禁演，卖戏与买戏方都无法改变，故而合约解除，退回定银，两不相欠；后者因为是主会无法摆平地方官绅的干预，属于对方能力欠缺，故要向戏班足数给付合同中所约定戏价。

影响合同演出的不可抗拒因素还有恶劣天气、自然灾害以及禁演政令等，如民国十八年（1929）8月一统太平班到中山小杬酬神演出，且因"风雨阻滞，前订之日期取消"，改期再演，"戏价套数照旧"②。改期很大程度会影响到主会的筹办工作，这次一统太平班的戏价未因此大打折扣，并将新达成的改期约定作为补充事项写入合同末尾空白处，说明戏班与主会之间的协商获得一致性。半年后，一统太平班在四会沙富乡演出就没有这么幸运，因遇到新历3月13日孙总理忌辰，停演一套，被买戏方"减扣戏金347元"③，但戏班主事给吉庆公所的信函中则明确表示要"作欠数计"④。最终一统太平班是否把这笔"欠账"讨要回来也不得而知了，但有一点可以确定：因为不可抗拒的因素而导致缺演，在是否按照合同兑现戏金问题上，买戏与卖戏双方存在严重分歧。不难发现，在合同中诸如"意外之事""官绅禁演"含义的理解与执行上，主会和戏班总是各执一词，难以统一。

可以说，地方势力的每一次禁演都会给戏班收取议定戏金带来麻烦。民国三年（1914）9月，颂太平班到顺德龙山官田乡演出，"现本坊军队禁演"，只得"即往别处"，"日后定银，两不追"⑤。由于戏场开赌为官府所禁，戏班往往在合同中就写明"倘戏场有违禁开赌情事，立即停演下箱，解舟别往，其戏金仍要照戏价找足"⑥。这则启事是宣统三年（1910）3月1日由吉庆公所订立的，但一直以红泥印章的形式存续于民国初年（1912）每张粤剧订戏合同的天头。晚清在南海任知县的杜凤治

---

① 民国三年（1914）11月7日吉庆公所合同，香港文化博物馆藏。
② 民国十八年（1929）8月15日吉庆公所合同，编号：帙5。
③ 民国十九年（1930）2月10日吉庆公所往来文书，编号：85800-03。
④ 民国十九年（1930）2月10日吉庆公所往来文书，编号：85800-04。
⑤ 民国三年（1914）10月11日吉庆公所往来文书，编号：85800-70。
⑥ 民国三年（1914）10月11日吉庆公所合同，编号：帙14。

民国粤剧戏班价银的约定与收取

就曾因为该县澳边乡演戏开赌，而强行"饬差督勇往拆台，并谕吉庆公所将戏班叫回"①。官府强行拆台中止开赌的戏演，致使戏班在地方政权与乡绅势力的斗争中损失惨重，既扰乱了台档排期，也影响了戏金的正常回收。所以说在现实中，戏价的实际兑付远比我们在合同上看到的各种"假设"情况要复杂得多，这也是从民国三年（1914）继后近20年间太安公司粤剧戏班合同条款不断变化更新，但每份合同中都会反复强调"一旦出现意外因素影响正常演出予以免责"的根本原因。

对于名角不能到演而影响戏曲观演效果，戏班也会根据实际情况而区别对待。能预料艺人缺演的，双方一般会在合同条款中写明不予减扣，主会不能再借口短减戏价；无法预料的艺人缺演，则需要临时与主会协商扣减戏金的具体数额。民国七年（1918）8月祝太平班到增邑久裕乡演戏，名小生细杞不能到演，只得"减戏价银七元正"②；民国八年（1919）4月7日，咏太平班到四会白庙乡演出，班中花旦缺演一晚，"主会扣银一百二十大元"③；民国十二年（1923）5月9日，颂太平班在顺德吉佑乡演出，因为小生新奕不到场，戏班"肯愿扣戏金银四百大元，扣在行下情银八元"④；民国十三年（1924）元月4日，郑拂臣不到演，"减价银200元"⑤。名角的缺场肯定会引起主会和观众的不满，买戏方和卖戏方相互博弈，最终会根据角儿的知名度以及缺席对整台戏演出效果的影响程度，扣减数元到数百元不等的戏金。对于主会因名角缺场而扣减戏价，戏班往往会隐忍认同。就戏班内部管理来看，班东或坐舱会除扣减缺场艺人的酬金外，还会另按聘用合同实施其他惩戒措施。如1935年太平戏院在雇用谭兰卿的合约中第八条写道："开身之后，无论何处聘请，必须依期到演，毋得藉口乡居僻壤、地方不靖，或受种种摆弄，推不到演"；即便"遇意外事或身体有恙"，也要提前征得班东或坐舱允肯，并就此规定了一系列赔偿和惩处措施。⑥ 在长期流动于圩镇的戏班与误期伶人之间，吉庆公所扮演了居中调停的角色。我们看到民国十年（1921）以后的行会

---

① 桑兵主编：《清代稿钞本》第十八册，广东人民出版社2007年版，第30-31页。
② 民国七年（1918）8月31日吉庆公所合同，编号：85797-05。
③ 民国八年（1919）4月7日藉福戏馆合同，编号：85797-08。
④ 民国十二年（1923）5月9日吉庆公所合同，编号：85797-16。
⑤ 民国十三年（1924）1月4日吉庆公所合同，编号：85797-18。
⑥ 《太平剧团雇用谭兰卿合约》，香港文化博物馆，藏品编号：2006.49.1464.8。

合同都明确写道:"凡班中各伴,间有适遇别故不能出台演唱,只许在其人身上一年之工银多少,按日伸除,不得藉端多扣,至伤和气。"① 吉庆公所在订戏合同中特意加入了这则格式条款,看似是行业总会以此申告戏班和艺员各守本分,关注戏班和谐平稳地运营,实不妨视为是对名角的特别爱护,毕竟多数情况下缺演的是那些同时要赶场子的名角,而不少名角同时还兼任行业总会的管理职务。

据上可见,民间戏班从订立合同到演出完成、尾款结清,才意味着一次商业活动的圆满。然而现实中,完成一次商业演出活动,隐含着很多不确定的风险,影响戏班的履约。这些风险,一部分可以根据从业经验提前评估,所以吉庆公所合同中会出现很多"假设"事件规避条款,但有相当一部分风险完全无法预计,它们的不期而遇会给戏价银的兑付带来不利。可以说,民国时期戏价银的收取,是戏班与中介组织、主会、地方各类势力之间复杂博弈和角力的过程。角力的结果,直接表现为戏价银收取的额度、速度和难易程度。就这个角度而言,就不难理解吉庆公所拟定的格式合同中,为什么会在多种可能性"预设"之外还会增列诸项附加条款,为什么会协定很多戏班的权益、却很少见到戏班违约赔偿的条款。因为对于下乡演出的戏班和伶人而言,他们是弱势群体。

## 三、戏银的各方博弈与再分配

通常来讲,经济利益的背后一定隐藏着多重利益链条;同样,戏金收入的背后也牵涉着错综复杂的利益人群。当戏曲作为商品进入演出市场,戏班经营活动的周围就开始出现相关利益组织、团体和人群活跃的身影。这些人包括三类:一是商品的购买者,即聘戏的主会;二是中介组织,如吉庆公所、藉福公所,以及形形色色的市场信息介绍人;三是地方权力机构,如警察局、乡公所,甚至是地方军事力量。这三类人群围绕戏银与戏班展开博弈,对价银的正常收取制造了各种障碍,或直接利用特权强行参与价银的再分配。

首先是戏班与中介组织围绕戏银的博弈。大约成立于咸丰七年(1858)的吉庆公所,其渊源可追溯至乾隆年间的外江梨园会馆。梨园会

---

① 民国十八年(1929)8月15日吉庆公所合同,编号:峡5。

馆为将戏曲买卖都集中在行会手中，规定提供戏曲商品的戏班"不许私自上门揽戏"，并且"各班招牌俱入会馆"，从而导致聘戏的主会只能到梨园会馆买戏，"总以先后为主，价钱高者可做"①。梨园会馆戏班挂牌、聘戏主会直接上会馆洽谈订戏的传统得到吉庆公所的继承，吉庆公所掌控了广府周边地区相当大份额的订戏话语权，成为"珠江三角洲粤剧市场的买卖交易平台，是整个'红船机制'的营运核心"②。掌控买卖市场的吉庆公所，利用其管理权限开始向订戏双方收取合同登记银等费用，以实现在粤剧交易中获利。

粤剧行业组织吉庆公所向签订聘戏合同的戏班和主会收取的中介费、管理费，俗称义号登记银。由于清末民初珠三角地区几乎所有的订戏交易都掌控在吉庆公所手中，公所按合同份数收取登记银。"初期，每张合约，由买戏的各乡主会及班主各付二三两银子；到了20年代，改为每张合约，主会及班主共同支付28元左右。"③据太安公司下属戏班签订的合同来看，民国初年吉庆公所根据合同签约情况，每本戏提取1元的登记银。一般而言，粤剧演出一台戏需要三日四晚，共演出3～4本戏，这样的话，一份合同吉庆公所收取的登记银也就是几元钱。由于广府地区活跃着数百家戏班，每年签约数相当可观，吉庆公所借此收取的登记银总数自是惊人。到了民国十七年（1928）前后，吉庆公所为聚敛更多财富，将登记银改为合同保证费。

> 昨年敝会同人大会议决，每套戏现收主会合同保证费银贰元，现收班柬班号费四毫。无论内结外结，一律照收。但在江门藉福馆，写立合同者，除该馆原有担定费外，亦每套照收主会合同保证费贰元，照收班柬班号费四毫，以贴划一而符议案。
>
> 中华民国十八年二月吉庆介绍总处谨启④

合同保证费收取标准发生改变，由原来按"本"改为按"套"收取。按粤俗，日场演出的为本戏，而套戏则是根据日场、夜场各个演出单位时

---

① 乾隆四十五年（1780）《外江梨园会馆碑记》，见广东省戏剧工作室编《广东戏曲史料汇编》第一辑，内部印刷，第43-44页。
② 容世诚：《戏园·红船·影画》，见容世诚主编《戏园·红船·影画——源氏珍藏"太平戏院文物"研究》"序论"，香港文化博物馆编制2015年版，第16页。
③ 黄伟：《粤剧戏班史》，中国社会科学出版社2012年版，第299页。
④ 民国十八年（1929）5月12日吉庆公所合同，编号：85797-31。

间计算,包括例戏、出头和戏尾。一台三日四晚的戏,按"本"算只有3或4本,但按"套"算则有7套。这样,吉庆公所征收的合同保证费数额就从原来的几元上升为十数元甚至二三十元不等。吉庆公所利用自身行会组织的权威性敛财,导致戏班的收入被强行切分和蚕食。

吉庆公所对戏价银的盘剥,更大限度体现在占取和侵吞合同定银。据粤剧老艺人刘国兴介绍,民国时期主会在与吉庆公所签订合同后,都要缴纳一定数额的定金,吉庆公所代班方收取的定金一般不得少于50元。① 这笔钱被吉庆公所掌握在手中,只有当戏班需款使用时,才向他们支定(俗称"拆定"),然手续烦琐,支取不易。由于每年签订合同时主会缴纳的定金数额巨大,吉庆公所利用这笔款项投资金融业获得不菲的利息,时间一长就视为私产甚至挪作他用。② 戏班为求生存往往多不敢就这笔钱向其提出异议,客观上助长了吉庆公所对戏价银的吞噬。

进入民国后,民族资本涌入粤剧演出市场,先后有宝昌、怡和、华昌、耀兴、兴和、宝兴、宏信、太安、宜安、联和、怡顺、一乐、兴利、汉昌等数家戏班公司成立。戏班公司按照公司运作模式积极对接市场,多途径占据粤剧演出的市场份额,逐渐消解吉庆公所对戏班、戏价银的掌控力。以太安号为例,为最便捷地获取珠三角地区粤剧市场的最新买卖信息,1914年,源杏翘(1865—1935)在靠近吉庆公所的广州黄沙海旁街开办太安公司(即"太安号"),这是活跃于20世纪初的一家粤剧戏班公司(又称"卖戏公司")③。太安公司不仅派专门的接戏先生常驻吉庆公所卖戏,而且主动上门找主会接戏。"吉庆公所的职权逐渐为他们所取代,这些公司还发展了吉庆公所前所未有的业务活动。他们接到所有的主会的上演合约之后,纵观全年上演的'台期'和地点,如发现某些地区没有订戏班前往演出,就随即派出卖戏人员前往这些地方上门卖戏,这对戏班的营业是要有利得多的。因此,各个戏班就逐渐由依靠吉庆公所而转

---

① 从太安公司下辖戏班的67份订戏合同看,再下定银一般占戏价的10%~20%,基本都会在50元以上,多的达到600多元。
② 参见刘国兴《戏班与戏院》(粤剧史话之二),见广东省政协文史资料研究委员会编《广东文史资料》第11辑,广东人民出版社1963年版,第174页。
③ 参见容世诚《"一统永寿,祝颂太平":源氏家族粤剧戏班经营初探(1914-1932)》,见容世诚主编《戏园·红船·影画——源氏珍藏"太平戏院文物"研究》,香港文化博物馆编制2015年版,第135页。

为依附公司而生存了。"① 1932年，太安号下辖戏班永寿班主事高远文给公司老板源詹勋的信函中讲到墟镇戏曲市场竞争异常激烈，四邑地区同时有觉先声、定乾坤、人寿年、碧云天及永寿年五班活动。"现四邑内地连本班共有五名班，恐有僧多粥少之叹，但视乎卖戏者之手腕如何。"② 依附于卖戏公司的卖戏者究竟使用了哪些"手腕"，借此在竞争激烈的市场中获得台期订单，已经不得而知；但有一点可以确定，戏班积极笼络中介人，获得更及时准确的演剧需求信息是必不可少的。

公司主动上门卖戏，很多时候需要中介人提供交易信息，这样就存在中介人对戏价银的盘剥，即在私底下收取"在行银"。在行银作为各个戏馆、戏班之间相互介绍生意而收取对方的介绍费③，逐步演化为戏班在总戏价中支出的一个重要科目。戏馆成员间互相介绍生意并索要"在行银"，大约是在1919年前后从四会的藉福馆开始，后来蔓延至吉庆公所。"在行银"逐步在行业内部被认同，从另一个角度说明粤剧同业组织吉庆公所、藉福公所对演出市场的掌控能力有所减弱，以往介绍戏路、提供服务的戏馆悄然演变为营利的中介组织。太安公司下辖戏班的订戏合同和往来文书记录了一些中介收取介绍费的情况（见表1）。

表1　太安公司记录的一些中介收取的介绍费一览

| 时间 | 戏班 | 演出地 | 戏价银/元 | 在行下情银/元 |
| --- | --- | --- | --- | --- |
| 1919年4月7日 | 咏太平班 | 四会白庙乡 | 1050 | 16 |
| 1920年9月11日 | 颂太平班 | 番禺石溪乡 | 990 | 12 |
| 1922年11月28日 | 咏太平班 | 顺德古朗乡 | 1580 | 14 |
| 1923年5月9日 | 颂太平班 | 顺德吉佑乡 | 1600 | 8 |
| 1924年1月4日 | 颂太平班 | 顺德水簕岑屯乡 | 1980 | 14 |
| 1929年4月8日 | 新纪元班 | 四会白蚬步乡 | 2400 | 17 |
| 1929年4月21日 | 新纪元班 | 四会八堡乡 | 2300 | 11 |

---

① 赖伯疆：《粤剧史》，中国戏剧出版社1988年版，第300页。
② 《高远文致源杏翘、源詹勋信函》，香港文化博物馆藏，编号：2006.49.1466.5。
③ 参见刘国兴《戏班与戏院》（粤剧史话之二），见广东省政协文史资料研究委员会编《广东文史资料》第11辑，广东人民出版社1963年版，第199页。

续表1

| 时间 | 戏班 | 演出地 | 戏价银/元 | 在行下情银/元 |
|---|---|---|---|---|
| 1929年5月12日 | 新纪元班 | 四会外海乡 | 1400 | 10 |
| 1930年6月17日 | 一统太平班 | 广州太平戏院 | 2640 | 14 |

在表1中，在行下情银（介绍费）支出基本维持在10元左右，未完全按照戏价的高低而相应浮动，也难以看出是按比例抽成，但戏价高的"在行银"也确实会提取多一些。通过查阅现存的合同及相关文书得出：1919年前，由广州吉庆公所认证的订戏合同，基本上不存在支付"在行银"的情况；但此后随着吉庆公所凝聚力和掌控力的下降，戏班各显神通广找门路接戏，向介绍人支付"在行银"已成惯例。吃"回扣"的主会代表和拿"在行银"的介绍人，他们以掮客的身份参与到戏价银的再分配环节，这不仅加重了戏班的负担，更是扰乱了民间戏班的演出市场和生态环境；但换个角度来看，他们正是卖戏公司打破吉庆公所、藉福公所等中介组织对粤剧交易市场垄断地位的产物。

即便如此，在戏班公司和吉庆公所对戏价银分取的博弈过程中，还应该注意到两个问题：第一个问题是，合同登记银的保留和维持。从现存的1914至1934年太安号订戏合同看，太安公司即便主动上门订得主会的演出台期，但仍然和主会到吉庆公所签订合同，并按规定缴纳合同登记银或保证费。这一举动显示，吉庆公所作为行业组织仍有存在的作用和价值，但戏班公司对定银上缴的抵制，又可视为是公司和公所二者在戏价银分割上相互妥协、相互利用的博弈状态。第二个问题是，戏班公司制的出现消解了吉庆公所的权威性存在，但时过境迁，乡村演剧市场的凋敝也让戏班公司退缩至省港城市之中。诚如上文所述，民国初年，公司制被引入粤剧演出市场，很大程度上将有限的市场资源垄断到少数如宝昌、怡和、华昌、太安等公司手中，促进了公司、戏班、戏院（演出地）的一体化经营；然而大约在1924年至1934年的10年间，乡村演剧市场急剧凋零萧条，对戏班公司也产生了巨大冲击。墟镇粤剧市场衰落的原因错综复杂，

民国粤剧戏班价银的约定与收取

大致有以下三个方面：一是由于"近日四乡兵燹频频，乡绅鲜作演戏之举"①，改变了原来"惟落乡居多"的局面。从伶人角度而言，老艺人刘国兴回忆，"民国八年起，各乡河道已极不靖，艺人屡遭洗劫"②，"班中子弟，以畏匪故，多不肯落乡开演"③。二是省府对赌戏的禁绝。以戏聚众开赌，以赌抽资助戏，形成了乡村演剧市场的独特风貌。政府对乡村赌博戏的禁令截断了戏价的一个重要来源，乡村演剧凋敝与此不无关系。三是世界经济的整体下行，"农村破产，醮坛景色大逊从前"④，影响到墟镇演出市场。容世诚先生甚至注意到因世界经济危机导致北美洲华侨向国内的汇款急剧下跌的情况，以此证明农村经济凋敝给珠三角地区墟镇演剧市场带来的负面影响。⑤ 约在1934年（岁次甲戌）农历七月到八月之间，香港太平戏院院主源杏翘接到来自广州太安公司"侄孙"源授湖的3份书函，报告太安号已经3年未有起班演戏，业务停顿之余，只能依赖乡镇过往欠下的旧戏金，勉强维持日常开支，建议及早关闭公司，随后太安公司也黯然退出了珠三角地区粤剧墟镇演出市场。⑥ 如果说1914年太安公司的成立是对吉庆公所等中介行会组织掌控戏班和盘剥价银的反制，那么20年后的1934年，太安公司淡出珠三角粤剧演剧市场，则不如说是另一种话语权的没落。戏曲市场总是随时势而动，任何经营方式都只能适应某一时段的市场需求，吉庆公所和太安公司的没落就是最好的注脚。

各类苛捐杂税对价银的榨取，也是戏金流失的重要原因。戏班尽管开支巨大，但每年戏价的账面数目也极为可观，自然成为当局课税的重点对象。戏班面对的诸种捐税，大头是戏捐。民国时期各地戏捐名目繁杂，征

---

① 少林：《评剧诸君无太板滞》，载《小说星期刊》第5期，1924年10月25日。此条材料为容世诚先生披露，特此说明。
② 刘国兴：《戏班和戏院》，见广东省政协文史资料研究委员编《广东文史资料》第11辑，广东人民出版社1963年版，第208页。
③ 补拙《粤剧剧员之变动》，载《华星》1927年7月9日。此条材料为容世诚先生披露，特此说明。
④ 《农村醮会冷落之一斑》，载《工商日报》1936年10月1日。
⑤ 参见容世诚《"一统永寿，祝颂太平"：源氏家族粤剧戏班经营初探（1914—1932）》，见容世诚主编《戏园·红船·影画——源氏珍藏"太平戏院文物"研究》，香港文化博物馆编制2015年版，第147页。
⑥ 参见容世诚《"一统永寿，祝颂太平"：源氏家族粤剧戏班经营初探（1914—1932）》，见容世诚主编《戏园·红船·影画——源氏珍藏"太平戏院文物"研究》，香港文化博物馆编制2015年版，第134页。

收的办法各异。在城市多根据戏园戏院营业规模、票房收入进行征收;而对墟镇戏班,则多按演出台数或按戏价多寡分为等次予以抽取。① 在广东地区,县邑墟镇多是酬神赛会演剧,戏班的价银一般不会被主会勒捐,但当遇到党团及政府部门所举办的演出活动,很有可能会被索捐。合同显示,民国十五年(1926)8月25日,颂太平班参加台山城国民党党日庆祝,获得"自愿"地"捐助党部银一百元整,此款在戏金扣除"②。民国十九年(1930)2月,一统太平班到四会沙富乡演出,除缴纳4元警费外,还上交灯捐费(戒烟专款)10元③;继后,一统太平班在台山新昌埠为福田医院开幕演出,"被"助捐250元④。助捐,能让戏班赢取募捐活动主办方的好感,为以后获得较多的演出机会奠定基础,但事实上,每次助捐对于戏班而言就是戏价被强行蚕食的厄运。

警费是戏班需要缴纳的另一种杂税。警局名义上要对演剧过程负有安全保障的义务,因此对戏班演出服务而收取一定数额的警费完全是正当的,但事实上多是只收钱而不作为,警费也成为警局创收的上好来源。东京大学和香港文化博物馆藏有多张太安公司下辖戏班向南海县警察长(财政局)、番禺县兼警察长申请演戏执照的批准文书,每套戏缴纳警费2元5毫,一般是7套戏缴费17元5毫。除戏捐、警费外,还有学捐、保护费、清乡团练军费等各项,只要是地方强权机构和势力,都可以向戏班张口,参与戏价银的瓜分。

关于这些杂税,民国九年(1920)吉庆公所的订戏合同的天头上都有红印启事:"贵客光顾,无论戏院乡镇就地戏捐、学费、警费、戏船湾泊保护费、清乡团练军队各费,一律归买戏人支理,概与戏班无涉。先此声明,以免后论。"⑤ 那么这些保护费、警费是否真如订戏合同上所写明的"一律归买戏人支理,概与戏班无涉"呢?事实并非如此,很多时候地方主会并不乐意缴纳这笔款项,而戏班为求自保,只能代交;缴纳后再找主会追讨,是否能成功,难以预料。民国二十一年(1932)年6月8

---

① 参见王欣欣《晚清书院改学堂中的经费问题》,见王汉民主编《中国书院》第8辑,湖南大学出版社2013年版,第79页。
② 民国十五年(1926)8月25日吉庆公所合同,编号85797-24。
③ 民国十九年(1930)2月10日吉庆公所合同,编号:85797-30。
④ 民国十九年(1930)2月23日吉庆公所合同,编号:85797-29。
⑤ 民国九年(1920)8月11日吉庆公所合同,编号:85797-11。

日，永寿年班到开平大岗乡演出，合同天头上就注明交保护费 5 元，警费 2 元。① 向乡戏班收取保护费的都是当地黑恶势力，一旦不能及时缴纳费用就会产生严重的后果。在戏班往来文书中记载有这样一件事：

> 本班前廿二日二点半钟，经船至大江四处，埗头阻止不得湾泊，迫得将船退开。与主会谈判求情，无效。候至夜深，主会着班放出公益上搭火车，一点半钟女步上馆，开演正本。……另强入车费银 55.80 元。②

即便在订戏合同中都有规定聘戏主会负责戏班人员安全和顺利上馆"落箱"，但当地黑恶势力不让戏班红船靠岸的情形也并不鲜见。在上面这通文书中，戏班受到阻挠不能泊船上岸，反而要舍近绕远，转乘火车，又被"强入车费银"数十元。戏班不能顺利上岸演出，按照合同条款是主会的责任，但实际上处于弱势地位的戏班，往往忍气吞声，难以维权。再说，因不能顺利上馆"落箱"导致唱演的取消，则会给戏班带来经济上的压力；即便是延期也会与紧接的台期产生冲突，无论是哪种情况都是戏班不愿见到的。所以，当遇到主会不愿缴纳保护费的情况，戏班也只好代交了事。

综上所论，民国时期太安公司下辖戏班订戏合同及其周边经营文书，完整呈现出当时戏价生成的原始过程和戏价在实际收取、兑付环节中所遇到的不利因素及其规避措施、效果等情况。透过这批史料还能看到在粤剧戏价银的周围隐藏着纷杂的利益群体，它们以戏班为中心，生发出戏班与行业组织吉庆公所（藉福公所）、戏班与戏路介绍人、戏班与政府权力部门，甚至戏班与盗匪、军队、士绅等人群之间错综复杂的多层次利益关系。吉庆公所订戏契约及其周边文书反映出民国时期粤剧戏价生成、兑付、收取、再分配的多维面相，对探视民国粤剧戏班的生存状态和岭南墟镇演剧市场的真实生态环境意义重大，值得做进一步深入的研究。

---

① 民国二十一年（1932）年 6 月 8 日吉庆公所合同，编号：峡 9。
② 《祝太平执事致订戏柳山会主交涉经费函》，时间不详，藏香港文化博物馆。

# 机遇与挑战：粉丝文化背景下的相声艺术
## ——以德云社相声为例

游红霞\*

〔摘要〕粉丝文化的盛行是当代普遍的社会现象，相声艺术与粉丝文化的耦合使相声进入到新的发展阶段。通过分析德云社相声的案例可知，粉丝文化为相声艺术的传播提供了很好的契机，促进了传统曲艺的生产性保护。与此同时，粉丝文化也存在着一些不和谐、不安定的因素，必须从粉丝群体和艺人及其团队两方面加以正确引导，使粉丝文化能够更好地助力非遗的传播和发展。在未来，还要努力让粉丝从偶像认同过渡到对传统艺术本身的文化认同。

〔关键词〕粉丝文化　相声艺术　德云社

"粉丝"一词由英文 fans 音译而来，是指关注、支持、迷恋甚至崇拜某明星或某物件等特定对象的群体。杨思宇等总结道："在情感、时间和经济三方面的超常（过度）投入是粉丝共有的重要特征。文本生产、身份认同和消费行为是核心内容。"[1] 粉丝对明星或物件的崇拜、消费等一系列行为逐渐形成了一种粉丝文化，在很多场合也被称为"饭圈文化"，可看作是"与社会主流文化相区别的亚文化类型"[2]。杨思宇等通过对粉丝文化研究的梳理，指出"粉丝文化是西方媒介文化研究中的重要课题，也是近十几年来中国文化研究的重要领域"[3]。姜明总结了改革开放后粉

---

\* 游红霞，生于 1982 年，女，汉族，重庆垫江人，华东师范大学社会发展学院民俗学研究所讲师。

[1] 杨思宇、刘鸣等：《粉丝文化研究简史：历史脉络、理论梳理与趋势探析》，载《传媒观察》2019 年第 6 期。

[2] 王亚娜：《粉丝行为、心理特征及粉丝文化》，载《青年记者》2014 年第 8 期。

[3] 杨思宇、刘鸣等：《粉丝文化研究简史：历史脉络、理论梳理与趋势探析》，载《传媒观察》2019 年第 6 期。

机遇与挑战：粉丝文化背景下的相声艺术

丝文化的三次"历史转型"，由最初的"社会单向传播中的粉丝文化"，发展为"走向市场的消费化粉丝文化"，并"从受众粉丝转向互动粉丝"①。这些研究多集中在传播学、心理学等领域。可以看出，粉丝不仅是大众文化的接收者、消费者，还会通过互联网等媒介参与甚至干预文化的生产。近年来，粉丝文化呈现出愈演愈烈的态势，尤其在文化娱乐领域，粉丝更是不容忽视的特殊群体，甚至已然成为艺人们生存和发展必须依赖的对象。可以说，我们正处于一个处处充斥着粉丝文化的时代。对于相声艺术等传统曲艺而言，似乎与打着鲜明娱乐化印记的粉丝文化相去甚远，但在这个娱乐消费时代，粉丝文化将会对相声艺术带来怎样的影响，该如何引导粉丝文化的良性发展，使其更好地促进传统曲艺的传承发展，是不得不思索的问题。

## 一、相声艺术与粉丝文化的耦合

中华民族深厚的文化土壤滋生了类型丰富、风格各异的曲艺艺术，传统的艺人们要面对的是"观众"，而不是"粉丝"，但随着大众娱乐产业的日益兴盛和互联网等传媒平台的迅速发展，这样的局面发生了很大的变化。

相声是一种有着百余年历史的传统曲艺形式，老舍、侯宝林、马季等艺术大师曾著书立说，介绍了相声艺术的发展史，当代不少学者也对相声有专门的研究。施爱东完整地罗列了相声的传承谱系，详细地梳理了相声由"传统"到"现代"的发展脉络。② 耿波将相声的发展大致分为四个阶段，分别为传统相声的"卖艺"阶段、舞台时代的"卖票"阶段、消费时代的"重返剧场"阶段，以及相声艺术的产业化阶段。总体而言，相声有过辉煌的时期，也曾遭遇低迷的困境。21世纪初，高玉琮就忧心地指出中国相声境况不佳，必须走"先继承，再发展"的道路。③ 直到2005年，一位名叫郭德纲的民间艺人带着其创立的相声团队德云社红遍

---

① 姜明：《改革开放后粉丝文化的三次"历史转型"》，载《文艺争鸣》2018年第1期。
② 参见施爱东《郭德纲及其传统相声的"真"与"善"》，载《清华大学学报》（哲学社会科学版）2007年第2期。
③ 参见高玉琮《传统相声的回归与相声艺术发展》，载《文艺研究》2003年第2期。

大江南北，让濒临灭亡的相声起死回生，同时也收获了大量粉丝——一个自称为"纲丝"（郭德纲的粉丝）的群体。而后，郭德纲及其德云社为了感恩回馈粉丝们，于2010年起，每年9月专设"纲丝节"进行专场演出。这可看作是德云社的粉丝见面会或答谢会，是属于"纲丝"们的相声盛宴，由此彻底改变了相声的发展状态，同时也将相声艺术推向了新的发展阶段。

相声能够再度迎来发展的春天，与"纲丝"们的狂热追捧密不可分；或者说，相声的复兴从一开始就与粉丝文化相伴相生。粉丝文化进入相声界的原因是多层面的，其中最为关键的是郭德纲本人的艺术坚守及其打着鲜明个人印记的"英雄叙事"[①]，以及互联网等媒介的"狂轰滥炸"。德云社相声的粉丝文化在2018年达到了一个新的巅峰，郭德纲的弟子、被称为"90后""太平歌词老艺术家"的张云雷通过电视综艺、抖音等新媒体进入广大民众的视野，凭借其高超的唱功、俊朗的外形、传奇的经历等迅速吸引了一大波粉丝，其走红速度之快、影响力之大，丝毫不逊于当红一线明星，这样的情形连郭德纲都始料未及，曾在公开场合多次感慨没想到传承百余年的相声行业竟然出现了一位偶像。自张云雷始，德云社越来越多的"宝藏男孩"被发掘，粉丝文化也持续地在德云社大肆蔓延，大有愈演愈烈之势，不少艺人的微博粉丝都在以肉眼可见的速度增长，迄今为止，粉丝数过百万的有郭麒麟、"烧饼"（朱云峰的艺名）、孟鹤堂、张鹤伦、张九龄、秦霄贤等，由此还诞生了"德云女孩"（指德云社的女粉丝）、"二奶奶"（指张云雷的粉丝）、"白月光"（指秦霄贤的粉丝）等专用称谓，这在以前的相声界甚至整个传统曲艺领域都是难以想象的。现阶段，德云社相声已然与粉丝文化紧密耦合，这是一个基本的事实。

尽管大众娱乐产业长期被粉丝文化浸淫着，但对于相声艺术而言，粉丝文化的侵入却是百年罕见之"怪现状"。比如，在张云雷相声专场演出结束后的返场时间，现场观众（粉丝占据了相当大的比重）会打开应援的荧光棒，台下秒变一片绿海。一时间，张云雷的演出被冠以"荧光棒相声"的称号，为各方所热议，关于张云雷"火出圈"等报道更是层出不穷。赞扬的声音夸奖张云雷"立于传统，开创流行"，融合了传统之美

---

① 施爱东：《郭德纲及其传统相声的"真"与"善"》，载《清华大学学报》（哲学社会科学版）2007年第2期。

与潮流之美；批评的意见则指责张云雷把相声艺术给带偏了；等等。这些都是粉丝文化所带来的蝴蝶效应。与此同时，张云雷等艺人背后的德云社也进行了冷静的思考，既然粉丝文化已势不可挡，不如欣然接受。这两年来，德云社的粉丝文化也逐步走向时尚化、成熟化，表现在如下三个方面。

其一，德云社粉丝也有着"饭圈"（指粉丝群体）的普遍特点，通过"线上＋线下"的平台关注追随自己的偶像。在线上，新媒体的排头兵"两微一抖"（微博、微信、抖音），以及"爱豆App""超级星饭团""微视"等App是粉丝惯常使用的工具。"微博热搜"等娱乐风向标也会成为检验相声演员热度的试金石。近年来，德云社艺人频繁登上热搜，这也是粉丝文化的强力表征之一。在线下，德云社的粉丝会密切关注艺人们的各大演出，其狂热程度不亚于任何一位歌星的粉丝。他们还会购买与偶像相关的时尚杂志，支持偶像代言的品牌及各种周边产品等。显然，德云社的粉丝文化已与时尚"饭圈"别无二致。

其二，德云社粉丝的内部分层及类型化趋向。由于粉丝群体主观诉求的千差万别，加上互联网等媒体的强势介入，在德云社粉丝的内部便形成了多层次的分化。比如，根据追捧对象的不同，就有"社粉"（德云社的粉丝）、"唯粉"（只崇拜某位艺人的粉丝）、"CP粉"（某一对相声搭档的粉丝）等类别，即所谓的"粉籍"之分；依照粉丝对偶像的情感期待，则有"女友粉""老婆粉""妈妈粉""姐姐粉""奶奶粉"等自称。这些可看作是粉丝在大众娱乐席卷下自我身份的建构。同一类型的粉丝也有层级之分，频繁参与、支持偶像活动的往往被称为"活粉"，反之则是"僵尸粉"。可见，在粉丝文化的浸淫下，德云社相声艺人面临的早已不单单是那些老牌的观众，更多的是类型多样、身份复杂的粉丝群体。

其三，粉丝群体的组织化倾向。粉丝是一种以趣缘为纽带形成的非正式群体，在日渐成熟的粉丝文化背景下，如若让其任意野蛮生长必将不利于艺人及艺术本身的发展。于是，在德云社的粉丝群体中出现了一些有一定资历或领导力的"意见领袖"。德云社有"德云老和部队"，张云雷有被称为"官皮"（即官方微博）的"小辫儿张云雷粉丝团"（现已移交给"小辫儿张云雷粉丝后援会"），还有"探清水河_张云雷个站""十年之约_张云雷个站""路人甲_张云雷个站""小辫儿张云雷全球后援会"等具有一定号召力的"大粉"团体，他们通过在微博等社交媒体中发布信

143

息来引导艺人的舆论走向，有的还发起建立了各种粉丝群，并组织了相关的活动。如此一来，很多粉丝便可以找到组织的归属，他们可以在微博社区"超话"中签到、发言，获取艺人的资讯。当然，也有大量不加入任何组织的"散粉""佛系粉"。总体而言，德云社的粉丝群体有明显的组织化倾向，这也是粉丝文化成熟化的标志之一。

总之，伴随着大众娱乐兴起的粉丝文化已经与德云社相声成功牵手，这是相声艺术乃至整个传统曲艺领域"前无古人"的新局面。毫无疑问，德云社是先行者，在没有前人经验指引的情形下，如何正确引导粉丝来发展相声艺术，是对德云社及其艺人的考验。

## 二、粉丝文化带给相声艺术的发展机遇

相声艺术传承发展至今，经历几起几落，一度面临灭亡的危机。在21世纪初郭德纲及其德云社崛起的同时，国内也掀起了一场与国际接轨的非物质文化遗产保护运动。相声作为传统曲艺的代表之一，于2006年被列入北京市首批非物质文化遗产；2008年，相声又由中国广播艺术团、北京市歌舞剧院有限责任公司以及天津市共同申报成为第二批国家级非物质文化遗产。一种民间艺术能够走进非遗的殿堂，足见其具有很高的价值，同时也说明对其保护、传承与发展的重要性和必要性。郭德纲率领德云社的众多艺人将相声艺术推向了新的征程，但孤木不成林，相声艺术还需要更多的人来继承，也需要有更为广泛的受众群体，否则相声艺术就会失去根本的支撑力量。粉丝文化的大行其道无疑为相声艺术带来了革新的契机，德云社应当充分发挥粉丝的力量，促进相声艺术的发展。

非遗是"活于民间，死于庙堂"的，首先要得到广泛传播，得到广大民众的认知和接受，才能实现可持续的传承和发展。粉丝文化的注入，为相声艺术带来了最"硬核"的受众群体，也是忠诚度最高的群体。很多德云社的粉丝表示，自从入了德云社的"坑"，就变得不追剧、不看电影、不看综艺，而是持续关注着相声艺人们的演出及相关活动，诸如"一入德云深似海，从此流行是路人""人间不值得，德云社值得""一入德云长路，一世传统不负"等口号在德云社粉丝群体中广泛流传。粉丝们往往"久病成良医"，熟悉《卖估衣》《洪洋洞》《四方诗》《全德报》《口吐莲花》等传统相声段子，学着"砸挂"（相声演员之间彼此戏谑取

笑的一种手段),慢慢养成了相声艺术幽默、自嘲的精神。

相声艺术综合性强,其"说、学、逗、唱"四门功课集聚了多种传统曲艺形式,相较于其他民间艺术而言更具感染力和整合力。比如,传统相声段子《九艺闹公堂》就包含京剧、京韵大鼓、河南坠子、数来宝、莲花落、评剧、吴桥落子、拉洋片、吆喝卖药糖等九种技艺。于是,相声的传播通常会带动相关曲艺的发展。相声本门的"唱"指的是太平歌词,本已为大众所淡忘,郭德纲及其亲传弟子张云雷将这门技艺重新带回观众视野,让大家能够了解到《白蛇传》《劝人方》《鹬蚌相争》《层层见喜》《韩信算卦》等经典唱段。偶像的感召力是超乎想象的,粉丝们出于对偶像的情感,不少人自觉地购买了玉子(又名"御子")、快板等伴奏乐器,尝试着去学习这些唱段。在张云雷的专场演出中,曾多次出现几千名观众合唱太平歌词的情形。不得不承认,一门濒临消亡危机的传统艺术就这样在偶像和粉丝的共同推动下为大众所熟知,其传播力度不可小觑。

粉丝文化给非遗传播带来的巨大效力也为相关机构所关注。在2019年"文化和自然遗产日"期间,蓝V账号"微博人文"联合"中国文博""微博非遗""微博故事""微博同城""新浪旅游"在微博平台发起举办"非遗在身边"的活动,通过短视频、直播故事、图文等形式,全方面宣传非遗。活动邀请了众多有影响力的艺人加盟"名人助力非遗传播"的单元,德云社的张云雷、张鹤伦、孟鹤堂、周九郎、陶阳等应邀参与,宣传了评剧、京韵大鼓、评书、相声、京剧等非遗项目,并自觉转发了"传承中华美,我为非遗代言"的微博。其中,张云雷在个人微博上发布清唱评剧《花为媒》选段视频,播放量超过1000万,互动量48万,获"最佳传播奖"。整个事件有官方的倡导、艺人的自觉参与、网络平台的推广,更离不开粉丝群体的积极互动。

随后,张云雷及其粉丝借着"文化与自然遗产日"的时机掀起了非遗传播的风潮,"路人甲_张云雷个站""张云雷歌迷会""初见·云刊""Lei_张云雷时尚博""十年之约_张云雷个站""目之所及_张云雷个站""爱雷护磊张云雷网络净化组"七站联动,以"传播需要平台,传承需要你我"为口号,发起"跟张云雷学曲艺"活动,吸引了不同行业、不同年龄阶层的人士参与。以下是部分参与者发布的微博帖子。

"lobe 金萌萌"：
　　传播非遗，你我同行。与张云雷同行。
"伊离若"：
　　每一段流传至今的曲调
　　都是中华曲艺的精华，
　　好似一串珍珠，
　　颗颗晶莹剔透，
　　闪亮无比。
　　传统需要继承，
　　文化需要保护，
　　张云雷对这些唱段深入学习，
　　步步提升，
　　唱功精进，
　　不正是非遗传承的一个体现吗，
　　非遗在身边，
　　我们一直都在！
"－小所"：
　　非遗保护，你我同行。和@小辫儿张云雷 一起，弘扬传统艺术，感受曲艺之美。
"灵猫同学"：
　　青年优秀相声演员@小辫儿张云雷
　　为大家带来非遗曲种学唱合集
　　让我们和张云雷一起共同保护和传承
　　人类艺术创造的智慧结晶
　　让传统艺术成为流行
　　让曲艺之声响彻五洲大地～
　　云起雷鸣，让世界听到中国的声音
"时光若不老我们就不散"：
　　他唱来字正腔圆，声情并茂，韵味无穷。以前真的不了解评剧，所有听过的都是受他影响。在传统艺术传播的路上，他真的非常非常努力。我入坑视频除了合唱《探清水河》，就是几千人合唱《乾坤带》。满坑满谷的人一起唱，是那么打动人，多么优秀的他，多么努

机遇与挑战：粉丝文化背景下的相声艺术

力的我们。

"小辫儿磊磊的粉丝n"：

从小小辫儿到辫儿哥哥，光阴荏苒，虽然你已长大，脱去少年稚气，但依然保有少年时的习惯，依然保有对曲艺的赤诚和热爱，这份热爱至今有增无减，并且正通过自己的努力让更多人了解喜爱传统艺术这片美丽的瑰宝，这何尝不是一种传承和延续。

…………

热爱需要一往而深，你是如此，我当依然。和@小辫儿张云雷一起了解、热爱、学习传统曲艺，记录身边的非遗故事。

很多网友也在活动的相关帖子下进行了评论。

"妮妮_21111"：

如果不是张云雷，我不会听京剧，不会知道太平歌词、莲花落、评剧、京韵大鼓……戏曲和曲艺。

"柠檬00度"：

认识他才发现传统曲艺的特殊魅力。

"冰激凌男孩bobo"：

越听越好听，虽然我还没有全学会，但是希望更多的年轻人能够多了解、接触传统文化。

"静静的守护ZYL"：

让中国传统文化传承下去，跟@小辫儿张云雷一起学曲艺。

"丫头08042"：

通过他了解到这些好听耐听的传统唱段，也未曾料想"非遗在身边"，感谢我的角儿让我"遇见非遗"，遇见那些美好。

"清风明月少年心"：

跟着张云雷老师爱上传统曲艺。

这些话语无不反映出偶像对粉丝巨大的带动作用，从喜爱到追捧、再到主动学习和传播，从主观上讲是粉丝们出于对偶像的情感而进行的"安利"（网络用语，意为"推荐"）行为，在客观上大大促进了传统曲艺的传播。

粉丝文化还有利于推动相声艺术的生产性保护。我们知道，生产性保护是非遗实践和保护的重要方式，由王文章在《非物质文化遗产概论》

147

中首先提出①,"是将非遗的文化价值物化为文化商品,促使消费者发生购买行为,建构文化认同,从而促进非遗保护与传承的过程"②。很多传统技艺、传统美术、传统医药等非遗项目都进行了生产性保护,那么作为传统曲艺的相声艺术是否也需要生产性保护呢?答案是肯定的。自古以来,艺人都是需要观众来"养活"的,所谓的"角儿"指的就是能保证票房的那个人。郭德纲经常说"没有君子不养艺人",也把观众视为"衣食父母",其倡导"剧场相声",而不是"舞台相声",将相声艺术置于市场,用上座率的高低来检验相声成功与否。德云社拥有数量庞大的粉丝群体,一旦演出开始售票,常常出现一票难求的状况,还产生了"云雷灰"③这样的名词。2019 年的"纲丝"节,由于参演的艺人基本上都已成"角儿",演出票更是在半秒内被抢购一空。

粉丝花钱买票到剧场观看相声演出是"粉丝经济"的表现。杨玲指出,"粉丝经济"有"情感经济、礼物经济和非正式经济"三重面向,"就文化领域而言,粉丝经济的根本意义在于打破中心化的权力结构,为消费者赋权,促进文化生态的多样性"④。"粉丝经济"的基石是粉丝群体对偶像的情感认同,具有非理性的特征,更确切地说是一种"情感经济",这与田兆元提出的"认同性经济"⑤高度契合,据此可分析,相声艺术的"粉丝经济"实质上正是通过生产性保护的方式得以实现。德云社频繁在海内外进行商业演出,大都获得很大成功,说明"粉丝经济"带给相声艺术很大的生命力,能够自我造血,反哺相声艺术。

总体而言,粉丝文化为相声艺术提供了诸多可能性,这是时代赋予的大好机遇,应当充分发挥粉丝文化的积极效应,推动相声艺术及传统曲艺的传播和发展。

---

① 王文章在《非物质文化遗产概论》中讲道:"对那些非物质文化遗产中的工艺性、技艺性项目,进行产生经济效益的生产性保护。"参见王文章《非物质文化遗产概论》,文化艺术出版社 2016 年版,第 123 页。
② 游红霞:《生产性保护:非遗价值与市场的双向认同》,载《广西民族大学学报》(哲学社会科学版) 2019 年第 3 期。
③ "云雷灰"是指张云雷的专场演出往往会在开票一秒内被抢购一空,售票 App 的界面出现灰色的情形。
④ 杨玲:《粉丝经济的三重面向》,载《中国青年研究》2015 年第 11 期。
⑤ 田兆元:《经济民俗学:探索认同性经济的轨迹——兼论非遗生产性保护的本质属性》,载《华东师范大学学报》(哲学社会科学版) 2014 年第 2 期。

## 三、粉丝文化背后的反思与相声艺术的发展

凡事有利必有弊，在享受粉丝文化带来的巨大效益的同时，也要清醒地认识到，在互联网技术高度发达的当代，粉丝不再被动接受信息，而是具备了更大的自主性和选择权。正如杨寄荣等所论："粉丝对于偶像制造过程的积极参与，打破、超越了传统、单向的传播过程，开创了传受双方高度互动、相互融合的新传播格局。"[①] 粉丝与艺人就如同水与舟的关系，粉丝可以成就艺人，也可以反噬艺人。如何妥善地对粉丝文化进行因势利导，是相声艺术发展的重要环节。

第一，粉丝群体的复杂性、多层次性和流动性是艺人需要正视的现实问题。前文述及，粉丝有很多类别，如若个中存在不和谐、不安定的状况，便会消解群体的力量，败坏艺人的"路人缘"，造成负面影响。例如，A 艺人的"唯粉"有可能与 B 艺人的"唯粉"互不相容，当艺人发生资源竞争时，将会诱发粉丝间的冲突。德云社的"唯粉""CP 粉""社粉"等不同"粉籍"的诉求也是不一样的，可能存在彼此敌对的情形。在微博上，粉丝掀起的骂战屡见不鲜，严重者可能引发舆情的持续发酵，这便会破坏艺人的形象，更遑论非遗的传播和发展了。

值得注意的是，粉丝文化还催生了一种比较特殊的群体，他们"以充当粉丝作为工作并获取报酬"[②]，也就是职业粉丝，简称"职粉"，网络上习惯取其谐音，称之为"脂粉"。职业粉丝的行为对艺人的发展有很大影响。姜明分析道："职业粉丝的出现是消费社会的一种附属现象，尽管在某种程度上促进了粉丝文化的发展和繁荣，但因其带有明显的急功近利属性，往往以夸张的言论或捏造事实的发帖、转帖行为，造成了粉丝文化发展的乱象，更有情节严重者触犯了法律法规。因此，职业粉丝的自律、相关企业的操守等问题，也成为粉丝文化健康发展道路上无法回避的现实。"[③] 由此可见，职业粉丝是在粉丝外衣的包装下，利用艺人的商业价

---

① 杨寄荣、宋玉静：《粉丝文化语境下的话语权研究》，载《辽宁教育行政学院学报》2013 年第 2 期。
② 姜明：《改革开放后粉丝文化的三次"历史转型"》，载《文艺争鸣》2018 年第 1 期。
③ 姜明：《改革开放后粉丝文化的三次"历史转型"》，载《文艺争鸣》2018 年第 1 期。

值而获取经济利益的人,他们往往有属于自己的团队,也吸引了一定数量的粉丝(俗称"腿毛"),是不可小觑的团体。在德云社,就有一些"职粉"专门追随艺人的商业演出,录制视频,并传到微博及一些视频网站上,吸引了很多"腿毛"点击观看。关于"职粉"的具体操作,笔者尚未做深入调研,不能妄加评论,但他们应在遵循相关法律法规的前提下进行活动,确保不会损害艺人及其团队的利益。

此外,粉丝也不一定都"从一而终",可以在"路人""粉丝""黑粉"等身份之间进行切换,比较严重的就是"脱饭回踩"了。"脱饭回踩"是一种"粉转黑"的现象,是指"粉丝不再喜欢之前追随的偶像,并对他进行言语攻击和报复的行为。当偶像与粉丝间利益有所出入时,象征意义的断裂、消费动机的消失、长期英雄叙事的反弹或是'非理性'崇拜的理性纠正,都促使粉丝一反常态,通过互联网平台,采取'回忆—抱怨—解脱'的行为模式,对偶像个人隐私、职业素养等方面发表攻击性言论"[①]。"脱饭回踩"的人大都是"因爱生恨",从一个极端走向另一个极端,其网络暴力的危害性比"路人""黑粉"更为猛烈。艺人及团队要努力巩固自己的粉丝群体,防止产生这样的负面效应。

粉丝文化的这些隐患,主要是由于网络环境的庞杂性造成的。2018年,习近平同志在全国网络安全和信息化工作会议上就提高网络综合治理能力作出深刻阐述,为新时代加强网络综合治理提供了基本遵循。加强网络综合治理涉及方方面面,净化网络语言是其中不可忽视的重要内容。[②] 只有做好网络管理工作,才能从源头上为粉丝文化营造一种相对健康的生态环境,防止粉丝不和谐言论的恣意蔓延。在粉丝群体内部,则要发挥"官皮""职粉""大粉"这些活跃程度高、影响范围大的粉丝团体的作用,肃清"超话""百度贴吧"等网络社区中不安定的因素。

第二,回到非遗本身。非遗的核心因素在于人,尽管粉丝是重要的传播力量,但还远远不具备专业的素养和能力,尤其是对于传统曲艺的传承,往往需要"台下十年功"才有可能一朝成"角儿"。所以传统艺术要

---

① 李建伟、王怡冉:《脱饭回踩:一种反转型粉丝行为研究》,载《新闻爱好者》2018年第9期。

② 《思想纵横:净化网络语言》,见中国共产党新闻网(http://theory.people.com.cn/n1/2018/0605/c40531-30035514.html)。

机遇与挑战：粉丝文化背景下的相声艺术

在粉丝文化的背景下获得更好的传承和发展，还须从艺人及其团队入手，需要艺人坚守文化传统，保留传统艺术的文化基因，修炼和提升艺德艺能。

相声艺术有一百多年的发展史，有严格的师徒传承谱系，现在还保留着拜师赐字的传统，拜师前徒弟要有"引师""保师""代师"，接下来徒弟要向"引保代"三位师父、授业师父、师娘、师爷等行叩头礼，还要进行"摆知"的仪式，才算入了相声的门。没有正式拜师的演员是不被行业所认可的。在笔者看来，这并不是封建时代遗留下来的糟粕，而是经相声艺术保留下来的尊师重道的优秀文化传统。哪怕是在粉丝文化的大肆渗透下，艺人们也不能丢掉传统文化的根本，否则就会无章可循，给非遗的传承和发展带来危机。德云社自成立以来，按照"云鹤九霄，龙腾四海"的序列招收徒弟，不定期地修订家谱，还制定了家规，都是对相声艺术传统的继承。所谓"欲戴王冠，必承其重"，艺人一旦成为粉丝们追捧的偶像，就要意识到其对于传统文化的担当与使命，更要提高自身的业务素质，为粉丝群体树立榜样，得到粉丝乃至路人的尊重和认可，才能成为"正能量偶像"。

张云雷可谓是相声界"现象级"的偶像人物，在其大红大紫的同时，也伴随着很多争议。值得称道的是，如今，张云雷逐渐意识到作为偶像的责任，逐步运用自身的影响力普及、宣传，甚至教授传统曲艺。张云雷以相声的"柳活儿"（指相声演员学唱各种地方戏曲和歌曲）见长，在他的带动下，很多人慢慢地接触到太平歌词、莲花落、京剧、评剧、大鼓等这些艺术形式，京剧唱段《锁麟囊》还一度成为 KTV 的热门点播曲目。"能量中国官方"微博曾评价张云雷为"传统文化的秉烛人"，并得到了"人民日报 App""趣头条""百度""腾讯""UC 新闻"和《中国发展简报》等媒体的同步转发[1]，这是对艺人传播文化的极大肯定。诚然，张云雷的行动还是相声界比较个别的案例，但起码有一点是肯定的，张云雷作为探索者为相声艺术打开了一个新的口子，希望能有更多的相声艺人带动粉丝振兴传统曲艺。

---

[1] 参见"能量中国官方"发布于 10 月 30 日的微博。

## 结　语

在当代，粉丝文化正强势地充斥着各个领域，这是不能回避的社会现象，以郭德纲及德云社为代表的相声艺术也走向了粉丝文化时代，将相声推向新的发展阶段。相声作为传统曲艺类的非遗项目，曾经濒临灭亡，粉丝文化的崛起，为非遗的传播和发展提供了很好的契机，并促进了非遗的生产性保护。同时也要看到，粉丝文化是把"双刃剑"，如果跑偏方向，便会给艺人及传统文化带来伤害，因此，必须净化线上线下的环境，规范粉丝言行，引导粉丝文化朝健康、和谐、有序的方向发展。艺人更需要提升自我的业务能力，加强艺德艺能的修养，还要正确认识自身的定位，明确自己的使命，树立良好的形象，做好传统文化的引路人。在非遗实现广泛传播之后，接下来还要推动相声艺术为相关的社区和群体"提供认同感和持续感"①。要知道，很多粉丝的初衷是对某个艺人的追捧，而非对相声艺术的热爱，如何让粉丝从对偶像的认同过渡到对传统艺术本身的文化认同，是粉丝文化背景下相声未来的努力方向。

---

①《保护非物质文化遗产公约》，见中国人大网（http://www.npc.gov.cn/wxzl/wxzl/2006 - 05/17/content_ 350157. htm）。

# 粤港澳共建"功夫影视重镇"的文化认同格局*

## 姚朝文**

〔摘要〕以广州、佛山为核心的北部发展极,以香港、深圳为核心的东部发展极,以澳门、珠海为核心的西部发展极,构成粤港澳大湾区的竞争性建设"三极双核心"生态格局。三大发展极之间,北部、东部各有优势,平分秋色,而西部的极点显然甚为薄弱。由于香港独特的国际化区位优势和特殊的政治安排,东部发展极是最具有地缘优势的一个发展极。广州的综合发展大都市功能和佛山的中国制造业示范城市优势,务必将共建共赢发展战略提升到更高的阶段。广佛双城共同创建"中国南方乃至世界的功夫影视重镇",这一构想可提供一整套的创建对策与措施。佛山是近代岭南"武术之乡",广州为现代中国武术重镇,香港为当代功夫电影之都。功夫电影可以铸就岭南文化产业国际化拓展的"世界品牌"。

〔关键词〕粤港澳大湾区  共建"功夫影视重镇"  文化认同

## 一、粤港澳大湾区视角下的珠三角城市发展态势

广州作为粤港澳大湾区重要的组成部分,人们对其更为长远的定位问题的关注热度还有待提升,作为国际大都会的香港尚未完成自我超越。珠三角地区最重要也是最具潜力的两大城市——广州、香港,还需进一步发

---

\* 本文系作者主持广东省社科规划后期资助项目"讲述好岭南故事:民间叙事话语形态论"(批准号 GD17HZW01)、省教育厅高校科研项目平台重点项目"佛山功夫名人国际传播系统集成数据库"(批准号 2015xxzd07),佛山科学技术学院功夫影视与城市文化研究所阶段性成果。

\*\* 姚朝文,生于 1966 年,男,文学博士,佛山科学技术学院人文与教育学院岭南学者特聘教授、学科带头人,硕士生导师,功夫影视与城市文化研究所所长,日本国学院大学研究生院客座教授、博士学位论文指导。主攻岭南城市文化生态方向,主持完成国家社科基金、教育部及省级项目 10 项,出版著作 27 部,发表论文 160 余篇,获省市校级奖 20 项。

挥出应有的优势。与此同时，澳门的经济转型和毗邻澳门的珠海所扮演的角色，实际上一直处于不断摸索且不明确的状态。这样的格局可能是中央提出新发展战略的一个大背景。

最近几年，香港银行界耆宿们显示出加快粤港澳经济融合的迫切期待。因为香港金融中心的地位其实就是当年依靠贸易以及附随的制造业发展起来的，没有实业依靠的金融缺乏经济和社会发展的核心动力。在香港实业不断外迁之后，金融业的发展实际上也越来越依赖内地的经济发展。如何维持香港国际金融中心的全球竞争力，需要香港给出更为清晰的思路，否则，将会画饼充饥、贻误发展机遇。

日本京浜工业地带曾经风光无限，为亚洲各国所羡慕。近20年来，其工业产出占日本全国的比重不断下降，然而东京的地位却更加重要。这是经济和人口结构变化的结果，客观上也说明东京充分享受了相对优越的地理、气候环境。美国的纽约、洛杉矶两大湾区亦有类似现象。因此，可以说，城市活力的关键在于如何给居民提供相应的生活工作环境，特别需要召唤年轻人的梦想。粤港澳大湾区战略设想之最重要的，并不是目前各区域城市的经济体量，或者其金融市场与海外地区经济规模的比较，而是如何发挥区域自身具有的先天优势。

中国独有的强大决策能力是其他国家所不具备的，但是如何使区域经济的结构合理化，显然不是城市规模简单相加就可以达到的。与纽约、洛杉矶和东京等湾区经济体相比，吸纳国内外各种经济、文化甚至科学人才的能力，才是目前粤港澳地区最需要追赶的。香港既有的产业结构如果无法充分享有自身优势的话，那无疑是一种浪费。况且香港还拥有大湾区广阔的腹地人口、经济规模和文化底蕴。如果粤港澳大湾区能够优化资源配置，最终形成一个统一的市场，形成具有深度与分工的产业格局，必将提高该地区在全国乃至全世界的竞争力，创造出一个举世瞩目的都市圈。

广州、佛山双城依托知识经济转型为智慧城市，在营造创意文化工业发达、影视艺术产业繁荣的道路上，将面临诸多障碍。通过对6个区域原型城市转型为知识城市进行综合分析，笔者倡议：省会城市广州、区域性中心城市佛山可以转型为知识城市或潜在的智慧城市。

实施智慧城市发展战略是一个庞大的系统工程。从理论思想认识、城市空间结构布局、政府管理定位、宏观调控体系、公共服务体系、知识产业、信息基础设施、科研投入、产学研价值创新网络、综合宜居环境、融资平台、低碳经济、绿色经济、法律法规、公民社会组织建设、知识城市多元文化价值等要素,笔者提出广佛双城共同创建"中国南方乃至世界的功夫影视重镇"的构想,并尝试提供一整套的创建对策与措施。

采用粤港澳大湾区的研究视角,可以较多地综合利用香港、广州、佛山的历史文化资源和文化艺术产业的多种业态,建议广州、佛山两城市共同打造世界级影视艺术大本营,进一步论证其定位特性、功能、效用、价值与意义,努力赶超美国的世界电影中心好莱坞。这样的发展定位可以充分地利用广州、佛山的文化生态资源。广州是中国功夫电影的诞生地,也是20世纪20年代、50年代、八九十年代中国内地三大电影重镇之一。佛山近现代武术名人辈出,发源于佛山而扩散至整个珠江三角洲(包括香港、澳门),海外的东南亚、北美洲的岭南功夫甚至成为百余年来中国人口对外迁徙、中国文化对外扩散与传播的最直接有力的证明。功夫题材的电影里,从洪熙官、方世玉、胡惠乾、三德和尚、春米六等武功传奇人物系列,到铁桥三、林福成、黄麒英、黄飞鸿、林世荣、梁宽等大洪拳武功题材电影系列迭创"同题电影世界最长纪录";从五枚师太、严咏春、黄华宝、梁二娣、大花面锦,到梁赞、陈华顺、梁璧、叶问、李小龙等咏春拳谱系的电影在粤港澳大湾区,乃至东南亚、美国、日本各地的火爆风行;从五经和尚、青草和尚、陈享、张炎,到陈盛、谭三、刘忠、钱维芳、吴勤等蔡李佛拳谱系题材在当代电影、电视剧领域的大放异彩。与此同时,《七十二家房客》电影延伸出的400余集电视连续剧现在依然在广东电视台连播,连播20余年、长达2341集的《外来媳妇本地郎》也是广东,乃至包括香港、澳门在内的整个岭南地区最接地气、最受欢迎、拍摄集数最多、播出时间最长的电视剧。

把民间武术传承题材移植到电影、电视剧中形成的"功夫电影"和"武侠功夫电视剧"作为倡议对象,是因为与美国好莱坞、印度宝莱坞等世界电影中心,法国、英国、意大利、日本、伊朗这些世界电影工业强国相比,中国电影、电视剧中最具竞争力、最有品牌优势和人力资本优势的影视领域就是"功夫电影"和"武侠功夫电视剧"。在功夫影视之外,强调"粤港澳都市民间生活题材",是因为这个领域最接粤港澳大湾区人口群落的地气,最容易反映他们的情趣、心态与生活寄托。至于历史题材、风光片、民俗片、文艺片,甚至国际合作反恐、国际合作缉毒、国际合作引渡贪污犯、国际刑警合作抓捕电信诈骗犯等题材,都可以成为广佛两座

城市"同城化"融合共赢的创意文化产业生长点。广佛抱团互助共赢，共同参与粤港澳大湾区的竞争性建设，是大势所趋、不得不然之举。

粤港澳大湾区的竞争性建设"三极双核心"生态格局如下：以广州、佛山为核心的北部发展极，以香港、深圳为核心的东部发展极，以澳门、珠海为核心的西部发展极。三大发展极之间，北部、东部各有优势、平分秋色，而西部的极点显然甚为薄弱。其中，由于香港独特的国际化区位优势和特殊的政治安排，东部发展极是最具有地缘优势的一个发展极。深圳占据国家统战政策和香港近缘的经济特区优势，不断地"弯道超车"，大有后来居上的势头，GDP（国内生产总值）总量于2018年前后赶上香港、广州两极是十拿九稳的事。广州的综合发展大都市功能和佛山的中国制造业示范城市优势，务必将共建共赢发展战略提升到更高的阶段，将"强强联手的合作竞争"定位推进到"命运共同体"之"新阶段"的高度，构建成"一荣俱荣、一损俱损"的战略共进退的态势，形成"水乳交融、无法分割"的相互依赖、相互促进的良性互动布局。

## 二、香港、广州、佛山是中国功夫影视文化产业的中心

粤港澳大湾区建设是一个世界级的综合性大课题，本文将在极富岭南特色与优势的影视文化产业领域为区域间的战略合作提出一系列构想。

电影、电视剧是当今世界最流行的文化艺术传播方式之一，本文以广州、佛山为主要的探讨对象，又不囿限于广州、佛山的文化资源；力求突破传统的单一城市本位、撰写者自身处境利益优先的价值评判立场，希望拓展出共建与分享的新视角、新领域、新观念、新术语、新功能，是"粤港澳大湾区合作背景下的共建与分享"。

中国功夫在近代岭南的渊源、发展，与近代佛山、现代广州成为"中国武术中心"的过程是互为表里的。108部黄飞鸿题材系列电影创造了吉尼斯世界电影纪录。"岭南十虎"、"岭南后十虎"、黄飞鸿传奇系列、林世荣、朱愚斋、莫桂兰与电影里的十三姨电影影像，29部李小龙粤剧电影和45部功夫电影，更创造了世界电影史上的奇迹。咏春拳题材电影掀起多次观影热潮，从五枚师太、严咏春、梁赞、陈华顺，到2008年贺岁片《叶问》，开启了至今长盛不衰的叶问题材系列电影，成为中国功夫

电影续写世界电影传奇的票房保证和典范样板。这些成就都极大地拓展了中外影迷对于佛山电影表现领域的广度和深度。广州、佛山题材的功夫电影成为中国功夫电影畅销世界影坛的文化产业链条的先锋队与主力军。

广佛共建功夫影视重镇,指向一种新的命题、新的观念、新的视野、新的迫切任务,也面对新的挑战。具体体现在如下三个方面:其一,确立佛山自清中叶以来就成为中国南派武术的中心,素负"武术之乡"盛誉。佛山是近代岭南"武术之乡",广州为现代中国武术重镇,香港为当代功夫电影之都。其二,佛山功夫得以名盛天下,凭借的是长达大半个世纪以来持续不断的、以香港为主的功夫电影里对"佛山是中国南派武功重镇"的宏大叙述。其三,在当今中国660多座城市里,广佛是最有能力共建"中国功夫影视城"的。河南嵩山少林寺徒有少林功夫盛名,少林功夫却没有在当地民间生根开花。少林寺缺乏文化产业市场基础,也缺乏和电影、电视的有效嫁接,更没有将武术产业与市政文化产业结合起来,甚至相互内耗。少林寺的弱点恰恰成就了广州、佛山的竞争优势,功夫电影可以铸就岭南文化产业国际化拓展的"世界品牌"。

当前,佛山的电影、电视剧的产业化系列布局尚未形成,这恰恰是我们出产或创造了那么多震撼世界的功夫电影题材,却让香港影视界赚得钵满盆满的原因之所在。佛山之于世界功夫电影领域,就像沙特阿拉伯之于世界石油。沙特是世界上最大的原油输出国,却需要进口成品油满足其国内市场的燃油需求;佛山是世界上最大的功夫传奇发源地,却没有本土制作的功夫电影风靡世界。与此同时,佛山是功夫电影旺盛的消费市场!

造成这种吊诡现象的原因,与我们大半个世纪以来极不适应经济与社会发展的影视产业政策、贫乏的经济基础、缺乏对外开放的历史环境息息相关。但是,现在世界性的、历史性的、百年不遇的机遇来临了。法国前总统蓬皮杜曾指出过:"机遇只垂青于那些有准备的头脑!"试问:在百年一遇的机遇面前,佛山影视文化产业准备好了吗?

2009年,香港投资家沈国林斥资在佛山市罗村镇开拍《叶问前传》,开机仪式后他明确表示将在佛山市禅城区的中山公园精武体育会会址选拍外景。他挑选了佛山武术界一些有门派亲缘关系的人士加入了剧组演员系列,如现任佛山精武体育会会长梁旭辉饰演重要配角掌柜兼叔父。沈国林透过媒体表示,主要考虑到佛山是咏春拳声名鹊起的发源地,同时,叶问宗师也是佛山人,才会来佛山拍外景。言下之意,需要借佛山的历史名气

和名胜古迹做陪衬,却并不看重当下的佛山武林。这也是当今佛山功夫界的尴尬。当世界各地的功夫高手培养出自己几十万甚至上百万的"洋弟子",功夫产业炙手可热的时候,这"功夫之乡"的祖居地却十分冷清;尽管门派林立,尽管也不断地涌现出咏春拳国际公开赛的冠军、拳王,但是我们本地的功夫产业链仍不完整或不够壮大!关键原因在于,我们从历史上长达半个世纪的全民禁武政策到改革开放后的解禁(其实是令其自生自灭,并没有重视与扶植),加上重视有形实物贸易,没有意识到传统功夫可以通过现代经营管理方式变成"摇钱树",可以发展为庞大无比且渗透力可跨越五洲四海的文化产业。其实,这种影视文化产业远比实物经济贸易的扩张力量巨大且持久得多,其贸易形式所受到的外在自然条件的限制也远比实物经济小得多!

## 三、打造中国功夫电影产业中心的难题及相互关系

佛山市与珠江电影集团于2016年12月22日签署了共建中国电影产业中心和南方电影重镇——"广莱坞"的战略协议,欲联手把佛山打造成为与美国的"好莱坞"、印度的"宝莱坞"相媲美的中国功夫电影产业中心。笔者早在2012年给佛山市政府提交的重大决策关键报告《城市升级中岭南文化元素的有效融合》中就提出"建设岭南中国影视城"的建议并被市政府采纳。该报告于2013年又被广东省人民政府研究室调阅参考。此后,笔者发表了《创建"岭南中国影视城"的构想》,被多家刊物转载,接受《南方日报》《佛山日报》等多家媒体采访。现在,把广州、佛山建设成为中国乃至世界著名的电影城,已经上升为整个城市发展的战略高度。本文研究对象极富广州、佛山、香港历史文化特色,打造岭南文化产业走向国际的名片,更策应了粤港澳大湾区都市圈发展的最新战略需求。

本论题是笔者历时16年之久长期研究的结晶。笔者已经收集到国内外与佛山历史文化风俗民情(尤其是武功文化)有关的中英语电影200余部、电视剧18部344集、报纸连载1500期以上、小说20多部、互联网文章与网帖752万项(参见申报人著《黄飞鸿叙事的民俗电影诗学研究》导论第7页注释的详尽统计图表与说明)。笔者已经出版有关功夫电影的著作6部,发表论文30篇,立项成果6项,获奖10多项,剧本、文

艺作品多部。

笔者也意识到，如下几种相互关系是未来深入研究的关键和难点：一是香港、澳门是特别行政区，与内地的法律、文化产业政策差异很大，在法律效力、项目审批、监管实施程序等方面存在着相悖甚至冲突的地方，如何协作、沟通，有的涉及如何管理运作的问题，更多则涉及法治社会建设的问题，必须在粤港澳三地立法、司法机构之间建立合作制定新法律、修订现有法律规定的问题。二是各城市政府之间的关系定位问题。三是各城市的政府与民间法人实体单位之间的关系问题。四是知识产权在各地的保护问题。

世界各主要湾区城市群的实践经验证明，实施智慧城市发展战略是一个庞大的系统工程，因为并非所有的城市都能转型为智慧城市，要在我国城市化快速发展的今天，将一些传统城市转型为智慧创造型城市，必须强化以下七点。

第一，明确文化创意经济对实物经济具有补充、平衡、纠偏和提升的"跷跷板效应"。1929—1933年世界经济大萧条时期，当全球实物经济如多米诺骨牌一般倾塌、崩溃的时候，恰恰是美国电影替代英国电影，成为支柱产业的好时机。2008年，美国引发了全球金融危机，实物经济遭受重创的时期，恰恰是电影文化产业高度繁荣的时期。中国的影视产业在同时期的增长速度更是翻番，其爆炸式增长让中国人自己都惊呼意外，也惊呆了全世界。因此，坚定地明确创意文化产业具备实物经济不具备的惊人效应，是我们力主广佛共建"功夫影视重镇"的主要依据。这一战略性发展方向，从理论和实践层面构建起知识城市"中国化"的框架，这将为粤港澳大湾区城市群建设提供一种有效的路径选择和超越实物经济的发展模式，因而对于充实建设创新型国家的"一带一路"总体布局具有重要意义。

第二，夯实智慧城市的人文与高科技基础设施，做大、做强知识产业。通过知识化、网络化、虚拟化、人文多样性等，让广大市民能够拥有畅通的分享知识的渠道，建立起终身学习的政策机制、环境机制，加速以知识为基础的发展。注重城市转型和产业结构调整、升级，促进中低端领域向中高端领域转变，强化以知识为先导的服务经济的比重，使城市第三产业的贡献率超过60%，并逐年上升为世界智慧城市80%以上的水平，最终将原型城市转型为"知识城市""文化之都""创意之都""象征经

济之都""生态休闲之都"等。

第三，运营好城市创意动能的知识资本。摸清城市知识资本源，制定知识资本发展战略，建立培育知识资本市场的激活机制。构架城市知识网络，整合知识基础设施资源。培育和建立城市知识共享文化系统，充分发挥高等教育在知识管理和知识资本运营中的作用，使之成为新的社会认识的范例、终身学习的平台及城市知识管理和知识资本运营的引航员（pilot）。同时，还要建立一支素质高、具有全球视野的城市知识资本的管理团队。

第四，要高度重视城市魅力带来的社会内聚力。通过就业和新增商业机会，让市民从提高城市吸引力所带来的再生经济中普遍受益。通过新技能、合格证书（执照）、新技术和高品质的产品及服务，来满足为城市魅力所吸引的新顾主和消费者，让市民从新的经济机会中获益，最终营造城市良好的社会环境，增强市民的向心力、凝聚力和认同感。

第五，要努力培养门类齐全、结构合理的创新型国际化人才，为知识城市可持续发展增添动力。客观制定人才发展战略，注重尖端、中端和应用型人才的有机结合。抓好本市国家重点大学和科研院所排头兵的作用，增加有效投入，集中精力办教育，搞科研，准确界定产学研的不同功能。筹备岭南电影学院和岭南电影发展基金会，建立起网络人才和储备人才的长效机制，构筑创新人才库。放宽政策，吸引更多的留学人才或外国高科技人才回到或前来中国创业。

第六，大力发展低碳经济，加速城市转型为创意文化型城市。创意文化型城市是发展低碳经济的具体体现，能为发展我国低碳经济提供良好契机，要做强战略性新兴支柱产业，为发展环境资本增添动力，提升自主创新的低碳核心技术。通过政府主导，将低碳理念融入知识城市发展战略；通过调整产业，用低碳经济提升城市知识产业比重；借助三方牵引，构筑低碳经济自主创新体系；内化认识，提升低碳市民的文化自觉。

第七，衡量一个原型城市是否转型为创意文化型智慧城市，需要一套科学、合理、操作性强的评价指标体系。在充分借鉴国内外研究成果的基础上，报告将从六个维度构架起一套影视创意文化城市的指标评价体系，基于层次分析法（AHP）和总格参照法，建立相应的评价模型。

# 广州地区特色餐饮业"佐餐演艺"的文化传承与认同研究

邵一飞[*]

## 引　言

广州是岭南地区的政治、经济、文化中心，也是粤港澳大湾区发展的核心支撑点之一，其经济和文化的特质直接关系到大湾区的发展内涵。广州特色餐饮业在拉动地方经济的过程中发挥了重要作用，也是区域性的文化亮点。至今，广州的这种特色餐饮业又融合了全国各地乃至国外的众多餐饮品牌，呈现出包容、多样、唯美的文化特征，广州餐饮业不仅有"味道"，而且有文化，这成为餐饮业共同追求的目标。其中，许多餐饮店为了增强自身品牌的文化实力，在食客就餐时会穿插各种民俗文化和技艺表演，以此增添食客的食趣，并以此招揽"回头客"。这种可以被称为"佐餐演艺"的特殊营销方式，既可增加商业利润，又在客观上传承了特定的民俗文化，同时具备经济学和民俗学的意义，值得深究。

## 一、"佐餐演艺"的概念及类型

所谓"佐餐演艺"，是指当代餐饮业在食客用餐时所穿插的各种传统文化及技艺表演，主要包括歌舞、戏曲、杂耍及厨艺等，其目的是助兴，提高食客的食趣和增强印象，并塑造自身的品牌形象。"佐餐演艺"这个词语，是笔者为行文方便而杜撰的，似乎过于书面化，是否合适尚有待论定。而对行业内的人士来说，如酒店、饭店的楼面经理、部长等，他们对

---

[*] 邵一飞，民俗学博士，现为广州市公安局天河分局警官。

这种演艺现象的描述,大多称之为"跳舞""表演",纯粹口语式表达,并无专门特指的规范词汇。古代的王公贵族用膳时,时常歌舞升腾以助酒兴,亦称"侑酒""侑食",那是身份地位的一种象征。而平民百姓,大多只在重要节日或重大活动时,以舞乐相伴,有祭祀或庆祝的意思,包含了神圣意味。可以说,人类餐饮行为中所包含的这种娱乐元素,自古以来就一直存在,只是古今中外的形式不同而已。至当代,这种伴生性娱乐行为演绎成一种特殊的文化传承:一是城市餐饮文化滋生的特殊元素。餐饮业为了打造自身商业品牌,刻意突出文化特色,从而精心设置这种"佐餐演艺"消费环节。此举,实在是出于商业竞争的需要,在大城市的餐饮业中较为多见,既塑造了商业品牌,又提升了文化品位。二是传统民俗文化的继承与更新。"佐餐演艺"所表演的内容,以传统民俗文化为主,试图以传统、经典和新奇、趣味等元素来影响食客的心理和情感;无形之中,这种"佐餐演艺"就起到了传承民俗文化的作用。三是现代商业文化、商业资本的同质构成。"佐餐演艺"是商家的一种营销策略,从商业的角度看,也是一种对文化资本的利用。其滋生的土壤是城市商业,其目的是追求更大、更长久的利润。因此,从某种角度看,我们可以将"佐餐演艺"视为一种特殊形态的商品,它可以与食物一同被消费,这个"演艺"过程就是一个推销食物和文化的过程。饮食行为既是一种生物学的过程,也是一种心理学的过程,更是一种文化和审美过程。美国作家赛珍珠在为杨步伟《中国食谱》所作的"导言"中说:"切记,正是吃着这些最简单的中国菜,中国的男女们长期辛劳,展示了惊人的忍耐与力量;他们的食物培育了人格。"[①] 食物就是一种民族文化。从文化和审美的意义来讲,当代的"佐餐演艺"就与古代的"礼乐之食"的观念一脉相承,饮食也是一种礼俗机制、一种文化机制,蕴含了相当深刻的民族精神;公共的饮食行为,则是一种蕴含了深厚商机的文化行为。当代许多商家,就是从文化的角度来挖掘商机的。于是,文化也在商业的平台上得到了传承。

从内容看,目前广州地区流行的这种"佐餐演艺"主要有传统歌舞、传统戏曲、时尚歌曲及厨艺表演等四种类型。①传统歌舞,以新疆及西南

---

① [美]赛珍珠:《导言》,载杨步伟《中国食谱》,柳建树、秦甦译,九州出版社2019年版,第22页。

地区的少数民族歌舞为主,如新疆维吾尔族、哈萨克族,西南傣族、彝族等。也有蒙古族的,在蒙古餐厅中表演,以歌唱及乐器演奏为主。其中,新疆特色餐厅的民族歌舞表演节奏欢快、气氛热烈,颇有壮美之韵,大多为男女2人连轴表演,内容有新疆多个少数民族的歌舞,艺人均为受过专业训练的新疆维吾尔族青年,他们根据歌舞内容穿着相应的民族服饰演出(图1)。西南特色餐厅的少数民族歌舞表演,精巧柔和,十分靓丽,体现柔美之姿,有独舞,也有合演,与新疆歌舞有异曲同工之妙,其艺人也受过专业训练。②传统戏曲,以汉族传统戏曲为主,如川剧、越剧等,艺人多为受过一定训练的专业或兼职演员。其中一些川味餐厅设置了川剧"变脸"艺术的表演,艺人当众表演"变脸"(图2),并与食客互动,增添了神秘气氛,成为独树一帜的品牌。③时尚歌曲,以当代流行歌曲为主,主要是港台歌曲,这种情况在长堤、大沙头沿珠江两岸一带的餐厅较多,艺人大多为单独"跑场子"的民间歌手(图3),骑着电动自行车到处跑,每间餐厅唱几首歌就走,一个晚上跑很多家餐厅,每家餐厅每晚也会有几拨歌手轮流上台演唱,走马灯似的。④厨艺表演,主要是一些餐厅的特色菜式,厨师当众表演厨艺,现炒现卖,以增加食趣,如兰州拉面(图4)、广式焖锅等(图5)。在20世纪90年代,广州一带的城市管理理念与现在的不同,饮食业中的"大排档"经济较为盛行,店家沿街摆开一长溜的饭桌,食客如云,有吹拉弹唱的民间歌手艺人穿梭其间,增添了不少生活气息。这种情形,亦可视为"佐餐演艺"的初级形态。如今,这种沿街摆摊的形式在中心城区已经大有收敛,餐饮业的活动集中在店铺之内,"佐餐演艺"表演的室内感增强,表演空间大为改善,演艺效果更好。特别是一些跨区域的演艺项目,为传统文化的传承提供了崭新空间,也为人们的休闲生活带来更多的文化元素,实现了一定程度的文化糅合,文化的价值也得到增值。例如,想看新疆舞蹈与民族服饰,只要去新疆餐厅吃饭就行了,不用跑到新疆去看(图6);想看厨艺表演,去看"印度飞饼"就行了,不用到印度去看(图7)。这也是一种文化的便利。"佐餐演艺"包含了多种文化的、经济的、社会的因素,是一种文化美学综合体。蒋明智著《岭南民俗与技艺》认为:"广东文化本质上是一种世俗文化,也正是这种文化,与港澳文化和大多数海外侨胞文化保持着同源共生性，具有广泛的文化凝聚力和认同感，是广东文化软实力的重要组成部分。"① 因此，对于地域性很强的"食在广州"的概念而言，饮食文化所包含的软实力，注定是长久的，也是全域的。

图1　某民族餐厅的民族舞蹈演员与客人的互动（邵一飞拍摄，2019年9月29日）

图2　笔者在某川味火锅店与表演"变脸"艺术的艺人合影（覃金绒拍摄，2019年10月27日）

图3　大沙头某餐厅的艺人表演及互动（邵一飞拍摄，2019年3月29日）

图4　某餐厅拉面皮的厨艺表演（邵一飞拍摄，2019年11月3日）

---

① 蒋明智：《岭南民俗与技艺》，广东人民出版社2019年版，第170页。

图 5 某餐厅厨师用特制的柴火炉焖炒土鸡,菜名"柴火焖鸡"(邵一飞拍摄,2019 年 9 月 14 日)

图 6 某民族餐厅歌舞艺人的演出道具,维吾尔族、哈萨克族等少数民族的帽饰(邵一飞拍摄,2019 年 5 月 9 日)

图 7 某湘菜馆的印度技师在制作印度飞饼(邵一飞拍摄,2019 年 2 月 26 日)

"非遗"保护与文化认同

## 二、特色餐饮业的文化空间构成

特色餐饮业,是指体现了一定的地域、族群文化特色的饮食行业,如中国传统的八大菜系,湘菜、川菜、苏菜、浙菜、徽菜、鲁菜、闽菜、粤菜等,以及其他有特色的饮食文化,如烧烤、百虫宴、素食、生食等,这是狭义的概念理解。广义的理解,则包括了本地餐饮、外地餐饮和外国餐饮,当前广州的特色餐饮业,就包括了上述三种内涵,呈现为糅合型饮食文化,同时也是一种经济文化,具备确定的经济价值。从审美的角度讲,特色餐饮业属于自足且开放的文化系统,餐厅及其餐饮服务就是由开放的文化空间构成,产生并传承特定的文化基因。这个特殊的文化空间,由物理空间和精神空间组成,具体有如下五个方面的构成要素。

一是餐饮环境与主题。现代城市餐厅的物理构件,主要由咨客台、前台、餐桌、座椅、地板、灯饰、音响、包厢、厨房、储物间、卫生间和停车场等组成,小件的就是锅碗瓢盆筷子汤匙调料之类,这是餐厅最直观的物理元素,同时也赋予特定的文化元素。餐厅的主题,是指文化主题,这是精神空间的主要组成部分,与地域、族群及菜式有关,如广府文化、客家文化、福佬文化、八大菜系等;另外还有一些适合青年人的时尚主题,如爱情、怀旧、梦幻等;而外国餐厅往往突出异域风情及色调。

二是地理位置。地理位置决定餐饮文化的总方向。位于闹市中心的餐厅,往往要显得豪华且高大上,食客多为本地常住人员以及游客,其服务程序化、礼仪化,一切都比较严谨,但同时价格也往往相对昂贵;而地处城郊或偏远的餐厅,如"民宿""农家乐"之类,则突出一些所谓"原生态"的地方特色,其服务随和而亲切,价格也大众化。当然,也有一些私密的高端餐厅,隐藏在偏僻的山水之间,以迎合某些人群的特殊需要而增强其隐私性,当然价格就非一般老百姓能接受得了的。

三是菜谱文化。菜名、菜谱样式、点菜方式等,构成一个餐厅的菜谱文化。菜谱是一个核心的文化构件,是餐厅之眼,是最直观的餐饮文化表征,直接关乎食客的注意力,刺激食客的食欲和购买欲。城市中心高大上的餐厅,往往制作厚重的一大本"菜谱",配以精美的菜式图片,供食客挑选;小一点的餐厅,则用过塑的方式,制作纸质单页双面印字的"菜谱",简洁明快,便于食客使用。近些年,从化一带兴起的"农家乐"和

广州地区特色餐饮业"佐餐演艺"的文化传承与认同研究

"民宿"中,就有一道叫作"炸皇军"的菜式,将尚在泥土中发育的蝗虫幼虫取出,油炸烹制之,成一道乡村美味;又有名曰"老牛嫩草"的菜式,乡村嫩牛肉炒鱼腥草根,肉嫩根白,有药膳的功效。俨然,菜谱之名带有明显的戏谑意味,成了一道文化风景。

四是烹饪文化。烹饪技术是餐饮业的核心,其食材、刀法、火候、制作和造型都包含了文化传承。烹饪技术俗称"厨艺",许多经验、技术、口诀、秘诀的传承,都是以师徒制的方式进行,其中有很多秘而不宣的经验和技艺。美食的制作的技艺往往是口传的。例如,粤菜中的新鲜蔬菜先焯后炒,入口软而不绵,茎叶同味,实为一绝。其"焯"和"炒"的分寸把握,均是要靠师傅传授的。因此,烹饪文化是餐饮业的核心价值所在。厨房是餐饮业的一个最为独特的文化空间,厨师是厨艺的传承人,其制作的不仅是美味的食物,更是活色生香的精神和文化。实际上,食物及饮食行为是人类最大、最持久、最根本的文化,也是关于生存、生活和享受的文化。

五是服务方式。服务方式是餐饮业的文化软实力,是一种精神包装。优良的服务,可以掩饰菜式、菜品的不足,更可以提升品牌辐射力;劣质的服务,会将整个品牌毁于一旦。因此,服务方式是一个最为纯粹的精神交流空间,在美味菜品之外,增添人文气息,是对饮食行为的审美观照。如果说厨艺是餐饮业的生产终端,那么,服务就是销售终端,不仅让菜品入口入味,更让文化入脑入心。其中的"佐餐演艺"是这种服务中的一个最具活力的元素,不但有吃有喝,还有听有看,食客的身份就多了点"雅客"的意味,自然就会觉得一切都美滋滋的,对餐厅的印象会很深刻。因为食物成了文化载体,食客身处其中,就成了文化消费者,境界也就不同了,饮食行为就有了美学的内涵。

在当代社会的现代性、技术性人文时空中,餐饮业这个特殊的文化空间具有了跨区域、跨族群、跨国界的文化冲动,并由此具有了相应的文化特质,构成现代城市的独特文化空间。城市餐饮业,可能是城市里面最大、最频繁、最深厚的精神和社会交往空间,组合和建构这个特殊空间的关键因素,是经济的发展,也是商业利润在起底层的作用,而文化则成为顶层设计。俗语云"无利不起早",说的就是这个传统道理。在食客的精神布局上进行技术性设置,把文化因素十分巧妙地演绎为特殊的"精神文化食物",一并为食客所"消费",亦可谓无孔不入了。不仅用美味填

"非遗"保护与文化认同

满食客的嘴,还用文化"洗脑",让食客在十分愉悦的状态下掏腰包,并且不断地掏,正如"味好再来,胃好再来"。一些新兴的连锁店还出现了新兴的待客仪式、烹饪仪式及餐饮仪式内涵,这些应当算是新兴的饮食礼俗文化,尤其是其中的表演性元素,可以独立出来,成为单独的文化单元,在业内业外独立传承。如果长期传承、扩散传承,就有可能成为"佐餐演艺"的一个新的组成部分,得到大众的认同。例如,某知名火锅连锁店,迎送食客均大幅度弯腰或一直歪头举手示意到食客落座或出门为止,等等,表演性很强,形成一套完整的礼仪,让食客体会到生动的"仪式感"。

## 三、"佐餐演艺"的传承与认同方式

"佐餐演艺"的传承,依靠特定的传承人或传承群体,这些传承人要么是餐厅服务员兼职的,要么是专门提供租赁服务的,由餐厅老板向"舞头"租赁演员,活动空间主要是食客用餐时的餐厅内。其表演的方式,大多为随机穿插在食客用餐时,即兴表演,比较随意但不马虎,唱词动作服饰一丝不苟,场面感、艺术感都很强。大多数餐厅在每天中午开始营业,一直到晚上乃至深夜。"佐餐演艺"一般在食客最多的时候进行,下午和晚上共表演2个场次,每个场次又分为2个时段来完成,即通常一天表演4次,每次10多分钟,在不很正规的场地蹦蹦跳跳还要唱歌,也很辛苦。这些民间演员全是年轻人,全部接受过正规院校的歌舞训练,有的还专门学习过外语。这是一个行走在城市边缘的行业群体,对生活充满憧憬;他们在辛勤谋生的同时,依托餐厅这个特殊平台,传承了特定的传统文化,并拓展了城市饮食文化空间,丰富了人们的精神生活内涵。从传承形式看,主要有本土传承、异地传承、行业传承等三种情形。

一是本土传承。本土的歌舞技艺文化形式,成为"佐餐演艺"的主要内容,谓之本土传承。广州一些老茶楼曾经有过的丝竹弹唱之类,属于本土传承,茶客在饮茶之际欣赏民间歌手演唱的小调,如《粤讴》《咸水歌》《竹枝词》等。演唱者是本地人,所唱的歌曲也是本地的,传承的是本地文化。当代,在广州老城区的一些餐馆茶楼中,偶尔还能看到这种演艺,新城区已经较少见到了。一些私密或高端的餐会中,会有专场的传统演艺,演唱者均为专业传承人,但也不多见了。这种类型的演艺,其内容与餐饮及厨艺并无直接关系,仅仅是将传统的歌舞技艺搬到餐厅来表演罢了,换了个舞台而已。

二是异地传承。外地的歌舞技艺主要是民族歌舞,它们也随着外地餐饮业而融合进来,成为广州餐饮业一道靓丽的民俗文化风景。民俗文化的跨区域传承,即所谓异地传承。这个特征,在广州的新疆餐厅中表现得最为充分,新疆歌舞成为各方食客必看的节目,也是新疆餐饮不可或缺的技术性组成部分。在广州的食客可以欣赏新疆各民族的歌舞,无疑拓展了民族舞蹈的固有阈限,跨越了时空,这是民俗文化交融的一种特殊形式,餐厅成了一个特殊舞台。早些时候,这些民间演员各自为政,分散在各个餐厅从事演艺活动。后来,一些经验丰富的演员看到其中的商机,成为"舞头",专门招集一批歌舞演员,集中提供居所,平摊房租水电费,之后与餐厅一方签订合同,将演员统一分配到各个餐厅,长期为餐厅提供歌舞服务。这些演员的伙食均由餐厅免费提供,而"舞头"不仅从中"抽头"牟利,自己也到餐厅跳舞。在餐厅从事新疆歌舞表演的演员,大多为新疆维吾尔族青年,均接受过正规院校训练,水平较高。在表演时,他们穿着不同的民族服饰,除了表演维吾尔族、哈萨克族、乌孜别克族等多个民族的舞蹈,有的还可以表演印度的"肚皮舞"和"蛇舞"(与蛇共舞)(图8)。这种民族歌舞与少数民族歌舞而食的生活及饮食习惯相关,可以认为是民族餐饮的一个文化组成部分。除民族歌舞之外,还有汉族的民间演出技艺,如川剧的"变脸"艺术,这无疑将这项宝贵的文化遗产从四川传播到了全国各地,也大大提升了川味餐馆的艺术文化品位。

三是行业传承。即指属于餐饮行业内部传承的一些表演性的厨艺,这些演技大多是烹饪技巧的当众展示,让食客现场观看食物的制作过程,如拉面的制作过程,食客可以目睹面团变成拉面的整个过程。还有的餐厅有上茶表演,茶壶嘴长数尺,为客人上茶时餐厅跑堂的服务员眼疾手快,往往稍做示意后,几步开外即可将开水注入食客小小的茶杯之中,水细如线,亦不洒半滴;有艺高胆大者还可表演各种花式注水,技艺精湛,叹为一绝。这种演艺,大多是餐馆开到哪里,就演到哪里,只有技术的高低,没有地域的区别。

从消费主义的角度看,消费即认同,所以,食客对餐厅的选择,就是对其食物及其相关文化的选择。吃新疆菜,当然也乐意观看新疆舞;饮早茶,肯定喜欢听点丝竹调,这是一种文化的自我阐释,实际上这就是一种文化认同。对于餐饮业而言,"佐餐演艺"不过是揽客、打招牌的手段而已,其目的是追求更大的利润;对于传承人来说则是谋生技巧而已,由此形成一个产业链条,带动多层次就业和深层文化消费,并且具备了客观上的美学意义。赵建军著《中国饮食美学史》认为:"'乐'的观念渗透于饮食美学,使得音乐、舞蹈、绘画等相对纯粹的美学形式能够全方位地渗透于饮食的食品对象、氛围、餐具和观念的追求,形成实体化的结合,推动了美学的生活化和动态化,并使饮食美学的现实风俗也有了浓郁的美学色彩。"[①] 足见,饮食与演艺的结合,是一种现实的审美观照。目前,广州一带的餐饮业将全国各地,乃至世界风味的菜系菜式菜品融合为一体,具备了新的广府饮食文化特质,这已经是不争的事实。谁也不能说广州的湘菜不是广州的饮食文化,广州的俄罗斯餐馆不是广州的餐馆。我们不仅要看到餐饮业的经济价值,更要看到其中无限的文化价值。这不仅是对文化的认同,更是国家和民族精神的体现。

图 8　某餐厅的蛇舞女艺人(邵一飞拍摄,2019 年 9 月 19 日)

---

① 赵建军:《中国饮食美学史》,齐鲁书社 2014 年版,第 103 页。

## 结　语

文化的传承和认同，有多种形式。"佐餐演艺"是一种特殊的餐饮文化，也是现代城市文化的重要特质。"佐餐演艺"的传承，依附于餐饮业的商业性平台，是一种强制性的文化消费模式，具有如下意义和价值：其一，形成了特殊的商业性文化传承模式。消费者的身份兼具食客和雅客的双重性，文化传承的意义得到瞬时提升。其二，培育了一批民间文化传承人。无论是兼职的还是专职的民间演员，客观上起到了传承人的作用，这无疑有利于传统文化的推广和延续。其三，扩大了文化产业内涵。"佐餐演艺"产品的文化形式，以及民间演员群体的职业性质，无疑也是当代文化产业结构的新元素，自当充满新鲜活力，可以扩大文化产业的视野范围和活力空间。

# 粤港澳传统醒狮调查研究与数字化保护

谢中元*

[摘要] 醒狮是2019年《粤港澳大湾区发展规划纲要》提出要重点弘扬的岭南文化代表之一，其中传统醒狮最具岭南文化特色。经前期文献考证和田野调查，笔者认为：作为北狮南传及本土化的南派狮舞，粤港澳传统醒狮以传统的佛装狮、鹤装狮等为内容主体，以三星鼓、七星鼓等为伴奏鼓乐，糅合英雄崇拜和南派武术；其核心的采青程式融合积淀了沿门逐疫、采青祈福等古俗，延续了中华民族传统的"咬春"习俗与民间傩仪，形成"英雄崇拜，各舞其型""演绎程式，融趣炫技""鼓乐相谐，自成体系"等艺术特色，实质上蕴含了中华民族的自强不息、厚德奋进、智慧勇敢等民族精神。为消解过度标准化和竞技化的风险，亟待对粤港澳传统醒狮实施最迫切、最基础的田野民俗志式调查，详细记录其武术化和戏剧化表演传统、"仪式性馈赠"传统、学狮先学拳的传承传统、神圣与礼仪并重的观念传统。在此基础上，通过动作系统捕捉传统醒狮动作三维轨迹，并把动作信息录入动作数据库，探索数字化技术背景下传统醒狮在三维动画、新兴媒介以及人机交互中的应用，从而促进粤港澳传统醒狮更广泛的传承和传播。

[关键词] 粤港澳　传统醒狮　采青　抢救性记录　数字化保护

2019年2月18日，中共中央、国务院印发的《粤港澳大湾区发展规划纲要》首次从国家战略的高度明确提出："支持弘扬以粤剧、龙舟、武术、醒狮等为代表的岭南文化，彰显独特文化魅力。"[①] 醒狮何以成为岭南文化的优秀代表，其原因在于：醒狮是一种脱胎于北狮、源发于广东佛

---

\* 谢中元，男，湖北宜昌人，非遗学博士，佛山科学技术学院岭南文化研究院副研究员、非遗研究基地主任。

① 中共中央、国务院：《粤港澳大湾区发展规划纲要》，人民出版社2019年版，第37页。

山并主要传布于粤港澳及海外华人社区的南派狮舞。如叶春生教授所言："南派狮子舞又以岭南最有特色,称为'醒狮'。"① 作为北狮南传并本土化了的岭南狮舞,于2006年入选首批国家级非遗代表性名录,既内蕴中古狮舞的艺术基因,又体现了岭南民众的文化传承力和创造力。就整体而言,粤港澳醒狮同根同源同质,既产生了凝聚粤港澳情感认同的传统醒狮,也发展出了标准化、国际化的高桩狮、竞技南狮等现代醒狮,其中传统醒狮最具岭南文化特色。在粤港澳大湾区建设背景下弘扬醒狮文化,亟待对最具岭南文化特色和价值但又陷于濒危险境的传统醒狮进行调查研究,并借助数字化技术予以保护和应用。

## 一、粤港澳醒狮的源流、特色与内涵

粤港澳与长三角、京津冀等后发的,且因产业、地缘或政治因素兴起的区域不同,自古同属于百越之地,同属珠江三角洲文化圈,在历史、人口、语言和文化方面具有高度同一性,大部分历史时期同属于统一的文化体系,承袭着作为中华文化支系的岭南文化、广府文化等。随着1997年、1999年港澳的回归,尤其是近年粤港澳大湾区建设的启动,关于粤港澳共有共享文化的研究逐渐兴起。粤港澳三地于2003—2010年以粤剧联合申报人类口述和非遗代表作并成功获批,开启了粤港澳联合申报世界非遗以及研究共享非遗的先河,也带动了后续相关探讨。例如,蒋明智(2008)、刘介民(2018)、王廉(2018)、李人庆(2019)、张文金(2019)等学者分别从理论、实践角度探讨文化认同、文化发展对于粤港澳地区建设的价值、作用及参与路径,提供了有较高参考价值的理论思考成果。不过,国内外对于粤港澳传统醒狮的整体性、系统性研究尚较少见。有鉴于此,笔者近年来搜集了大量涉及醒狮记载的地方史志、旧报刊等资料,深入佛山、广州的部分镇街、村落以及香港、澳门的个别街区,对醒狮存续状况进行了初步的摸底性调查,积累了较为丰富的第一手田野材料,其中整理访谈记录40多万字,对60多位醒狮传承人、基层非遗保护机构负责人等进行了访谈,对粤港澳传统醒狮的源流、特色与内涵形成如下基本判断。

---

① 叶春生:《岭南醒狮的风俗源流》,载《民间文学论坛》1984年第1期,第88页。

## （一）粤港澳传统醒狮的渊源流变

关于醒狮起源，民间一般都将其追溯至古代佛山乡民驱赶"年兽"的传说。① 其实，它在"北狮"南传及本土化的基础上发展而来，源发于广东佛山并传承至今。汉时，西域狮舞伴随佛教的传入而进入中土。南北朝、隋朝时期，狮舞不仅出现于佛事场合，还融入元宵节会。唐代宫廷狮舞趋于成熟，出现"五方狮子"，表现"俛仰驯狎"等形态。入宋后，民间舞狮兴盛，据宋《武林旧事》载，出现了与武术结合的"狮豹蛮牌"。该舞原由"诸军"表演，从军中流出后流行于南方。金灭北宋，虏获各式艺人，将"狮豹"等百戏引入宴饮场合。约在宋金时期，彰显武技的狮舞随移民南迁，产生了南狮、北狮之分。明代中后期南狮承袭狮舞蕴武传统，逐渐融入南拳功架。入清以后，广东民间依托小刀会、三合会、天地会等组织练拳抗清。清廷禁教抑武，习武者则以"寓武于舞"方式延续尚武传统，进一步融南派武术于舞狮身法之中，促成"狮武合一"。② 晚清、民国时期，广东拳师既习拳又舞狮尤为普遍。拳师们在广东城乡各处聚集，借助工会机构、行业组织、武馆团体等吸纳大量门徒，构建了一个五光十色的"武林"世界，通过各派的仪式、规定和习惯，建构起一套行内人彼此认同的秩序法则。

南狮具有求吉辟邪之功用，最初被称为"瑞狮"。明人王洪《观灯赋》有"舞瑞狮于阶隅"之句，1893年《点石斋画报》记有"广帮瑞狮"，"瑞狮"还是清末官窑生菜会的"迎祥之景"之一。"瑞狮"在粤语中与"睡狮"谐音，随着1900年后"中国先睡后醒论"的广泛传播，逐渐被置换为"醒狮"。据《申报》载，1917年女子工艺学校筹款会引入"广帮北城候醒狮会"，目的是通过表演"睡狮猛醒"来"唤起同

---

① 该传说先后被收录于《粤海武林春秋》（曹鉴衡著，1982年版）、《中国民族民间舞蹈集成·广东卷》（中国民族民间舞蹈集成编辑部编，1996年版）等，其渊源可追溯至西汉《神异经·西荒经》、南朝梁代宗懔《荆楚岁时记》等关于"山臊恶鬼"的记载。中山大学蒋明智教授对此进行过精当的论述，提出佛山醒狮驱"年兽"的传说是对西汉以来驱"山臊"传说的变形化用（参见蒋明智《佛山"醒狮"的起源及其文化内涵》，载《文化遗产》2011年第4期）。笔者据此认为，后世将佛山先民舞狮驱逐"年兽"或"怪兽"之举附会为醒狮生成之源，是在集体无意识层面对醒狮渊源所施予的想象性解释及其不断层累的结果。

② 谢中元：《广东佛山醒狮变迁研究》（博士学位论文），中山大学中国语言文学系非物质文化遗产学专业，2018年。

胞"。此后广东的醒狮团陆续在上海"放气球展期""精武体育会十周年纪念""救济工游艺会"等展会庆典上出现,被赋予唤醒中国、唤起同胞的使命。自此,"醒狮"之名被沿用至今。[①]

  粤港澳三地醒狮同根同源同质,在狮头造型、表演形态、技艺风格等方面同中有异,各显特色。佛装狮虎眼阔嘴,源于佛山,以南派武术为功底,舞法大开大合,步形步法、身形手法多从武术功架演变而来。鹤装狮鹤眼长嘴,脱胎自佛装狮,生成并主要流传于鹤山,以猫步、狮型和狮性进行演绎,因便于上桩舞动,盛行于港澳并传至东南亚,后被马来西亚艺人创改成竞技鹤装狮,20世纪80年代末"回传"至粤港澳。南海艺人研制出兼具佛装狮和鹤装狮特点的佛鹤狮,促进了舞法融合。从传统佛装狮中,还衍生出了小而轻的竞技佛装狮。各类狮型舞法在粤港澳均有分布。此外,香港积极编创、演出狮剧,澳门以罗梁体育总会等为代表较早推行南狮北舞,创新性地发展了传统醒狮。清末民初以来,粤港澳民间醒狮文化交流绵延持续。有着近百年历史的香港夏国璋醒狮团就发源自佛山高明明城镇。民国初年,黄飞鸿多次带徒弟赴香港表演,曾以飞铊采高青轰动香港,其徒弟林世荣后来到香港开馆传授洪拳狮艺。南海叠滘乡比麟堂于20世纪40年代随乡民移至香港,后变身为禅港比麟体育会,2008年比麟堂龙狮团总馆在南海叠滘重建。1995年,国际龙狮运动协会在香港注册成立,带动了粤港澳醒狮的交流与合作。三地互派醒狮团参赛由来已久,并在规则制订、赛事策划、狮艺传承、文旅开发等方面多有合作。

  粤港澳传统醒狮被传播至全国乃至世界各地,其狮艺、技术要么直接被借鉴汲取,要么与其他舞狮文化相杂糅融合,都深深影响了所传之地的舞狮群体、技艺和文化。传统醒狮离开原生地的自然社会环境,也脱离文化所属主体的社会生活,在或远或近的异地重置语境后所进行的脱域化传承与传播,是一种离散地衍生传承与传播的方式。在全球化发展的推动下,这种脱域的传承与传播渐渐衍变为一种以文化生产和文化消费为核心的醒狮文化创意与产业开发,不仅带有以弘扬醒狮精神为核心的文化政治色彩,也带有资源逐利的文化经济特点。从表面上看,传统醒狮的离散地衍生传承与传播,主要在族际间和跨地域横向流动,更多偏向于一种醒狮

---

[①] 参见李永杰《南派醒狮:联通民心的文化媒介——访佛山市龙狮文化研究所副所长谢中元》,载《中国社会科学报》2019年8月2日第1748期。

文化传播而非醒狮文化传承。但从深层次来看，这种族际间、跨地域文化传播的结果，不仅在于向作为他者观众和参与者传递传统醒狮的历史记忆或文化技艺，而且通过对醒狮文化价值感的即时感召，唤起了岭南民众对醒狮文化的再认识和再认同，进而建立起一种文化自觉意识，自觉启动对醒狮文化持久性的群体传承。

## （二）粤港澳传统醒狮的艺术特色

### 1. 英雄崇拜，各舞其型

粤港澳传统醒狮以（前）南海县佛山镇的大头狮为正宗，其外形与唐初神陵的石狮相像，额高角直，眼大眉精，杏鼻粉腮，口宽带笑，明牙震腮。脸谱特色在于，以粤剧中三国英雄人物的开面为基础，主要用黄、红、黑、白等色。按角色分为文狮和武狮，分别以刘备狮以及关公狮、张飞狮为代表，表现出一种英雄崇拜。刘备狮又称白须黄狮、彩狮，扮黄脸、白脸或粉红脸，脑后设三个金钱，代表智、仁、勇。狮角似拳头，寓意有权有势。双腮上饰有一个可震动"帽球"，狮额正中装饰一块明镜，以表现威猛正气。舞动幅度相对不大，但沉着刚健、威严有力，呈现气宇轩昂的王者之气。关公狮又称黑须狮，扮红脸，配以大红彩球、丹凤眼、平口唇、梳仔眉、金鼻金角等，额上饰如意纹及三条额纹，以表现仁义忠勇、成熟稳重。脑后有两枚金钱，代表智勇双全。狮被为金钱袍，寓意钱财广积。关公狮又分红黑狮、红白狮，舞姿勇猛雄伟，具有重信讲义的大将气度。张飞狮以黑色为主调，配以灰白花纹、青鼻、黑色绒球，留须短，名为"牙刷须"，狮被黑底白毛。性格凶悍骁勇，脑后有一枚金钱，代表勇。其动作粗犷好战，具有逢山开路、遇水搭桥的先锋气势。

### 2. 演绎程式，融趣炫技

粤港澳传统醒狮运用南派武术的步形步法、身形动作，以演绎"采青"程式为要，呈现出戏剧性、趣味性和技巧性。采低（地）青、中青在平地上进行，借助常用物品、农具等，设置山、岭、岩、谷、溪、涧、洞、水、桥等虚拟场景，舞狮者按传统规范表现狮子的寻青、见青、喜青、疑青、探青、惊青、采青、戏青、食青、醉青、吐青等过程，并衍生出盆青、凳青、蟹青、蛇青以及狮子出洞、八仙贺寿、七星伴月等百余种套路程式。采青如同起、承、转、合的戏剧故事，又称"穿上狮服演大戏"。其要诀在于，以翻滚、扑闪、跳跃、戏耍、旋挪等动作，充分演绎喜、怒、哀、乐、动、静、惊、疑、醉、醒、寻、盼等"狮之百态",达到形具神生、形神兼备的境界。传统醒狮有"吐球"等绝技,现代醒狮则增加了上腿、上肩、钳腰、坐头等难度技巧。

采高青带有炫技化色彩,主要有上楼台、叠罗汉、爬杆爬梯、飞铊采高青、桩上采高青等。其中,飞铊采高青是晚清民国拳师黄飞鸿所擅长的技艺,1933 年的《黄飞鸿江湖别纪》对此有载。桩上采高青是在中青基础上发展而来。1988 年,南海县平洲电镀厂醒狮队以"巧夺莲花青"在县职工醒狮武术大赛中夺魁,其桩阵由铁架莲花桩、18 支木桩构成。1990 年 7 月,南海县醒狮队首次赴马来西亚参赛,回国后引入"组合式大铁架"高桩狮。高桩狮既有标准化、惊险等特征,又吸收了传统醒狮艺术。随着竞技化的普及扩展,吸纳了传统醒狮形神艺术的国际高桩狮呈高难度化发展趋势,设计了桩上飞跃,以及连续飞跃接占位、转体、推进、挂踏、钳桩、坐头、反身、狮尾凌空磨转等精细且奇绝的杂技化动作,显现出糅合狮之形、技之难、力之美的风格。

**3. 鼓乐相谐,自成体系**

传统醒狮鼓乐有三星鼓、七星鼓等之分,乐器有大鼓、锣、钹。锣鼓乐配置可大可小,小型的由一面鼓、四副钹、一个锣组成,大型的配置所需的人数多达几十人甚至上百人。三种乐器合奏,对应舞狮主题,并紧随故事情节和狮子动作的变化而变化,敲击出快慢交替、轻重相间、缓急起伏、变化有序的鼓乐。鼓韵时而雄壮激昂,形成万马奔腾、排山倒海之势,时而舒缓低沉,显露生动诙谐、轻松悠闲之趣。鼓乐演奏烘托场面气氛,是醒狮表演不可分割的组成部分。其风格类型、表现形式多元,不仅包括佛山派狮鼓乐、鹤山派狮鼓乐、大头佛狮鼓乐、"金鼓齐鸣"群鼓等,以及擂鼓鼓乐、高狮鼓乐、中狮和下狮鼓乐、抛狮鼓乐、嬉戏鼓乐、七声鼓乐等基本鼓乐,还有站乐、行乐、舞乐等演奏形式。

粤港澳民间醒狮界有"擂什么鼓舞什么狮"之说,又有把鼓手称为"鼓司令"的说法,这无疑强化了鼓乐对于醒狮的重要性。每个鼓乐手要根据舞狮者的步形步法及其形神动作的变化,灵活转换鼓乐并使其作出轻重缓急的变化;反之,舞狮者又要在鼓乐伴奏下,淋漓尽致地表达出狮子的喜、怒、惊、疑、醉、乐、醒、动、静、猛等形神动态。由于鼓乐没有固定的曲牌,掌握醒狮鼓乐不仅需要相应的天赋,更需要长年累月的实践训练。每个鼓手击鼓的技法、姿态、节奏不同,又形成了各具特色的个人化风格。变幻多奇、神乎其技,这正是粤港澳传统醒狮的魅力所在。

### (三) 粤港澳传统醒狮的文化内涵

"采青"是粤港澳传统醒狮的核心程式,所采之"青"主要是生菜。《荆楚岁时记》记有"'立春',亲朋会宴,啖春饼、生菜"之俗,至迟到明代前期,粤中地区亦流行办生菜会。清以后,民间的生菜会、偷青(雅称"采青")习俗与观音信仰相融合,使采青在"求生气"的基础上叠合了求财、求子之义。采青,据说与清前期的"反清复明"有关。从本源上说,醒狮采青混合了古代沿门逐疫、偷青求丁、采青祈福等诸多古俗的特征,遗留着交感巫术印痕,是对中华民族传统"咬春"习俗、民间傩仪的一种延续,表现了岭南人祈吉利、讨好彩、求意头的文化心理。① 此外,在醒狮点睛、起舞、出巡、入屋、入庙、会狮、迎宾等方面形成了特定礼仪。醒狮表演中常现"大头佛"。该角色头戴佛首面具,身穿长袍,腰束彩带,手握葵扇,用以逗引狮子。这与佛教的传入和盛行有关,东晋隆安年间,昙摩耶舍至南海佛山讲经说法,佛教在此传播,隋唐时期趋于兴盛。相传狮子是文殊菩萨的坐骑,民间对佛的崇拜影响深远,也使"大头佛"逐渐被植入醒狮。南宋吴自牧《梦粱录》、周密《武林旧事》等均记有"跳鲍老"之舞和戏。清《点石斋画报》载:"跳鲍老戏,甬俗称大头和尚,事见《说铃》。……俗传演此可免一岁祝融之患。"② 大头佛表演意在避逐火患,加之其外形滑稽,与醒狮相叠合就增添了诙谐气氛。

粤港澳传统醒狮最根本的文化内涵在于体现了中华民族精神。1900年后,中国"先睡后醒论"广泛传播,醒狮被赋予唤醒国民的使命;1930 年,《中国大观图画年鉴》用英文介绍醒狮:"This is the most popular sport in China."③ 抗日战争前后,醒狮又承担起振奋民族精神的任务。20 世纪 80 年代以后,南狮逐渐从一项具有政治、宗教特征的民俗活动发展为标准化、竞技化的民族传统体育运动。总之,醒狮融合了英雄崇拜和尚

---

① 参见谢中元《南狮文化内涵面面观》,见何伟洪主编《狮武岭南》,江西高校出版社 2018 年版,第 124 – 125 页。

② 王稼句编著:《晚清民风百俗》,江苏人民出版社 2006 年版,第 26 页。

③ 伍联德等编:《中国大观图画年鉴(1930)》,良友图书印刷有限公司 1930 年版,第 302 页。

武品格,以立于健身、载于狮技、归于武德的方式,将纳瑞祈福、吉庆娱乐、昂扬进取相联结,通过模仿狮子神态情韵、展示武术步形步法、演绎高难技巧动作,表现狮子不畏艰险、迎难而上的拼搏姿态,折射出守礼仪、崇正义、尚和合等价值观念,实质上展示了中华民族自强不息、厚德奋进、智慧勇敢等精神。作为民族精神的象征,醒狮承载着爱国主义精神以及民族文化自觉和自信,凝聚着海内外中华儿女的文化认同。因此,传统醒狮既是助力粤港澳人文增值的特色文化资源,又是促进粤港澳民心相通的重要文化媒介。

## 二、粤港澳传统醒狮的抢救性调查记录

粤港澳传统醒狮是一种集舞蹈、武术、音乐等于一体的综合民俗艺术,以传统的佛装狮、鹤装狮等为内容主体,以三星鼓、七星鼓为配合鼓乐,糅合英雄崇拜和南派武术,其核心的采青程式则汇合积淀了沿门逐疫、采青祈福等古俗,将纳瑞祈福、吉庆娱乐等相联结,延续了中华民族传统"咬春"习俗与民间傩仪。在粤港澳快速的城市化发展中,这些独具岭南地域特色的传统醒狮渐趋式微,部分传统仪式、套路、鼓乐等陷于濒危境地,面临着"人亡艺绝"的窘况。而且,经过从传统向现代的发展,醒狮越来越标准化和竞技化,成为一个既归属于传统舞蹈又被纳入体育竞技范畴的交叉性研究对象。粤港澳传统醒狮因泛竞技化被放在一个与地域空间分置的语境下观照,变成体育属性被放大、民俗特质被抽离的项目。当然,岭南乡愁的被唤起,开始引导学界从竞技发展转向非遗保护,回归到民俗文化本身来思考传统醒狮的可持续传承,基于醒狮本生态传统的研究共识正逐步形成。

但迄今为止,粤港澳传统醒狮仍缺乏整体观照,即便时有所察,却探而未详,其文化特质和濒危现实也被忽略。其实,随着非遗保护的深入推进,学界借鉴文化人类学理论,将其本土化并加以运用,以文化生态整体观照的方法抢救性挖掘、整理与保护,如汶川震后羌族传统体育抢救保护(霍红)、乌江流域非遗抢救(戴伟)、蒙古族非遗抢救与发掘(巴特尔)、中国宣纸传统制作技艺抢救性挖掘整理(曹天生)等,均提供了较成熟的经验借鉴。亟待以2019年《粤港澳大湾区发展规划纲要》的实施为契机,对传统醒狮实施最迫切、最基础的田野民俗志式调查,详细记录

其武术化和戏剧化表演传统、"仪式性馈赠"传统、学狮先学拳的传承传统、神圣与礼仪并重的观念传统，尤其对粤港澳地区有代表性的传统佛装狮和鹤装狮的采青套路、动作程式、鼓乐曲谱、礼仪仪式、形神艺术等进行抢救性挖掘整理。具体而言主要包括三个方面。

一是调查研究粤港澳传统醒狮的本生态传统。包括：①粤港澳醒狮的武术化和戏剧化表演传统。追溯醒狮的狮、武一体化源流与戏剧化表演传统，挖掘搜集传统狮剧，记录整理趋于濒危的传统醒狮的采青套路、动作程式、鼓乐曲谱以及形神艺术等[①]，阐述其民俗文化内涵和审美价值，并对粤港澳三地传统醒狮表演的细节差异进行标注、解析。②粤港澳醒狮的"仪式性馈赠"传统。以马塞尔·莫斯的"礼物交换"理论为参照，考察粤港澳传统醒狮作为城乡结盟、交往媒介的角色与作用，及其作为"仪式性馈赠"的流动过程及规律。③师徒授受中学狮先学拳的传承传统。通过文献考察与口述访谈，深描粤港澳传统醒狮传承中习练洪拳、蔡李佛拳、龙形拳等南派武术的集体记忆与个人生活史，记录学狮与学拳并置的传承传统。④神圣与礼仪并重的观念传统。考察粤港澳传统醒狮所蕴含的民族精神与民间信仰观念，详细记录其神圣化仪式流程、表演禁忌、礼仪规范等，并对三地醒狮蕴含的观念传统异同予以考察。

二是调查研究粤港澳传统醒狮的传承历史和现状。包括：①对宋金以来粤港澳等地区所存方志、笔记、旧报刊等典籍资料中涉及醒狮的记载进行全面搜寻辑录，也广泛搜求民间流传的涉及醒狮记载的秘籍、文册资料，进而对历代醒狮传承人以及兼通醒狮的拳师进行调查，抢救性整理醒狮传承人口述史，梳理粤港澳传统醒狮的主要传承谱系及其海外传承传播线路。②粤港澳传统醒狮的分布考察与民俗地图绘制。重点考察传统醒狮在广州、佛山、江门等粤中地区以及在香港、澳门的分布情况，并绘制传统醒狮的"资料型民俗地图"。通过对田野资料的叙述分析，显示传统醒狮从原生态乡土社会向粤港澳当代都市环境迁移、调适、重新整合和创新发展的过程与趋势。③粤港澳传统醒狮的活态传承状况评估。从传承、市

---

① 参见谢中元、黎念忠编著《南海醒狮的历史、文化与技艺》，光明日报出版社2019年版。对流传于佛山的11个传统醒狮套路——蛇青、五行阵、狮子出洞、年年有余、七星伴月、八仙贺寿、睡佛采灵芝、桥青、金玉满堂、水底捞月、蟹青进行了采集，并以图文并茂、视频演示的方式对其分解动作、文化蕴藉进行解说。但还有更多的传统套路尚未被采集，亟待系统性挖掘整理。

场、社会、生命力、文化变迁、知名度等因素切入,评估粤港澳传统醒狮的活态传承状况,据此对濒危内容及其濒危程度进行评定,为实施靶向化的保护提供相对确定的对象。

三是调查研究竞技化对粤港澳传统醒狮的作用尺度和边界。在当下的实践中,粤港澳部分区域的醒狮保护思路出现了泛竞技化倾向。受竞技运动本位主义的影响,竞技对于传统醒狮的创新改造,是以国际化、标准化的方式切入的,并没有与地域空间、文化多样性目标充分结合,这在很大程度上给传统醒狮的可持续传承带来了负效应。竞技因素相对传统醒狮内在的发展逻辑而言,具有外来性和异质性。如果过于依赖竞技化,任由传统醒狮向现代醒狮转化和发展,使竞技化对传统醒狮的渗入过猛、过宽,将在很大程度上破坏传统醒狮的本然传统和原生形态,进而使传统醒狮出现"去地方化"和"去多样化"的态势,失去地域独特性。相对于本生态传统的持续传承,外部因素的借用导入固然相对便捷,也产生了一定效果,但文化创新的前提在于"守正"和"固本"。这就需要考察竞技化对于传统醒狮传承的作用与负效应,即从正反两方面考察竞技化对于粤港澳传统醒狮传承的影响,并对这种影响的利弊大小进行评价,对传统醒狮的竞技化尺度与边界进行界定,提出规避思路和对策。

## 三、粤港澳传统醒狮的数字化保护

非遗保护作为一个全球性的文化遗产保护运动,已成全球化背景下世界各国的文化共识。信息技术和新媒体技术的迅猛发展则为非遗保护提供了新的工具和手段,不少发达国家早已启动非遗的数字化保护和应用。近年来,国内学者也予以积极的关注和探讨,有多名研究者对国内外的非遗数字化保护研究与实践进行了全面梳理。例如,赵跃、周耀林(2017)从非遗数字化采集、保存和开发三个层面对国际非遗数字化保护研究进展进行了系统梳理,认为非遗数字化保护研究领域已经形成,非遗数字化保护研究主题相对分散,非遗数字信息组织、管理成为关注焦点,非遗数字化保护研究内容不断深入,非遗数字化保护理论与知识体系亟待构建。[1]

---

[1] 参见赵跃、周耀林《国际非物质文化遗产数字化保护研究综述》,载《图书馆》2017年第8期。

周亚、许鑫（2017）从基础研究、技术研究、形态研究等方面对近年来国内外非遗数字化研究进展进行综述，认为已有研究重点和不足在于以非遗数字化的技术与形态等应用研究为主，对基础理论与方法体系的研究不足；多微观具体层面的研究，少宏观全局层面的研究；研究视角单一化，系统化多视角分析不足；重数字化资源建设保存，轻数字资源的传播和共享，尤其缺少国内外实践案例分析等方面的研究；等等。① 王云庆、彭鑫（2017）从发文数量、类型、研究主题等方面对近年来国内非遗数字化保护的研究成果进行统计、分析和归纳，认为目前的非遗数字化研究具有具体深化、涉及学科广泛等特点，数字化保护已成非遗保护不可逆转的重要趋势，但仍存在很多研究空白。② 在非遗数字化保护成为世界潮流的情境下，有必要将粤港澳传统醒狮这一特色非遗转换成数字文化形态并对其加以创造性应用。

在非遗数字化保护领域产生了不少理论研究和实践应用成果，对其所下的定义也大同小异。究其本质，它是以数字化技术保护非遗并延续非遗传承生命力的一种文化保护实践，而数字化技术作为一种信息处理技术，也有其确定的技术程序和内容。概而言之，是指将大量复杂多变的信息转变为可以度量的数字、数据，再依托这些数字、数据建立起适当的数字化模型，把它们转变为一系列可以进入计算机的二进制代码。③ 数字化技术是计算机、多媒体、智能和信息传播等技术的基础，包括了从静态摄影技术、无声电影、模拟摄影机、数字摄像机、电脑技术到全息摄影、动作采集以及完成虚拟现实塑造等的历史进程。传统的数字化技术只能用以保存，即以图片、视频等为存储介质，对非遗进行真实记录，其弊端在于只能从有限的二维角度进行采集，且无法即时修正。最根本的不足在于，传统醒狮表演中蕴含着大量的"隐性知识"④，包括历史文化知识和身体技

---

① 参见周亚、许鑫《非物质文化遗产数字化研究述评》，载《图书情报工作》2017年第2期。
② 参见王云庆、彭鑫：《国内非物质文化遗产数字化保护研究综述》，载《档案与建设》2017年第4期。
③ 参见宋俊华《关于非物质文化遗产数字化保护的几点思考》，载《文化遗产》2015年第2期。
④ 醒狮作为表演艺术类非遗项目，其所蕴含的隐性知识是一种只能依托口传身授传承而无法外化为文字的"体化知识"，可被概括为"米提斯"。相关论述详见谢中元《非遗传承人的"米提斯"及其传承难题》，载《学术论坛》2014年12期。

艺知识，图片、文字乃至视频难以将其全面、原态地可视化，以及跨时空、跨地域地真实传播。

近年来，通过动作捕捉技术、多种展现手段、友好的人机交互界面开发的三维数字化产品，可通过网络供受众浏览、学习和研究，是表演艺术类非遗数字化保护的技术发展方向，为传统醒狮的数字化保护提供了思路。令人欣喜的是，动作捕捉技术已发展出了成本较低、操作简便的光学动作捕捉方式，并且正被广泛运用于人工智能、三维电影特效、游戏产业和动画制作等各个领域。动作捕捉技术对粤港澳传统醒狮保护的意义在于：通过动作捕捉系统捕捉传统醒狮动作的三维轨迹，并把动作信息录入动作数据库，这样不仅可以记录传统醒狮，还可运用于各种三维角色，推动传统醒狮在三维动画、新兴媒介和人机交互中的应用，促进传统醒狮更广泛的传承和传播。主要步骤包括以下三个。

一是知识编码。基于前文的考察可知，传统醒狮在粤港澳的不同区域和特定时间内有着不同的称谓和表现形式，对其所实施的知识编码需要纳入舞狮之舞和道具的分类（传统佛装狮、鹤装狮）、沿革、历史记载、分布地域、舞狮技法、经验口诀、表现形式，以及醒狮相关的出版物、论著、各地风物志及相关文献、重要传承人的传记等内容。接下来，需要对编码中的道具、舞狮技法、口头经验、表现形式、舞狮空间场所等不同的知识类型进行提取和简化。为了更加全面地展示传统醒狮的知识及其关系，就需借鉴知识本体理论，利用编码过程提取的信息，构建相关知识的语义本体架构。为更加真实地还原传统醒狮的原生形态，在抽象过程中应尽量与真实环境相匹配，让传承人利用真实感人体生成技术，提升用户参与传统醒狮学习的真实感和实践动机。

二是动作捕捉。主要借助动作捕捉系统和技术，对传统醒狮传承人现场表演的舞狮动作进行三维采集，后期通过与真实感角色的绑定，对传统醒狮表演进行真实动态再现。① 这主要包括两类。

（1）传统醒狮传承人数字化。在传承人数字化之前，严格按照三维

---

① 截至目前，佛山科学技术学院动作捕捉实验室已运用被动光学式动作捕捉技术，对佛山蔡李佛拳、杨式太极拳、咏春拳叶问宗支木人桩等进行了动作捕捉并建立了相应的数据模型，应用方向在于针对佛山本土功夫制作 AR 教学演示软件，同时基于 AR 功夫教学项目开发精品课程，为功夫专业人才的培养提供技术助力。这为传统醒狮的动作捕捉及其运用奠定了基础，也提供了技术和资源保障。

模型的数字化采集规范和元数据规范，使用高端单反相机获取传承人正面人脸照片，并使用三维扫描仪扫描传承人三维头部模型，经过特征点标定等预处理后，存入三维模型库。采用传承人真实感角色生成技术，进行传承人头部及身体模型的构建。先根据二维照片快速生成三维头部模型，对其进行交互调节后，生成效果图。然后对传承人服装、头饰等物品进行数字化建模，并存入资源库中，利用真实感角色生成技术进行身体构建。

（2）传统醒狮表演动作和鼓乐数字化。一是在动作获取方面，按动作数字化的技术规范对传统醒狮的典型套路动作进行三维捕捉。首先对醒狮传承人的表演动作进行录制；其次将动作数据与传承人匹配，对动作进行调节；最后将调节好的动作与真实感传承人模型进行绑定，完成醒狮表演动作的数字化。关键在于，要对捕获的表演动作按照动作元数据规范保存入库，同时根据醒狮表演特点对步形步法、形神演绎等基本动作进行分解，然后将分解后的动作片段分别进行数字化入库。二是在醒狮鼓乐的数字化采集方面，可考虑采用室内通过专业录音棚录制和室外采用外接话筒录制两种方式。在录音棚录制时，采用数字调音台、音频工作站、专业电容话筒和音频编辑软件，在捕捉醒狮表演动作时，对鼓乐进行同步数字采集。室外鼓乐采集和视频录制，即采用专业摄像机和机载话筒，运用较为主流的三机位方式，多角度对醒狮进行再现。综合醒狮数字化后的模型、动作、鼓乐等元素，将绑定好动作的传承人模型导入到非线性编辑系统中，将鼓乐与动作合成，对传统醒狮表演进行数字化呈现。

三是传播应用。在扩散传播方面需要对传统醒狮进行全方位、立体化的呈现与展示，以共享和传播方式实现传统醒狮知识的可视化。采取二维、三维、人机交互等形式对醒狮数字化展示的产品进行搜集整理，并建立知识库，对醒狮相关知识进行讲解，一般通过 Flash 软件开发集成展示平台，对技术成果进行集成展示。其中，着重重构传统醒狮表演场所，通过人机交互的形式，实现传统醒狮表现形式、表演空间的仿真再现。利用现代网络和终端显示设备，对相关单位和科研人员进行传播推广，其目标受众主要包括文化馆，非遗研究机构，各级图书馆、博物馆，开设龙狮专业的大专院校等。这就要采用多媒体集成展示平台进行推广展示，以及通过多媒体人机交互终端进行应用示范，使受众可以多方位认知粤港澳传统醒狮知识，通过互动激发参与实践的动机，进一步促进传统醒狮更广泛的有效传承与传播。

# 结　语

　　建设大湾区，文化先行。加强传统醒狮的传承与传播，有助于强化粤港澳大湾区文化认同与精神凝聚，夯实"美美与共"的人文湾区建设，进而增进海上丝绸之路沿线地区文化的互鉴与共享。于此而言，挖掘整理研究粤港澳大湾区传统醒狮是基础、前提，实施粤港澳大湾区传统醒狮的数字化保护乃至应用是未来的努力方向。醒狮的数字化实践重点在于，通过将信息空间理论、数字化技术、知识本体构建方法和具体醒狮表演相结合，实现对醒狮的数字化保护。概而言之包括：对醒狮数字化模型、动作、声音进行规范采集；利用数字化技术对醒狮表演进行数字化展示，并实现醒狮文化空间知识的形式化呈现；依托多媒体展示平台集成传统醒狮数字化技术成果，进而探索实施持续传承与传播。

　　随着保护实践的纵深化推进，对于数字化保护的风险也不得不予以警惕，如吕品田所言："利用数字化技术一种手段，在进行文化遗产保护方面可能存在消极的一面，也就是说它是一把双刃剑。"[①] 王明月提出，数字化保护的基本理念、语义设计、分类与评价体系、组织规范、社会效益等均存在着文化风险，"具有丰富身体经验的传承人们却位于非物质文化遗产权力体系的底层，被剥夺了深度参与数字文化生产的权利，这是非物质文化遗产数字化风险产生的根本原因"[②]。对于如何规避粤港澳传统醒狮数字化保护中的文化风险，一方面，要让传统醒狮传承人掌握充分的话语权，在专业指导下以主体身份参与传统醒狮数字化保护全过程，切实发挥衔接身体技艺与数字技术的链接作用；另一方面，通过数字化技术的创新与升级，增强用户在虚拟的传统醒狮表演环境中的"沉浸感"，让数字化技术尽量真正内化成传统醒狮的展示和存续方式。如此，尽可能激活数字化技术的利好因素，消解技术宰制所生成的文化风险。

---

　　① 吕品田：《数字技术与非物质文化遗产保护》，载贾磊磊主编《数字化时代文化遗产的保护和展现——中美文化论坛文集》，文化艺术出版社2010年版，第227－228页。

　　② 王明月：《非物质文化遗产保护的数字化风险与路径反思》，载《文化遗产》2015年第3期。

# 粤港澳大湾区传统武术保护现状及前景价值探讨

朱炳帆[*]

**〔摘要〕** 我国已建立起非物质文化遗产（以下简称"非遗"）项目四级名录体系，并将非遗分为十大门类，其中，传统武术在传统体育、游艺与杂技门类中占据着重要位置。粤港澳大湾区的先民为我们留下了宝贵的传统武术非物质文化遗产。本文在对粤港澳大湾区传统武术非遗现状分析的基础上，基于粤港澳大湾区的实际情况和《粤港澳大湾区发展规划纲要》，阐述传统武术在大湾区的价值，并结合我国非遗传承保护的具体方式和实践经验，对粤港澳大湾区传统武术的前景进行了探讨。

**〔关键词〕** 粤港澳大湾区　传统武术　非物质文化遗产

我国自 2004 年成为联合国教科文组织《保护非物质文化遗产公约》缔约国后，就投入大量人力、物力、财力积极开展对非遗的保护工作。2005 年 12 月，《国务院关于加强文化遗产保护的通知》发布，决定从 2006 年起，每年 6 月的第二个星期六为我国的"文化遗产日"（后改为"文化和自然遗产日"）。国务院先后于 2006 年、2008 年、2011 年、2014 年和 2021 年公布了 5 批国家级非遗项目名录，共计 1557 个项目。与此同时，具有中国特色的国家、省、市、县四级的名录体系也已建成。

传统体育、游艺与杂技，是非遗项目的十大类别之一。其中的传统武术在这一类别中占据着重要的位置。传统武术是中华民族数千年历史沉淀下来的一笔丰厚的文化遗产，强调内外兼修、术道并重。其中，粤港澳大湾区的传统武术在中华武术之林独树一帜。目前，在广东的国家级非遗代表性项目中，有 4 项为传统体育、游艺与杂技类项目（将相同编号的项目视为同一项目），其中有 3 项为传统武术。在香港与澳门两地，暂未有传统武术入选非遗名录，入选非遗名录的传统武术项目则分别有 14 项和

---

[*] 朱炳帆，广州文木文化发展有限公司总经理。

3 项。在代表性传承人方面,粤港澳三地暂无国家级传统武术代表性传承人,广东省拥有 18 名省级传统武术代表性传承人,其中,在粤港澳大湾区范围内、且在世的代表性传承人有 11 名。

## 一、粤港澳大湾区传统武术非遗的现状

从历史上看,早在史前时期,粤港澳大湾区一带就出现了一些实用的攻防技法。隋唐至宋元时期,具有岭南地方特色的武术体系逐步形成。到了晚清民国时期,这里的武术高度发展,为今人留下了丰富的传统武术非物质文化遗产。目前,粤港澳大湾区传统武术非遗呈现出如下现状。

### (一)种类多,分布广,小而散

从古老的百越武术萌芽,到为数众多的随移民迁徙而带来北方的武术,再到近代中西文化的碰撞,粤港澳大湾区的武术种类繁多,形成了兼容并蓄的特点。除了远近闻名的洪、刘、蔡、李、莫五大名拳之外,还有蔡李佛拳、咏春拳、龙形拳、白眉拳、侠家拳、佛家拳等广东原生态拳系,南枝拳、昆仑拳、黄啸侠拳法等广东再生态拳系①,以及少林拳、太极拳、螳螂拳、鹰爪拳等从北方流入的拳种,它们在粤港澳大湾区百家争鸣,百花齐放。各拳派唇齿相依,既相互影响,又各自独立。

经过历史的大浪淘沙,这些传统武术非遗分布在粤港澳大湾区的各处,总体上呈现出规模小而分散的状态。

### (二)重申报,轻保护

在非遗代表性项目的四级名录申报上,各个武术门类都表现出了极大的热情,然而在保护和传承上却表现得力度不足。虽然许多专家学者早已意识到这个问题,并且对此发表了一系列的论述,但在实际操作中依旧困难重重。

非遗工作是一个逐步推进与细化的过程,在与非遗相关的单位和部门中,文化遗产的教育工作大多围绕申报业务展开,申报之后的保护问题很少涉及,具体的传统武术非遗保护知识更是缺乏。同时,针对传统武术非

---

① 参见李朝旭《岭南武术文化》,广东教育出版社 2013 年版,第 99 – 103 页。

遗的评估体系与保护工作监察体系尚未完善，因而检查、监督工作也无法真正做到制度化、精细化，从而导致基层工作人员只知道保护的重要性，却不知道如何开展保护工作。

项目的受重视程度很多时候与短期的经济利益挂钩。能产生良好经济效益的传统武术非遗项目常常由于当地因注重名利而被大力开发，甚至被开发得面目全非，保护工作却无人问津。那些目前还难以在经济效益上立竿见影的项目，却很容易在申报成功后被当地束之高阁、漠然置之。

另外，部分传统武术非遗项目，如咏春拳，分支和派系繁多。客观上，特色不同的拳法难以糅合统一；主观上，各派别的不同理念难以融合，且多年来一直延续着各自关门授徒的习惯。这样的状况也导致了这些武术非遗难以集中力量进行共同保护。

### （三）新一代传承人断层严重

和所有非物质文化遗产一样，传统武术非遗是一种活态传承的文化，通过口传心授、言传身教而世代相承，它们离开了人便无法存在。传统武术需要经过长时间的耐心学习和练习，才能培养出一个合格的传承人。在当代生活中，单纯依靠传统武术很难满足传承人的生存需求，大多数习武者只能将武术当作兴趣爱好，难以真正潜心钻研、全方位学习武术，这样便造成了武术非遗传承后继乏人的局面。

为了将武术非遗更好地传承下去，各级部门将武术引入现代教育体系。在粤港澳大湾区，既有体育院系的武术专业教育，也有大、中、小学的武术普及教育。近年来，广东作为国家南拳系列武术段位制先行先试省份，"武术进校园"开展得可谓是轰轰烈烈。其中，作为广东首个试行推广地区，鹤山市大力推进咏春拳"六进"工程——进学校、进社区、进乡镇、进企业、进机关、进军营警营，全市60余所中小学将咏春操纳入课程体系。鹤山是粤港澳大湾区"武术进校园"的一个缩影，可以说，传统武术非遗的普及效果是喜人的。

但是，从传统武术非遗实际的传承效果来说，新一代的人才依旧缺乏。年青的一代对武术的热爱总体上是不足的，再加上许多学生练习的是经改编后的武术操，对武术的历史、内涵等方面并没有深入了解，即便是少部分从小循序渐进习武的年轻人，也多以锻炼身体为主要目的，少有将武术视为终身事业，这与真正的传统武术非遗传承仍有一定距离。

### （四）传承受商业化、市场化冲击，传播方式单一

如今，原汁原味的武术套路传承已不足以适应商业化和市场化的需求，往往需要运用表演化、艺术化的表达方式。在粤港澳大湾区，武术领域的商业表演、商业比赛为数众多，这些商业性质的活动也成为武术在社会上的主要传播方式。这种做法虽然能引起社会的广泛关注，在一定程度上扩大了武术的知名度与传播范围，却也失去了武术非遗传承的原有内涵。在利益的驱使下，一些民间组织、商会等参与到商业运作中，武场在有意无意间转变为名利场，习武者也受到了影响。同时，部分武术培训也变了味，或靠噱头虚假宣传，或只顾牟利不顾教学质量，传统武术非遗的传承大受冲击。

### （五）缺少具体有效的保护和传承措施

2019 年 7 月，国家体育总局等十四部委联合发布了《武术产业发展规划（2019 – 2025 年）》（简称《规划》）。《规划》分析了当前我国武术产业发展的基础与面临的形势，部署了下一阶段武术产业发展的主要任务，旨在普及和推广武术项目，加快武术产业发展。

但是，针对传统武术非遗的保护与发展，各地仍缺乏可落实执行的有效措施。特别是在非遗的保护中，抢救性保护、整体性保护、生产性保护以及立法性保护，这几种保护方式都适用于传统武术非遗，针对武术特性而独有的保护方式却尚未出现。保护方式面面俱到，但无细化方案，最后很有可能不了了之。粤港澳大湾区拥有丰富的传统武术非遗资源，可按照当地特殊的情况做出具体分析，制定具有针对性的保护措施。

## 二、粤港澳大湾区传统武术非遗的价值

《粤港澳大湾区发展规划纲要》提道：坚定文化自信，共同推进中华优秀传统文化的传承发展，发挥粤港澳地域相近、文脉相亲的优势，联合开展跨界重大文化遗产保护，合作举办各类文化遗产展览、展演活动，保护、宣传、利用好湾区内的文物古迹、世界文化遗产和非物质文化遗产，支持弘扬以粤剧、龙舟、武术、醒狮等为代表的岭南文化，彰显其独特的

文化魅力。增强大湾区文化软实力，进一步提升居民文化素养与社会文明程度，共同塑造和丰富湾区人文精神内涵。

作为岭南文化的代表，粤港澳大湾区传统武术非物质文化遗产具有极为重要的价值。

### （一）塑造湾区人文精神，增强湾区人文凝聚力

粤港澳大湾区是由广州、深圳、珠海、佛山、惠州、东莞、中山、江门、肇庆九市和香港、澳门两个特别行政区形成的城市群，它不仅是一个地域概念，一个经济概念，更是一个文化概念。

粤港澳大湾区11座城市人缘相亲、语言相通、民俗相近、同根同源。与长三角、京津冀、雄安等后发的，因产业、地缘或政治因素兴起的区域不同，粤港澳大湾区自古以来就政治、经济、文化而言都是一个整体，在历史、人口、语言和文化方面都具有高度的同一性。文化的同根同源为湾区相关城市之间的文化合作奠定了基础，因后期发展道路殊异而呈现的文化差异则为文化合作提供了可能性。① 综观世界，东京湾区、纽约湾区、旧金山湾区大致上可理解为产业湾区、金融湾区和科技湾区。相比而言，粤港澳大湾区所要建设的人文湾区很有可能将是一个超越单一范畴的新型世界级湾区。可以说，塑造"湾区人文精神"与"增强湾区人文凝聚力"既是我们在建设粤港澳大湾区的过程中所追求的目标，也是粤港澳大湾区非遗的价值所在。

以传统武术非遗为纽带，加强科学有效的文化合作，不仅能在传统武术所塑造的场域内增强粤港澳大湾区各地人们的文化认同，一定程度上促进人才和资本等要素的整合，而且能带动文化、制度上的深度融合和经济社会的全面发展，助推国家实现建设世界级城市群的战略目标。

### （二）有利于湾区产业结构调整

体育产业包含了生产、服务与消费的全过程，兼容公益性与商业性，既有强大的经济功能，又能够产生巨大的社会效益，在我国现阶段既是朝阳产业也是绿色产业，更是民生产业。从消费需求的一般规律来看，国民

---

① 参见 黄玉、曾超《文化共同体视野下的粤港澳大湾区文化合作研究》，载《广州大学学报》（社会科学版）2018年第10期，第59－65页。

经济的不断发展和居民收入水平的不断提高，人们对体育的消费需求也就越大。

广东地区的体育产业已经呈现出良好的发展势头，产业结构持续优化，产业主体多元壮大，产业布局日趋合理，产业环境不断改善，产业示范效应凸显。据2021年广东省体育局发布的《2020年广东省体育产业报告》，2019年广东体育产业总规模达到5403亿元，体育产业增加值1884亿元，占GDP（国内生产总值）的比重达1.75%，体育产业总规模、增加值、GDP占比等主要数据位居全国第一，总规模占比近全国的1/5。①

国家发展和改革委员会发布的《产业结构调整指导目录（2019年本）》，将体育列入鼓励类，并在体育词条下细分11项。传统武术非遗是体育产业的重要组成部分。传统武术非遗可因地制宜促进体育产业的特色化发展，充分利用民族、历史、文化等特色资源，发展具有粤港澳大湾区地域特色的体育产业，促进湾区产业结构调整。

### （三）提高湾区软实力，提升湾区城市品牌价值

当代体育能够反映一个地区的综合实力，特别是文化软实力的重要体现。每一个地区都有自己的文明印记，在民间大地上扎根生长的武术非遗便是其中的一种特殊载体。武术非遗对于塑造湾区形象、提升湾区城市品牌价值发挥着重要作用。

2021年8月26日，《国务院办公厅关于同意广东、香港、澳门承办2025年第十五届全国运动会的函》发布。以联合承办全运会为契机，粤港澳将加大体育事业的投入，提升全民健身公共服务，深入开展粤港澳大湾区体育交流互动，促进粤港澳大湾区体育产业深度合作、协同发展，推动新时代粤港澳大湾区体育事业发展，促进体育强国建设，不断满足粤港澳地区人民日益增长的美好生活需要。武术，作为中国体育中重要的一项，也将在提升粤港澳大湾区品牌价值方面留下浓墨重彩的一笔。

## 三、粤港澳大湾区传统武术非遗的前景探讨

随着政府相关部门的非遗工作的不断完善，中国普通民众对非遗的认

---

① 《2020年广东省体育产业报告》，载《中国体育报》2021-05-18（02）。

识和保护意识不断增强，粤港澳大湾区传统武术非遗的前景也在探索中不断明朗化。

### （一）对传统武术非遗进行全方位的抢救性保护

"抢救第一"是我国对非遗的保护方针之一，抢救性保护则是非遗保护的重要方式。抢救性保护，是指通过调查、采集、整理、建档等方式，记录、保存和研究被列入各级非遗名录或散落在民间的、处于濒危状态的非遗的保护方式。它是非遗保护中的基础性工作。[①]

对于传统武术非物质文化遗产，抢救性保护就是要对武术项目进行全方位的抢救，进行资料保存和数字化保护。保护的内容包括传统武术套路、功法、器械、服装、练功场地、传承人、武术典籍、拳谱，乃至与武术相关的文化内涵、民俗活动、武术医学等。资料保存方面，除了搜集图文、音像资料，也要对这些资料进行妥善保管。例如，纸质资料要防止霉变、虫蛀问题的发生，录音带、录像带要避免脱磁、变质，对已经出现问题的实物资料要进行抢救性修复。数字化保护方面，利用各种数字信息技术，包括录音、摄影、摄像、扫描等，建立文字、图像、音视频等数据库。另外，在武术动作技术方面，可利用计算机三维技术，对动作进行数字化模拟，再结合运动学、生物力学等学科进行研究。

除了对武术非遗中的有形部分进行抢救性保护，无形的文化内涵也需要保护，如武术思想、道德风尚、价值观念等，这些原本通过师徒传承而领悟的内容，可转化成文字、音像视频等形式保存下来。

### （二）培训教育产业化，开展生产性保护

非遗的生产性保护是指在具有生产性质的实践过程中，以保持非遗的真实性、整体性和传承性为核心，以有效传承非遗技艺为前提，借助生产、流通、销售等手段，将非遗及其资源转化为文化产品的保护方式。[②]生产性保护目前主要在传统技艺、传统美术和传统医药的非遗领域实施。事实上，武术非遗也非常适用于生产性保护，且在国内已有先例可作参考。

---

① 参见汪欣《中国非物质文化遗产保护十年》，知识产权出版社2015年版。
② 参见《文化部关于加强非物质文化遗产生产性保护的指导意见》（文非遗发〔2012〕4号）

河南登封市的武术产业，专业化、体系化程度较高，涵盖了武术教育、武术表演、武术用品、武术传媒、文化旅游等多个领域，其中以武术教育为主体，登封的武术教育以武术学校为代表。① 例如，闻名全国的少林塔沟教育集团，前身为 1978 年由著名拳师刘宝山创办的少林塔沟武术学校，目前已发展为 3 个校区，6 个教学单位，在校师生 3500 余人，形成了小学、初中、高中、中专、大专、本科和国际教学的完整教学体系，已向社会输出了 20 余万名文武兼备的专业人才。② 除了少林塔沟外，现在的登封还有少林鹅坡武术教育集团、少林寺小龙武术教育集团、嵩山少林寺武僧团培养基地教育集团等规模化的武术教育机构。

参照登封，粤港澳大湾区完全有条件、有能力开展集聚式、规模化的武术培训教育，形成规模效应，针对不同人群形成表演化武术、艺术化武术以及传统武术的教学内容，开展生产性保护，在这个基础上逐步实现产业化。这种规模化、常规化的教育与传承机制，能弥补过去完全依赖口传心授的传统传承模式零散性、随机性的不足。

### （三）建立传统武术文化生态保护区，开展整体性保护

建立文化生态保护区，是我国在非遗保护实践中的创新探索，有利于推动非遗的整体性保护。我国自 2007 年在福建省设立第一个国家级文化生态保护区——闽南文化生态保护实验区以来，积累了多年的探索与实践经验，我国的文化生态保护区建设初见规模。

建立传统武术文化生态保护区，就是要保护好适宜传统武术非遗生存的文化环境，把传统武术非遗与当地民众的日常生活结合起来，让当地民众主动地参与进来，激发武术的活力，让当地民众在传承中实现获得感和自豪感。

在粤港澳大湾区，虽然各类传统武术非遗分布相对分散，但其中也有佛山、广州、惠州等武术文化生态保存得较为完整的区域，这些区域流传的传统武术较为丰富，传承状况也相对较好，可将这些区域建成传统武术

---

① 参见任艳红、刘歌《改革开放 40 年登封市武术产业发展研究》，载《体育科技》2020 年第 41 卷第 6 期。

② 见少林塔沟教育集团官网（http：//www.shaolintagou.com/jituanjianjie）。

文化生态保护区,建设良好的区域性武术文化生态系统,开展整体性保护。

### (四)各地制定可实施的具体发展计划,开展立法保护

以法律手段保护传统武术非物质文化遗产,是解决武术传承断层危机的需要。① 立法保护是对非遗最根本的保护方式。

联合国教科文组织的《保护非物质文化遗产公约》、我国的《中华人民共和国非物质文化遗产法》、《广东省非物质文化遗产条例》等法规条例为传统武术非遗提供了法律保护依据。但在实际的执行过程中,不少内容显得过于笼统,没有针对性。因此,粤港澳大湾区可在本地传统武术现状的基础上,在《粤港澳大湾区发展规划纲要》的指导下,结合《武术产业发展规划(2019—2025年)》做好顶层设计,各地市结合实际制定具体可实施的发展计划,推进立法精细化,解决传统武术在传承发展中出现的具体问题和特殊问题,保障传统武术传承人的合法权益,建立保护传统武术非遗的长效机制。

### (五)加强传统武术文化传播

传承和传播,被誉为非遗保护的两个轮子,缺一不可。非遗的传播是当下做好非遗保护的一项极为重要的工作。传统武术通过图文资料、影视作品、商业活动等传播手段走进大众的视野,让大众了解武术,进而对武术产生兴趣,激发大众保护传统武术的意识。

在如今这个传统武术传承断层问题依旧严峻的时代,尤其需要关注新一代的年轻人,利用他们习惯的渠道,通过短视频、动漫等容易接受的方式,将武术技术与武术文化相结合,全方位、细致化地传播传统武术。充分利用新媒体的互动性,为武术爱好者与武术家提供交流平台,最大限度地让不同阶层、不同行业、不同人群关注传统武术,开拓现代化武术非遗传播的新格局。

国务院印发的《全民健身计划(2021—2025年)》提出,加强全民

---

① 参见 吕云龙《我国传统武术文化遗产的法律保护》,载《光明日报》2014-10-18(10)。

健身国际交流，与共建"一带一路"国家共同举办全民健身赛事活动，推动武术、龙舟、围棋、健身气功等中华传统体育项目"走出去"，鼓励支持各地与国外友好城市进行全民健身交流。粤港澳大湾区可利用自身的地理区位与经济条件，开展传统武术的跨文化传播，以武术为纽带将中国文化推向世界。

近两年来，新冠肺炎疫情在全球蔓延，世界各地的经济贸易受到重创。疫情改变了人们的生活方式，给各行各业造成了非常大的冲击，体育产业也不例外。但同时，疫情也让许多人更加直观地看到生命的脆弱，从而开始重视自己的身体健康，更加积极主动地参与体育锻炼，体育健康消费也得到极大释放。传统武术作为中国体育的重要组成部分，在非遗意识不断加强的今天，它的价值愈发凸显。粤港澳大湾区的传统武术前景会更加美好、更加广阔，我们放眼未来。

# 下编 个案研究

# 试论中华民族妈祖信仰中的文化认同[*]

## 王宪昭[**]

2019年2月18日，中共中央、国务院印发《粤港澳大湾区发展规划纲要》，其提出的战略定位中包含"加强多元文化交流融合，建设生态安全、环境优美、社会安定、文化繁荣的美丽湾区"[①]。经济发展需要文化支撑，粤港澳大湾区既然被归为一个区域，就会有相应的区域文化。妈祖信仰是中国沿海地区普遍存在的民间文化现象，是中华民族传统文化中的一种非物质文化，同时也是粤港澳大湾区的一个标志性的文化认同。

## 一、粤港澳大湾区妈祖庙遗存与妈祖文化

粤港澳大湾区由香港、澳门两个特别行政区和广东省广州、深圳、珠海、佛山、肇庆、惠州、东莞、中山、江门9个城市组成，总面积5.6万平方公里，截至2018年年末总人口已达7000万人，是中国开放程度最高、经济活力最强的区域之一，在国家发展大局中具有重要战略地位。

"妈祖"，在福建方言中为"奶奶""娘娘"之意。"妈祖"又称"天妃娘娘""天妃"，有历史人物原型，后被神化成为女神，常出现在后世神话、传说、民间故事或其他文化史料中。妈祖信仰的原始人物形象"林默"诞生于宋建隆元年（960年）莆田湄洲岛，在相对稳定的海洋生态环境以及与海洋渔业生产、海事活动密切相关的传播路线的共同作用下，妈祖信仰在中国东南沿海特别是福建、海南、台湾一带逐渐蔓延，甚

---

[*] 本文为中国社会科学院重大科研项目"铸牢中华民族共同体意识重大问题研究"子项目阶段性成果。

[**] 王宪昭，生于1966年，男，山东人，文学博士，中国社会科学院民族文学所研究员，博士生导师，主要从事民族神话研究、神话母题研究。

① 《粤港澳大湾区发展规划纲要》，见新华网（http://www.xinhuanet.com/politics/2019-02/18/c_1124131474.htm）。

至成为不少沿海地区民众最主要的民间信仰。有关妈祖的庙宇、祠堂在海南、台湾、粤港澳大湾区（见表1）、福建、浙江、江苏、山东，直至北方的黑龙江等地都有分布，据不完全统计，全国范围内22个省市的近500个县域范围内均设立了妈祖庙；世界范围内42个国家和地区有上万座妈祖分灵庙，信众达3亿多人，可见妈祖已经成为中华民族传统文化中的一种代表性文化。

表1 粤港澳大湾区妈祖庙（天后宫）基本情况一览①

| 地区 | 数量 | 主要代表性宫、庙 | 基本情况摘要 |
| --- | --- | --- | --- |
| 广州 | 73 | 南沙天后宫 | 建于明代，被誉为"天下天后第一宫" |
| 深圳 | 18 | 赤湾天后宫 | 建于宋代，是中国沿海地区最大的、拥有99道门的天后宫庙，也是深圳历史上最负盛誉的人文景观 |
| 珠海 | 2 | 淇澳天后宫、万山天后宫等 | 万山天后宫列入广东省"省级非物质文化遗产" |
| 佛山 | 31 | 大良云路天后宫 | 逢初一、十五，逢年过节香火最盛 |
| 肇庆 | 2 | 端州区黄岗镇河旁天后宫 | 三月二十三，肇庆黄岗镇河旁天后宫的新春盛会 |
| 惠州 | 7 | 巽寮湾天后宫 | 有400多年历史，经后期复建 |
| 东莞 | 7 | 民营路天后宫 | 东莞民众经常到外地祭祀妈祖，如送分灵妈祖金身到福建贤良港天后祖祠举行祭拜妈祖仪式 |
| 中山 | 10 | 曹边天后宫、港口天后宫 | 建于清代，是中山地区较早建成的天后圣母的专祀庙宇之一 |
| 江门 | 9 | 天后庙 | 历史悠久 |

① 此表主要依据出版物以及网站中显示的资料数据，与民间实际存量和当今存续状况可能会有一些误差。

续表1

| 地区 | 数量 | 主要代表性宫、庙 | 基本情况摘要 |
|---|---|---|---|
| 香港 | 50 | 主要分布在香港岛的赤柱、香港仔、铜锣湾、筲箕湾，九龙的油麻地、土瓜湾、茶果岭，新界的荃湾、马湾岛、北佛堂和林村，离岛长洲、坪洲等 | 北佛堂天后庙，始建于宋代。有些地方有相应的庙会，反映出古代香港航运业和捕鱼业的兴盛 |
| 澳门 | 2 | 妈祖阁、天后宫 | 坐落在澳门半岛西南面的妈祖阁平时香火不绝，每年农历除夕、农历三月廿三日妈祖宝诞、九月九日重九节有祭祀活动，新建有妈祖文化村、天后宫 |

通过表1可以看出，粤港澳大湾区妈祖庙遗存数量较多，目前见到的该地区与妈祖有关的文献记载及民间口头传统中关于妈祖的叙事形式多样，既有神话、传说，也有故事、戏剧以及其他文学作品，甚至还有大量的文化景观、节庆活动。例如，始办于2001年的澳门"妈祖文化旅游节"一般由澳门旅游局、澳门文化局以及澳门中华妈祖基金会联合主办，包括妈祖神像大巡游、开幕仪式、祭祀仪式、妈祖文化研讨会、文艺晚会及文娱表演等节庆活动，这些活动不仅加强了澳门与内地、中国台湾及东南亚地区的文化交流，同时也加深了不同地区对妈祖文化的认同。

## 二、妈祖文化的叙事结构与特征

关于妈祖文化的叙事主要呈现在文献和口头传统作品中。这些叙事随着时间的延伸和记忆的积淀，形成了为人们所熟知的有关妈祖的叙事母题。从这些母题的类型上看，既有塑造妈祖形象核心叙事的情节性母题，也有作为辅助或延伸的背景性母题或概念性母题。情节性母题一般表现为一个具体事件，人们可以对这个事件进行明确的价值判断；背景性母题一般是为了加深对主题的认知而对时间、地点、语境等做出的辅助性介绍；

概念性母题与叙事作品中出现的其他母题有明显区别，该母题只是根据表述或研究过程中表述的需要抽象出来的一个母题概念，这类母题在神话讲述人的讲述文本中不会出现，但又往往是一般叙事研究中不能忽视的问题，特别是对于相关作品的鉴赏和研究而言，这些概念性质的母题与叙事的解读存在必然的联系，对叙事结构以及主题的解读与阐释具有重要作用。

鉴于母题的分类与功能，我们不难发现，任何一个特定的文化现象在塑造与表达过程中往往都具有相对稳定的母题结构，我们可以称之为"母题链"。特别是在当今大数据日趋进入人文社会科学研究的大环境下，我们选择一定数量的作品，提取出相应的"母题"作为深入分析、系统分析的元数据，对进一步全面考察它的叙事结构与文化共性特征无疑是非常有益的。

通过对妈祖庙（天后宫）文献、口头作品文本母题的提取与分析，我们不仅可以较系统地分析妈祖信仰的形成、发展及演化的历史，而且可以发现这一信仰与民俗存在密切关系，诸如神话传说、妈祖祭祀、庙会等都是我们分析中华民族传统文化的载体，并且与之相关的许多民俗事象的延续需要内容与形式上的文化共性。（见表2）

表2 妈祖文化叙事中常见的母题结构与代表性母题链示例①

| 母题代码 | 母题描述 | 基本叙事摘要 | 流传地区 | 文献出处 |
| --- | --- | --- | --- | --- |
| MZ 1 | 妈祖的产生 | | | |
| MZ 1.1 | 女子梦吞圣物生妈祖 | —— | —— | —— |
| MZ 1.2 | 凡女死后成为妈祖 | （参见"MZ 1.3 女子林默升化为女神妈祖"母题实例） | —— | —— |

---

① 表2只选取妈祖文化叙事具有代表性的作品，提取部分典型母题为案例，旨在揭示妈祖祖先塑造中的某些普遍性的叙事模式。短线表示无考或内容不详。

续表2

| 母题代码 | 母题描述 | 基本叙事摘要 | 流传地区 | 文献出处 |
| --- | --- | --- | --- | --- |
| MZ 1.3 | 妈祖出身高贵 | 妈祖林默生于仕宦之家 | 福建 | ［南宋］廖鹏飞：《圣墩祖庙重建顺济庙记》 |
| MZ 1.4 | 妈祖出身民女 | 凡间女子林默升化为女神妈祖 | —— | ［清］魏禧：《魏叔子文集》卷十六《扬州天妃宫碑记》，引《兴化志》 |
| MZ 1.5 | 妈祖来自特定地方 | —— | —— | —— |
| MZ 1.5.1 | 妈祖神从福建渡海而来 | 妈祖神是唐朝时期从福建渡海而来的。往古，唐朝南海有浦名甫田者，渔家林氏生一女有灵异，岁十余即称我乃海神之化身，应人海保佑人和航船 | —— | 日本崛田善卫：《鬼无鬼岛》第一章 |
| MZ 1.6 | 与妈祖的出身有关的其他母题 | —— | —— | —— |
| MZ 1.6.1 | 妈祖生日是农历三月廿三日 | 天后圣母的生辰是农历三月廿三日 | 广东揭西 | 《天后娘娘救义士》，见中国民间文学集成全国编辑委员会编《中国民间故事集成·广东卷》，中国ISBN中心2006年版，第332～333页 |

续表2

| 母题代码 | 母题描述 | 基本叙事摘要 | 流传地区 | 文献出处 |
|---|---|---|---|---|
| MZ 2 | 妈祖的特征 | —— | —— | —— |
| MZ 2.1 | 妈祖端庄 | —— | —— | —— |
| MZ—2.2 | 妈祖仪态慈祥 | —— | —— | —— |
| MZ 2.3 | 妈祖像特定的女子 | 妈祖神像酷似柔娘 | 广东澄海 | 《妈祖的传说》,见中国民间文学集成全国编辑委员会编《中国民间故事集成·广东卷》,中国ISBN中心2006年版,第331~332页 |
| MZ 2.4 | 妈祖的服饰 | 妈祖"帆船头,大海衫,红黑裤子保平安" | 福建莆田湄洲一带 | 黄春生:《妈祖服饰》,见莆田文化网（https://baike.baidu.com/reference/23506990） |
| MZ 2.5 | 妈祖小气 | 天后宫的妈祖借物不还 | 广东惠东盐州 | 《盐州妈祖》,见中国民间文学集成全国编辑委员会编《中国民间故事集成·广东卷》,中国ISBN中心2006年版,第330页 |
| MZ 3 | 妈祖的身份 | | | |
| MZ 3.1 | 妈祖是神女 | 妈祖,世传通天神女也 | 福建 | [南宋]廖鹏飞:《圣墩祖庙重建顺济庙记》 |

续表 2

| 母题代码 | 母题描述 | 基本叙事摘要 | 流传地区 | 文献出处 |
| --- | --- | --- | --- | --- |
| MZ 3.2 | 妈祖是航海神 | —— | —— | —— |
| MZ 3.3 | 妈祖是天妃和女海神 | —— | —— | —— |
| MZ 3.3.1 | 妈祖加封天妃 | —— | —— | —— |
| MZ 3.3.1.1 | 南海女神灵惠夫人（妈祖）护海有功，加封"天妃"神号 | 南海女神灵惠夫人（妈祖）护海运有奇应，加封"天妃"神号 | —— | [元]宋濂、王祎：《元史·祭祀志五》 |
| MZ 3.4 | 妈祖是水神 | —— | —— | —— |
| MZ 3.4.1 | "天妃"妈祖是水神 | 天妃宫，在孩儿巷北，以祀水神，洪武初建，名号不见经史 | —— | [明]田汝成：《西湖游览志》卷二一 |
| MZ 3.5 | 妈祖是保护神 | —— | —— | —— |
| MZ 3.5.1 | 妈祖是水上保护神 | 妈祖由水上保护神，逐渐成为生产、生活保护神 | —— | 《海神》，见乌丙安主编《中国民间神谱》，辽宁人民出版社2007年版，第22页 |
| MZ 3.5.2 | 妈祖又是生产、生活保护神 | （参见"MZ 3.5.1 妈祖是水上保护神"母题实例） | —— | —— |

续表2

| 母题代码 | 母题描述 | 基本叙事摘要 | 流传地区 | 文献出处 |
|---|---|---|---|---|
| MZ 3.5.3 | 妈祖是保赤之神（即保佑孩子平安之神） | —— | —— | —— |
| MZ 3.5.3.1 | 妈祖是保佑孩子平安之神 | 妈祖被视为保赤之神，城乡女性民众对其尤为崇信 | —— | 《海神》，见乌丙安主编《中国民间神谱》，辽宁人民出版社2007年版，第22页 |
| MZ 3.6 | 妈祖是凡人 | 妈祖原来是农家姑娘 | 广东惠东盐州 | 《盐州妈祖》，见中国民间文学集成全国编辑委员会编《中国民间故事集成·广东卷》，中国ISBN中心2006年版，第330页 |
| MZ 3.7 | 妈祖的其他身份 | —— | —— | —— |
| MZ 3.8 | 与妈祖的身份有关的其他母题 | —— | —— | —— |
| MZ 3.8.1 | 农家姑娘妈祖因抢了洪翰林御赐纸扇受封成神 | —— | 广东惠东盐州 | 《盐州妈祖》，见中国民间文学集成全国编辑委员会编《中国民间故事集成·广东卷》，中国ISBN中心2006年版，第330页 |

续表2

| 母题代码 | 母题描述 | 基本叙事摘要 | 流传地区 | 文献出处 |
|---|---|---|---|---|
| MZ 4 | 妈祖的职能（妈祖的能力、妈祖的事迹） | —— | —— | —— |
| MZ 4.1 | 妈祖海上救难、行善 | 林默升化为女神（妈祖），常在海上救难、行善 | —— | [清]魏禧：《魏叔子文集》卷十六《扬州天妃宫碑记》引《兴化志》 |
| MZ 4.2 | 妈祖管渔业 | 妈祖是沿海及一些内河地区水运业、渔业供奉的主管水上安危之女神 | —— | 《海神》，见乌丙安主编《中国民间神谱》，辽宁人民出版社2007年版，第22页 |
| MZ 4.3 | 妈祖能言人休咎 | 湄州神女林氏，生而神异，能言人休咎，死庙食焉 | —— | [宋]李俊甫：《莆阳比事》 |
| MZ 4.4 | 妈祖除害 | 妈祖以神助火焚强寇 | 福建莆田 | 《湄洲屿志略》卷二"封号" |
| MZ 4.5 | 妈祖救人于危难 | 妈祖娘娘救狱中义士 | 广东揭西县 | 《天后娘娘救义士》，见中国民间文学集成全国编辑委员会编《中国民间故事集成·广东卷》，中国ISBN中心2006年版，第332～333页 |
| MZ 5 | 妈祖的关系 | —— | —— | —— |
| MZ 5.1 | 妈祖的父亲林愿 | | | |

续表2

| 母题代码 | 母题描述 | 基本叙事摘要 | 流传地区 | 文献出处 |
| --- | --- | --- | --- | --- |
| MZ 5.1.1 | 妈祖的父亲林愿是宋代福建莆田县都巡检 | （参见"MZ 7.1.9 妈祖本名林默"母题实例） | —— | —— |
| MZ 5.1.2 | 妈祖是五代时闽王统军兵马使林愿第六女 | （参见"MZ 7.1.10 妈祖又称'龙女'"母题实例） | —— | —— |
| MZ 6 | 妈祖的生活 | —— | —— | —— |
| MZ 6.1 | 妈祖常穿朱衣 | （参见"MZ 7.1.10 妈祖又称'龙女'"母题实例） | —— | —— |
| MZ 6.2 | 妈祖出现在海上 | （参见"MZ 7.1.10 妈祖又称'龙女'"母题实例） | —— | —— |
| MZ 7 | 与妈祖有关的其他母题 | —— | —— | —— |
| MZ 7.1 | 妈祖的名称 | —— | —— | —— |
| MZ 7.1.1 | 土人呼神为妈祖 | 台湾往来，神迹尤著。土人呼神为妈祖 | —— | 《陔余丛考》，见马书田：《道教诸神》，燕山出版社2006年版，第71页 |
| MZ 7.1.2 | 妈祖又称"天后"（天后妈祖） | 妈祖又称天后、海神娘娘、天妃娘娘、圣二妈、天上圣母、湄洲圣母、护海女神等 | —— | 《海神》，见乌丙安主编的《中国民间神谱》，辽宁人民出版社2007年版，第22页 |

续表2

| 母题代码 | 母题描述 | 基本叙事摘要 | 流传地区 | 文献出处 |
| --- | --- | --- | --- | --- |
| MZ 7.1.3 | 妈祖又称"海神娘娘" | (参见"MZ 7.1.2 妈祖又称'天后',天后妈祖"母题实例) | —— | —— |
| MZ 7.1.4 | 妈祖又称"天妃娘娘" | (参见"MZ 7.1.2 妈祖又称'天后',天后妈祖"母题实例) | —— | —— |
| MZ 7.1.5 | 妈祖又称"圣二妈" | (参见"MZ 7.1.2 妈祖又称'天后',天后妈祖"母题实例) | —— | —— |
| MZ 7.1.6 | 妈祖又称"天上" | (参见"MZ 7.1.2 妈祖又称'天后',天后妈祖"母题实例) | —— | —— |
| MZ 7.1.7 | 妈祖又称"湄洲圣母" | (参见"MZ 7.1.2 妈祖又称'天后',天后妈祖"母题实例) | —— | —— |
| MZ 7.1.8 | 妈祖又称"护海女神" | (参见"MZ 7.1.2 妈祖又称'天后',天后妈祖"母题实例) | —— | —— |
| MZ 7.1.9 | 妈祖本名林默 | 妈祖原为福建莆田县湄洲屿人,本名林默,生于北宋建隆元年,卒于宋太宗雍熙四年,其父林愿乃福建莆田县都巡检 | —— | 《海神》,见乌丙安主编《中国民间神谱》,辽宁人民出版社2007年版,第22页 |

续表2

| 母题代码 | 母题描述 | 基本叙事摘要 | 流传地区 | 文献出处 |
|---|---|---|---|---|
| MZ 7.1.10 | 妈祖又称"龙女" | 神（妈祖神）为五代时闽王统军兵马使林愿第六女，能乘席渡海，云游岛屿，人呼"龙女"。宋雍熙四年，升化湄洲，后常衣朱衣飞翻海上，土人祠之。宣和中，特赐"顺济"庙号。绍兴时，以郊典封"灵惠夫人"，淳熙朝易爵以妃 | —— | ［清］瞿颢：《通俗编》（无不宜斋本）卷十九"天妃"条，引《潜说友临安志》 |
| MZ 7.1.11 | 妈祖被封"灵惠夫人" | （参见"MZ 7.1.10 妈祖又称'龙女'"母题实例） | —— | —— |
| MZ 7.1.12 | 妈祖封号变化 | —— | —— | —— |
| MZ 7.1.13 | 妈祖是女性崇拜的神灵 | 妈祖是保佑孩子平安之神。城乡女性民众对其尤为崇信 | —— | 《海神》，见乌丙安主编《中国民间神谱》，辽宁人民出版社2007年版，第22页 |
| MZ 7.2 | 妈祖遗迹 | —— | —— | —— |
| MZ 7.2.1 | 妈祖庙（天后宫） | —— | —— | —— |

续表2

| 母题代码 | 母题描述 | 基本叙事摘要 | 流传地区 | 文献出处 |
|---|---|---|---|---|
| MZ 7.2.1.1 | 妈祖庙号顺济 | 神（妈祖神）为五代时闽王统军兵马使林愿第六女，能乘席渡海，云游岛屿，人呼"龙女"。宋雍熙四年，升化湄洲，后常衣朱衣飞翻海上，土人祠之。宣和中，特赐"顺济"庙号 | —— | [清]瞿颢：《通俗编卷》（无不宜斋本）十九"天妃"条，引《潜说友临安志》 |
| MZ 7.3 | 妈祖像 | —— | —— | —— |
| MZ 7.3.1 | 天后宫妈祖神像的头向左边低的来历 | —— | 广东惠东盐州 | 《盐州妈祖》，见中国民间文学集成全国编辑委员会编《中国民间故事集成·广东卷》，中国ISBN中心2006年版，第330页 |
| MZ 7.4 | 祭祀妈祖 | —— | —— | —— |
| MZ 7.4.1 | 三月廿三日祭妈祖 | 妈祖生日为农历三月廿三日。届时，沿海渔家都要为其举行隆重的祭祀活动 | —— | 《海神》，见乌丙安主编《中国民间神谱》，辽宁人民出版社2007年版，第22页 |

从上面有关妈祖叙事的基本构成不难发现，不同地区在表达妈祖文化或建构妈祖信仰时，一般会涉及下面基本母题：①妈祖的产生；②妈祖的特征；③妈祖的身份；④妈祖的职能（妈祖的能力、妈祖的事迹）；⑤妈祖的社会关系；⑥妈祖的生活；⑦与妈祖有关的其他母题；等等。

## 试论中华民族妈祖信仰中的文化认同

妈祖的事迹之所以能得以广泛流传，原因是多方面的，如建构民间信仰自身的需要，不同地区、不同民族有关妈祖信仰的相互关联或相互影响，民众对文化英雄的认同心理等。这些都会促成妈祖文化成为不断丰富和发展。妈祖文化的动态发展表现在多个方面，仅以妈祖的封号在不同的时代往往有不同的变化为例，就能很好地说明这个问题。如宋朝时，宣和五年（1123），宋徽宗赐"顺济庙额"；绍兴二十六年（1156），宋高宗封"灵惠夫人"；绍兴三十年（1160），宋高宗加封"灵惠昭应夫人"；乾道二年（1166），宋孝宗封"灵惠昭应崇福夫人"；淳熙十二年（1184），宋孝宗封"灵慈昭应崇福善利夫人"；绍熙三年（1192），宋光宗诏封"灵惠妃"；庆元四年（1198），宋宁宗封"慈惠夫人"；嘉定元年（1208），宋宁宗封"显卫"；嘉定十年（1217），宋宁宗封"灵惠助顺显卫英烈妃"；嘉熙三年（1239），宋理宗封"灵惠助顺嘉应英烈妃"；宝祐二年（1254），宋理宗封"灵惠助顺嘉应英烈协正妃"；宝祐四年（1256），宋理宗封"灵惠协正嘉应慈济妃"；开庆元年（1259），宋理宗封"显济妃"；景定三年（1262），宋理宗封"灵惠显济嘉应善庆妃"。元朝时，至元十五年（1278），元世祖封"护国明著灵惠协正善庆显济天妃"；至元十八年（1281），元世祖封"护国明著天妃"；至元二十六年（1289），元世祖封"护国显佑明著天妃"；大德三年（1299），元成宗封曰"辅圣庇民明著天妃"；延祐元年（1314），元仁宗加封"护国庇民广济明著天妃"；天历二年（1329），元文宗封"护国庇民广济福惠明著天妃"；至正十四年（1354），元惠宗（元顺帝）封"辅国护圣庇民广济福惠明著天妃"。明朝时，洪武五年（1372），明太祖封"昭孝纯正孚济感应圣妃"；永乐七年（1409），明成祖封"护国庇民妙灵昭应弘仁普济天妃"。清朝时，康熙二十三年（1684），清圣祖封"护国庇民妙灵昭应仁慈天后"；乾隆二年（1737），清高宗封"妙灵昭应宏仁普济福佑群生天后"；嘉庆五年（1814），清仁宗封"护国庇民妙灵昭应弘仁普济福佑群生诚感咸孚显神赞顺垂慈笃祐天后"；道光十九年（1839），清宣宗封"护国庇民妙灵昭应弘仁普济福佑群生诚感咸孚显神赞顺垂慈笃祜安澜利运泽覃海宇天后"；咸丰七年（1857），清文宗封"护国庇民妙灵昭应弘仁普济福佑群生诚感咸孚显神赞顺垂慈笃祜安澜利运泽覃海宇恬波宣惠道流衍庆靖洋锡

211

祉恩周德溥卫漕保泰振武绥疆天后之神"。①

上述情况说明了至少三个方面的问题。一是从宋代起，历代统治者对妈祖都予以不同程度的关注和表彰，这在一定程度上强化了妈祖在民间的认可与推崇。二是从对妈祖的不同封号看，其强调了妈祖的内在品格以及对百姓甚至对国家的不同层面的作用或功能，核心关键词有"护佑""崇福""聪慧""英烈""仁慈""感应""灵验"等。三是无论是在国家层面还是在民间层面，对妈祖的认知和接受都是动态发展的，从对妈祖越来越长的封号中也能很明显地说明这个问题。这一现象也是民间叙事与民间信仰有机结合创造性发展的自然体现，凸显了一个神话人物或者民间信仰人物在长期流传过程中日趋丰富和完善的总体趋势。

## 三、妈祖信仰所反映的中华民族共同体意识

从目前见到的有关妈祖的神话传说，以及妈祖信仰的文献与民间民俗看，存在于粤港澳大湾区的极其丰富的妈祖文化，在我国许多地区都广为流传。不仅沿海地区有关于妈祖的庙宇和民俗事象，在京杭大运河沿线地区以及其内陆地区也有大量的妈祖文化遗迹。这其中既体现出高度的文化认同，同时也充分反映出鲜明的中华民族共同体意识。

妈祖文化蕴含的大量中华民族优秀传统文化和积极向上的精神得到民众的高度认可和接受。正如习近平总书记所说："中华民族在长期实践中培育和形成了独特的思想理念和道德规范，有崇仁爱、重民本、守诚信、讲辩证、尚和合、求大同等思想，有自强不息、敬业乐群、扶正扬善、扶危济困、见义勇为、孝老爱亲等传统美德。中华优秀传统文化中很多思想理念和道德规范，不论过去还是现在，都有其永不褪色的价值。"② 从各地流传的妈祖神话传说与新传说新故事中不难发现，妈祖文化往往包含着崇仁爱、重民本、扶正扬善、扶危济困、见义勇为等系列思想理念和道德规范，通过对妈祖由民女到女神的身份转化的阐释，进一步放大了这些精神理念，赋予人的不再是简单的神灵崇拜，而是积极向上、一心向善的人生观和价值观的思考，是关于人的处世做事的思考与启迪。

---

① 《妈祖》，见百度百科（https://baike.baidu.com/item）。
② 习近平：《在文艺工作座谈会上的讲话》，载《人民日报》2014年10月15日。

妈祖文化也体现出中华民族对特定传统文化的高度认同。如果以澳门妈祖信仰与其他地区的妈祖文化作为比较的案例，也可以发现中华民族不同地区存在的文化的共性。主要表现在以下三点：一是通过妈祖庙和妈祖信仰叙事的建构，彰显"以人为本"的价值观念，如妈祖由最初海边民女的"人"升格为保佑出海者的"神"的特殊身份，拥有区别于其他神性人物的特质，在彰显其神祇之时增添了人性色彩。二是妈祖信仰与航海文化、海洋经济、漕运经济等存在密切联系，民众对与水有关的保护神"妈祖"存在强烈的认同感。如从妈祖的功能看，通过妈祖信仰中的庇护航运、预示祸福——商业兴隆、平安守护、消灾避难等"多功能合一"的美好愿景，妈祖信仰在华人聚集区甚至世界范围内已经成为维系海内外炎黄子孙的文化纽带。三是妈祖信仰作为海上丝绸之路和河海流域的重要文化构成，不仅在沿海各地留下了实实在在的文化记忆，对当今多民族、多地区的文化认同也会起到积极的作用。

当然，妈祖信仰同时也体现出不同地区不同民族对其高度情感认同。"中华民族共同体的情感认同，即中华民族成员对中华民族共同体的情感认同。它是指中华民族各族成员因中华民族共同体满足了自身某些方面的需要，对它产生肯定、满意、喜爱的积极感受，而积极感受又促进了认知的深化和行为的产生。我们强调情感认同的要旨是通过情感的方式实现对中华民族共同体的心理认同，从而达到铸牢中华民族共同体意识的目的。"[①]

---

①　邓凯文：《情感认同是铸牢中华民族共同体意识的着力点》，载《中国社会科学报》2020年1月3日。

# 香港黄大仙信仰的认同价值

## 蒋明智[*]

〔摘要〕黄大仙起源于金华而成名于香港,它是广府族群在港英政府150余年殖民统治语境里谋求身份认同、抗拒西方文明入侵、传承中华传统文化血脉的重要符号。香港黄大仙信仰植根于岭南的历史土壤,因地制宜地提出了"普济劝善"的信条,并将该教义和免费为社会提供医疗服务、助学敬老的实践相结合,不仅在港英政府的长期管辖中获得了合法性,也在复杂的环境中争得更大的认同空间。改革开放以后,香港、金华和广东三地通过黄大仙文化景观再造和仪式共享,强化了地方认同和文化亲缘关系,并自觉把黄大仙信仰纳入粤港澳大湾区青年一代对中华民族文化和国家认同之中,这有着重大的现实意义。

〔关键词〕啬色园　黄大仙信仰　神仙道教　认同

## 一、问题的提出

"黄大仙——有求必应",这是香港家喻户晓的一句歇后语。在香港,不仅有黄大仙祠,还有以黄大仙命名的区和地铁站。对于带有浓厚道教色彩的黄大仙信仰,学界目前已有不少研究成果。如较早有黄兆汉的《黄大仙考略》,对黄大仙从传说进入信仰,从金华进入岭南和香港的来龙去脉进行了精深的研究[②];吴丽珍的《香港黄大仙信仰》,通过田野调查,重点对香港黄大仙信仰中的扶乩、灵签和药签等进行了描述[③];陈华文和

---

[*] 蒋明智,男,中山大学中文系教授、博士生导师、民间文学与民俗学教研室主任、书法研究所所长。

② 参见黄兆汉《黄大仙考略》,台湾学生书局1995年版,第97页。

③ 参见吴丽珍《香港黄大仙信仰》,宗教文化书局1996年版。

阎江多从民间传说角度对黄大仙进行考辨①;郑土有的《中国仙话与仙人信仰研究》从仙话角度对黄大仙的神仙信仰进行了阐释②;黄淮东的《黄大仙信仰的文化亲和力》重点研究了黄大仙神仙信仰的文化亲和力及其对和谐社会建构的影响③;陈晨的《岭南黄大仙信仰研究》主要研究了黄大仙信仰在岭南兴盛的原因④。这些代表性成果为我们的进一步研究奠定了良好的基础,但尚缺乏从互动和族群认同,乃至国家认同的视角,把香港、广东和金华三地黄大仙信仰作整体考察,本文试从这一角度出发,做新的梳理和思考。

## 二、特殊语境里的族群认同

黄大仙信仰起源于东晋时的浙江金华,复兴于清末广东的广州和佛山,成名于20世纪初、中期的香港。

据香港啬色园藏《惊迷梦》中的《黄大仙自序》载:

> 予初乃牧羊之孩,驱羊于浙江金华府城北之金华山。金华之名,乃金星与婺女星峥嵘,故名也。此山之北,有赤松山焉。予即居此之地,游人罕到,林木参差,云霞障漫,青翠巍峨,岫岩深隐。其中有洞名曰金华,乃洞天福地中三十六洞之一也。予少家贫,炊糠不继,八岁牧羊至十五岁。幸得仙翁指示,引至一石室中,炼药回生,丹成九转,凡尘之事,一概闲抛。后四十年,兄初起寻之,不获。适道士善卜乃得兄弟相见。兄问羊何在?予曰:"在山之东。"往观之,弟见白石磊磊而已。予叱石竟成羊焉。兄从此修真,亦列仙班。予本姓黄,名初平,晋丹溪人。因隐于赤松山,故号赤松仙子,与前从游之赤松子有异也。予不言,尔等亦莫之知,故自以为之序焉。⑤

---

① 参见陈华文《典籍、诗文与传说的交错互动——以金华黄大仙传说为例》,载《民间文化论坛》2004年第5期;阎江《岭南黄大仙考辨——以罗浮山野人传说为中心》,载《宗教学研究》2007年第1期。
② 参见郑土有:《中国仙话与仙人信仰研究》,上海人民出版社2016年版。
③ 参见黄淮东:《黄大仙信仰的文化亲和力》(博士学位论文),中山大学中国语言文学系民俗学专业,2008年。
④ 参见陈晨:《岭南黄大仙信仰研究》(博士学位论文),中央民族大学哲学与宗教学院宗教学专业,2010年。
⑤ 《惊迷梦》(一集),"扉页""序言",啬色园七十周年纪庆普宜坛重印。

原来20世纪香港赫赫有名的黄大仙就是晋代"叱石成羊"的黄初平。是什么原因使得东晋的黄初平"复活"到了20世纪的香港？这与一场席卷岭南的疫情有关。

1892年4月，一场可怕的鼠疫开始波及珠江流域的番禺、南海一带。宣统《番禺县续志》载："光绪十七年（1891年），大旱，十八年四月，鼠疫起。"又见宣统《南海县志》："光绪十七年，南北各省皆严寒，十八年春南北各省皆严寒，四月，鼠疫起。"两年以后，即1894年，广州鼠疫大暴发，导致成千上万的人死亡。据不同部门统计，死亡人数少则五六万，多则甚至超过20万，一般估计在10万人以上。①

上述三地是广府族群的核心区域。鼠疫的流行，引起世人的极大恐慌，人们纷纷采取应对措施。其中，番禺的读书人创立普济坛，通过扶乩，向黄大仙乩示方药，以疗疫病，此举引起周边群众的极大兴趣。悟虚道者在《惊迷梦》第三集序言中说："普济之坛遂大开矣。问事者日环其门，莫不有求必应，而于医一道尤神。得其方者，无不立愈。"② 黄大仙还箕赐坛联："普济众生等彼岸，济施时疫设斯坛。"从中可看出岭南信仰黄大仙的初心是抵御疫病，这与金华黄初平叱石成羊、修炼成仙的信仰迥异其趣。通过扶乩的传统形式，寻医问药，乩方施药，救民于水火，助民于危难，是岭南黄大仙信仰一以贯之的立场，也为广府族群认同提供了重要资源。

1901年，普济坛的主鸾梁仁庵得黄大仙乩示，说广州必有动乱，于是他从广州辞去公职，回到南海稔岗，成立普庆坛，筹建黄大仙祠。1915年，值军阀混战，梁氏又得黄大仙乩示此地不可久留，宜南迁，于是把黄大仙的画像、药签和灵签带到香港，于1921年在九龙狮山下竹园村的龙翔道创建"啬色园"。从此，黄大仙信仰传播到香港。

但是，此时的香港已于1841年成为英国的殖民地。港英政府开始在香港施行英式教育，传播西方价值观，培养"西化"精英，意在营造一个由西方文化为主导的社会环境。传统的中华文明和岭南文化被排挤到边缘。

事实的确如此。昔日活跃在广州、番禺、南海一带的黄大仙信仰，在

---

① 参见邓铁涛主编《中国防疫史》，广西科技出版社2006年版，第256页。
② 《惊迷梦》（三集），"序言"，啬色园七十周年纪庆普宜坛重印。

香港相当长一段时间内都被禁锢在道侣的私人空间，不允许向全社会开放。直到香港沦陷时期（1941—1945 年），啬色园秉承以往传统，对难民广施药剂而备受民众赞誉。《啬色园大事回顾》载："正月（1942 年），唐福骈道长私人解囊，赠施仙方药剂，着求方者到九龙城仁生堂，或泽民药局，凭方领药一剂，以十五剂为限，后陈精博道长加入合办，冯讲、梁钧转两道长亦相继加入，每日以施五十剂为度"，"（1945 年）陈燕庭道长提议在大殿东面青云巷复开施药局，每日施仙方药五十剂，众赞成照办"。① 战争年代的这一善举，使黄大仙信仰在香港逐渐深入人心。据《啬色园大事回顾》记载："自港土重光，实现和平后，本园香火更盛，每日到园外参拜者，川流不息，碍于法例，未许进园，只于正月间，开方便之门，其余时日，均不予开放。"② 尽管如此，黄大仙信仰已与民众有了较紧密的联系。

直到 1956 年，经政府批准，啬色园全面向社会开放，黄大仙信仰才逐渐走向民间，受到民众的普遍追捧。如 1956 年送出中药 62100 剂，1957 年送出中药 93200 剂，1958 年以后每年的赠药数都在 10 万以上，且逐年增加，1975 年赠药更有 174300 余剂，创 20 年来的最高纪录。③ 赠药的数目以后更是逐年递增。这兴盛的力量从哪里来，当然是从广府族群中来。

据统计，1841 年，在香港开埠之初，人口仅为 7450 人，全部为华人。到 1860 年，华人 9.2 万余人，占港总人口的 97.4%。④ 一直到 2006 年，香港的华人有 630 多万人，占港总人口的 94.9%。其中，说粤语的有 583 万余人，占全港人数的 90.9%。⑤ 如果以粤语作为族群认同的重要元素，那么，广府文化构成了香港文化的主要部分。由广府人梁仁庵带去香港的黄大仙信仰，也正因为以广府族群为主要信众，所以它影响甚广，啬色园后来成为香港最负盛名的寺庙，便也在情理之中。

当然，语言不是区分族群认同的唯一要素。马克斯·韦伯最早将族群认同定义为："体型或习俗或两者兼备的类似特征，或者由于对殖民或移

---

① 《啬色园》（内部材料），第 55 页。
② 《啬色园》（内部材料），第 56 页。
③ 《啬色园大事回顾》，载《啬色园》。
④ 参见卢受采、卢采青《香港经济史》，人民出版社 2004 年版，第 74 页。
⑤ 《2006 年中期人口统计》，香港政府统计处人口统计组。

"非遗"保护与文化认同

民的记忆而在渊源上享有共同的主观信念的人类群体,这种信念对群体的形成至关重要,而不一定关涉客观的血缘关系是否存在。"① 将这一概念用在香港族群认同的分析上也是恰当的。除了粤语,使用潮州话、客家话或闽南话的族群,他们在香港也完全可以融入以黄大仙信仰为共同精神纽带的广府族群认同之中。事实确实如此。如位于九龙呈祥道旁的"元清阁"道堂,就是潮州籍商人周亮星、黄伯雄、周振德和张雄于1942年兴建的。当时正值日占时期,善信前往啬色园参拜不便,于是周亮星亲往啬色园,把黄大仙请到九龙城北帝街设坛奉祀。后因潮州籍善信相继加入,队伍扩大,遂改迁九龙城联合道。传闻潮州籍商人陈创穆患皮肤病久治不愈,祷于黄大仙,大仙"显灵",使其康复,后来他捐资购得现址,于1955年建成新的庙宇。由此看来,不同民系,由于拥有共同的神缘,亦可视为同一族群。这也扩大了黄大仙信仰的族群认同空间。

## 三、道教文化认同

认同,简言之,就是对共同的文化或共同物进行确认。在所有认同中,文化认同是核心,包括文化符号、文化理念、思维模式和行为规范等。由于人们的社会属性和文化属性都是后天形成的、可变的,因此文化认同处在不断建构的过程中。

最初的黄大仙信仰是以长生成仙为目的的,这是道教文化的核心所在。葛洪在其道教经典《神仙传》中"复抄集古之仙者,见于仙经服食方及百家之书,先师所说,耆儒所论,以为十卷"②,共收录84余位神仙的事迹,主要目的是论证神仙的有无。这体现了东晋社会盛行的早期神仙风气,顺应了人们追求长生不死的文化心态。《神仙传》所载的黄大仙也基本上体现了秦汉以来的早期神仙观:依靠服食松脂、茯苓仙药,或辟谷食气成仙。后来葛洪到广东罗浮山,创立了神仙道教。

但是清末以降,由于战乱和疫病流行,长生成仙的信仰已不太现实,因此,黄大仙信仰通过扶乩的方式在岭南一经复兴,其信仰的宗旨便切时如需地转化为"普济劝善"。该传统一直被香港啬色园发扬光大。

---

① [德]马克斯·韦伯:《经济与社会(上)》,林荣远译,商务印书馆1998年版,第439页。
② (东晋)葛洪撰:《神仙传》,胡守为校释,中华书局2010年版,第1页。

218

尽管前述施药于民也是为善的一种，但是，在岭南黄大仙信仰崇奉者看来，更重要的工作还是观念上的"劝善"。由番禺花地普济坛道侣扶乩而成、刊于 1899 年的《惊迷梦》（共三集），在"序文"中说："师（黄大仙）之以药起人病之不死者，功在一时；以是书救人心之不死者，功在万世。"刊行于 1906 年、由西樵稔岗普庆坛道侣扶乩而成的《醒世要言》在序文中也强调"劝善"：

  初仙师（黄大仙）设坛于省城花地，继而西樵稔岗，以医药显。凡疾病痛苦之事，求之靡不应，四方人士，争膜拜之。虽然，以医活人者其功小，以善劝世者其功大。①

这两种劝善书收录的劝善文，前者较突出的有黄大仙乩示的《戒赌文》《处世论》《劝孝文》《改恶从善说》和《立理论》，后者有黄大仙乩示的《戒酒文》《戒洋烟文》《慈父文》《兄友文》《事师文》《怀刑法文》《存仁文》和《敦行文》等。

如《黄大仙息争文》告诫：

  人不平则鸣，不胜则争，大抵然也。推原其故，皆由于血气未静，学养未纯。小不忍则怒生，偶一挫则怨起。怒与怨交并，思泄其愤，欲逞其戾。愤与戾相积，渐启其衅，转寻其仇，而争之事竟作。其大者械斗乡邻，攻持侪辈，亡身及亲。其小者聚讼公庭，结怨私室，倾家及名。……祥与戾惟人自召：争与不争而已。吾深悯夫世因争酿祸者，比比皆是。故胪陈其弊，而书息争文。②

又如《和乡党文》规训：

  吾见粤俗尚争讼。甲于他省，往往有因一言一事，结怨不已，转而寻仇；寻仇不已，转而兴讼；兴讼不已，转而械斗。其讼动至数十年。上供官长之抑勒，下受差吏之需索。以至祖尝倾尽，所讼之案，仍未断结。心腹不甘，因之械斗。纠合无赖，俨临大敌。虏劫乘之，死亡相继。小则如当乱离，身家莫保；大则有干禁令，国法不宥：是皆不和所致也！夫乡党有守望相助、患难相顾之谊，其情至亲，其谊最重。奈何以薄物细故，而至不和，不和之极，而之争讼。……故居

---

① 《醒世要言·卷一》，"序言"，南海西樵稔岗普庆坛 1906 年刊印。
② 《醒世要言·卷三》，"序言"，第 18 页，南海西樵稔岗普庆坛 1906 年刊印。

乡党必以和为贵。①

这些文章都通俗易懂，皆从血的教训中引申说理，至今读来，仍有振聋发聩的作用，其意义不言自明。

由啬色园1963年刊行的《三教明宗》，目的在于阐明三教同源：最后都同于"劝善化俗"。在其序言中说："《楚书》曰：药以治病，经以治心。药正则病除，经明则心正。……夫儒、释、道，虽曰其名不同，但其义则一：曰阳光、曰太阳、曰日光，皆指其日也，其名异，其实同。夫三教同源，天地之理也。天道也，地道也，亦人道也！"

这些"劝善"的信条也推动着啬色园从1960年开始，发展成一个有宗教背景和基础的慈善组织。20世纪60年代，在香港经济萌芽之初，啬色园每年拨善款200多万元致力于兴办学校，至今已创办十余间学校，涉及幼稚园、中小学、职业学校和康体文教并重的郊野学习中心。到了20世纪70年代后期，又全面筹划扩展老人服务，于1979年正式启用可敬护理安老院。如今，在港九、新界老龄化程度较高的地区设立了十余间老人宿舍、老人社区服务中心和老人康乐中心等，体现出与时俱进的时代特色。

啬色园尽管发生了这些变化，但它的传统道教色彩仍很浓厚。每年从农历1—11月，每个月都有神诞日，神诞日必做法事，包括做坛、请神、诵经、送神等。啬色园还专门印制了用于斋醮科仪的书《赞文》。《赞文》包括琳琅赞、净心神咒、净口神咒、净心神咒、安土地神咒、净天地神咒、金光神咒、祝香神咒、五星神咒、香赞、请圣赞、朝圣赞、玉皇大赞等。此外，还保持了扶乩和杯卜的传统。

鲁迅先生在《小杂感》中也说："人往往憎和尚，憎尼姑，憎回教徒，憎耶教徒，而不憎道士。懂得此理者，懂得中国大半。"② 原来，只有道教是中华民族土生土长的传统宗教，对民族文化有着根深蒂固的影响。啬色园黄大仙祠在香港香火最为鼎盛，从一个侧面印证了这个道理，也流露出香港同胞对中华民族本土传统文化的普遍认同心理。

---

① 《醒世要言·卷三》，南海西樵稔岗普庆坛1906年刊印，第46页。
② 鲁迅：《小杂感》，载《鲁迅全集》第三卷《而已集》，人民文学出版社2005年版，第556页。

## 四、寻根之旅与地方和国家认同

我国自 1978 年改革开放以来，尤其是 1982 年 6 月，邓小平在接见港澳代表时，透露我国将于 1997 年恢复对香港行使主权的消息后，港人做了 100 多年的回归梦即将实现，这使得他们的文化寻根热空前高涨。

香港电视连续剧《大侠霍元甲》就是这方面的突出代表。电视剧 1981 年在香港播出，1983 年被广东电视台引进播出，后来又在中央电视台和各地方电视台热播。剧中主人公霍元甲以民族大义为重，以中华武术抵抗外侮、为国争气的大无畏精神，极大地激发了中华儿女的民族自信心和爱国热情。1984 年，香港业余歌手张明敏应邀在中央电视台春节联欢晚会上深情演唱《我的中国心》，迅即传遍了祖国的大江南北。"长江、长城，黄山、黄河，在我心中重千斤；无论何时，无论何地，心中一样亲。流在心里的血，澎湃着中华的声音，就算生在他乡也改变不了我的中国心。"歌曲抒发了对祖国的强烈的依恋和热爱之情，表达了香港华人对中国人身份和中华民族的深切认同感。

在笔者看来，正是这些有着强烈爱国情怀的香港影视和歌曲的激荡，引发了内地的"文化寻根热"，在文学艺术领域掀起了一股重新认识中国历史文化的热潮，创作者都力图在作品中以强烈的民族意识去追寻、探索中华古老文化传统的根，引导民众去认识自强不息的民族精魂。

内地的文化寻根热，又反过来对海外侨胞和港澳台同胞产生了巨大的冲击力。香港啬色园黄大仙信仰的寻根之旅终于起程了。据《啬色园大事》记："1990 年庚午，啬色园金华访问团前往杭州、金华探访，其后再往西樵找寻旧迹。"

啬色园的感情联络和境外道侣的财力支持推动了内地黄大仙故地的文化景观重建。如 1991 年啬色园代表团探访金华山赤松乡钟头村，认为这里就是历史上的赤松宫原址，于是捐了一笔经费，再加上当地群众自筹资金，共计 26 万元，修建了现在的赤松宫二仙殿。

1996 年 1 月，啬色园不忘为广东南海西樵山宗祠重续香火，又携像归宗，重建了 42 万多平方米的黄大仙圣境园。圣境园门口的广场为太极图案，是目前国内最大的八卦广场。浙江金华山的黄大仙祖宫八卦广场即仿此。山门前有巨型石雕，左为青龙，右为白虎，前为朱雀，后为玄武，以表达四象生八卦的传统思想。园区尽头石壁之下立有黄大仙圣像，高28米，全由优质花岗岩镶砌、雕刻而成，这是迄今为止世界上最高的黄大仙塑像，显示了西樵山宗祠在黄大仙兴盛中非同凡响的地位。

啬色园黄大仙祠知名度高，信徒众多，加上香港地区经济繁荣且在国际金融界地位举足轻重，因此，一些历史上原本与黄大仙祠无关的寺庙也主动依附于它，以寻求新的发展。如在广东博罗县境内的罗浮山上，有一座东晋咸和年间（326—334年）兴建的冲虚古观，观内有一殿，供奉有黄野人像，此人原是东晋葛洪在罗浮山上修炼时的徒弟，后来成了地行仙，喜啸傲山林，来去无影，故殿的门联曰："野鹤闲云无挂碍，青山绿水任逍遥。"祠里供奉的显然不是赤松黄大仙。但1986年在重修此祠时，殿门上却冠以"赤松黄大仙祠"的匾额，门联写道："粤岭蕴精微圣迹昭昭留百代，金华传道脉慈恩浩荡荫群生。"（岁次丙寅孟秋谷旦香港圆玄学院敬奉）从冠名和楹联来看，这祠与其他地方供奉的赤松黄大仙祠已无二致。

另据《香港黄大仙信仰》一书认为："黄野人，相传是东莞石龙镇水南乡人氏，是晋葛洪的弟子。"① 这一说法在学界还有不少支持者，但是，笔者在东莞调查时发现，这个"黄野人"并非葛洪弟子，更不是黄初平，而是清代光绪年间一个名叫黄润福的人。他也不是东莞石龙镇水南乡人，而是东莞企石镇江滨（边）村人。这里的庙原来没有庙名。但1995年重建该庙时，就有了"黄大仙庙"题匾和"海上生凡尘安期生与之同日，山中成正果赤松子原是一家"的门联，从这些内容看，该庙祭祀的已不是黄润福，而有祭祀黄初平之嫌。香港《文汇报》曾刊文说，香港黄大松来源于东莞的黄大仙，因此不少香港人也来这里祭祀。也许这正是庙名更改和楹联撰写的由来。

这些景观重建，尽管有的缺乏历史依据，但传的时间久了，也就自然归附了赤松黄大仙。随着旅游业的发展，香港与浙江金华山、广东南海西樵山、博罗县西樵山和东莞企石镇的关系更为密切，进而四地的文化认同也进一步得到了加强。

地方上的这些旅游资源互动，也推动了黄大仙信仰在国家层面上的认同。我们以啬色园2009年9月举办的首个大型的以道家、道教为内容的

---

① 吴丽珍：《香港黄大仙信仰》，三联书店1996年版，第23页。

庙会为例。庙会除邀请香港粤剧红伶盖鸣辉进行两晚的粤曲演唱外，还专门邀请内地文艺表演团体和道教团体前来献艺，其中包括名闻中外的婺剧、变脸、顶灯等绝技；又有武当山的太极、上海城隍庙的道乐、重庆绍龙观的铁指碎碗和钢针挑水、苏州玄妙观的飞钹及茅山的符箓等一系列难得一见且蕴含道家道教文化的精彩演出，共同为祖国的繁荣昌盛祈福、祝祷。同时，还特地推出道教养生文化展览。庙会还特邀中联办林武部长、国家宗教局外事司赵磊副司长、香港民政事务局曾德成局长和中国道教协会黄信阳副会长等出席指导①，从而使庙会打上了国家意识形态的烙印，上升到国家认同高度。

从根本上说，国家认同的建构不是单纯的认知，而是一种生活方式的形塑，它通过个体与具体化的生活世界的关联发挥作用，离不开个体的文化经验。因此，从旅游入手，丰富个体的文化经验，是培养国家认同的有效途径，这对从小生活在香港这样一个与内地长期缺乏沟通、存在较大文化差异的青少年来说，尤其如此。

可喜的是，在这方面，金华与啬色园联手，已经做出了有益的尝试。金华市于2017年6月、7月和2018年7月成功举办了三季"港澳台学子走进金华山和金华古村落"活动，旨在深化与香港、澳门以及台湾地区的人文交流，增进其青年一代对中华文化的认同。近百名港澳台优秀青年学子走进黄大仙祖宫和金华古村落，体验黄大仙文化、感受金华当地的民俗风情。活动还吸引了在祖国内地高校就读的港澳台学生以及香港新界青年联会的青年代表、香港TVB青年工作人员的参与。该活动搭建起了祖国内地青年与港澳台青年学习互动的平台，让港澳台青年深入了解黄大仙文化，进一步增强他们的民族认同感。②

人类学家费孝通先生曾指出："21世纪要解决的主要问题之一是各种不同文化的人，也就是怀着不同价值观念的人，怎样在这个经济和文化上越来越息息相关的世界上和平共处。为了解决这些问题，我们在精神文化领域里需要建立起一套促进相互理解、宽容和共存的体系，我称这个体系

---

① 参见李耀辉《香港啬色园黄大仙祠举办庆祖国六十华诞大型庙会》，载《中国道教》2009年6期。

② 参见陈旭东《文化遗产"黄大仙传说"的历史传承与文化传播》，载《浙江档案》2018年第8期。

为'跨文化交流',这牵扯到人与人、人对社会、人对自然的基本关系,而与文化的自觉和文化的相互尊重有着更为密切的关联。"①

美国人类学家弗里德曼也强调了宗教认同在全球化文化认同中的广泛性。"宗教即便是从东方输入的,一般来说,对于人类的拯救也是重要的,因为它们体现了关于人类特征的普遍真理。"② 全球化时代资本积累的巨大风险、世界霸权主义、新的边陲化和日益整合的世界,将主体自我置身于不同的情景之中,导致自我的消解和自恋体验的升温。本土宗教作为历史记忆和集体归属感的载体,在一定程度上能化解认同的危机,增进个体与他所属的民族、国家和文化的亲缘关系。

## 结 论

黄大仙信仰历史久远,虽在岭南的复兴和发展才100余年,但由于它在香港这一特殊的环境里生根、发芽和成长,因而呈现出与内地不同的面貌。它是广府族群在港英政府150余年殖民统治语境里谋求民族身份认同、抗拒西方文明入侵、传承中华传统文化血脉的重要符号。与历史上神仙道教追求长生不死的旨趣不同,香港啬色园黄大仙信仰植根于岭南战乱频仍、疾病横行、民不聊生的地域社会现状,因地制宜、切时如需地提出了"普济劝善"的信条,这不仅融合了"三教"的思想,也使黄大仙信仰在港英政府的管辖中获得了合法性。在啬色园看来,"劝善"不只是一种观念教化,更是一种实践。因此,啬色园不遗余力地免费为民众提供医疗服务、兴办学校和老人康乐中心等,将人性之善和文化之光惠及孩子和老人,体现出其与时俱进的时代特色,也让自己获得更大的认同空间。改革开放以后,啬色园得以与内地的黄大仙祠交流,通过文化景观再造和仪式共享,强化了香港、金华和广东三地的认同和文化亲缘关系,并进一步通过三地活动的开展,自觉把黄大仙信仰纳入粤港澳青年一代对中华民族文化和国家认同之中,这无疑有着重大的现实意义。

---

① 费孝通:《全球化过程中的"文化自觉"》,载《厦门大学学报》2000年第4期。
② [美]乔纳森·弗里德曼:《文化认同与全球性过程》,郭建如译,商务印书馆2003年版,第280页。

# 粤桂"大龙母文化"产业的整合和开发研究

## 邓玉莲[*]

〔摘要〕随着粤港澳大湾区建设上升为国家战略,粤桂经济合作试验区的合作不断深化,打造龙母文化的品牌,挖掘龙母文化的人文内涵,使之成为带动地方经济发展的亮点,这已经是"两广人"的共识。因此,"大龙母文化"的概念应运而生。广义的"大龙母文化"应是涵盖西江流域(珠江流域)的龙母文化。狭义的"大龙母文化"是指与龙母故乡关涉的广西梧州与广东肇庆的龙母文化。文章主要是就后者进行探讨。核心是对"大龙母文化"做整体思考,通过"大龙母文化"的自身整合、跨省整合、文化旅游产业整合,在两地形成一条有效的文化产业链,做大做强大龙母文化产业。

〔关键词〕大龙母　文化产业　开发　利用

粤桂"大龙母文化"产业的整合和开发研究,是在粤港澳大湾区建设上升为国家战略的背景下进行的。粤港澳大湾区是指以香港、澳门、广州、深圳四大中心城市作为区域发展的核心引擎,包括香港、澳门两个特别行政区和广东省广州、深圳、珠海、佛山、惠州、东莞、中山、江门、肇庆(珠三角)9个地市组成的区域。2017年7月1日,习近平总书记出席《深化粤港澳合作　推进大湾区建设框架协议》签署仪式。2019年2月18日,中共中央、国务院印发《粤港澳大湾区发展规划纲要》(简称《纲要》)。《纲要》指出:"粤港澳大湾区不仅要建成充满活力的世界级城市群、具有全球影响力的国际科技创新中心、'一带一路'建设的重要支撑、内地与港澳深度合作示范区,还要打造成宜居宜业宜游的优质生活圈,成为高质量发展的典范。"早在2011年12月11日,广东、广西两

---

[*] 邓玉莲,生于1963年,梧州学院文学与传媒学院教授,主要研究中国现当代文学和地域文化。

省区政府在北京签署《"十二五"粤桂战略合作框架协议》，提出在梧州市与肇庆市交界区域共同设立产业合作示范区，推动两广经济一体化。2014年7月8日，国务院发布《国务院关于珠江—西江经济带发展规划的批复》（国函〔2014〕87号）（简称《规划》）；7月28日，国家发展改革委印发该规划，作为规划单独章节表述的粤桂合作特别试验区正式上升为国家战略。8年来，粤桂合作特别试验区的合作不断深化完善。粤港澳大湾区建设和粤桂合作特别试验区乘着上升为国家战略的东风，正好扬帆远航。广西梧州市毗邻广东，有很好的地理环境优势，东融是梧州乃至广西发展的最好选择。特别在生态工业园和旅游资源开发方面，两广有很大的合作潜力。龙母是西江-珠江流域共同的保护神，祭拜龙母已经成为两江流域百姓的习俗。据不完全统计，在西江流域的龙母庙就有70多座。龙母文化是中华民族的龙图腾文化在南国的典型体现。"龙"的精神，即团结整合、利泽天下、奋发进取、天人和谐的精神。龙母文化弘扬龙母的仁慈博爱和利泽天下的精神。文化相同，河流共用，"我住江之头，君住江之尾"，随着珠江—西江经济带的发展上升为国家战略，粤桂大龙母文化产业的整合和开发势在必行。

## 一、"大龙母文化"的概念

文化是一种精神财富的积累，它通过书籍、艺术品、民间传说、建筑物等传之后世，或在空间上向一定地域传播。产生于珠江流域西江上下游以及远播我国东南沿海、东南亚一带的龙母崇拜，其产生的大量诗词、楹联、传说、戏曲，由龙母崇拜产生的一些独特古建筑、古坛、民风民俗，由龙母崇拜促进和发展的文物旅游，就构成了一种龙母文化。龙母，相传是战国时期南方百越民族的一位女首领，因为有"利泽天下"的德行而备受人们的爱戴和拥护，成为流传在我国西江流域民间的女神。龙母其流传之广，影响之大，不亚于海神娘娘妈祖。崇敬龙母的善男信女遍及广西、广东、贵州、湖南、港澳和东南亚。龙母文化是西江流域、珠江流域人民宝贵的精神财富。据袁珂编的《中国神话传说词典》记载："秦始皇时代，有两个传说，一个是关于陷湖的传说，一个是关于龙母的传说。"[①]

---

[①] 袁珂编：《中国神话传说词典》，上海辞书出版社1984年版。

可见龙母文化之历史悠久。龙母文化是具有浓郁地方色彩的岭南文化，在西江流域、珠江流域民间有很大的影响。

关于龙母的故乡、龙母的传说，以往都是各执一词，史料的收集也十分零碎，缺乏系统的整理。随着《粤桂经济合作试验区》协议的签订，为打造龙母文化的品牌，挖掘龙母文化的人文内涵，使之成为带动地方经济发展的亮点，这已经是两广人的共识。因此，"大龙母文化"的概念应运而生。广义的"大龙母文化"应是涵盖西江流域、珠江流域的龙母文化。狭义的"大龙母文化"是指与龙母故乡关涉的梧州、藤县、肇庆的龙母文化。因为藤县已被划入大梧州的范围，实质是指梧州与肇庆的龙母文化。本文主要就后者进行探讨。

## 二、"大龙母文化"的整体思考

"大龙母文化"是以龙母文化的起源、传承和传播而形成的西江、珠江流域的龙母文化圈为核心，从文化资源的兼容并蓄，到生活圈生态优先、绿色发展，再到经济圈的优势互补、合作开发、互利共赢。

### （一）"大龙母文化"的自身整合

#### 1. 传说故事的整理与整合

主要从文献资料整理入手，比较主要文献记载版本的异同，以便求同存异、去粗存精。龙母故事千百年来在西江流域广为流传，版本众多。有关龙母文化的历史文献记载见于正史的不多，而见于地方文献比较多，特别是见于县志、州志相对比较多。具有代表性的主要是：南朝刘宋年间沈怀远所撰的《南越志》，唐刘恂的《岭表录异》，清同治版《苍梧县志》，清嘉庆版《藤县志》《孝通祖庙旧志》《德庆州志》《肇庆府志》等。最早见于野史《南越志》。

南朝刘宋年间沈怀远所撰的《南越志》记载：

> 昔有温氏媪者，端溪人也。居常涧中捕鱼以资日给。忽于水侧遇一卵，大如斗。乃将归置器中，经十日许，有一物如守宫，长尺余，穿卵而出，因任其去留。稍长二尺便能入水捕鱼，日得十余头，稍长五尺许，得鱼渐多。常游波水萦迴媪侧，媪后治鱼误断其尾，遂逡巡而去。数年乃还，媪见其辉色炳耀，谓曰："龙子复来耶。"因盘旋

游戏亲驯如初。秦始皇闻之曰:"此龙子也,朕德之所至。"乃使以兀圭之礼聘媪,媪恋土不以为乐。自始兴江,去端溪千余里,龙辄引船还,不逾夕至本所,如此数四。使者惧而止,卒不能召媪。媪殒,瘗于江阴,龙子常为大波至墓侧,萦浪转沙以成坟,人谓之掘尾龙。今人谓船为龙掘尾,即此也。

端溪,在今广东德庆城东,今称涌河。汉朝因端溪之名而设端溪县,这是广东德庆设县之始。表明龙母温媪是广东德庆人,以捕鱼为生,身份是渔民。该志记载了龙母温媪与五龙子的传奇故事。突出龙母救助龙子的善心和龙子的感恩之孝心。龙母受到秦始皇的礼聘都不以为乐,赞扬了龙母的不贪图荣华富贵的崇高品德。龙子多次阻止龙母的朝廷之行,并且在龙母死后,兴风作浪,转沙成坟,歌颂了龙子知恩图报的优良品德。这与当时的儒家思想为正统的社会主流价值观相一致,就是要提倡乐善好施、孝道仁道。

唐刘恂《岭表录异》卷上的记载:

温媪者,即康州悦城县孀妇也,绩布为业,尝于野岸拾菜,见沙草中有五卵,遂收归置绩筐中,不数日,忽见五小蛇壳,一斑四青,遂送于江次。固无意于报也。媪常濯浣于江边。忽一日,鱼出水跳跃,戏于媪前。自尔为常,渐有知者。乡里咸谓之龙母,敬而事之。或询以灾福,亦言多征应。自是媪亦渐丰足。朝廷知之,遣使征入京师,至义全岭,有疾,却返悦城而卒。乡里共葬之江东岸。忽一夕,天地冥晦,风雨随作。及明,以移其冢,并四面草木,悉移于西岸矣。①

该志记载温媪为康州悦城县人,即如今的广东悦城人。此版本的龙母以织布为业。并且龙母被神巫化,与前一版本的道德圣人的龙母迥然不同。龙母的神力,来自五龙的报恩,仍然是突出好心有好报的主旨。况且龙母的出生地、身份等都有差异。原因为作者刘恂写的《岭表录异》,主要侧重记载的是各地的怪异之事。

广东《德庆州志·卷五》记述突出龙母的出生时间:龙母神生于周秦之世,载《南汉春秋》志乘庙原碑,班班可考。

德庆县悦城龙母庙的《孝通祖庙旧志》记载:

---

① 袁珂编:《中国神话传说词典》,上海辞书出版社1984年版。

敕封护国通天惠济显德龙母娘娘，温氏，晋康郡程溪人也。其先广西藤县人，父天瑞，宦游南海，娶悦城程溪梁氏，遂家焉。生三女，龙母，其仲也，生于楚怀王辛末之五月初八。

广西梧州的地方志《藤县志·卷六》，则对龙母的出生之地、生活之地和墓地做了更精确的考证：

龙母，嬴秦祖龙（即秦始皇）时之神也。温姓或曰蒲姓（"温"即龙母原居于"温水"，古人随其祖居地而作姓"温"也。）……今考粤东肇庆府旧志及悦城孝通祖庙旧志，咸以为藤县人，则无论毓于何都，其为藤之神固可考核而无疑者，然其墓独在悦城，何也？父天瑞娶悦城梁氏，生三女，龙母其仲也……随其母至悦城，心喜其地，欲以为安厝所。因熟记之，及归于溪也，得石卵，剖之出五物，如守宫状，喜水，母豢渐长，放之江遂去，越数年，鳞甲辉煌，复来见母，母知龙子之远迎也。别其父母曰：儿当乘龙至悦城，遂跨龙，薄暮抵江口。

龙母仙逝后，"立庙祀，极显应，故至今香火独盛云"。该志记载龙母的父亲是广西藤县人，母亲是广东悦城人。龙母拾卵孵蛇，养大后放生。突出的是龙母的行善积德，得到五龙的感恩回报。可见在珠江流域的西江上下游千百年来，民间始于秦朝有关龙母的传说是有史可据的。无论是何种版本，其大同小异。只是龙母的出生地以及传奇性的强弱有差异。从"大龙母文化"的观点出发，龙母是西江－珠江流域百姓的保护神，这点是共同的。龙母的功德主要有整治水患、执杖护航、行善积德，为民消灾除害。龙母故事通过民间世代流传，成为西江流域百姓心目中的神明和信仰。对传说故事的整理与整合，首先要破除门户之见。梧州、肇庆两地不必太在乎龙母出处的考证，龙母是两地共有的文化资源，这是不争的事实。我们应该关注龙母及龙子的善良德行的文化传承，在传承中，破除封建迷信，弘扬中华民族的优良传统，努力做到"去其糟粕，取其精华"。

**2. 龙母文化的传播与传承**

第一，龙母的立体形象打造。通过媒体打造龙母的立体形象，如通过电影、电视剧、话剧、舞剧等艺术形式，让龙母形象深入人心。梧州市粤剧团率先做了尝试。2008年，粤剧《西江龙母》由梧州市歌舞团、梧州市粤剧团编演。讲述的是温龙女西江拾龙蛋，孕育孵出五龙。赖巫师视五

龙为孽龙,企图扼杀于襁褓之中不成,又挑拨阿旺大王把出世不久的五龙砍伤并赶下西江。温龙女医治好患病的木根,历尽艰辛和金香、水莲寻回了流落西江的五龙。五龙长大后,龙母将他们送回西江。年轻气盛的龙子斗饮烈酒,大闹西江,水淹龙王寨。赖巫师要阿旺大王组织族人歼灭五龙。龙母教子帮助其重建家园。赖巫师放毒蛊,龙王寨暴发瘟疫。龙母冒死上白云山采还魂寄生草救治病孩。此剧突出龙母的善心和爱心,行善积德,为民消灾除害的精神。

第二,水文化和骑楼文化的展示。因为西江流域有水患,才有龙母保护神的出现,也因为有水患,才有骑楼城的水门和铁环的建筑特色。因此,龙母文化与水文化和骑楼文化息息相通。通过媒体展示是最直观又最容易传播的。梧州市粤剧团在这个方面已经取得了丰硕成果。大型现代粤剧《风雨骑楼》在梧州市文化展览中心首演,并接受国家艺术基金会验收。该剧以辛亥革命至北伐战争10年间,梧州商埠风云际会、商海沉浮为背景,通过剧中人物王德昌诚信经商惨遭奸人陷害终遇救,梁盈盈、莲嫂等女性敢于抛弃封建思想追求幸福的动人故事,勾勒梧州独特的地域文化和时代精神,展现梧州岭南文化、水上文化和骑楼商业文化特色。

第三,相关的学术研究论著的整理与利用。目前,关于西江流域的学术研究,成果层出不穷。有代表性的如:《两广西江流域开发研究》(何其锐主编,广东经济出版社1997年版),《文化认同与传承——西江流域神谱研究》(肖起清、张意柳著,广西师范大学出版社2017年版),《广西西江流域生态文化研究》(申扶民著,中国社会科学出版社2015年版),《西江流域龙母信仰文献整理与研究探析》(黄付艳,《梧州学院学报》2015年第6期)等。这些学术论著还处于分散状态,未引起有关部门足够的重视,还需进行整理和借鉴利用。

## (二)"大龙母文化"的跨省整合

"大龙母文化"的跨文化整合,是指将"大龙母文化"所涵盖的寺庙文化与水文化、骑楼文化加以整合。西江属于珠江水系之一,西江文化也是珠江文化的一部分。但是,毕竟地域不同,行政区域的划分不同,各自又有许多差异。梧州市是广西的东出口,邻近广东,梧州天然的地理位置,使其成为两广的交通枢纽。梧州是广信文化的核心、粤语的发源地。同属岭南文化,梧州市民与广东人的语言及生活习惯高度相似。以梧州与肇庆为平台,实现广东广西的跨省合作和开发,必然能做大做强。

### 1. 寺庙文化的整合

龙母文化是一种具有浓郁地方色彩的岭南文化,在西江流域、珠江流域民间有很大的影响,且享有崇高的地位,久负盛名。龙母生前为民治水,造福百姓,西江流域、珠江流域百姓感恩龙母,因此龙母信仰在粤港澳地区较为广泛。每年都吸引众多游客前来朝拜,特别是每年龙母诞(农历五月初八),民间都会自发举行声势浩大的"开诞仪式"。龙母祭祀一年里最为隆重的四大活动:春天的"龙母开金库"活动(农历正月二十一)、夏天的"龙母诞"(农历五月初八)、秋天的"龙母得道诞"(农历八月初一)、冬天的"朝母节"(农历十一月初一),由此形成独特的寺庙文化。从 2000 年起,由梧州市人民政府主办,梧州市招商局、文化局、旅游局承办,每年农历五月初七至初十举办龙母文化旅游节,历期 3 天。以龙母文化为主题,融合地方民族文化活动,举办形式多样的活动,内容包括龙舟比赛、"吃在梧州"旅游美食活动、鸳江夜游、焰火晚会、"龙母诞"开诞仪式、赏灯会、民俗歌舞表演,以及召开历史文化研讨会和经贸洽谈会等,以龙母文化打造城市旅游品牌,以旅游推动社会经济的发展。但上述活动规模较小,影响力还不够。在一年四季的祭祀活动中,培育大龙母文化产业大有可为。关键是梧州与肇庆的龙母文化如何改变过去"单打独斗"的状况,联手发展文化产业链。梧州与肇庆要兼顾两地的习俗共同设计拜祭活动,以"寻根问祖"到"感恩回报"为顺序,制定一个完整的拜祭仪式。争取使其规模和影响力从粤桂扩展到港澳,乃至全国。如果两地合作申报"龙母诞"开诞仪式为国家非物质文化遗产,更能扩大龙母文化的影响力。

### 2. 水文化的整合

水文化的特征就是兼容并蓄的开放性文化。挖掘疍家文化的人文内涵,将其实质性地融进民间各种拜祭龙母的活动中去。如疍家的婚俗表演与西江沿江景观游,就可纳入一年四季的祭祀活动中。开发旅游专线应整体去策划,广西梧州与广东肇庆合作,重新规划西江旅游线路。如夏天的"龙母诞"(农历五月初八)与农历五月初五的端午节时间非常接近,可以借纪念屈原之机,重点策划端午节民俗活动,组织以梧州—肇庆为核心的国内、国际龙舟邀请赛等项目。

### 3. 骑楼文化的整合

骑楼的建筑特色属于岭南文化特色。骑楼文化的形成都与水有关，如水门、水环。骑楼文化的观赏就应是其中一环。龙母崇拜不但是水上人家才有，由于历代洪水灾害影响的不仅有水上居民，还有陆上居民。因此，整个西江流域的人都有着龙母崇拜的共同文化积淀。粤桂又有不同的地方特色。如果能把粤桂的骑楼文化与水文化进行整合，更能完整体现"大龙母文化"的特色。水、陆、山形成一体，从水上文化展示开始，到陆地的骑楼文化展示，再到山上的寺庙文化一条龙的服务，从而形成完整的西江文化系列。

## 三、"大龙母文化"旅游产业的开发

文化和旅游部原副部长李金早说："文化和旅游部的成立，是以习近平同志为核心的党中央站在新的更高起点谋划和推进文化和旅游改革发展作出的重大决策部署，是着眼于增强和彰显文化自信，统筹文化事业、文化产业发展和旅游资源开发，提高国家软实力和中华文化影响力，推动文化事业、文化产业和旅游业融合发展。"它反映了国家对于文旅融合、优质供给的殷切期待，可见，文旅融合是大势所趋。随着粤桂经济合作的不断深化，梧州更应抓住机遇，做好东融战略，主动与经济发达的广东加强各方面的合作。通过文化搭台、经贸唱戏，实现文化、旅游、经贸齐头并进的合作模式。一方面，要打造两广文化旅游圈。以梧州市和肇庆市为核心，再向两广的其他城市辐射。搭建梧州市和肇庆市的文化平台，先共同打响龙母文化的品牌，为德庆悦城龙母庙与梧州龙母庙、藤县龙母庙做出整体的规划，然后扩展到其他的文化品牌，并且逐渐做大、做强。另一方面，做好特色旅游一条龙服务产业的开发。特色旅游就是以旅游者为对象，为旅游活动创造便利条件，并为旅游者提供某一地域特有的所需商品和服务的综合性产业。随着两广文化旅游圈的形成，两广的经济圈和优质生活圈也自然形成。

### （一）自然山水旅游资源的开发

西江梧州段分布着众多旅游景点，周围有龙洲、防洪大堤、长洲岛、长洲水利枢纽、泗洲岛、禤洲岛。在长洲水利枢纽建设观光平台，让游客

可以观赏整个大坝及其泄洪情况,还有水库的娱乐设施的开发。现在的泗洲岛已经成为梧州市重点打造的富有历史文化底蕴的旅游景点。环岛公路平坦,绿树成荫。小岛山环水绕,有一层近水楼台和二层观景台、观景亭。岛上有很多历史文化遗迹供游人观赏。清澈浩瀚的水库,还有很多水上娱乐设施也都在逐渐完善。泗洲岛依托即将开通的高速公路,将路线延伸到周边的大恩生态体育旅游景区、藤县黎寨蝴蝶谷景区、爽岛库区、大任库区、茶山库区等景点。此外,利用西江历史文化,再现梧州水上人家生活状态,让游客融入西江的历史文化中。西江肇庆段自然山水旅游资源丰富,肇庆七星湖、肇庆鼎湖的自然生态保护得很好。如今高铁广昆线的开通,促进了西江上下游的沟通交流。人们出行方便了,梧州与肇夫"1小时经济圈"自然形成。把梧州与肇庆的自然山水旅游资源进行整体开发利用,打造旅游专线,吸引国内外更多的游客来这里观光旅游。

## (二)人文景观的开发

从旅游资源总体上看,梧州市优美的自然山水旅游资源相对缺乏,但历史文化、名人文化资源较为丰富,且颇具特色。为满足人们游览名胜古迹、祭奠祖先、寻根究源的精神需求,开发肇庆、梧州的祭祖之旅,应合理规划旅游专线,把德庆悦城龙母庙与梧州龙母太庙、藤县龙母庙做整体的规划,彰显各自的地方特色。两地联手重点打造龙母文化旅游节品牌。"政府搭台、企业唱戏",把招商引资的具体事务交由企事业单位自主落实。目前,重要的是优化龙母文化与招商引资活动。梧州市政府对孙中山纪念堂、李济深故居、太平天国封王建制遗址、舜帝庙、炳蔚塔、广西特委等历史文化遗址的进一步修缮和整理,使之成为"打得响"的旅游产品,并对这些产品进行优化组合。梧州市今年对市区道路进行了扩宽和绿化的改造提升,苍海国家湿地公园、玫瑰湖公园、北山公园、白云山公园、河滨公园等各大公园在绿化、花化、彩化等方面取得了可喜成绩。据官方报道:按照实施国土绿化提质行动方案,梧州市计划开展13个工程142个项目,总投资4.7亿元。目前,梧州市已围绕乡村振兴绿色产业、城乡绿化提升、生态文化建设、主要道林改造、重要道路和节点美化、水岸绿化美化"六大行动",完成项目投资约550万元。还计划扩建9个森林生态旅游示范基地、8个森林特色文化主题公园。这些提升改造工程,为梧州肇庆两地合作开发文化旅游项目打下了坚实的基础。

## （三）饮食文化的开发

做好两地沿江的美食文化展示。可在一年四季的龙母祭拜期，在广西、广东两地共同举办特色美食节，让两地的特色美食互相交流，并且共同打造美食城和美食街。比如粽子，肇庆的裹蒸粽与梧州粽子各具特色，各有千秋。梧州河粉以薄、滑、细而出名，其中超记粉店与炳记粉店最受梧州本地人欢迎。梧州河粉是现做现卖，不能隔夜的，让它难以像桂林米粉、柳州螺蛳粉那样走出市门。但几乎所有出外工作、求学的梧州人，回到梧州第一件事就是吃一碗超记或炳记粉，以解乡愁。如何在美食街让更多的外地人品尝到正宗的梧州粉，如何让梧州粉也能走出市门，走向全国甚至世界，这是梧州人要努力破解的一个问题。随着高铁的开通，梧州到肇庆只需 40 多分钟，即 1 小时经济圈已经形成，梧州美食进入广东已经不是问题。同样，广东美食走进广西也非常便利了。

## （四）特色旅游商品的开发

一方面是特色产品的开发。特别值得开发的是龙母文化纪念品。梧州是国际人工宝石之都，每年 11 月举办国际宝石节。梧州人工钻石首饰及装饰品物美价廉，是游客喜爱购买的纪念品。可以设计更多的与龙母有关的产品供游客选择。梧州学院有宝石与艺术设计学院，可以充分利用高校资源，充分发挥大学生的艺术创意，创造更多的人工宝石艺术品。肇庆端砚享誉国内外，端砚是"文房四宝"之一。梧州肇庆两地可以合作开发特色旅游产品，合作交流，互利共赢。另一方面是打造特产一条街。如梧州市就专门开设鸳江丽港特色产品一条街。在这条街上，梧州的冰泉豆浆粉、双钱龟苓膏、蜜枣、三蛇酒等特产非常齐全，方便外地游客选购。

## （五）高科技的文化 IP 赋能旅游的开发

2019 年，智纲智库深圳战略中心举办了以"城市文旅投资面对面——解读 2019 文旅新风口"为主题的沙龙。智纲智库深圳中心常务副总经理周东春解读文旅新趋势时指出："现在是互联网时代，文旅不仅做好传统的、文化的、精神的、情怀的，更重要的是要跟新技术、新玩法进行嫁接，旅游会更加饱满，更具有吸引力。"可以尝试做以"大龙母文化"为主题的演艺 IP、综艺文化 IP、动漫 IP 等。

"文化是旅游的灵魂,旅游是文化的载体。"李金早认为,"(文旅)两大产业相互交融、相得益彰,文化有利于旅游的特色化、品质化、效益化发展,旅游有利于文化的吸引力、竞争力、影响力提升。先进文化、优秀文化注入旅游,可以使旅游发展方向对头,品位提升,内容丰富,亮点更多,商机更旺;大众旅游、优质旅游承载文化,可以使文化的载体更多,市场更大,传播更广,传承更久。"乘着粤港澳大湾区建设上升为国家战略的东风,梧州、肇庆两地合作已经扬帆起航。如何进一步深化合作,是亟待解决的问题。笔者认为,对"大龙母文化"做整体思考,通过"大龙母文化"的自身整合、跨省整合、"大龙母"的旅游文化产业开发,在两地形成一条有效的文化产业链,做大做强"大龙母"文化产业,不失为两地深化合作的可行路径。把梧州与肇庆打造成宜居宜业宜游的优质生活圈,提高西江、珠江流域人民的生活质量和幸福指数,是两地共同的美好愿景。

# 从祭社到"起平安"
## ——传统民间信仰的现代变迁与重构

关溪莹[*]

〔摘要〕民间信仰是近百年来众多人文社会学科所共同关注的研究领域，通常也被认为是最深层、最难改变的民间文化。在广东省茂名市，以草园脚村为代表的众多汉族宗族村落里，古老的祭社仪式演变为"起平安"祭祀仪式。信仰对象没有改变，但是祭祀人及其心理，祭祀目的、形式、功能都发生了变化。信仰重构以珠三角独特的文化生态环境为背景，以单一姓氏的宗族为文化根基，以村民因生活环境剧变带来的强烈精神诉求为动力，充分发挥了信仰主体的能动性。通过分析民间信仰的当下形态与重构机制，探讨如何发挥民间信仰的积极作用，推动中国农村乃至当下社会的健康发展。

〔关键词〕草园脚村　祭社　起平安　民间信仰　凝聚力

一百多年前，在新文化运动的浪潮中，几千年来深深扎根在中国民众生活世界和精神世界的"神秘文化"进入学者的研究视野。民间信仰的研究道路虽然曲折，但也取得有目共睹的成绩。首先，对于民间信仰的概念界定，如民间信仰是原始崇拜的遗留物，是自发在民间流传的、非制度化、非组织化的准宗教；[1]其次，关于民间信仰的特点，乌丙安总结了民间信仰与宗教的十大区别，提出民间信仰具有保守性、多重性、多样性、多功利性和多神秘性等特点。[2]其与日常生活密切混合，而扩散为日常生活的一部分，所以其教义也常与日常生活相结合，也就缺少有系统化的经典，更没有具体组织的教会系统。[3]

---

[*] 关溪莹，女，民俗学博士，华南农业大学人文与法学学院、乡村非物质文化遗产研究中心副教授，主要研究民间文化。本文作者在调研过程中得到了华南农业大学人文与法学学院杨志阳同学的大力协助，谨致谢忱。

# 从祭社到"起平安"

对民间信仰的研究,有学者提出民间信仰是中国的一种宗教传统,是佛、道、儒的根基;[4]也有学者通过"弥散性宗教"的定义,将民间信仰置于中国社会的整体秩序中加以阐发,将民间信仰还原到民众原本的生活场景中去整体地考察、研究[5]。还有学者从内涵转变和研究方法的角度将其分为从迷信到民间文化走向区域传统和权力话语的运用等三个阶段。[6]

进入 21 世纪以来,民俗学、历史学、民族学、文化人类学等学科的学者对中国民间信仰进行了比较充分的调查和讨论,厘清了民间信仰与迷信的界限,在现代生活、非物质文化遗产等视域里呈现出民间信仰的现代样态,更进一步地讨论民间信仰的管理策略,如何使其为中国现代思想文化建设和建构公民社会做出有益贡献。总之,民间信仰作为日常生活的组成部分,对广大民众的思维方式、人际交往及政治选择等都有一定影响。研究民间信仰,不仅可以提供一个考察中国基层社会的角度,而且提供了理解中国文化传统的重要视角。当然,也有学者针对当下民间信仰研究的不足提出看法,如对一些全国性的信仰有着较为深入的研究,但对于某一地域信仰的深入研究则较为少见。[7]对民间信仰的研究缺乏把"民"作为社会主体来看待的思想方法和立场。[8]

广东省的民间信仰资源非常丰富。《汉书》有云:"粤人俗鬼。"[9] "《民俗》周刊所列出的广州人家的神,就有 40 多位,金花庙所供奉的尊神达 98 位,东莞城隍庙所录出的神名亦有 65 位。"[10]改革开放以后,民间信仰渐成复兴之势,在广东省有充分体现。根据当代学者在中山、顺德等地的调查,"截至 2007 年,中山城乡共有 486 处神庙,大部分都是近 30 年来修建的"[11]。"据调查,顺德全区十个镇(街)的民间信仰共有 70 种以上,区内有民间信仰场所 600 多处。"[12]如此丰富的民间信仰在新时期的样态已不复以往,传统民间信仰如何随着时代发展而变化,民众如何在新时代进行信仰建构,这些都是我们一直关注的问题。2018 春节期间,笔者在粤西地区进行田野调查,了解到茂名市茂南区东南部的草园脚村传承着"起平安"祭社习俗。村里的 79 户人家,青壮劳力基本都在外打工,几乎只有老人和孩子留守在村里。看似寂静而松散的村子里,每年农历二月初二,各户都聚集在堂高社公庙举行"起平安"的集体祭祀仪式。无论是仪式的组织者,还是从外地赶回的村民,甚至懵懂孩童都积极参与,虔诚祭拜,这显示出民间信仰的强大凝聚力。这项地域性的民间信仰由传统的祭社转变为"起平安"仪式，草园脚村的村民不断调整信仰的形态和内核，完成传统信仰的现代建构。不仅在草园脚村，石浪广福庙所辖的山边村、狮子岭村、后岭仔村等汉族宗族村落也传承着"起平安"祭祀仪式，其变迁在粤西乡村具有一定的代表性。在对"起平安"祭社习俗进行田野调查的基础上，笔者努力探究其现代建构的形态与机理。

## 一、草园脚村的历史与现状

草园脚村位于茂名市茂南区东南部，南连黑泥塘村，北接犁铁仔村，东邻乘牛岭村，距离茂名火车东站十几分钟的车程，交通较为便利。草园脚村属亚热带季风气候，日照时间长，雨量充沛，农作物以水稻为主。由于每户人家的青壮劳力都在外务工，家中基本只有老人和儿童，全村从农业上获取的经济效益较为低下。几百年前，草园脚村又被称为堂高社，该村为石浪杨氏的一个分支，全村为纯杨姓的汉族宗族村落。图1是草园脚村于1999年重新修编的《杨氏十甲贞派耀文公遗下家谱》。

图1 《杨氏十甲贞派耀文公遗下家谱》（拍摄者：关溪莹）

从家谱中可以看出，杨氏宗族家族的历史渊源，古时世代为官。迁到茂名的祖先为山东兖州杨氏世系，因元末明初宦游广东高州府化州路石龙县知县，入籍茂名为石浪始祖，距今700余年。杨氏族人尊称的耀文公为一世祖即为"开基祖"，经过几百年的开枝散叶形成了现在的石浪杨氏族系，而草园脚村即堂高社是杨氏的支系之一。

## 二、"起平安"祭祀仪式的过程

"起平安"祭祀仪式于每年的农历二月初二在堂高社公庙举行。堂高社公庙位于草园脚村中部侧边,面朝大片稻田,四周树木环绕。公庙门两边为"堂德敷千户,高恩荫万家"的对联,庙内供奉着土地公和土地母两座神像,神像前为一张石砌的大供桌,公庙外面的左侧边为天神(没有神像)的供奉桌。"起平安"祭祀仪式可以分解为准备阶段和进行阶段。

### (一)准备阶段

举行祭祀仪式前一天,左邻右舍互相提醒参加祭祀,一户人家可以只有一个人参加。没参加祭祀的人家,则会被认为背离本村的宗族关系,不能得到本村神灵的庇佑,在接下来的一年里也会被其他村民议论。村民根据实际经济情况准备祭品——酒和鸡等,每家必备香、纸草、蜡烛、糖果饼干、粑和一个干净的空瓶子;村主任向仪式主持人道公佬提供本村每户户主的名单以便他提前准备疏文;牵头佬①指引村民选取一头肥猪用于祭祀,他在祭祀当天到本村最早建成的井中挑一担水到公庙门前,用桃叶煮水净手后,到石浪广福庙中请来大神到堂高社公庙中与土地公和土地母一起参加"起平安"祭祀仪式。

### (二)进行阶段

进行阶段可以分成三个步骤。

第一步,村民先行祭祀。农历二月初二早上,村民会早早起床,先在家里祭拜灶神和华光大帝,然后带着祭品到公庙。到了公庙后,村民先打扫公庙周边的落叶,用茶水或酒水擦洗土地公和土地母的神像,并把神像前的供奉器皿也擦洗一新。在整洁的公庙环境中,村民各自先行祭拜天神,再祭拜土地公和土地母,普通祭拜完毕后,村民们等待道公佬到来一起举行"起平安"祭祀仪式。

---

① 牵头佬从上一辈牵头佬中获得传承,懂得村中红白喜事的礼仪规矩,熟知祭祀仪式中的各种流程及注意事项,为村民所敬重。

第二步,道公佬带领全体在场村民进行"起平安"祭祀仪式。仪式分为祭天神、祭土地神(土地公和土地母)两部分。

首先进行庙外祭拜天神仪式。身穿道服的道公佬带领村民先朝公庙外的天神供桌三叩首(如图2所示),然后村民进香。接下来道公佬跪拜天神,一边敲小锣钹,一边用当地方言和白话(指粤语)先后唱诵一遍祭祀疏文(如图3所示)。唱诵完毕,道公佬掷6次杯珓,以测本村新一年的凶吉,一般都为吉卜。掷杯珓后,道公佬端起放在左手边的碗,碗里用本村最早开的井里的井水泡着早上新鲜摘下的竹枝,道公佬用竹枝蘸水向四个方向洒水。洒水完毕,道公佬拿出"起平安"祭祀用的疏文(如图4所示)诵读。诵读疏文仪式主要分为三个环节:第一环节为念出参加"起平安"祭祀仪式的每户户主的姓名,道公佬在念这一部分的时候,每户的代表都要认真听疏文中是否漏了自己那一户的户主;第二环节则为"起平安"的祈祷语;第三环节则为祭祀仪式所祭祀的神灵名称。唱诵疏文完毕,道公佬再次带领全体到场的村民叩拜天神。道公佬随机选取在场的村民把疏文拿去烧了,让天神能收到村民们祈求平安、生活顺遂的愿望。

图2 叩拜天神(拍摄者:杨志阳)

从祭社到"起平安"

图3　祭祀疏文（拍摄者：关溪莹）

图4　道公佬唱诵疏文（拍摄者：杨志阳）

接下来进行祭祀土地神的仪式。在鞭炮声中，道公佬把祭祀用品转移到公庙内部，村民一起把集体供品生猪抬到公庙内。道公佬重复祭拜天神时的流程：带领村民叩拜土地公和土地母（如图5所示）—唱诵祭祀经文—投掷杯珓—竹枝洒水—诵读疏文—焚烧疏文。疏文焚烧完毕后，村民放鞭炮、烧纸钱。在祭拜的过程中，村民除了跟随道公佬一起叩拜，还要在心中默默表达自己的心愿。据村民讲述，在心里默念心愿会比讲出来更灵验。

第三步，领取平安水及平安肉。在祭祀仪式接近尾声的鞭炮声中，村民各自带着干净的空瓶子排队领取获得天神和地神保佑的平安水，把平安水带回家投入水缸中，家中老小喝了平安水就能平安和泰一整年。大约上

241

图 5　土地公和土地母的神像与供品（拍摄者：杨志阳）

午 11 点钟祭祀结束后，村民回到各自家中祭拜祖先牌位，接着村民会集中到村主任家中，祭祀仪式中的供品生猪按全村户数被平分为若干份，每户领取一份，这份猪肉被称为平安肉，吃了它能够驱灾避祸保佑家人平安。"起平安"祭祀仪式正式结束，村民可以安心开始有着神灵保佑的新一年的生活。

法国民俗学家范·根纳普认为，仪式过程向人们展示三个阶段，即"脱离仪式""过渡仪式"和"融入仪式"，使人实现从一种社会状况向另一种社会状况的转变。[13]在"起平安"的仪式过程中，村民擦洗神像为仪式做准备可以视为"脱离仪式"；拜天神和土地神时都经历了"叩拜—唱诵祭祀经文—投掷杯珓—竹枝洒水—诵读疏文—焚烧疏文"等流程，这是脱离了民众普通生活状态的过渡阶段，即"过渡仪式"；而最后的"领取平安水及平安肉"无疑是民众脱离仪式、重新融入日常生活的过程，可视为"融入仪式"。可见，在物质世界与思想文化急速变革的今天，有的传统祭祀仪式依然保存了完整的形态。

## 三、"起平安"祭祀仪式溯源与变迁

"起平安"祭祀仪式是当地村民每年必定举行的集体祭祀仪式,然而关于其起源却难寻文字记载,为此,笔者访问了组织该仪式的牵头佬。他表示草园脚村的"起平安"祭祀仪式始于最先搬到茂名定居的始祖时期,至今至少有几百年的历史,没有间断,是老祖宗流传下来专门祈求全村平安的例规。① 但是,笔者在明朝以来的地方志中找不到"起平安"仪式的文字记录。从其信仰对象、举行时间和大致程序来看,"起平安"祭祀仪式应该是从传统的"祭社"仪式转化而来的。社,是原始信仰中的土神,《说文解字》中对"社"的解释是"地主也",祭社即祭祀土神的仪式。[14]西周时在全国范围根据等级设立了多种社。《四民月令》中有"春二月祀太社"的记载。"前期齐、馔、扫、涤,如正祀也。"[15]我国民众的祭社历史非常悠久,"广大南方地区,每年农历二月,民间有祭祀土地神的春祈活动,称为'春社'。清人对祭社祈谷十分重视。这一天不仅是祭社祈谷的日子,更是人们欢聚饮宴的日子。"[16]清光绪十四年(1888)的《茂名县志》载"二月祭社分肉,入社后,田功毕作"[17]。可见当时茂名的民间祭社与农业生产紧密相连。同时,社日也是人们欢聚宴饮的节日,从先秦迄明清沿袭着"作乐以祀农神"的民俗传统,分肉聚饮,搭台观戏,热闹非凡。

据草园脚村老人讲述,"起平安"祭祀仪式是祖祖辈辈流传下来的。由于当时的生活条件恶劣导致先祖们普遍寿命不长,如果身体状况不好就会严重影响农业劳作,因此"起平安"祭祀仪式从先祖时期就产生了。② 可见,当时的"起平安"祭祀仪式跟古人的祭社祈谷有着莫大的联系,但是当下现实生活中的"起平安"祭祀仪式,主要内容是祈求"社民家家安乐,户户太平,人安财泰福长灾消","买卖兴隆,财源滚进,利路亨通","老幼人丁妥泰,大小男女健康,灾非远避,疫病驱除,合社平

---

① 访谈对象:"起平安"仪式牵头佬,男,62岁,草园脚村村民。访谈时间:2016年3月。访谈人:关溪莹、杨志阳。

② 访谈对象:YTF,男,73岁,小学文化,农民,草园脚村村民。访谈时间:2016年3月。访谈人:杨志阳。

安"。这从祭祀疏文中可以看到。关于农事生产的内容只有"风调雨顺，五谷丰登"两句，可见百姓的关注点已从农事转移到安康；由于每个家庭的大部分成员都在外地打工，合族宴饮的欢乐气氛也在仪式中弱化。狂欢被肃穆所取代，"祭社"变成"起平安"，这一传统祭祀仪式的变化正是适应社会发展的需要。

除了仪式内容的改变，该项民间信仰的变化还体现在如下四个方面。

（1）组织方式的变化。村中老人讲述小时候举行"起平安"祭祀仪式需要村主任跟牵头佬到家家户户通知，以免有人忘记参加。大概从20世纪90年代开始，村主任跟牵头佬就不再逐户地通知了，因为村民们都牢记日期或互相提醒参加祭祀仪式。① 村民参与仪式的自觉性提高，说明他们对其的认同感增强了。费孝通认为，生活在一个共同社区之内的人，如果不和外界接触，不会自觉地认同。[18]改革开放以后，草园脚村出外打工的人多了，身在异乡为异客的生活处境使村民更加怀念草园脚村的乡亲与乡情，村民间的凝聚力更强，村民的更热衷于参与只属于本村的仪式。

（2）参与者的扩大化。笔者在"起平安"的现场看到很多妇女带着小孩参加仪式，经询问得知这是村民经济条件好起来后发生的转变。以往村民们以务农为主，加上封建迷信严重，参加"起平安"祭祀仪式的一般都是本村的男性。现在，虽然"起平安"祭祀仪式仍然限于本村杨氏家族，但由于村民外出创业和打工致富的人越来越多，村民的思想也得到解放，妇女可以参与的村中事务越来越多，渐渐地成为参加祭祀仪式的主要群体。村中重男轻女的封建思想逐渐淡化，妇女随着家庭地位的提高而拥有了更多的话语权。

（3）仪式器物的简化。在"起平安"祭祀仪式现场，仪式所用器物主要有红色道服、方帽、杯珓、小锣钹、新鲜竹叶以及最重要的疏文。道公佬说这已经是最简化的祭祀仪式用具，过去还有五雷号令、七星剑以及符箓等。信仰仪式中使用的器物往往具有神圣的寓意或者特殊的象征含义，在传统社会里民众对此非常慎重，甚至不能有丝毫马虎，唯恐轻慢了神灵，无法承载诚意。但是，现在的村民已不计较这些细节，甚至连以前需要现场撰写的祭祀疏文也可以事先准备好。只重内容不重形式，显示出

---

① 访谈对象：YHD，男，68岁，初中文化，村主任，草园脚村村民。访谈时间：2016年3月。访谈人：杨志阳。

现代人敬神、求神而又不沉溺其中的理性宗教观。

（4）流程的人性化。据村民讲述，20世纪90年代为了显示对"起平安"的敬重，村民会在祭祀前吃一天斋，现在不必吃斋了；以往每家每户都要提一桶平安水到公庙，现在只由一位村民挑一担水，其他村民拿瓶子装就可以；以往祭祀要用整整一个上午，村民们几乎一直要跪在地上听道公佬唱诵经文，而现在道公佬唱诵的经文变得简洁，村民仍需认真听，但已不必跪在地上，且只需在道公佬的示意下行叩拜礼即可。这些改变既节约时间也节省了精力。①

从祭社到"起平安"，在改革开放和民族国家建构的时代背景下，中国基层乡村中的民间信仰正悄无声息地发生着变化。如同自然万物遵循"优胜劣汰"的生存竞争法则，民俗文化事项也在传承和变异中承受着"优胜劣汰"。陈规陋俗阻碍着社会的发展与文明的进步，自然被广大民众淘汰；同时，承载优秀文化传统、利于乡村伦理道德和制度建设、有助于乡民人格完善的诸多良俗被保留下来。草园脚村的村民依然供奉土地公和土地母，但是信仰的内容和形式都产生了巨大变化，而且这一改变不是外界强加于村民，而是村民根据现实需要自主地进行了信仰重构。

## 四、民间信仰的现代建构

20世纪末以来，中国学者们广泛运用档案、族谱、碑刻、契约、剧本和口述史资料，研究广东、福建、台湾等地的民间信仰，他们利用历史人类学方法，通过考察社区的民间信仰发展史及其内部规则，勾画其维持各种地方社区权力网络的微妙作用，透视数百年来王朝教化与地域社会复杂的互动联系，从民间信仰的角度观照传统中国国家与社会的关系。[19] 在悠远的历史脉络和宏大的叙事背景中，作为信仰主体的人显得异常渺小，似乎只能被各种权力关系牵制，被文化模式所塑造。在草园脚村，笔者所接触到的民众却是主动而活跃的，他们对村落历史有清晰的记忆，对外面的世界有自己的评价；同样，对于民间信仰，他们有独特的选择和坚持。建构主义理论主张社会现实本身是一种社会历史性的经验建构，而不是什

---

① 访谈对象：YTM，男，70岁，初中文化，草园脚村村民。访谈时间：2016年3月。访谈人：杨志阳。

么既定的客观事实,既不存在不变的本质特征,也不存在普遍的必然规律。我们所面对的世界并不是独立于我们的物质事实,而是我们实践活动的产物。"[20]"它寻求的是理解个人的和主体间的意义和动机。在这里,人被看作是有资格能力和沟通能力的行动者,他们积极主动地创造或建构着社会世界"。[21]在历史洪流中,即便是精神世界最深层、最稳固的民间信仰同样会被重新建构。草圆脚村的村民们根据现实需要积极地进行信仰重构,将传统祭社重构为现代"起平安"祭祀仪式。人们主要是把传统文化作为素材,在国家允许的框架里将其重新塑造出来,进行自己的文化生产。[22]我们对民间信仰的现代重构的研究需要克服主体与客体、主观与客观的二元对立,以关系、事件和过程的思路给予考察。以下从文化生态环境、动力、文化根基和核心要素等四个维度对"起平安"民间信仰的重构进行剖析。

### (一) 信仰重构的文化生态环境

民间信仰是地方性知识,即便是全国性的信仰,在不同的地域其形态也各有不同,所以研究民间信仰必须将其置于具体的文化生态环境中。广东省处于中国南部沿海,历史发展过程中接受中央政权的政治经济辐射较弱,对外交流历史悠久,毗邻港澳地区。这些因素综合模塑出岭南文化具有"感觉型"世俗文化的特质,注重个体的主观感受和需求,不承载厚重的礼教枷锁。民众仍相信并敬重神灵,但已不过于拘泥于形式,强调心诚的重要性,注重实质大于形式。正是在这样的现实情境中,草园脚村传统的祭社转变成"起平安"祭祀仪式。平民化社会心理、发达的个体意识、自由的新闻环境、相对成熟的市民社会,一起构成民间信仰重构的独具广东特色的文化生态环境。

### (二) 信仰重构的动力

"中国民间信仰的多功利性是民间信仰动机与行为目的的显著特点。"[23]因为注重现实利益的满足使民间信仰处于"建构—解构—重构"的动态过程中。相对于祈求风调雨顺、五谷丰登的祭社传统,因为生产、生活方式的改变,乡民们对民间信仰的理解和诉求发生了变化。"对执着于务实求存这一价值标准的村民而言,他们固然希望从'诸神救劫'的说教中获得精神支柱,消除由于社会压力而引起的心灵焦灼,但他们更希

望这种精神能够落实到社会行为领域,以解决人生的实际需要为归宿。"[24]珠江三角洲地区的经济发展吸引越来越多的外地青壮年和学生前来工作或求学,在人口输出的过程中,村民不可避免地受到城市文明的包围和熏陶,成为现代文化的接受者和传播者。固有的乡村生活节奏被打破,村民在无形中承受着城市文明与农村文化转换融合所产生的压力,他们需要一种心灵寄托缓解精神焦虑。草园脚村杨氏村民深信"起平安"祭祀仪式能在接下来的一年为全家带来平安顺遂,这项民间信仰调节了村民的心理状态,有效缓解了在城市打工的村民们的焦虑与紧张,帮助他们尽快适应城市生活,也给予留守在村的家人获得更多精神慰藉。

村主任自始至终一直身处仪式现场,他是仪式的召集人之一,但在仪式的过程中并没有行使话语权,更像一个旁观者和监控者。草园脚村的主要劳动人口外出打工,面对日益松散的村落组织形态,地方政府也要调整管理策略,保障社区的凝聚力和执行力。"起平安"民间信仰给予村民精神寄托的同时,也大大增强了草园脚村的乡土凝聚力,国家权力和地方政府借此年复一年地强化对村里乡民和在外务工人员的管理。国家政策的宽松、地方政府的默许及村民寻求精神慰藉的强烈诉求,触发了村民对民间信仰进行现代建构。

## (三)信仰重构的文化根基

无论是《杨氏家谱》的记载,还是草园脚村村民的家族记忆,都显示出草园脚村是纯杨姓的汉族宗族村落,有700余年聚族而居的历史。比邻而居的村民们长期共同生产、共同生活、互帮互助,书写了共同的族群记忆,也积累了深厚的族亲乡情。时至今日,由于村民生计方式多样化,居住地越来越分散,宗族成员之间的联系和互动也远不如前,但是,关于家族历史的文献遗存和民间叙述还有繁复的乡间风俗,仍然模塑着在乡者与离乡者的精神世界,营造"想象的共同体"。"起平安"祭祀仪式要求村里每户必须有人参与到祭祀仪式当中。村民在祭祀的间隙会分享各自家中发生的大小事情,还有在新的一年家中未来生活的计划,这增强了村民彼此的认同,个体与个体之间更加信任,这也是对血族宗亲的一种凝聚。在这种血族宗亲的氛围影响下,村中凡有红白喜事,全村每户都会派代表到需要帮助的村民家中搭把手,合份子钱帮该村民操办;而在外面工作的年青一代的村民若在同一个地方工作,也会时常保持联系,彼此有事情会

相互照应。可以说杨氏宗族系统和聚族而居的历史记忆是民间信仰重构的历史根源和现实基础。

### (四) 信仰重构的核心要素

广东茂名民间传承着丰富的民间信仰，百姓生活中最隆重的祭祀当属一年一度的年例。"年例"是粤西地区独有的节日，民间有"年例大过年"的说法。年例包含着起年例、入屋、摆宗、渡钱、开关、游神、宴席、押煞、下大旗等流程，同时又带有丰富的娱乐活动，如飘色、木偶戏、舞狮等。草园脚村的年例为每年农历正月十二，即年例在"起平安"祭祀仪式的前一个月举行。"起平安"祭祀仪式与"大过年"的年例相比，参与者较年例少，形式也比年例简单得多，但这项民间信仰依然被村民追捧，在乡村自治越发松散化的今天发挥着强大的凝聚力量。将草园脚村的"起平安"与年例两个民间仪式相对比，可以提炼出信仰重构的两个核心要素。

#### 1. 严格的村域范围

从组织者、场所和参加者三个方面对比"起平安"祭祀仪式和年例，不难看出"起平安"祭祀仪式的辐射范围更窄，有严格的村域范围。从组织者的角度看，仪式的组织者以本村公庙为单位，由牵头佬发起；而年例的组织者则为本村公庙上面一级的大公庙庙祝发起。例如，广福庙为石浪地区的大庙，则该庙的庙祝负责统筹开展大庙辖下各社公庙的年例，把年例要做的准备工作分派给各村的牵头佬。从举办场所来看，"起平安"祭祀仪式在每个村的公庙进行；而年例在村落中开阔的场地摆宗台，容纳大量村民的祭拜。在当地村民的眼里，"起平安"祭祀仪式是独属于本村的神圣仪式，各项事宜均为本村村民负责，外村人并不在参与的行列；而年例是大众的狂欢节，远亲近邻都可以参与年例活动。

#### 2. 单一的祭祀形态

娱乐活动以及宴席让年例不可避免地带上了浓厚的娱乐和喜庆的节日色彩，同时通过祭祀要达到的目的也更加多样，种种祈愿都可以在年例的祭祀过程中进行诉求。相对于年例祭祀形态的多元化，"起平安"祭祀仪式则呈现单一的祭祀形态。"起平安"祭祀仪式以祈求平安为主要目的，在祭祀的整个过程中，均呈现祈求平安的单一诉求，庄严、虔诚，不带有其他杂念，其中分发平安水和平安肉是其独有的环节，表现出村民对祈求

## 从祭社到"起平安"

平安的强烈愿望。

总之,年例在面向的受众方面属于"内""外"兼顾,即本村和非本村共同参与,而"起平安"祭祀仪式仅限于本村杨姓村民参与;年例在茂名当地已成为大众狂欢的节日,而"起平安"祭祀仪式相较年例只承载单一的祭祀功能。当地村民认为,举行专门的"起平安"祭祀仪式更能体现村民诚心请求神灵保佑平安的诚意,排除节日的娱乐性,非节日、专项性的祭祀更能体现祭祀目的的纯粹性,加深本村村民的归属感。这一目的明确的祭祀比年例所表达的愿望更能上达天听、容易灵验。除了严格的村域范围、单一的祭祀形态这两个核心要素,性别宽容、形式简化、操作人性化也是信仰重构的重要规则。既重视又不盲从传统,信而不迷,广大民众根据现实需要,充分发挥信仰主体性,利用宗族、村域等文化传统,继承、变革世代相传的民间信仰,使之更好地为现代生活服务。

## 结 论

民间信仰是近百年来民俗学、人类学、民族学、社会学、宗教学、社会史、政治学所共同关注的研究领域。在非物质文化遗产的话语里进一步研究民间信仰,就应该以广义的社会理论为依据梳理中国民间信仰的历史演变,调查民间信仰的当前状态,反思关于"民间信仰"的表述与现代学术和政治的关系,探讨把它转变为建构民族国家内部正面的社会关系的文化资源的可能性和方式。[25]从祭社到"起平安",民间信仰的对象没有改变,但是祭祀人及其心理,祭祀目的、形式以及功能都发生了变化,显示出中国乡村中广大民众对传统习俗的选择与变革的巨大作用。社会在向前发展,无论城市还是农村的生活都不再是以往的样态,而我们现在看到的"起平安"祭祀仪式正是适应当下生活被进行现代建构的民间信仰。信仰重构以珠三角独特的文化生态环境为背景,以单一姓氏的汉族宗族为文化根基,以村民因生活环境剧变带来的强烈精神诉求为动力,充分发挥了信仰主体的主观能动性。重构后的民间信仰通过心理调节和精神慰藉帮助草园脚村的村民们更好地适应快速变化的现代生活,同时在乡村公共事业管理和增强乡土凝聚力方面发挥重要作用。我们希望把民间信仰作为发展经济、推动社会进步的积极因素来研究,通过对民间信仰仪式的深入体验与阐释,观照乡民对传统民间信仰的现代建构,从国家与社会的角度分析民间信仰的当下形态与形成机制，探讨如何发挥民间信仰的积极作用，推动中国农村乃至当下社会的健康发展。

**参考文献**

[1] 林国平. 关于中国民间信仰研究的几个问题 [J]. 民俗研究, 2007 (1): 7.

[2] 李亦园. 文化的图像（下卷） [M]. 台北: 台北允晨文化实业股份有限公司, 1992: 180.

[3] 乌丙安. 中国民俗学 [M]. 沈阳: 辽宁大学出版社, 1985: 271-277.

[4] 朱海滨. 民间信仰——中国最重要的宗教传统 [J]. 江汉论坛, 2009 (3): 71.

[5] 杨庆堃, 范丽珠. 中国社会中的宗教: 宗教的现代社会功能与其历史因素之研究 [M]. 上海: 上海人民出版社, 2007: 35.

[6] 吴真. 民间信仰研究三十年 [J]. 民俗研究, 2008 (4): 40-54.

[7] 王健. 近年来民间信仰问题研究的回顾与思考: 社会史角度的考察 [J]. 史学月刊, 2005 (1): 127.

[8] 高丙中. 作为非物质文化遗产研究课题的民间信仰 [J]. 江西社会科学, 2007 (3): 150.

[9] [汉] 班固. 汉书 [M]. 卷二五.

[10] 叶春生. 广府民俗 [M]. 广州: 广东人民出版社, 2006: 237.

[11] 贺璋珞. 民间信仰与当代社会的关系之探略——关于广东中山民间信仰的田野调查之思考 [J]. 学术研究, 2010 (3): 74.

[12] 罗倩妮, 李芝行, 赖贵斌, 等. 广东顺德民间信仰现状调查及管理对策思考 [J]. 佛山科学技术学院学报（社会科学版）, 2017 (9): 11.

[13] 史宗主编. 20世纪西方宗教人类学论文选: 下册 [M]. 金泽, 译. 上海: 三联书店, 1995: 512-516.

[14] [汉] 许慎撰. 说文解字注 [M]. 一篇上·示部. 段玉裁, 注. 上海: 上海古籍出版社, 1981: 8.

[15] [汉] 崔寔著. 四民月令校注 [M]. 石声汉, 校注. 北京: 中华书局, 1965: 19.

[16] 林永匡, 袁立泽. 中国风俗通史·清代卷 [M]. 上海: 上海文艺出版社, 2001: 421.

[17] 茂名县志. 清光绪十四年刻本·八卷. 载中国地方志民俗资料汇编·中南卷: 下 [M]. 北京: 北京图书馆出版社, 1991: 828.

[18] 费孝通. 中华民族的多元一体格局 [M]. 北京: 中央民族学院出版社, 1989: 7.

[19] 郑振满, 陈春声. 民间信仰与社会空间 [M]. 福州: 福建人民出版社, 2003.

[20] 郑震. 西方建构主义社会学的基本脉络与问题 [J]. 社会学研究, 2014 (5): 185.

[21] 马尔科姆·沃特斯. 现代社会学理论 [M]. 杨善华, 等, 译. 北京: 华夏出版社, 2000: 7.

[22] 高丙中. 民间文化与公民社会 [M]. 北京: 北京大学出版社, 2008: 17.

[23] 乌丙安. 中国民间信仰 [M]. 上海: 上海人民出版社, 1996: 7.

[24] 程啸. 晚清乡土意识 [M]. 北京：中国人民大学出版社，1990：254.
[25] 高丙中. 作为非物质文化遗产研究课题的民间信仰 [J]. 江西社会科学，2007（3）：150.

# 肇庆高要春社田野调查报告

梁娟美[*]

社祭期间进行的民俗节庆活动，大抵集中在春、秋二社期间。春社在各民族和各地区的安排基本集中在农历正月至二月中旬。岭南地区的春社大抵无异。粤地肇庆高要春社于2013年进入"民俗"项目入选第五批省级非物质文化遗产代表性项目名录，2020年成功入选国家级非物质文化遗产"民俗类之民间社火"代表性项目名录。

高要地处百越之地，古时为广东南海和广西桂梧交界处，地势险峻，是兵家必争的要冲及西江流域的重镇。既是中原文化和岭南文化交汇之处，又是中原文化和岭南文化融合交汇之后往珠江三角洲区域散播的重要网络节点。中原文化随汉人在岭南散播并与岭南文化互动碰撞，逐渐形成了岭南文化独特的文化内涵、符号机制、组织建构和仪礼教化。岭南粤地高要在融入"天下秩序"王朝疆域的过程中，粤地高要民俗实践者、民俗环境、民俗标识物建构的独特文化场域，赋予粤地高要地方族群独特的情感和文化面相。围绕作为民俗标识物的社坛，岭南粤地高要春社民俗文化互动场域，勾连文化有机联系的时间体、社会体和空间体三个构件的互动[①]，呈现出岭南特有的节俗文化景象。

对高要春社的田野调研，笔者除了于2019年2—3月、2019年6月、2020年6—7月、2020年11月—2021年1月、2021年3—4月共5次集中跟踪田野调研以外，还多次短期往返田野点进行数据和信息搜集与验证。田野调研重点在高要罗仁村、都权村、罗闪村、水边村、耕沙村、姚村、三要村、伍村、社播村、澄湖村、富科村、罗西村、沙头村等进行。采用多点民族志的方法，既有对具有文化脉络联系的移动田野的追踪，又以问

---

[*] 梁娟美，女，中山大学中文系民俗学博士研究生。
[①] 参见董晓萍《田野民俗志》，北京师范大学出版社2015年版，第342-355页。

题意识为导向对同质田野点①进行多点田野点实地调研和数据信息采集。高要境内有近5000座社坛遍布各村镇，作为较大区域范围内的节俗，高要全境的春社习俗将以一个整体的民俗项目作为本文的研究对象。本文所使用的田野资料为笔者的第一手资料，同时参考相关文献典籍，在对高要春社所处的地域历史、族源（民俗实践主体）、春社民俗得以发生的文化场域进行叙述的基础上，试图描述高要春社的具体内容及其现状，最后尝试讨论民俗活动与民众生活的互动关系。

## 一、高要基本情况

高要地处广东省中部偏西，肇庆市南部，西江中下游，距广州90千米。高要古为百越之地。春秋战国时期属楚国势力范围，秦时属南海郡。汉高帝元年（公元前206）赵佗建南越国，统象郡、桂林郡和南海郡。西汉元鼎六年（公元前111）汉武帝平定南越吕嘉之乱，始置高要县，隶属苍梧郡。南朝梁天监六年（507）置高要郡，辖高要、博林二县，高要成为地区政治中心。隋开皇九年（589）始置端州，大业三年（607）改端州为信安郡，治高要。唐武德四年（621）复称端州，辖高要、平兴二县。天宝元年（742）改端州为高要郡，乾元元年（758）又复为端州。宋绍圣三年（1096）神宗之子赵佶被封为端王，以端州为封地。1100年，赵佶即位为宋徽宗，升端州为兴庆。高要的治属、区域范围几经变更，除目前的辖区外，汉唐时期还包括今之高明市、三水市西境、云浮市东境和肇庆市的端州区、鼎湖区，面积有6000多平方千米。明成化十一年（1475）十二月，析高要东南境置高明县；明嘉靖五年（1526）五月，析高要东境置三水县；明万历年（1577），析高要西境置东安县（后为云浮县）。1952年春，析高要县第五区的泰和乡归高要县辖，同时，三水县的小洲划归高要县辖。1961年4月，肇庆镇从高要县划出，改为县级市建制，称肇庆市。1971年1月，析高要小湘公社的大龙、兰龙两个大队归肇庆市辖。1986年10月，肇庆市下的乌榕村划归高要县。1988年3月，

---

① 参见耿亚评《多点民族志的提出和发展》，载《广西民族研究》2019年第1期。

析高要县置肇庆市鼎湖区。① 《高要县志》载高要乃"当西南之要冲，扼两广之咽喉"，足见其地理位置的险峻及其在政治军事领域的地位。翻越岭南大山，沿西江而下，东有羚羊峡，西有三榕峡、大鼎峡，号称"三峡锁城，一江贯通"，高要作为西江重镇，历来为兵家必争之地。② 高要之名中的"要"音同"腰"，据说是由于造字之初，有"腰"音但还未有"要"音，且羚羊峡水流如腰带盘绕羚羊峡谷，关口高峻险要，故此称为"高要"。历史上，高要县境域包括现在的高要和端州地域片区，高要县政府驻地长期设在地势险峻的西江拐角端，即现在的端州城区，后搬迁到南岸街道。长期发展为一体的行政区域，使高要、端州、鼎湖等世居居民形成高度统一的情感认同、文化认同以及归属意识。

高要隶属于粤港澳大湾区、珠三角经济区、广佛肇经济圈和肇庆市经济发展中心区。区域交通便利，珠江干流西江贯穿其间，东与佛山市三水区交界，南与佛山市高明区、云浮市新兴县为邻，西与德庆县、云浮市云城区接壤，北与广宁县、四会市、端州区、鼎湖区相连。据2020年的高要年鉴记载，高要土地面积为2185.6平方千米。③

## 二、高要春社基本情况

### 1. 高要春社的历史

高要春社的历史记载最早见于明万历十六年（1588）《肇庆府志》"春社"条："祈谷，醵钱市酒肴祀神，聚而群饮乃罢，秋社亦然。"④ 之后历代高要县志和肇庆府志均有记载，从府县志记载中也可以窥见春社社祭节俗内容在不同年代的变化。康熙十二年（1673）《高要县志》载："明初知府步从信，奉制立坛于府城西门外三里，郡邑同。东西二丈五尺，南北亦二丈五尺，高三尺，四出。陛各三级，坛下前十二丈东西南各

---

① 参考材料主要有高要市政协文史办出版的《高要文史》（第1辑—第20辑）、《高要县志》、《肇庆府志》等。
② 参考材料主要有高要区志办内部资料、《高要年鉴》、《高要县志》。
③ 参见肇庆市高要区人民政府《高要年鉴（2020）》，中华书局2021年版，第23页。
④ ［明］郑一麟修、叶春及纂：《（万历）肇庆府志》，明万历十六年本。据肇庆市端州区地方志办公室藏府志影印本，原书藏上海图书馆，见《广东历代地方志集成·肇庆府部》（一），岭南美术出版社2009年版，第180页。

五丈,缭以周垣。左社右稷,木主皆北向。春秋二仲上戊日祭之。器品、礼仪如制。"① 有关高要春社官制社坛的记载始见于此,舆地图中标有社稷坛和厉坛的位置。道光三年至六年(1823—1826),历时三年修成的《高要县志》"风俗"条:"春社,醵钱祀神,秋社亦然。祭社分肉,小儿食之使能言,入社后田功毕作。"② 春社社祭的内容与仪式增加了"分胙"以及食用之后"田功毕作"。社祭分胙与西汉陈平宰社遥相传承,可推测春社社祭历来或许有分胙的内容和仪式,但在县志记载中直到道光版县志才又录入。"小儿食之使能言,入社后田功毕作",这表明社祭民俗与农事之间具有密切的关系。宣统《高要县志》记载的社祭内容,除了依前志的条目内容,在《经政篇》"典礼"中,把祭祀"社稷坛"奉为"大祀"置于各礼祀之首,并对社祭的仪式、祀典、祝文、祭器和社祭陈设摆位等做了详细的说明。宣统版本记录的高要社祭坛祭祀大抵和《厦门志》《噶玛兰厅志》《恒春县志》和《晋江县志道光本》等,尤其是《钦定大清通礼》中社稷祭祀的记载基本一致。(如图1所示)

如果单从县志的记录来看,珠江三角洲地区的社祭在清末民国时期受到了王朝国家仪礼和祀典文化的高度濡化和影响。从县志的编修来看,以官员为主导并牵头,由地方举荐缙绅、士大夫共同参与编修完成。修纂县志的官员、缙绅或士大夫,始终是王朝国家和地方社会民众沟通的中间层,县志的书写具有其主观因素。外来官士和本地缙绅、士人在修志文化建设过程中,受到以明清时期的王朝国家统治为指归的意识影响,一方面加速了统一王朝国家的建构;另一方面,岭南地方精英有意识地、主动地向王朝国家靠拢,体现在县志修纂内容的书写和表述上多以王朝国家的文化仪典为准则。③ 但是,作为历史上的准藩属国或藩属国逐渐变成羁縻区并最终融入大一统王朝国家并成为其整体的一部分,岭南地区的文化始终有其独特的文化特性。社祭的祭祀礼仪和文化内涵自然也有其独特的文化

---

① (清)谭桓修、梁登印纂:《(康熙)高要县志》,清康熙十二年刻本。据国家图书馆藏本影印,卷十"祀典志""社稷坛",见《广东历代地方志集成·肇庆府部》(一〇),岭南美术出版社2009年版,第166页。

② (清)韩际飞修,(清)何元、(清)彭泰来纂:《(道光)高要县志》,清道光六年影印本,卷四"舆地畧二",成文出版有限公司1936年版,第3页。

③ 参见刘正刚《〈肇庆府志〉:两广总督府时期的文化建设》,见肇庆市博物馆网(http://www.zqsbwg.com/zt_fucheng/fcls/2017-05-12/1088.html?bsh_bid=5600886460)。

因子。补修《高要民国志稿》卷十三《高要县民国时期风俗习惯档案材料选编》，其中有关社祭的记载在"风俗习惯"一节中记为：

> 祀社：社之祭甚古，诗以社以方，礼仲春之月，择元日，命民社，盖古者民二十五家为一社，或十家五家共为田社。曰私社同社之家，设立社神祀之，谓之土地，亦称社公。立春、立秋后第五戊日为春社、秋社。同社之人，酿黍致祭，并颁胙肉于同社各家，谓之社肉。农历二月二日，为土地诞日，家有新生子者，或送竹炮于社，燃放之，媵以牲物，炮上系红圈一，燃放时夺得此红圈者，以牲物赠之，名曰抢添丁炮，纷纷若狂。①

从晚近的民国资料的记载，可以看到高要春社在前县志的记载里录入了新的内容，"家有新生子者……名曰抢添丁炮"。"添丁炮"习俗在岭南地区得以生发并传承下来，或许与其宗族观念氛围浓厚的文化土壤具有息息相关的勾连。"添丁炮"在现代社会文化语境下，衍生出多种面相的社祭内容和神性配飨，是高要春社特有的文化事象。

---

① 梁赞桑等编纂：《高要民国志稿》卷十三《高要县民国时期风俗习惯档案材料选编》，民国三十六年（1947），"风俗习惯"条。

社稷陈设图

```
                    (西)  东案           向东案 - 设左
                          向西             陈
                          司司司         尊篚    福福
                          爵祝香         爵帛    酒胙
                            帛

    社右                          俎羊一

              铏  簠  簋  笾  鹿  豆  鹿醢
                           枣          镫
(南)案  正中  陈和  实稻  实黍  笾  形  豆  菁菹       盘        陪祭
    北向       齍   粱   稷   实         香案陈香  当阶  主祭  (北)
                          笾  盐  豆  芹菹       炉
                           栗                  文           陪祭
              铏  簠  簋  笾  脯  豆  兔醢      祝镫

    稷左                          俎豕一

                          (东)                东之下阶
                                                设
                                                洗
```

**图 1  社稷陈设**①

### 2. 高要春社的时间与分布区域

高要春社节俗的特点是活动周期长，从农历二月初延续到二月下旬。活动周期较长的原因在于各村节日时节的错落演绎，隔开进行，有序展开。尤其体现在同一社区内的各自然村以及邻近的村社在协商的基础上错位交互进行节俗庆典。（见表1）

---

① 根据《（宣统）高要县志》和《噶玛兰厅志·卷三中》"祀典"词条解读，可以知道高要社稷陈设图和噶玛兰厅所置社稷陈设图同制，故此陈设图引用《噶玛兰厅志》中社稷陈设图。

表 1　高要区各镇、村春社活动的地点和内容①

| 农历日期 | 春社活动的地点和内容 | |
|---|---|---|
| 正月十六 | 新桥镇： | 金山村（社祭、抬神、巡游、抢炮、宴饮） |
| 二月初二 | 河台镇： | 罗仁村（社祭、巡游、抢炮、宴饮），都权村、罗建村、尚德村、高村、多宝村、龙城村、三联村、大坑边村、四联村、双保村、罗西村（社祭、抢炮、宴饮） |
| | 新桥镇： | 金山村（社祭、巡游、抢炮、宴饮），鹧鸪坑、沙田竹圩（社祭、抢炮、宴饮） |
| | 白土镇： | 富科村、雅瑶村、九山村（社祭、放炮、宴饮） |
| | 回龙镇： | 槎塘村、槎岗村、旺洞村（社祭、放炮、宴饮） |
| | 金渡镇： | 耕沙村（社祭、巡游、抢炮、宴饮），腰岗村（社祭、放炮、食茶果） |
| | 莲塘镇： | 大竹园湖塘村、大竹园平坳村、荔枝村、荷村、龙塘村、波洞村委金光村、下围村、伍村、高斗村（社祭、放炮、食茶果） |
| | 蛟塘镇： | 新金龙村、合山村（社祭、放炮、食茶果） |
| | 白诸镇： | 区村、下坡村、廖甘村、姚村、大基头、石下村、布院村、妙村、四联村、高山村、新星村、上洞村、平沙村、长沙村、金元村、高塱村、边坑村、边围村（社祭、放炮、食茶果） |
| | 禄步镇： | 镇南村、外坑村、大榕村、双马村、岩口村（社祭、放炮、食茶果） |
| | 小湘镇： | 笋围村（社祭、放炮、食茶果） |
| | 南岸街道： | 马安村（四个队）、夏岗村（三个队）（社祭、放炮、食茶果） |
| | 活道镇： | 活道村、槎头村、横石村、禾地咀、水口村、松坑村、真竹村、法洞村、鳌头村、新径村、仙洞村、上横江、东横江、首岭村、石村、云美村、石塘村、鹤咀村、无忧洞、塘坑村、上蕨坑、下蕨坑、白石坑、双河村、吉田塱、禄洞村、下塱村、大简村、坪地村、塱尾村（社祭、抢炮、宴饮、食茶果） |

① 资料来源于高要区文化馆。表格信息参考自《高要年鉴（2020）》，中华书局2021年版，第30-31页。笔者在田野调研中根据实际情况进行调整和修改，调研时间为2021年3月。

续表1

| 农历日期 | 春社活动的地点和内容 |
|---|---|
| 二月初三 | 河台镇：罗闪村（社祭、抢炮、宴饮）<br>蛟塘镇：三江村（社祭、放炮、茶果）<br>回龙镇：大塘边、同攸岗、黎槎村（放炮、宴饮、食茶果） |
| 二月初五 | 回龙镇：澄湖村（社祭、放炮、宴饮、食茶果） |
| 二月初八 | 乐城镇：社播村（社播二队）（社祭、放炮、宴饮） |
| 二月初九 | 白土镇：大旗村（社祭、放炮、宴饮、食茶果） |
| 二月初十 | 白土镇：富科村、雅瑶村（社祭、放炮、宴饮、食茶果）<br>蚬岗镇：富金村（社祭、放炮、宴饮、） |
| 二月十二 | 金渡镇：榄塘村（社祭、放炮、宴饮、食茶果）<br>禄步镇：禄步村（社祭、放炮、宴饮、食茶果） |
| 二月十三 | 金渡镇：五股村（社祭、放炮、宴饮、食茶果）<br>白土镇：坑口冼（社祭、放炮、宴饮、食茶果）<br>蚬岗镇：蚬三村、富佛村、范山村、杜村、芙罗村（社祭、放炮、宴饮、食茶果）<br>莲塘镇：坑塘村、山根村、波洞村委石脚村、官塘村、波西村（社祭、放炮、宴饮、食茶果）<br>蛟塘镇：竹围村、天鸦村、龙剑村（社祭、放炮、宴饮、食茶果）<br>白诸镇：东村（社祭、放炮、宴饮、食茶果） |
| 二月十三 | 禄步镇：禄步村（社祭、放炮、宴饮、食茶果）<br>乐城镇：仙人坑村（坑口村、坑尾村）（社祭、放炮、宴饮、食茶果）<br>活道镇：山塘口、迳心村、松坑村、大端村、洞心村、真竹村、活村、姚村、严村、官塘村、泽上村、大塘山、法洞村（社祭、抢炮、宴饮、食茶果） |

续表1

| 农历日期 | 春社活动的地点和内容 |
| --- | --- |
| 二月十四 | 金渡镇：西头村（社祭、宴饮、食茶果）<br>禄步镇：大连村（社祭、放炮、宴饮、食茶果） |
| 二月十五 | 白土镇：富科村（3年一次）、蝉坑村（6年一次）、桂岗村、坑尾村、灶尾村、龙沙村、竹根村、围边村、细洲村、大洲村、仁里村、任村村、大洲莫、区边村、河边村（社祭、请神、放炮、分胙、宴饮、食茶果）<br>蚬岗镇：富金村（社祭、宴饮、食茶果）<br>蛟塘镇：新塘村（社祭、宴饮、食茶果）<br>白诸镇：北凤村（社祭、宴饮、食茶果）<br>水南镇：山寮村委会马排村、石桥村、山朱迳村（社祭、宴饮、食茶果） |
| 二月十六 | 白土镇：南岗村（6年一次）（社祭、请神、放炮、分胙、宴饮、食茶果）<br>东岸村（6年一次）（社祭、请神、放炮、分胙、宴饮、食茶果）<br>莲塘镇：荷村、波洞村委迳口村（社祭、宴饮、食茶果） |
| 二月十九 | 河台镇：罗西村（社祭、抢炮、宴饮、食茶果）<br>白土镇：九山村、幕村（社祭、宴饮、食茶果）<br>金渡镇：沙头村（社祭、巡游、放炮、宴饮、食茶果） |
| 二月至三月 | 金利镇：三耍村（祭三岗古社、宴饮） |

作为民间躬行春祭的风俗，高要围绕社稷崇拜而生的春社民俗遍布高要全境。河台、禄步、乐城、水南、白土、金渡、回龙、新桥、白诸、活道、金利、蚬岗、蛟塘、莲塘、大湾、小湘、南岸等17个乡镇和街道全境均有社坛分布。高要登记在册的有近5000座社坛，在各村社中俨然遵守古时"社"的严整的配属关系。在宗族观念、宗族组织和宗族伦理氛围浓厚的岭南边地，"社"的配属关系与宗族的秩序架构有严密的呼应和吻合。"社"的文化内涵融入岭南文化的诸多文化要素和构件，具有独特的"社"文化景观和符号表征意义。高要春社遍布全境的高要社坛大多

保存着中国古制"四石合坛"和"靠树为坛"的传统社坛建筑格局①，同各镇村及坊巷有着传统的专属配置关系，在重要的交通节点通常有个"大社"（众社），村内坊巷口、门楼口等设有巷口社；水路上落的水口码头设有水口社；耕作的农田田头设有田头社。社稷坛之间有完整的配属关系。② 高要春社部分分布如图 2 所示。

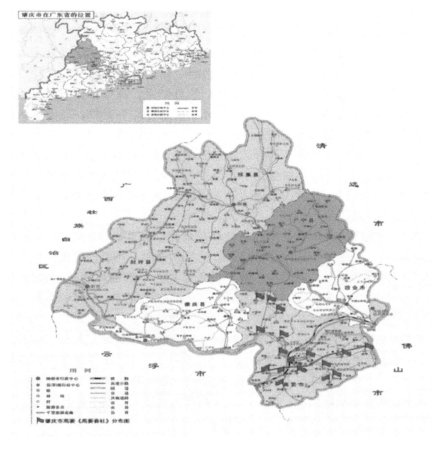

**图 2　高要部分春社分布③**

---

① 陈忠烈：《"靠树为坛"与中国先民驻留澳洲》，载《广东社会科学》2003 年第 6 期，第 84 页。
② 参见高要区文化馆《"高要春社"社稷坛分布概况》（内部资料），2019 年 8 月 13 日。
③ 图片来源于高要区文化馆内部资料。

### 3. 高要之"民"简述

高要世居居民自古为百越民族。历史上的人口南迁也影响到了岭南地区，特别是明清之后，南雄珠玑巷历史地位崛起的同时亦是岭南人口迁移的频繁期。据《高要县志》及田野调研过程接触到的族谱记载，肇庆居民的姓氏源流，最早可追溯到晚唐，且高要居民大多由南雄珠玑巷迁居而来。此外，迁居高要的移民还有部分因避战乱、天灾或赴任迁移的。但这一部分从族谱和姓氏源流记载来看，所占比重不是很多。从现今的民族成分来看，高要作为古越族为原住民的多民族聚集地，汉族人口为绝大多数，占人口比例为99.72%，只有极少数因工作迁入或者婚姻而居住在高要的少数民族。据《高要年鉴（2019）》统计结果，高要常住少数民族人口为1820人。从田野调研中得到的族谱、家谱等文字记载，高要多数姓氏的居民主要是南雄珠玑巷南迁的汉族人。高要的西北山区，水南、禄步、乐城、小湘等几个镇有部分区域是客家人的主要居住地。高要各镇之间随着人口流动、自然环境变化、社会发展以及婚嫁结亲等，构成了迁居流动的网络化联结，各姓氏聚落随着人口流动和迁居不断增加，姓氏分布呈现杂糅化、复杂化趋向。

人口和民族成分构成是文化显性和隐性特征在实践和行为中的承载、原因和结果，更是社会架构和组织运行的权赋渊源。高要西北部山区的河台镇罗仁村、都权村、罗闪村、罗建村等，高要中部的耕沙村、水边村、水口村、姚村、沙头村等，还有高要最东边的蚬岗镇和金利镇的各村，族源多可追溯自中原地区。田野调研中，高要春社最热闹的区域之一为河台镇都权社区的罗仁村、都权村和罗建村、罗闪村一带。罗仁村位于河台镇西北偏远山坳里，距离县城大约10千米。村民进出依靠各自家中的出行代步工具，没有公交车，也没有私营盈利性代步工具。山村地处丘陵地带，群山环抱，风景优美，以水稻、番薯等为主要农作物，经济作物主要是玉桂、松林。村中乡贤焦BM[①]介绍道：

> 罗仁村主要有焦姓和梁姓两大姓氏，焦姓是开基祖，人口占绝大多数；梁姓为后来迁居于此，人口占少数。据焦氏族谱记载，焦族始祖焦胜连于明朝洪武二十七年（1394）正月初十，率领妻儿及族人

---

① 焦BM，男，退休老教师。采访时间：2020年6月20日。采访地点：焦BM家中。采访人：梁娟美。

从南京月照坊迁居高要新桥塘边村。焦胜连生四子，长子焦余庆、次子焦余芳、三子焦余扬、四子焦余相。明建文四年（1402）二月初八四子各分支移迁，三子焦余扬及其妻黄氏迁徙至罗仁村，生息繁衍至今19代，约618年间，人口1800余人。后有房族分支迁徙至右龙村、福洞村等。始祖次子续后第七代焦敬俸，其子焦学周、焦学用，父子两代终于道光二十九年（1849年）创建四进室"以忠焦公祠"，至今已有170多年历史。焦氏家族遍布全国150余万人，排百家姓第124位，有焦氏族徽、族歌和族标，"焦氏祖根三门峡，焦氏古姓三千年，百派支流水同源，千年共脉耀中华，国兴繁荣世泽长，焦门鼎盛衍家声"。

从这一段介绍中可以明确四条相关信息：一是罗仁村的族源有比较清晰的追溯路线，源自中原地区三门峡，经由南京月照坊再到高要；二是焦氏族人从中原迁徙而来的时间大约为明朝前期；三是焦氏族人在高要除了河台镇，还有新桥镇曾作为其定居点；四是焦氏族人人口散布播迁地域广阔。

高要中部原为高要千年古县县衙所在地，城镇化较为显著的金渡镇耕沙村便坐落在附近。耕沙村谢氏族谱记载，耕沙谢氏移民至高要金渡宋隆河畔围垦，故名耕沙，现耕沙、沙头西江沿江一带很多地名仍以"××围"为名。谢氏聚落所在宋隆河下游，故又名下沙村。谢氏祖成禄公自南雄珠玑巷顺西江入肇，抵达肇庆崧台（今阅江楼侧），传世崧台谢氏一族。耕沙谢氏为崧台谢氏一族第六传谢忠字廷信第三子宏江之后，长子宏道为莲塘谢氏祖，次子宏林为水坑谢氏祖，宏江支系迁居漕湾（今肇庆塔脚河傍村）进而播迁至耕沙村，为谢氏耕沙村开村始祖仕雄之祖。仕雄祖所生四子播迁地域范围除了高要县，还迁至广西平南、郁南、梧州、深圳、肇庆府、广州、韶关等地。据《肇庆地名志》载，耕沙之名始于明洪武二十七年（1394年），至今逾600余年。村中居民谢GS介绍[1]，经由代代口传，谢氏后人确定了两点基本可信的内容：第一，结合民国《高要县志》记载，耕沙谢氏确系成禄公后裔，即经由南雄珠玑巷散播至

---

[1] 谢GS，52岁，耕沙村村委干部。采访时间：2020年12月15—23日。采访地点：谢GS家中。采访人：梁娟美。

今高要金渡镇一带；第二，村中女眷在品神①时的念词"漕湾渡，河傍村，吉庆社"。漕湾渡河傍村即为谢氏祖宏江公一族聚居地。由此可见，与耕沙谢氏有关联的谢氏族人在高要多个村镇均有定居聚落，具有同宗同源的亲缘关系。据此可以推断，开基建村时大抵有相似的文化背景和传统袭承。吉庆社为耕沙村原祖居旧聚落一弯月形池塘边的土地社坛，吉庆社社坛占地十来平方米，吉庆社旧聚落一带被称为吉庆坊，另有一名为吉庆坊的社坛。据谢氏后人谢 YC 口述，② 吉庆社和吉庆坊的立坛时间已经无从知晓，从村中祖辈相传的口述和文书来看，或许能推断出是建村时就设坛。耕沙社区一带，除了谢氏族群集中居住，在上沙、下沙以及沙头村也有谢氏族群集居。

沙头村在高要与端州隔江相望的南端，是西江在肇庆急拐弯的南岸。村庄被沙堤掩护，旧村落齐整规划，村中间一口大池塘，村居绕池塘四周散开而居。沙堤临西江一面，有历史久远的码头，也有规制清晰的水口土地社坛，担负着村民赋予的出水捕鱼获丰收、行船远航保平安、洪水来袭佑村庄等神性功能。沙头村围绕吉庆祖庙为主线的春社习俗叙事，其历史可追溯到几百年前。③

在高要各村中行走，南至活道镇，东至与三水县隔江而望的金利镇，东北至河台镇、乐城镇，所有搜集的族谱或文书，直接或间接地都与南迁的南雄珠玑巷移民有关系。南岭世居民的数量或族群，从县志记载来看主要是瑶（猺）族、壮（僮/獞）族，还有部分疍家。南迁的汉人逐渐占了高要人口的绝大多数。

**4. 高要春社的内容与现状**

高要春社按照传统习俗进行祭拜"社坛""社公""土主""土地公"，开展"拜社""行社""行村""奉香""放炮""还炮""抢炮""开灯""食茶果"等不同名称的习俗活动。高要春社社祭的社神/社主，多被称为"社公""土主""土地公"，只有少部分村庄和社区敬奉福德正神。乐城镇社播村、河台镇罗闪村、水南镇等少数部分山区村落为客家

---

① 祭祀神灵时，妇女口中念词，祈愿美好愿望，祈求带来好运气。
② 谢 YC，45 岁，耕沙村村委干部。采访时间：2020 年 12 月 15—23 日。采访地点：村委会。采访人：梁娟美。
③ 钟 HX，50 岁，沙头村村委副主任。采访时间 2020 年 12 月 14 日。采访地点：耕沙社区居委会。采访人：梁娟美。

人聚落，敬奉社公为福德正神。由于历史、地理等时空文化语境的地方性特点，岭南古越族文化基因在春社祭祀中凸显独特地方文化特色的同时，高要人在粤港澳大湾区以及海外又有频繁的人员往来与互动，春社习俗文化播迁到域内外形成广泛而久远的民俗信仰文化圈，型塑具有多元面相的祭祀和研究团体（如世界伯公节的组建及其相关学术研究的发展），建构了族群的认同。

高要春社民俗与陕西、山西、河南、河北、辽宁等地入围国家非遗名录的社火民俗相比较，独特的岭南文化要素和文化场域赋予其独具特色的春社习俗，从祭祀仪式和仪式内涵来看，高要春社在某种程度上保留了古制的春社传统，是古制春社的存续、传承与应变重塑，体现出源于上古社祭的古制中国社会的国家礼仪和风俗，在岭南文化语境中绵延再现历史过程的"折叠"与"拉伸"。① 高要春社习俗仪式流程包括社祭、境内游神、抢炮、分胙（分肉）、醒狮、宴饮等环节。每一村社的春社社祭习俗与仪式不尽相同，但大抵有相似的流程和内涵，乡村祭神的结会、迎神送祟的赛会、朝顶进香的香会②表现在社祭、境内游神、抢炮、分胙、醒狮和宴饮各环节中，同时又契合岭南信仰和宗教祭祀的地方性神明，是岭南地方性知识和知识地方性形成与建构的见证与体现。高要春社社祭习俗与仪式的地方性知识和知识的地方性、具化性体现在社神、社主、配飨等传统社祭的形式与内容上，也体现在宗族制度氛围浓厚的岭南文化场域下的抢炮、庆灯仪式等民俗文化上。

（1）社祭。高要各村聚落以姓氏宗族为主要定居者。一大姓或者几个姓氏共同集居，彼此的院落家屋有明显的区划线，尤其是旧屋聚落之间的区别更加明显；同时，里甲制在族群和村落划分上随处可见其遗留的痕迹。各家族群落聚集的里、巷或坊分别在各自的里口或巷口供奉各自的土地神坛。里、巷、坊各自的土地坛归各自族里和同姓聚落的群体去敬奉和管理，他人的社坛万万不可参拜，即村居聚落各族群和各姓氏有归属各自一方的小社。各家族和各姓氏共同的公众社坛则为村落的大社。

---

① 参见赵世瑜《历史过程的"折叠"与"拉伸"——社的存续、变身及其在中国史研究中的意义》，载《清华大学学报（哲学社会科学版）》2020年第2期。
② 参见顾颉刚《古史辨第一册自序》，见《顾颉刚古史论文集 I》，中华书局1993年版，第70–71页。

社祭与境内游神结合,共同建构村落族群内部的信仰世界的秩序和框架,是信仰圈内诸神在世俗世界中世人的精神世界的反映和社会秩序的类比。金渡镇冲口社区、水口社区和水边社区旧聚落沿着宋隆河支流依水而建。明清以来宋隆河水时常泛滥,冲口社区、水口社区和水边社区各村落仍有对洪水时常泛滥、民生凋零、稼穑受损的历史记忆和集体记忆。各族群和各族姓在各自的里、巷和坊中开坛祭祀的土地公名称,如石湾坊、振溪里、洪恩里等在某称程度上反映了人们对这片土地的历史和生活的记忆沉淀。同时,为应对洪水泛滥而组建的堤围监护组织,明清以来都以"社"为单位进行分段分派修护和预警任务。

金利镇三岗古社作为大社,配置了社亭(已被毁)和拜台(已被损,仅存墩台),是周边各自然村落族群祭拜各自小社之后必定会来敬奉的土地神坛。白土镇坑尾村村民祭拜大社和小社的顺序与三要村先祭小社再祭大社的顺序刚好相反。白土镇坑尾村有一个全村的大社和两个小社,每年社日上午吉时,全村社众齐集大社,各家罗列供品,祈求五谷丰登、六畜兴旺、风调雨顺、国泰民安;祭大社之后,各坊分别祭自己的小社。又如新桥镇金山村有 6 个社,其中一个全村的大社,村分五坊,每坊配置一个小社。春社日由村中父老择定全村拜大社的吉时,全村社众齐集大社拜祭,然后各坊分别祭自己的小社。社祭之后,各村拜祭本村村庙的各神,把村庙各神请出来参加春社庆典。[①]

(2)境内游神。社祭祀典其中一个重要的环节即是境内游神。春社祭土地神坛,祀典仪式中主要的配飨神成为代替土地神出行巡游村境的神灵,这是高要春社最特殊的社祭祀典,或许因其特殊的信仰圈而形成了独具特色的春社仪式事象。高要春社境内游神的神主有龙母、洪圣大王、菩萨等。境内游神的路线按照约定俗成的村居巷道列队前行。一般所经之处均覆盖全村聚落的各族各姓的重要场所,尤其是各里、巷、坊土地公(土主、土地神、社稷坛等)所在地。

游神巡境最具特色的是河台镇罗仁村、罗西村、罗闪村以及白土镇坑尾村。河台镇春社土地信仰配飨神主是龙母娘娘。龙母巡游在高要春社的所有游神巡境中,是参与人数最多也最为热闹的民俗实践活动。龙母巡境

---

① 高要区文化馆:《高要春社基本内容》,见《肇庆市级非物质文化遗产代表作申报书》,2013 年 3 月 28 日。

活动包括祭神、抢炮、娱神庆演、龙母归位、分胙、宴饮等环节。龙母巡境活动在正月里开始组织筹备。由上一届抢得龙母炮的炮主所在社（中队）组织规划，同时全村各社共同奉献筹集资金。炮主在二月二春社当日，在一系列社祭祀典结束之后，请社中青年男女（童男童女）抬出洁身换新的龙母神像，炮主族人及村中众人跟随神像，沿着规定的路线在村落、田地或水塘、溪流边进行巡游。所到之处，家家户户焚香顶礼迎接龙母，醒狮随拜，户主以鞭炮回礼。抢炮场所作为村落的公共空间，村民不得占为私有，抢炮场所也是固定的。龙母巡游终点为抢炮场。抢炮结束之后，娱神庆典包括歌舞表演（港澳地区为传统神功戏，河台部分村镇原有调菩萨仪式）也在龙母神像前进行。娱神表演结束之后，由抢得花炮的新一届炮主送龙母原路返回龙母庙中。

白土镇坑尾村的游神抢炮春社日定在二月初十，每隔6年举办一次游神民俗活动。游神当日，由近6年内结婚的男丁把白土高庙的天神、地神"行宫老爷"神牌接到村内门楼处，搭棚供奉到二月十五。二月十五为春社社祭日，祭社以后，"行宫老爷"到村中各里、巷、坊的各门楼巡游过境。所到之处，各家各户把供品供奉到自家所在门楼，迎接"行宫老爷"并求福祈愿。[1] 农历二月十六日，由全村男丁恭送"行宫老爷"回归神庙。

游神巡境在部分村庄中被称为"行村""行社""行船"等，祛晦禳灾的民俗与其他地方的中元节传统具有类似的韵味。在白土镇富科村的宋隆河流域一带，每年农历正月以及春社期间的农历二月初五、初八、初十、十二，各村有"行村""行社"或"奉香"的传统，也有的村子每隔6年办一次。请来道士给扎好的花船施以法术，道士手执铜锣边敲打边念唱科仪文本记载的文书，然后做出驱除魔障并封印于花船的举动，最后把花船放入江河逐入大海。念唱的文本大意为："行滩锣鼓喜连连，敲起鸣锣就开船，读书君子讲书篇，耕田男女讲时年，做官便讲官家礼，生意滔滔讲赚钱，疍家行船讲水路，十八缕荫讲少年……""吾师叹，叹下船头呢个老艄公，叫佢撑船诈肚痛，个个老艄婆，手执条烂舦筒，一棍打中个老艄公，世上未曾见过咁世凶，老婆打老公……"一直唱到驱邪出门

---

[1] 参见高要文化馆《高要春社基本内容》，见《肇庆市级非物质文化遗产代表作申报书》，2013年3月28日。

外，引福归堂。意思是将花船引向了江海，驱走了邪魔，把福禄引回到家中。每年到了行村期间，村民醵钱共买一只花船，在村前的空地上和土地公前进行"施法"，家家户户烧香拜神、煮茶果敬奉给神灵和亲友。据介绍，白土镇富科村的花船有将近两米长，扎船的技艺也是一门绝活儿。①

（3）抢炮。传统的抢炮是岭南民间节俗时唯独男丁参与的竞技类民俗节庆活动，具有岭南独特的地域特征。近年来，随着时代的发展和观念的转变，女性参与的抢炮民俗活动也逐渐出现。高要春社抢炮的炮名反映了岭南浓厚的宗族伦理观念，添丁炮、新丁炮、新婚炮、龙母炮等，无一不是有土有福、添丁发财、延续宗族香火的民俗蕴涵。抢炮的组织和流程，在河台罗仁村的龙母炮和新婚炮中可以窥见一二。

中华人民共和国成立之前的炮会主要由村中缙绅发起，并捐助村社的春社抢炮节俗活动；中华人民共和国成立后由村干部发动组织，"文革"之后村干部退出了春社民俗的置办，仅作为治安和秩序的维护者来确保每年近 10 万人参与的活动安全有序。②炮会的炮主为前一年抢得龙母炮的人，炮会成员为该炮主所在中队（社）的男丁。组织炮会活动事宜以炮主牵头的炮会来操作，活动经费来源于村中各社成员。活动经费的筹集历来以自愿为原则，"按心意给"就是对龙母神最大的敬意。据说龙母炮具有很强的灵验性，因此，"龙母很灵"的说法被在外打工的村民转述后也被外地的"大老板"所接受，外地"大老板"的捐赠也是炮会收入的一个重要来源。③

至于新婚炮，由过去一年村中新婚的男丁主动向炮会提请，炮会统一安排制作炮座，一户新婚一座炮。社祭日，游神巡境抵达抢炮场，再次上香祭拜龙母，祈愿求福展开抢炮前的祭告仪式。放炮吉时的确定，旧时由村中长老或风水先生来推定，现在主要由流程安排和仪式完成情况来确定，仪式的神秘性和神圣性在当下语境下逐渐地被削弱。新婚炮的燃放顺序以过去一年新婚日期的先后顺序来排序。抢得新婚炮的人将得到新婚家

---

① 冼 SZ，75 岁，退休村干部。采访时间：2021 年 3 月 21 日。采访地点：富科村村委会。采访人：梁娟美。
② 焦 DD，58 岁，村委会副书记。采访时间：2020 年 6 月 20 日。采访地点：罗仁村村委会。采访人：梁娟美。
③ 梁 SQ，59 岁，村委会副主任。采访时间：2020 年 11 月 6 日。采访地点：罗仁村村委会。采访人：梁娟美。

庭赠送的两杯米酒和一封利是（红包）。

在活道镇姚村的春社抢炮中，主要为添丁炮，即过去一年新生的男丁。炮座由新生儿外婆置办赠送。抢炮之前的仪式过后，燃放礼炮，礼炮过后按出生先后顺序燃放添丁炮。过去一年最早出生男丁的添丁炮称为"头炮"。头炮在添丁炮中具有比较突出的地位，一般认为头炮的运势会带动或影响今年所有新丁的运势。村的狮队隆重地去到头炮新丁的家中，请出已祭拜过当境土地公社神和各庙神的头炮，其他各添丁炮随之而出，共同来到抢炮场。① 姚村最有特色的地方在于，添丁炮逐渐改变以往只有男性参与抢炮的习俗，近年，女性也参与到抢炮中来。抢到炮座的人将得到来自添丁家庭赠送的两根有头有尾的甘蔗、两包"红双喜"香烟、芹菜、葱、蒜、姜、柏叶，以及一封利是（红包），所赠物品均有吉利的彩头。②

（4）分胙。分胙的传统习俗源于原始图腾文化中宰杀和分食图腾圣物的古老宗教仪式。在礼乐文化时代，图腾圣餐被赋予丰富的文化内涵，逐渐演变为"分胙仪式"。分胙是祀典仪式和宴饮仪式的过渡礼仪，是人神之间交流的过渡阶段。通过分胙进入享用宴饮，人神交流的宗教情感和心理得到了欲求的满足和精神的慰藉。③ 高要春社社祭的祀社祭肉由村民"醵钱而市"，经过神圣的祭祀仪式，祭肉增加了神性的意味，均分祭肉不在于解决食欲，而在于对神性的沾染和恩典的享用。祭社仪式结束，村民齐聚社坛、门楼或祠堂，以荷叶或旧碗来盛回均分的祭肉。分发祭肉的掌刀人，原来是由宗族各支房推选出的理事，现在主要由族长或当年主持抢炮或社祭的长老来统一分发。村民领回胙肉，再回到家神祭祀之处，奉献祈祷之后全家共享，从而完成了从神性赋予到融入人身心的过渡。

（5）宴饮。如果分胙仪式是巩固宗族血亲关系、增强宗族秩序伦理和地位的前序，那么宴饮则是为分胙所确立的宗亲之间关系的鲜活而热闹的演绎。"同一桌人，共一家人"是高要春社宴饮的文化主旨和意义精

---

① 冯 YL，26 岁，村民。采访时间：2020 年 12 月 2 日。采访地点：村委会、微信。采访人：梁娟美。

② 姚 YL，52 岁，村委主任。采访时间：2020 年 12 月 2 日。采访地点：姚 YL 家中。采访人：梁娟美。

③ 参见何长文《中国古代分胙礼仪的文化蕴含》，载《东北师范大学学报》（哲学社会科学版）1999 年第 3 期，第 49 – 53 页。

髓。"春社大过年"是高要人的说法,每年的春社是高要人归乡走亲访友最热闹的节俗。午餐在自家,晚宴在亲友家是高要人宴饮的策略。近年来,由于人口的流动和进城的年轻人逐渐增多,很多年轻人不再在自家开桌,午餐和晚宴都回到老家参与宗亲家族的餐宴,或者有的提前一两天就回到乡下老家。

宴饮一般有两种形式,一种是以出份子钱的形式全村共聚。河台镇罗仁村社祭过后一般每户出一人到祠堂中参与公共宴席,提交的份子钱由炮会统一收管,一般都会多收,剩余的钱会交由下一届炮会来保管和使用。另一种形式为现今比较普遍的形式,按照过去一年最早出生的男丁优先使用祠堂宴请招待亲友,前来赴宴的一般多为该户人家的亲友,宴饮费用多数为该户人家自付,赴宴亲友讨喜给新男丁打红包。其余各家添丁的则各自在自家宴请各自亲友。比如,由于水坝建设而搬迁到高要区政府一墙之隔的陈孔村,过去一年中最早出生的男丁家族使用祠堂进行宴饮招待。此外,还有一种各别村落采用的宴饮形式,在春社节前某一个约定俗成的时间内,哪一户添丁的人家首先到祠堂张贴喜布,哪一家就可以在春社日宴饮时使用祠堂,采用这种形式的主要是白土镇坑尾村。

高要春社宴饮而衍生的食物,高要境内多地称之为"茶果",故此,春社日也被称为"茶果节"。

**5. 与高要春社内容相关的其他器物和必需品**[①]

(1) 拜祭器具:灯油台、主香炉、当天香炉、烛台、灯油、灯芯、神牌、神台、神龛、神像等。

(2) 拜祭祭品包括以下6类。

肉类酒水:鸡、鹅、猪肉、烧酒。(高要当地人喜好鹅,认为鹅冠红高立,有加官晋爵、好运连连的彩头。高要祭祀没有食用鸭肉的习惯,鸭肉一般用于白事。)

茶果类:煎堆、松糕、裹蒸、粽子、爆花、茶蛋仔。

---

① 本部分结合田野调查与高要区文化馆搜集材料互为印证。主要参考资料为高要区文化馆制作的《肇庆市级非物质文化遗产代表作申报书》(2013年),《"高要春社"民俗活动传承发展调研座谈会个人发言稿》,河台镇都权村梁绍全(1944.8—2020.7)。(梁老为河台镇退休老校长,留下有关都权村开村历史村志、族谱和多篇文稿,都是珍贵的历史资料。梁老还是高要春社民俗的非遗传承人之一,第一次采访梁老也是最后一次,很感恩遇见梁老。谨以此文致谢梁老的无私帮助和亲切接待。)

干果类：龙眼干、荔枝干。
蔬菜水果类：香葱、蒜、芹菜、萝卜、莲藕、柚、苹果。
其他：斋菜、红米饭、红烛、纸宝。
茶果食品制品：大小煎堆、棱粉角仔、油角仔、红豆糕、绿豆糕、松糕、裹蒸、粽子。

（3）巡游道具（以河台镇罗仁村为例）有7类。

神台：用杉木制成，四条腿可折叠，方便抬拜。

神龛：为龙母庙浓缩版，用杉木做成，屋檐下两边各有龙子一条，四角挂有红花、灯笼，龙母殿前雕刻有"风调雨顺、国泰民安"字样。牌坊前，中间有龙母赐福，左右两条圆柱上均雕刻有一条龙。

龙母神像：属陶瓷品。

龙母牌匾（放龙母神像后）：为有200多年历史的酸枝木牌匾，上面雕刻有如意吉祥花纹。

高脚牌：用杉木和板制成。

扁锣：用铜制成。

彩旗、帐伞、帅旗：用各种颜色的绸布做成。

（4）放炮道具。

炮毐：用生铁烧焊而成。高约35厘米，底面直径约25厘米，呈圆柱形状，外涂红漆；炮也由生铁焊成，高约18厘米，外涂红漆。

炮箍有龙母炮箍、丁财炮箍、新婚炮箍：用6～9厘米的铁丝烧焊而成，外面用红绸包裹。河台镇都权村的炮主要以山上的藤结成炮环。

添丁花炮：用竹篾制成花炮架，上下底呈红角星形状，高约30厘米，四周糊有画着龙凤彩色图案的红纸制作成的花灯，炮面的彩纸上有"丁财两旺"的金色字样，两个红色炮筒（内有火药）由炮顶伸出，炮顶四周由5支竹篾装饰成彩花。

（5）其他：包括甘蔗、香烟、红包、葱、蒜、芹菜、生菜等。

## 三、高要春社的民俗文化

在高要做春社的田野调研中，笔者听到最多的就是"以前是……现在是……"的表达。结合当下社会语境下民俗节日的存续，我们不难发现，即使是延续数百年的民俗传统节俗，在每一个重大的社会历史转折或

者重大事件发生的背景下,节俗的内涵、仪式、表现形态和存续状态都会发生相应的大转变。高要春社在县志和史书以及民众的口头阐述、集体记忆中有其丰富的信仰内涵,同时通过春社节俗的节日庆典和仪式,族群、宗族、家族的互动延续,血亲秩序、文化认同都得到了进一步的强化和再确认。"文革"10年是高要春社受到社会性秩序冲击而逐渐凋零和式微的10年,高要春社祭祀仪式和内容大多成了留在记忆中的模糊影像。高要春社以遍布境内近5000座社坛为落脚点,由此而演绎出持续近一个月的春社节俗,在人口高度流动的珠江三角洲地区不仅塑造出其独特的以生态环境为基础的自然地域景观,以社会秩序结构和人际族群关系为基础的社会空间,以民俗实践和庙宇空间、仪式信仰为基础的文化空间,以及今天在村落到处可见的公共空间(麻国庆),共同构建了高要春社的立体文化空间和语境,使高要春社社祭的内容和仪式融入了岭南元素和韵味。在某种程度上,肇庆是中原人从南雄珠玑巷南下及散播珠三角的中转站,肇庆高要春社的土地信仰是中原文化融入岭南文化极具代表性的民俗文化个案。对高要春社历史的挖掘和在当下的传承进行深入了解和进一步研究,不仅可以了解岭南文化多样性的一面,也可以了解其在融入统一王朝国家及其在当下民族国家建构认同过程中可能发挥的功能和作用。

# 粤港澳金花夫人的传说与信仰

## 曾钶锜*

[**摘要**] 金花夫人，又称"金花娘娘""金华夫人"，是珠三角地区颇为流行的掌管生育的神祇。金花夫人的传说最早在元大德年间已经出现，最初的故事形态简洁；明清两代，传说的情节、内容逐渐丰富，金花夫人的神职从水神转变为生育神，职能越发明确，其间，形成金花夫人信仰，受到岭南地区人民的崇拜。第一座金花庙建于广州仙湖旁，继而有河南（广州人把珠江以南叫河南）金花庙；迄今，粤、港、澳各地依然建有金花庙供奉金花夫人和奶娘们。民间还把农历四月十七金花夫人的生辰定为"金花诞"加以庆祝，并有由参加诞日的女性组成的特殊组织"金花会"。粤港澳三地同属岭南文化圈，以金花夫人信仰为联结，可以表现三地共同的生育观念与生育理想，构成粤港澳之间的文化认同。

[**关键词**] 金花夫人　民间传说　民间信仰　文化认同

金花夫人的传说与信仰在 20 世纪初曾引起过民俗学者的关注，刘万章的《关于金花夫人》和容肇祖的《广州河南金花庙》先后刊登在《民俗》周刊，内容是对金花夫人传说的简单搜集和游历广州河南金花庙的观察所得。此后，学界对金花夫人的研究陷入了停滞状态。进入 21 世纪，金花夫人再次进入学术的视野，研究围绕金花夫人的传说、金花夫人信仰的正统化趋向、金花夫人信仰与佛道教的整合等话题开展。其他有关金花夫人信仰的文字多以说明性、介绍性为主。本文对金花夫人的研究从传说和信仰的角度切入，整理金花夫人传说从明代到现代的源流发展，对金花夫人信仰的研究关注其有形的物质载体和节日形式——金花庙和金花诞，并主要对广州的三间金花庙进行了文献考究和实地调查。本文最后部分讨论粤港澳文化认同的形成，金花夫人信仰在清代向周边地区传播并影响至

---

\* 曾钶锜，女，中山大学中文系民俗学硕士研究生。

今，粤、港、澳从金花夫人信仰中所体现的生育观念和理想，构成了三地的文化认同。

## 一、金花夫人的传说源流

有关金花夫人传说最早的文字记载出自明代弘治十八年（1505）刊刻的《南海杂咏·卷二》中的《金花小娘祠》：

> 在仙湖之西，相传郡有金氏女，少为巫，姿极丽，时人称为金花小娘。后殁于仙湖，数日尸不坏，且有异香，乡人神之，为立祠堂。予按：金花虽有贞妇显异，然失身巫觋，不能守人道之常，祠而祀之已非矣。其后巫觋假之以惑世，诬民滋甚。广之愚夫愚妇翕然从之，使在位有狄梁公者出焉，吾知是祠之在所去也必矣。他如北郭外崔府君庙讹为东岳行祠，其陋习败俗尤甚。予特举此例其余云尔。
>
> 玉颜当日睹金花，化作仙湖水面霞。霞本无心还片片，晚风吹落外人家。①

《南海杂咏》为岭南理学宗师陈白沙弟子张诩所撰，是张诩以《南海志》为底本，赋以诗句而成。据学者考证，张诩阅读的《南海志》应是元大德版本，而该版本又是间取旧志而成，因此，金花夫人的传说最早在《南海志》成书的大德八年（1304）以前就有流传，且引起了地方士大夫的关注，被载入地方志书中。② 传说中时人称金花夫人为"金花小娘"。金花小娘姓金，以巫为业，姿容极美。后来在仙湖去世，尸体不仅数日不腐坏，还散发异香，当地百姓以为金花小娘是神仙，于是立祠祭奉她。这是由《南海杂咏》记载的最早的金花夫人的面貌。就内容而言，故事情节略为单薄，细节语焉不详，对于金花夫人的出生、离世时间、死因、神职等信息，传说都没有明确说明，为后世对传说细节的增补提供了极大的空间，也推动了信仰方向的转变和发展。

清代屈大均在《广东新语》对金花夫人有如下记载：

> 广州多有金华夫人祠，夫人字金华，少为女巫，不嫁，善能调媚

---

① （明）张诩撰、刘瑞点校：《南海杂咏》，广东人民出版社2010年版，第80页。
② 刘正刚、黄建华：《民间信仰的正统化取向——明清广东金花夫人形象的演变》，载《安徽史学》2012年第5期。

鬼神，其后溺死湖中，数日不坏，有异香，即有一黄沉女像，容貌绝类夫人者浮出，人以为水仙，取祠之，因名其地曰仙湖。祈子往往有验，妇女有谣云："祈子金华，多得白花，三年两朵，离离成果。"①

屈大均称金花夫人为"金华夫人"，金花夫人溺死湖中数日后，尸体不腐坏且散发异香，又有一个与夫人容貌相似的小像浮出水面，人们以为夫人是水仙，于是为她建立祠庙供奉。屈大均的记载中首次出现了金花夫人的神职——最开始她是作为"水仙"出现的。但其后屈大均并无细说作为"水仙"的金花夫人发挥了怎样的职能，也无说是帮助百姓祈雨还是治理水患，而是讲到了金花夫人的另一神职——主事生育。作为生育神，金花夫人往往灵验，妇女们祈子得子，于是民间也有了传颂金花夫人的歌谣。从这时起，金花夫人"生育神"的形象就被固定和流传，其事迹和传说还被写入乾隆年间的《番禺县志》、道光年间的《广东通志》等官方志书中。

到了清代中后期，金花夫人传说的内容愈渐丰富和多样。道光年间，黄芝通过调查和搜寻成篇的《粤小记》就记录了金花夫人传说的数个版本：

> 吾郡金花夫人遗迹，各传其说，兹并录之以俟稽考。《笔记》谓："金花者，神之讳也。本巫女，五月观竞渡，溺于湖，尸旁有香木偶，宛肖神像，因祀之月泉侧，名其地曰惠福，湖曰仙湖。"或曰神本处女，有巡按夫人方娩，数日不下，几殆。梦神告曰："请金花女至则产矣。"密访得之。甫至署，夫人果诞子。由此无敢昏神者，神羞之，遂投湖死。粤人肖像以祀。神姓金名花，当时人呼为金花小娘，以其能佑人生子，不当在处女之列，故称夫人云。庙碑载：神生于洪武七年四月十七日子时，其时太史奏昴星不见。至洪武二十二年三月初七日午时，夫人卒，始奏昴星复位，盖感昴星而生云。近时曾方伯燠有《金花夫人歌》，言神本南汉时巫女。②

以上文字提及金花夫人传说的三个不同版本：第一个版本摘录了李调元《南越笔记》的内容。李调元在乾隆年间辑成的《南越笔记》是在抄录《广东新语》的基础上完成的，当中"金花夫人"词条内容与《广东

---

① （清）屈大均：《金华夫人》，见《广东新语·卷六》，清康熙水天阁刻本。
② （清）黄芝：《粤小记》卷一，清道光十二年刻本。

新语》基本一致，在此不再转录。第二个版本黄芝没有注明出处，但以"或曰"开头，推测是作者采录自民间的说法。第三个版本来自曾方伯的《金花夫人歌》，认为金花夫人是南汉人，但黄芝指出曾方伯错把仙湖在南汉开凿的历史和得名附会于金花夫人，才会有此说法。值得关注的是第二个版本，这个版本与先前的传说内容差异甚大：在梦神的引荐下，巡按请金花帮助难产的巡按夫人接生。金花刚到巡按府，夫人就生下了孩子。以此，人们认为金花是神仙，拥有能够保佑女人生子的能力。金花神仙的身份导致没有人敢娶她，她一羞之下投湖而死，死后人们奉她为生育神，称她为"金花夫人"，以保佑女人怀孕、生子。这个故事还为原有的故事版本增补了一系列的细节：金花的身份由一贯的"巫女"变成了"处女"；她是由于羞愧不得婚嫁而投湖自杀；故事还明确了金花的生辰和死忌，生于洪武七年（1374）四月十七，死于洪武二十二年（1389）三月初七，享年15岁。

在《粤小记》之后，广东的文人笔记和地方志书，如梁绍壬的《两般秋雨庵随笔》、樊昆吾的《南海百咏续编》、同治年间的《番禺县志》、光绪年间的《广州府志》诸书都沿用了屈大均或黄芝对金花夫人第二个版本的记录，金花夫人传说基本定型。

有学者认为，金花夫人传说中元素的不断增补、置换和情节内容的多元化、丰富化，是金花夫人信仰不断正统化所带来的改变。① 其中一个"东风之便"是顺治年间广东战乱与瑶乱的频发，导致华南地区人丁削减、户口荒耗。地方官员为了增加人口，鼓励生育，采取了一系列措施，包括着手各地金花庙的修建，放松对金花夫人信仰的管制力度，试图借神灵之力以充实人口。如此一来更宣扬了金花夫人送子佑育的灵验性，匡扶了信仰正统化的地位。这样的变化也体现在传说故事中。在《粤小记》记载金花夫人传说的第二个版本里，金花夫人首次和官方力量产生联系——替巡按夫人接生，她的身份由"巫女"悄然变为"处女"，最后还被赋予星象之说的神秘色彩。这些变化都抬高了金花夫人的合法性，融入了儒家学说的话语。屈大均评论琼州的女巫习俗"尤伤风教"，可看出当时的文人对巫觋的态度是批判的，因为它违背了正统的思想观念，惑乱人

---

① 刘正刚、黄建华《民间信仰的正统化取向——明清广东金花夫人形象的演变》，载《安徽史学》2012年第5期。

心。为了挽救金花的名声,"处女"的身份显然比"巫女"更容易受到士大夫和官绅的肯定,附会于星象之说、以昴星托世的说法来渲染金花的身份更明确了"天授"的意味。

今天,金花夫人传说的面貌基本沿用了《粤小记》的记载。在广州黄埔长洲岛的金花古庙(目前广州市内唯一一座仅存的金花庙)的门口,就以白话文刻着金花夫人的传说,其大意与《粤小记》记载金花夫人传说的第二个版本别无二致。此外还补充了民间的一则传说:金花夫人原是一位有钱人家的侍女,主人家生了一个儿子,特别爱哭,但只要金花一抱,小孩马上就不哭了。消息一传开,好多人家的孩子都来找金花抱抱,慢慢地,金花就成了专门关爱妇女儿童的神仙了。

## 二、金花夫人信仰的踪迹

那么,金花夫人的传说是如何发展成为民间信仰的呢?日本民俗学家柳田国男认为,传说之所以让世世代代的人们相信,首先,因为它是从悠久的历史中传承下来的,大家对先人的讲述信而不疑。其次,传说还在人们"相信"的基础上,履行着守护群体、保障集体利益的责任和契约,使人们对其更加信奉和依赖。① 而在传说的流传和信仰的延续中,会产生"物"的存在。"传说的核心,必有纪念物。无论是楼台庙宇、寺社庵观,也无论是陵丘墓冢、宅门户院,总有个灵光的圣址、信仰的靶的,也可谓之传说的花坛发源的故地,成为一个中心。"② 作为传说的物质载体的"物",是传说的外化形式,具有口耳相传的传说不可比拟的牢固性。伴随金花夫人传说而诞生的纪念物有寺庙、庙碑等,它们为金花夫人传说过渡到信仰提供了祭祀的场所和有形的寄托。

### (一)历史中的金花庙

传说故事中,金花夫人信仰最初的祠庙立于仙湖。仙湖位于现在的广州市越秀区西湖路一带,所处位置的周边即为药州,宋代时药州是士大夫泛舟觞咏的避暑之地,到了明清年间建有按察司署、提学署、书院等行政

---

① [日] 参见柳田国男《传说论》,连湘译,中国民间文艺出版社1985年版,第57-63页。
② [日] 参见柳田国男《传说论》,连湘译,中国民间文艺出版社1985年版,第26页。

与教化机构。仙湖金花祠庙建于何时已不得而知,目前尚未找到相关的庙碑。

明清年间,仙湖金花庙经历了多次"毁坏—修复"的遭遇。乾隆年间《番禺县志》记:"祠毁,成化五年巡抚陈濂重建,称为金花普主惠福夫人。……嘉靖初提学魏校毁其祠,焚其像。"① 时任巡抚都御史陈濂重修金花庙并赋金花夫人"金花普主惠福夫人"封号的举动,意味着当时游离在"正祀"之外的金花夫人信仰在一定程度上得到了来自官方政权的肯定,使其在民间的传播具备了合法性。尤其是"金花普主惠福夫人"封号来自宋代以来朝廷"赐额封爵",是金花夫人信仰自封建社会以来最为荣光的时刻,有了来自正统的认可,金花夫人信仰在民间便拥有了更大的名气和底气。尽管信仰得到了地方官府的认可,事件却没有触及朝廷,获得最高统治权力的肯定,金花夫人信仰依然属于"淫祀"的行列。因此,到了嘉靖初年,魏校奉令全面取缔淫祠,仙湖金花庙首当其冲,庙内的金花夫人神像在这次捣毁运动中被焚毁。

仙湖金花庙的彻底毁坏是在清代乾隆年间。黄芝《粤小记》记:"国朝乾隆间翁学士方纲来视学,适至仙湖街,见男女谒拜,肩舆不过,怒命有司毁之。"② 翁方纲科举出身,是壬申年进士,后任朝廷的内阁学士、侍读学士,在儒家传统礼教文化的浸淫下成长。任职的翁方纲看见民间男女沉迷淫祀,接踵谒拜,此场景无疑触犯了他的观念雷区,他一怒之下下令捣毁金花庙。这也证明了金花夫人信仰尽管曾经获得地方官绅的合法性认可,却是暂时的,代表中央势力和主流封建思想的翁方纲察觉到地方信仰有威胁到正统思想和权威的趋向,便将其摧毁、扼杀。这也说明地方信仰向正统信仰、民间力量向中央权威的弯腰和让路。

虽说魏校捣毁淫祀的运动使广州的民间信仰大伤元气,但是当这场运动被熄灭后,多数被毁坏的寺庙又原址或迁址重建。金花庙也是如此。仙湖金花庙被毁坏后,广州的百姓在珠江以南(广州人称"河南")的石鳌村新建起一座金花庙,重新供奉金花夫人。《广州通志》记:"后提学魏校毁淫祠,其祠与焉。士人于珠海隔江枕流复祀之,相传四月十七日降

---

① (清)任果修、檀萃纂:《(乾隆)番禺县志》,清乾隆三十九年刻本。
② (清)黄芝:《粤小记·卷一》,清道光十二年刻本。

辰。"① 又有《粤小记》："嘉靖间魏校毁之。粤人奉神像于南岸石鳌村。……粤人于是多往南岸石鳌村祷祀，四月十七日为神诞辰，画舫笙歌，祷赛称极盛云。"② 《羊城古钞》还描绘了当时河南金花庙的环境。"仙湖之庙颇隘，惟河南一庙西枕鹅潭，前临珠寺，古木浓荫，三面匝水。"③ 可见，新选址落成的金花庙比原址更宽敞雄伟，周边临水靠寺，环境清幽。宣统年间《番禺县续志·金石略》记录着河南金花庙的三篇碑文，分别是康熙二十二年（1683）龚章撰的《金花古庙重修增建记》、康熙三十年（1691）梁佩兰撰的《金花庙前新筑地基碑记》和乾隆二十一年（1756）冯成修撰的《重建金花古庙碑记》④，我们从前人的记载和描述中仍能够大致还原河南金花庙当时的规模和布置。

1917 年，容肇祖和顾颉刚先生及其家人到河南金花庙游览⑤，发现庙内除了有金花夫人神像外，还有 20 尊奶娘像，像的背后贴有她们的名号，奶娘们根据名号的不同具有不同的专职，例如保佑孕妇的怀胎、分娩，婴儿的诞生和成长，有为婴孩一路保驾护航之用。遗憾的是，河南金花庙在"文革"期间也被拆除。

## （二）现存的金花庙

由于瑶乱发生后广东各地人口剧减，官府为鼓励生育，借神灵之力充实人口；又因为清代广东商人异地经商之风盛行，经官府和民间双重力量的推动，金花夫人信仰从广州向周边地区传播，佛山、珠海、肇庆、清远、香港、澳门等地都出现了金花庙，由此促进了金花夫人信仰在粤港澳及周边地区的传播与流行。由于金花夫人信仰始终不得"正祀"地位，寺庙为掩人耳目，大多将金花夫人作为配祀供奉在偏殿。这种情况在澳门较为常见。今天，澳门本岛的莲峰庙、包公庙、昌祖仙院、观音古庙、莲溪新庙、三圣宫等庙宇都配祀金花夫人或设有金花痘母殿，将金花夫人和痘母元君一同供奉。香港坪洲则有一间专祀金花夫人的金花庙，相传是嘉

---

① （清）阮元修、陈昌齐纂：《（道光）广东通志》，清道光二年刻本。
② （清）黄芝：《粤小记·卷一》，清道光十二年刻本。
③ （清）仇巨川：《羊城古钞》，陈宪猷校注，广东人民出版社 1993 年版，第 183 页。
④ 参见黎志添、李静《广州府道教庙宇碑刻集释》，中华书局 2013 年版，第 705 – 713 页。
⑤ 参见容肇祖《广州河南的金花庙》，见国立中山大学民俗学会编《国立中山大学民俗周刊》第三册，国家图书馆出版社 2014 年版，第 51 – 53 页。

庆年间建造。

广州市内现存的唯一一座金花庙——长洲岛金花古庙，位于广州市黄埔区长洲街道白鹤岗山下，临近白鹤岗炮台。这座金花庙是一间两进的结构，建筑占地面积约 80 平方米，建筑主体采用硬山顶，镬耳封火山墙，灰塑博古纹饰正脊，木雕封檐板，青砖墙，花岗岩石脚，是典型的岭南风格建筑。金花庙大门上方写"金花古庙"，下有一副对联："南对狮塘扶赤子，北联鹤岭佑苍生。"金花古庙的"庙祝"曾伯①向笔者介绍，这副对联贴切地说明了金花古庙的朝向和位置：古庙坐北朝南，门口相对的池塘叫"狮塘"，正是"南对狮塘"；背靠白鹤岗山，因此叫"北联鹤岭"；面水靠山，古庙坐落之地正是风水宝地。

走进金花古庙，入口处奉有土地公的神像，往里走是天井，两旁走廊的墙壁上挂有 5 块金花古庙重修乐助碑，重修年份分别是道光九年（1829）、道光十七年（1837）、咸丰七年（1857）、光绪二年（1876）和 2008 年，可知建庙时间比道光九年更早。乐助碑上只刻有捐助者的姓名和捐助金额，并无重修事件的详细记录。

再往里走是正殿，正殿上方悬挂着写有"金花宝座"的锦旗，锦旗下的神案中间供奉着金花夫人神像。夫人面相祥和，身披红斗篷端坐在中央。两侧各有一座男性神像，尺寸约为金花夫人神像的一半，右侧神像留有白长髯，双手捧着长柄金壶；左侧神像面色红润，左手持书卷，右手抱着一个婴儿，婴儿左手捧着金元宝，右手拿着写有"福如东海"的锦联。有关两位男性神像的身份说法不一，曾伯说右边的是太上老君，左边的他也不认得，他统称为"菩萨"。嫁到长洲生活了数十年的梁婆婆则说，神案上的两位是侍奉金花夫人的媒人公，一个叫"日"，一个叫"月"。正殿两侧各供奉着奶娘神像 6 尊，共 12 位奶娘，她们分别是栽花夫人杜氏、送花夫人蒋氏、保胎夫人陈氏、濑花夫人林氏、养育夫人邓氏、保痘夫人胡氏、梳洗夫人张氏、教食夫人刘氏、教饮夫人梁氏、教行夫人黄氏、腰抱夫人万氏、大笑姑婆祝氏。庙中的奶娘神像与当年容肇祖造访河南金花庙相比，现有的奶娘神号一致，但奶娘数目却少了 8 位。

---

① 根据笔者采访记录整理。采访对象：曾伯。采访时间：2019 年 7 月 26 日。采访地点：广州市黄埔区长洲下庄村。

据梁婆婆①和欧婆婆②介绍，平日里金花庙也不会冷清，有拜神的也有还神的。进去拜神不一定就是要求子，也有人来求姻缘、求学业。拜神后如愿的人要回到金花庙还愿，他们通常会带姜醋蛋、烧猪肉等祭品供奉金花夫人，感谢神灵的庇佑。如果要向金花夫人求子，除了要给金花夫人上香，还要给12位奶娘上香。规矩是随意抓一把香，依次在每位奶娘的香炉前插一炷香，最后一炷香插到哪位奶娘的香炉上，就会得到那位奶娘的保佑。求子者要给奶娘神像系上红绳，奶娘怀中的婴儿就会托世成为求子者的孩子，如果最后一炷香轮到的奶娘怀中空空或没有怀孕，就表示求子者今年没有生子的福气，需要明年再来拜金花。因此，梁婆婆说要想怀孕，上香也有"技巧"，"最好是从左边第一个开始上到最后一个，再从右边的最后一个往上上，最后一炷香千万不要插到最后一个奶娘的香炉里，她是姑婆，没有孩子"。神案右边第一个奶娘怀中没有孩子，也没有怀孕，所以人们认为她是"大笑姑婆祝氏"，她是一生没有结婚生子的女人。因此，求子者的最后一炷香要避免插在大笑姑婆祝氏的香炉里，就要从左边第一位奶娘开始，逆时针上香，最大限度地避开姑婆奶娘。

作为目前广州唯一一座保存完整的金花庙，长洲岛金花古庙是如何躲避被拆毁的命运呢？曾伯向笔者解释，当时"文革"期间广州市内的很多寺庙都遭到了一定程度的毁坏，但长洲岛金花古庙大致上依然保存完好，除了是因为该庙建址偏僻，位于广州外郊地区之外，还由于20世纪六七十年代该庙曾被用作托儿所，还是农民放置农具的场所，这才避免了整座寺庙被拆毁的厄运，但是当时的金花夫人神像就被扔下了狮塘。"我小时候见过旧的金花夫人神像，是泥菩萨来的，很好看。现在这个神像是樟木做的。"讲起这座金花庙，当地居民的语气中充满了自豪感，无论是"广州唯一"的名号给长洲岛金花古庙带来的"独一无二"的头衔和历史感，还是因为金花夫人的灵验为当地带来的热闹氛围，长洲人作为见证者和神灵庇佑的受益者，都无法割舍和金花夫人信仰的联系和情感。

---

① 根据笔者采访记录整理。采访对象：梁婆婆。采访时间：2019年7月26日。采访地点：广州市黄埔区长洲下庄村。
② 根据笔者采访记录整理。采访对象：欧婆婆。采访时间：2019年7月26日。采访地点：广州市黄埔区长洲下庄村。

## 三、金花诞

相传农历四月十七日为金花的诞辰，因此在金花被奉为女神后，人们以其诞生日为神诞日，叫"金花诞"。从志书和文人笔记中窥之，在明清时期，金花诞是广东地区民间颇为隆重的节日。吴绮在《岭南风物纪》中称，"春时赛会，与天妃相埒"①，吴绮将金花夫人与妈祖相对比，指四月十七金花诞赛会的重要程度与妈祖诞是相等的，肯定了金花诞在当时民间的地位和分量。

明清时期广州的金花夫人信仰虽然不间断地受到官方的打压，但是其整体的发展却是有盛无衰。金花夫人本身具有"生育神"的神性满足了当时人们传统"多子多福"的生育观，使得金花夫人信仰契合百姓的心理观念，具有庞大的信众基础。对于女性和小孩而言，金花夫人及12位奶娘能够保佑人们从求子开始，怀胎、安胎、生产、教饮、教食、教行，直至小孩进入成长的稳定期，信女信男们会长期地信仰金花娘娘，甚至在心愿达成后，依然把金花夫人当作一般神灵继续供奉，因此确保了信众群体的稳定性。加之金花夫人的灵验，使金花夫人信仰在清代达到顶峰，信仰风气在南粤地区一时无两，因此每年农历四月十七的金花诞，民间的庆祝气氛也是热闹非凡。

梁绍壬《两般秋雨庵随笔》中记，"四月十七神诞，画舫笙歌，祷赛极盛云"②；诗人谭莹描绘当天的盛况为"巨艑若屋，笙箫错乎中流。游女似云，歌吹彻以弥月"③。可见诞会当天，金花庙里游人、信众如织，摩肩接踵。诞会上有烟花、火炮、戏曲演出，既娱人，也娱神，又有声声笙箫助兴，好不热闹。

金花庙内同样热闹。妇女们准备红鸡蛋、烧猪肉、姜醋蛋等熟食作为祭品，也有当季的荔枝、香蕉等水果，摆满供桌。洪瑞元在《赛金花庙神歌》一诗中就记录了金花诞妇女求神的过程："玉座煌煌俨冠帔，丹荔黄蕉纷几筵。阶前堂上舄交错，四体投地膜拜虔。巫搊花腔代神语，歆尔

---

① （清）黄芝：《粤小记·卷一》，清道光十二年刻本。
② （清）梁绍壬：《金花夫人》，见《两般秋雨庵随笔·卷二》，清道光振绮堂刻本。
③ （清）谭莹：《金花夫人神弦曲序》，见《乐志堂文集·卷五》，清咸丰十年吏隐园刻本。

指酒丰牲牷。报尔征兰协吉梦，花红花白随归船。"① 信女们跪拜在神像之下，担任神巫的人暂时成为金花夫人的替身，以花腔说话，收下祭品。也有神巫以"点额"的方式告知信女神灵已收到她的祈愿，求子的心愿不久就会达成。正是"神巫点额女儿喜，春风夜入罗帏里，豆蔻有胎梅有子"②。除了对金花夫人祈愿，信女们还会将红线系在12位奶娘的手臂上，边系嘴里还要念叨"婴当属我"，好让奶娘怀中的婴儿托世到自己腹中。完成了求子的仪式后，信女还会扯下庙外的灯带藏入衣袖中，踏上船后还得抓一把岸边柳树上的柳絮，把事先准备好的莲子裹在柳絮中，确保把求子得子的好兆头也一并带回家。

女性的角色在金花诞中占据了重要地位。由女性集结组成的"金花会"是金花夫人信仰衍生出来的一种集会形式。金花诞当天，各家妇女除了要为金花夫人祝寿献祭、祈祷自己早日得子、家中小孩健康长大之外，还会以极高的热情参加各种诞会娱乐活动，毕竟金花夫人和金花庙常在，但诞会活动一年只有一次。学者赵世瑜在探讨明清时期妇女的宗教活动与闲暇生活的关系时认为，参加各种宗教活动是满足妇女外出进行娱乐性活动愿望的借口。③ 每年只在固定日期举行的宗教性活动是妇女们为数不多的外出机会，也是对平时枯燥重复生活的调剂，能够满足她们对家外世界的好奇心，弥补女性精神生活的空虚。因此，妇女们将其看作是珍贵的出游机会。诗曰"河南佳会竞繁华，扇影衣香鬓似鸦"④，"金花诞会共酾香，队队娇鬟斗艳妆"⑤，妇女们个个穿着光鲜亮丽，精心梳妆打扮；在祭拜之余，还会在诞会上结交姐妹，共赏雅乐。金花会实际上已经超出了神诞的意义和范围，但这也正是"金花会"区别于"金花诞"存在的意义，它依托生育女神的名义，为妇女们暂时提供了精神生活的栖息之地，在此情此景中，妇女们可以抛却日常生活的琐碎，与同等身份的人群

---

① 洪瑞元：《赛金花庙神歌》，见刘彬华辑《岭南群雅不分集》，清嘉庆十八年玉壶山房刻本。
② 叶廷勋：《金花赛神曲》，载《梅花书屋近体诗·卷十》，清嘉庆十六年刻本。
③ 参见赵世瑜《明清以来妇女的宗教活动、闲暇生活与女性亚文化》，载郑振满，陈春声主编《民间信仰与社会空间》，福建人民出版社2003年版，第148–182页。
④ （清）张琳：《花渡头竹枝词》，载《玉峰诗钞·卷十五》，清嘉庆二十三年马江冯配珍刻本。
⑤ （清）张琳：《珠江游女曲》，载《玉峰诗钞·卷十五》，清嘉庆二十三年马江冯配珍刻本。

进行娱乐与交流。可以说，金花夫人作为生育女神，与妇女之间紧密的联系为金花会提供了合理性存在的理由，金花会以金花夫人为联结也稳固了信仰关系，成为金花夫人信仰中一种重要的存在形式。

## 四、粤港澳金花夫人信仰的文化认同

民间文化以其饱满的生活气息和"通俗"的特点深入社会的每一个阶层，是构成和加强地区文化认同的催化剂。粤、港、澳三地同属岭南文化圈，在地理位置上相连接，同为汉民族居住地区，粤语是共同的本地语言，加之流行文化的共融和传播，三地所共享的文化高度重合，彼此对岭南文化的认同是长期、内在且深刻的。

中国人在生活中围绕新生命的萌发、孕育、诞生至养育而派生的种种文化现象和文化活动构成了中国独特的生育文化，作为民间文化的一部分，它表现了中华民族强烈的生命意识和独特的生育观念。传统社会的生育观强调"多子多福""儿孙满堂"，不仅要"多生"，还要"生男"，一方面满足"上以事宗庙，下以继后世"的要求，另一方面也与农业社会的生产方式和生产水平相适应，以大量的男子劳动力来换取农业成果，满足家庭温饱的需要。由于古代社会缺乏医药和科学的生育知识，孕妇流产和婴儿夭折的概率颇高。无奈，百姓只好求助于神灵的庇佑，各地专司保育的神祇便应运而生，顺而出现了地方性的保育神祇信仰。金花夫人信仰源自广州，后分散到广东各地以及香港、澳门，为粤港澳及周边地区的妇女解决生育上的苦恼。各地都流传着金花夫人的传说故事：金花夫人能保佑妇女怀孕、能催生、她哄抱过的婴儿都变得乖巧等，金花夫人信仰成为岭南地区特有的生育女神信仰。据各地县志和文人笔记记载，每年农历四月十七，供奉金花夫人神像的庙宇都会举办金花诞，当地的妇女组成金花会，献上祭品虔诚祭拜，希望求子得子。这样的习俗从古代一直延续到今天。香港坪洲的金花庙长年开放接受人们的祭拜，每到金花诞，小庙里更是人头攒动；澳门面积虽小，但庙宇密度大，金花崇拜风气颇浓；广州长洲岛金花古庙在近十几年来，更在每年金花诞都举行庆典活动，社区内男女老少一起加入金花诞的节庆活动中，也吸引了不少外地信众和游客参与；珠海唐家湾的金花庙虽有过香火冷清的日子，但自2010年恢复了金花诞仪式以来，庙里香火越来越兴旺，如今还设立了金花诞传承基地，对外宣传唐家湾优良的民风民俗。

如果说旧时的夫妻为了"多生""生子"的心愿得偿而求金花夫人保佑，那么如今人们求拜金花夫人的行为是否和倡导"少生优生"的现代生育观念相冲突呢？仔细观察便能发现，一些地方庙宇在隆重举办金花诞仪式的背后，政府往往是力量和资金的推动者。也就是说，一直以来没有被纳入正祀体系、作为地方民间信仰的金花夫人在今天反而得到了官方的支持。以广州长洲岛金花古庙近几年的金花诞为例，当天除了有传统的祝礼仪式、醒狮表演，长洲街计划生育协会也入驻金花广场，宣传"优生优育""全面二胎"政策，金花夫人摇身一变，成为政府计生政策的"宣传大使"。再者，随着社会的发展和人们观念的改变，年轻夫妻的生育意愿降低、生育率下降已是不争的事实，人们向金花夫人的祈愿从过去的"多生""生子"，逐渐演变为今天的"能生""优生"。

从古到今，人们的生活水平、生活方式、思想观念不断转变，但金花夫人始终以"生育神"的身份得到岭南地区百姓的信仰和供奉，他们以一致的生育观念实践着相同的民俗活动，这份"一致"，来自岭南各地对自身文化的认同。金花夫人信仰中包含的"生育"的力量，给个人的内心以安定，又庇佑着岭南地区的人们生生不息、代代繁盛，粤港澳作为岭南文化圈的一部分，不正是共享着这份认同吗？

## 结　论

金花夫人的传说从元代到清代，经历了"出现—发展—定型"的阶段，金花夫人的形象最终以"生育神"的身份被确立，受到妇女们"祈愿得子"的祭拜，从而形成了金花夫人信仰。广州最初建有仙湖金花庙、河南金花庙等祭祀金花夫人。随着信仰的传播，金花夫人信仰的影响逐步扩大至粤港澳，岭南各地都建起了金花庙，并在每年农历四月十七日举办金花诞庆祝。长久以来，金花夫人信仰在岭南几经盛衰，官方力量对它的影响是不可忽视的，但她至今依然受到人们的供奉和依赖，主要还是因为岭南地区人民所潜在的生育观念与金花夫人信仰是一致的，从而构成的文化认同使金花夫人信仰在岭南地区生生不息。

# 珠三角回娘家习俗的变迁
## ——以东莞市石碣镇刘屋新村为例

### 钟慧娴[*]

回娘家习俗是中国岁时习俗的一个传统组成部分,至今仍旧在人们的日常生活中起着一定的作用。随着时代的发展,回娘家习俗也在逐步发生适应性的变迁。近年来,珠江三角洲地区(以下简称"珠三角地区")的回娘家习俗正在经历较为显著的创新性发展,主要体现在从"个人回娘家"到"集体回娘家"的形式变迁中。以下将以我的家乡东莞市石碣镇刘屋新村为例进行论述,探究其变迁走向与现代性转换过程中所引发的传承思考。

## 一、回娘家习俗的变迁

根据学者对周朝"归宁"礼俗的考据,远在西周时期,我国就有回娘家习俗的存在。[①] 在《诗经·周南·葛覃》中早有"归宁父母"的记载,其历史悠久性可以窥探。在漫长的历史发展过程中,回娘家习俗依托着重礼、重孝的传统,长久地保持着生命力。

俗话说,"正月初二回娘家"。这种具有普遍性的说法在东莞地区同样适用。《东莞风俗叙述与研究》"岁时风俗篇"的"东莞旧历年例"一节中有:"初二日人家称为开年,在中午的时候以三牲(亦有用鲤鱼的)等祀奉神及祖先,祀毕,以鸡或鹅、猪肉,年具中上的人家以八盒或六盒等物往母家及契家处探年。俗话说:'五月初五,年初二,无定寻钩挂盒箩。'即指出嫁女探年、探节时、所送的年具及探节的粉果之多。"[②]

---

[*] 钟慧娴,女,中山大学中文系民俗学硕士研究生。
[①] 参见黄国辉《周代"归宁"礼俗考略》,载《晋阳学刊》2008 年第 4 期。
[②] 东莞市政协编:《东莞风俗叙述与研究》,广东人民出版社 2008 年版,第 3 页。

## 珠三角回娘家习俗的变迁

在这个记载中,"回娘家"是作为年节习俗的组成部分得以呈现的。正月初二,出嫁女根据自己的经济水平准备相对应的年具和粉果回娘家探节,表达的是一种年节的喜庆以及对娘家的感恩。

在《中国地方志民俗资料汇编·中南卷》所收录的广东省惠阳地区东莞县志中也有记载:"正月'元日'昧爽,谒家祠,姻族邻里相贺,曰'拜年'。(《彭志》)《南海志》:'元日',祀祖礼神,烧爆竹,唊煎堆、白饼。按,邑俗'元日'所食素,禁洒扫。出嫁女备年具馈母家,亦曰'拜年',或曰'探年'。"[①]

在正月元日,也就是大年初一当天,出嫁女会准备好年具到娘家探访,称作"拜年"或"探年"。与上一则材料有所出入的是,县志的记载把出嫁女探节的日期定为初一,而《东莞风俗叙述与研究》则把日期定为初二。但是我们可以看到,无论是初一或是初二,出嫁女回娘家在东莞都是作为年节习俗里的个人活动而存在的。

发展到今天,以家庭为单位、作为个人活动的出嫁女回娘家习俗仍旧在包括东莞以内的珠三角地区的年节习俗中占据着一席之地。改革开放以来,珠三角地区经济发展迅猛。伴随着物质条件的改善以及生活水平的提高,传统习俗也在新时代的背景下发生着现代性转换和创新性发展。近年来,以镇街或村落为单位组织进行的出嫁女回娘家活动在东莞相当兴盛。这种集体式的回娘家活动打破了以往个人回娘家活动的独立性,将回娘家活动与宗族团结、村落地缘等因素交织在一起,可谓是一种巨大的变迁。这种变迁既包含了组织形式的转变,也包含了具体的活动实践差异。活动的日期也由固定的年节变迁为不固定的日期,大多数村落会将回娘家活动设置在现代节假日上,为的是人性化地配合村民的放假安排。

据报道,2018年的劳动节,东莞市樟木头官仓社区就举行了大型的出嫁女回娘家活动,近300名出嫁女从他乡赶回来参与。这是东莞较早尝试集体回娘家的社区之一,有着先锋性。值得注意的是,在这场活动中甚至还有远渡重洋从国外回来的出嫁女。通过乡土的组织,原本仅限于个人的回娘家习俗变迁为一种跨境的情感互动方式。

2019年,在塘厦龙背岭社区、桥头镇东江村、石碣镇涌口一村和二

---

[①] 丁世良、赵放:《中国地方志民俗资料汇编·中南卷》,书目文献出版社1995年版,第741页。

村以及刘屋新村等地都陆续举行了名为"出嫁女回娘家"的集体活动。尽管这是近年来回娘家习俗的新兴形式，但其创新性的背后仍旧离不开综合的传统仪式与精神文化象征。

## 二、回娘家习俗变迁的现代性呈现：以刘屋新村为例

在珠三角地区，东莞市是经济发展较快的城市之一，具有一定的代表性。石碣镇刘屋新村位于城镇交界处，经济地位适中。2020年国庆节，刘屋新村也跟随其他村镇的潮流，举行了第一届出嫁女回娘家的集体活动。

整个活动由村委会操办，活动当天约有120位出嫁女到场参与。由于是第一届，活动并没有形成正式的统筹机制。在前期操办过程中，从回乡参与到活动筹款数目等都以个人自愿为原则，村委会主办则秉承积极鼓励的态度。关于捐款数目，出嫁女钟阿姨捐助了300元，她认为对于自己来说这是合适的数目。在筹款明细表上，数目较高的能达到2000元，少则以100元为主。

2020年10月1日当天，"出嫁女回娘家"集体活动始于"舞麒麟"仪式。"舞麒麟"是传统的舞蹈艺术，在东莞、深圳等地都非常流行，它是东莞客家人传统的民俗文化活动，在清溪镇已经有300多年的历史，普遍流行于整个东莞。相传麒麟是古代神兽的四灵之首，是客家传说中能带来吉祥的幸运象征。在广府文化中，舞麒麟的吉祥符号得到了延续。作为回娘家活动的"开门者"，麒麟扮演着重要的角色。麒麟从村头一路舞到村尾。一边舞，一边有人在路边放鞭炮。舞麒麟的成员包括麒麟（由两个人组成一头麒麟）、戴着头套手执葵扇的大头佛，以及敲锣人和敲鼓人。在舞麒麟引吉祥并燃放鞭炮的厄运转移仪式后，当天的活动才顺利地展开。

活动最重要的仪式是绕村游行。游行的队列包括三个部分：最前列的是负责举横幅和旗子的人，由村里的未婚青年组成（在其他村子里也能看到由已婚成年男性负责举旗的情况）；然后是负责挑担子（或挑箩）的年老出嫁女，担子里放的是具有好意头的水果、礼饼、红包等；这与年节活动中准备的"年具"有着一脉相承的传统含义；队列的最后才是中青

年的出嫁女，穿着旗袍的在一个阵，穿着红衣服的在另一个阵，出嫁女们撑着油纸伞或者提着红灯笼，队伍井然有序。

出嫁女的队伍从村头出发，绕着村子外围游行，最后再从村尾回来。整个活动持续的时间不是很长，围观的村民大多在村子里等待游行的结束，而不会跟随着队伍一起前进。出嫁女聚集在一起参加此项活动，除了能让她们产生一种归属感，同时也是一种向其他村子的展示，这种展示也能反过来加深出嫁女对乡土的认同感。

整个游行场面非常壮观，围观的村民钟小姐表示："第一感觉就是很热闹啊。"相比平日里村子宁静平和的气氛，回娘家活动带来的是一种极具张力的集体氛围。特地从工作岗位偷溜回来参与活动的刘大婶表示："几十年没见过这么热闹的场面，真的特别兴奋。好多人都回来了。"热闹的表象背后是更为浓厚的集体氛围。在受访的时候，钟小姐还表示："老一辈可以一起聚一聚，很有意义啊。"正如她所言，当天的出嫁女中有不少远嫁外地的，她们通过面对面的对话和集体仪式，在这次活动中获得了情感交流的契机，唤起了久违的乡土记忆。

以村落为单位的出嫁女回娘家集体活动，已经不再局限于过去传统回娘家的个人活动范围。舞麒麟、燃放鞭炮、游行等大型仪式的加入，让回娘家活动演变成了一种习俗糅杂的现代综合体。在一些镇街村落，具有特色的客家山歌、粤剧等其他传统文化也被纳入回娘家活动。集体的形式除了展现回娘家的内在精神之外，还增添了几分外在的"表演"性质。例如，出嫁女身着旗袍的游行更像是把自身作为一个文化体，在收获自我文化认同的同时，也获得来自他者的赞同。

## 三、出嫁女回娘家习俗变迁的现代性思考

过去，农历正月初二回娘家的岁时习俗是建立在生育与血缘的基础之上的。正如费孝通所主张的，中国社会的主流是父系的单系继承，出嫁女作为母系的一支是并入其夫家的父系里的。[①] 然而，身份认同不会随着这种单系继承而真的完全限制在某一种性别之内。归根结底，生育与血缘始终是不可割断的联系。"回娘家"就是这样一个血缘联系的典型。通过年

---

① 参见费孝通《江村经济》，商务印书馆2001年版。

度规律性的回娘家,出嫁女能和娘家保持长久而稳定的联系。

集体回娘家形式的创新,在意义上突破了血缘认同的单一层面,将出嫁女纳入村落认同的更高层面之上。出嫁女回娘家集体活动,除了能够加深出嫁女本人的父系身份认同之外,还能加深其他村里人对自身的身份认同与文化认同。这是一种仪式的集体效应,是一种在独特的集体氛围下所能够激发的个人情感。正如格尔茨在阐述巴厘人斗鸡的习俗时,将斗鸡与男人自我的象征以及群体村落的团结联系在一起。①

在刘屋新村,如今仍有大部分女性是嫁到附近村落的,这无形中造成了一种邻村姻亲关系的普遍化。原本,不同村落之间本身是独立的、隔离的,在某种场合之下甚至形成了竞争关系,这种竞争关系极易产生矛盾与不合,而姻亲关系在这种情况下担当了重要的调和角色。回娘家集体活动就是这种调和的典型具象。她们的回归既作为本村的旧人,也作为她们夫家所在村落的新人。这种身份的双重性有效地联结了血缘认同与地缘团结。

回娘家习俗的这种个人到集体、血缘到地缘的形式变迁有其现实的背景。

随着当代经济模式的转变,各地村落经济的发展已经产生了很大的变化,这种变化在珠三角地区更为显著。例如,在刘屋新村,以往村子里还有不少田地,大多数人家的生活是建立在种植业和养殖业上的。村民的活动范围狭窄,基本围绕村落内部及外部市场进行。但如今,随着国家对田地的征收以及工业、新兴产业的出现,人们的生活方式也发生了很大的变化,村落内部的紧密联系被打破。村民身份的认同以及村落集体的联结纽带受到了隐形的挑战。尽管如此,村落依旧是村民们生活的空间,村民之间依旧是彼此维系感情的重要对象。面对这种身份认同与集体意识衰弱的现状,我们不得不采取一定的措施来强化这份必需的感情。而"出嫁女回娘家"集体活动就是一种有价值的功能性活动。

除了精神层面的需求,物质经济上的需求也不可忽视。费孝通在《江村经济》里描述到,江村人在生活贫困的时候第一个要缩减的开支就是礼仪方面的,这从侧面论证了要想很好地维持礼仪传统,离不开坚实的经济基础。尽管刘屋新村在邻近的村落里并不算特别富裕,但是还是具备

---

① 参见[美]克利福德·格尔茨《文化的解释》,译林出版社1999年版。

一定的经济条件的。从全局来看，这是回娘家活动能够从个人向村落集体化转变的基础。可以设想，在基本生活得不到保障的落后地区，回娘家活动的强制集体化是行不通的。当然，社会上有不少人对这种新兴的回娘家集体活动提出了质疑，认为它完全是一场表演性质的现代作秀，是村落间经济物质的无形攀比，会给社会带来不良的风气。尽管这种判断过于夸大与片面，但他们的质疑与忧虑有一定的合理性。无论哪一项传统民俗，在进行现代性转换的过程中都面临着一定的失真风险。回娘家活动牵涉了较多的经济和政治因素。村落之间的荣誉攀比、出嫁女之间的人情世故也容易让"回娘家"这一习俗陷入复杂的境遇。那么，面对回娘家习俗变迁过程中出现的潜在问题，我们又该如何合理地传承与发展这一习俗呢？归根结底还是要回到现代性转换和创新性发展的命题上。现代性转换不能脱离传统的根本，创新性发展则需要结合时代的需求。无论出嫁女回娘家活动的形式在当下社会拓展得有多丰富，它潜在的精神内蕴仍旧是个人的血缘维系与身份认同、集体的地缘团结和感情交往。有目的性地把握这些维系人情社会的精神力量，减少形式主义的浮夸风气和攀比心理，才是回娘家习俗变迁过程中避免失真的关键。

## 结　论

在珠三角地区流行的回娘家习俗变迁中，习俗内涵的衍生以及习俗形式的丰富都离不开地域经济的发展以及人们生活方式的转变。面对这种新兴的集体回娘家习俗，我们需要客观地分析它所带来双重影响，听取民众的声音，并且在后续实践中进一步探寻更合理的开展维度，使其适应现代社会与现代人的需求。从回娘家习俗现代变迁过程中引申出来的地缘团结以及跨地域情感交流功能有着很大的发展潜力，如果运用得当，这将是符合新时代命题、解决新时代文化困境的积极力量之一。

# 乞巧节创新性发展过程中的地方差异

## 李明洁[*]

乞巧节又称七夕节，这一古老的节日经历了漫长的历史变迁，其节日内涵不断发生变化。七夕起源于自然星辰崇拜，与牛郎织女的传说相附会后被赋予爱情色彩。总的来说，传统社会中，七夕是一个综合性节日，包含乞巧、乞富、乞寿、乞美、乞功等内涵。[①] 近年来，各地的七夕节呈现明显的地方性差异，例如甘肃西河的乞巧节是典型的"女儿节"[②]，浙江温岭的七夕节则是"小人节"[③]。在非遗保护运动以及现代媒体的作用下，七夕节发生了一系列现代转型，在转型过程中，七夕节的地方差异是否被消弭？民间力量与官方力量的博弈过程中，各地是否呈现不同的结果？这些就是本文想要研究的主要问题。

差异与共性不仅体现了传统节日在地方的生命力，还可以从中窥探城市的差异及官方改造传统节日的思维方向。本文选取了甘肃西河、广东广州珠村、河北这三个地域的乞巧节作为案例分析，比较现代转型过程中三地的乞巧节之间的区别与联系，希望能够对政府打造民俗文化的行为进行反思，以及为地方传统节日的共同发展提供一些建议。

## 一、三地乞巧节的现代开发路径

传统节日本身就是流变的，乞巧节的地方差异一直存在，而地区内部

---

[*] 李明洁，女，中山大学中文系民俗学硕士研究生。
[①] 参见赵逵夫《七夕节的历史与七夕文化的乞巧内容》，载《民俗研究》2011 年第 3 期。
[②] 刘秋芝：《论西和乞巧节的现代变迁》，载《兰州文理学院学报（社会科学版）》2019 年第 5 期。
[③] 陈勤建：《当代七月七"小人节"的祭拜特色和源流——浙江温岭石塘箬山与台南、高雄七夕祭的比较》，载《广西师范学院学报》（哲学社会科学版）2005 年第 2 期。

## 乞巧节创新性发展过程中的地方差异

也在不断发生变迁。关于各地乞巧节的演变前人已有很多研究①，本文主要比较官方力量、现代媒体介入后对乞巧节采取的创造性转化手段。

### （一）甘肃西河：以传统为主的展演与推广

甘肃西河一带是秦文化的发源地，与其他地区相比较，这里的乞巧节保存完整，具有浓郁的地方特色。西河乞巧节涉及周遭20多个乡镇，时间长达7天8夜，活动内容之丰富堪称全国之最，完整保留了巧娘娘祭拜仪式。②

西河乞巧节呈现出一种较为原生的状态，它最突出的地域特征在于它是真正的"女儿节"。西河乞巧节期间，所有的注意力都在织女（巧娘娘）身上，并没有牛郎的身影，未婚少女们向巧娘娘乞求心灵手巧、才智双全，而村中的男子并不参加乞巧活动。传唱的乞巧歌多为仪式歌、生活歌，很少有情爱的话题。可以说，西河乞巧节最核心的内涵无关情爱，而是象征着少女们长大成人，在之后的发展中它也成为农村妇女争取权利和话语权的渠道。在表现形式方面，西河乞巧节以抒情为主，活动重点在于祭祀与欢唱，歌唱乞巧的方式贯穿始终，所唱的乞巧歌仍然处于活态流传状态。③

西河乞巧节成为非遗之后，官方采取的开发路径是以传统的宣传与推广为主，再依托互联网，并且延伸了产业链，将乞巧文化与旅游发展、城乡建设、电子商务、脱贫攻坚等融合，形成了"巧嫂""巧妹""巧汉子"劳务品牌和"七巧坊"系列文化旅游产品，并配套西河乞巧文华苑、漾水风情线等72个城乡一体化建设项目。

西河政府在开发过程中，比较重视展现乞巧仪式的原始风貌，延续了西河乞巧的"表演性"，将开发亮点放在了文艺汇演上，并邀请很多明星演唱改编过的乞巧歌。在宣传推广方面，西河政府成立了甘肃省乞巧文化

---

① 参见柯杨《浅谈西河乞巧节的原初性及其地域性特征》，载《民间文化论坛》2013年第5期。赵逵夫：《七夕节的历史与七夕文化的乞巧内容》，载《民俗研究》2011年第3期；储冬爱：《乞巧的复活与蜕变——以广州珠村"七姐诞"活动为例》，载《文化研究》2009年第3期。

② 参见蒲向明《从一个村庄解读中国乞巧民俗——关于西汉村完整乞巧活动的考察研究（上）》，载《兰州文理学院学报（社会科学版）》2016年第2期。

③ 参见蒲向明《从一个村庄解读中国乞巧民俗——关于西汉村完整乞巧活动的考察研究（下）》，载《兰州文理学院学报（社会科学版）》2016年第3期。

研究会，创办了《乞巧》杂志，建设了相关传习所和博物馆，积极推动乞巧节进入校园。同时尝试使乞巧文化影视化，创作了以乞巧为主题的动漫、微电影、纪录片等系列影视作品，开通了微信、微博公共平台，并注册了中国（陇南）乞巧女儿节的系列商标。①

### （二）广州珠村：以创意为主的周边开发

广州珠村位于广州市天河区，历史悠久，居民以潘、钟两姓为主。珠村人重视对历史文化的保护，村内的祠堂、庙宇保存完好。现在随着广州城区的拓展，珠村成为一个城中村。②

广州人称乞巧节为"七姐诞"，传统的珠村乞巧节具有摆七娘、拜七娘、睇七娘等仪式。"务实"是珠村乞巧节最突出的特征，无论是传统的七姐诞还是当下的七姐诞，摆七娘仪式始终是节日活动的中心。在转型过程中，珠村七姐诞的拜仙仪式虽有简化，但摆七娘仪式的规模更盛从前。摆七娘的工艺品的主题、所用的材质突破传统，并且妇女们不再仅仅满足于工艺品的数量、外观，而更注重于无形的工艺技术，现在的摆七娘更像是一次盛大的民间工艺品展示大会。③

2005 年，珠村乞巧节蜕变成了乞巧文化节，官方对其采取的开发路径主要是开展以"乞巧"为主题的创意活动。与西河乞巧节相较，珠村乞巧文化节的开发不仅依托网络、媒体进行宣传与推广，更注重打造创意周边产品，形式更为丰富，更为娱乐化、商业化。④

珠村乞巧文化节特别注重科技感和时尚感。例如，2016 年珠村乞巧文化节的启动仪式，主办方采用推动彩虹桥动能装置，将动能转化至传送带，逐渐点亮灯带和舞台主标题。开发过程中，官方也注意到了珠村乞巧文化节对手工艺品的重视，运用现代化手段对其进行包装；增加了"七夕巡游"项目，将静态的摆七娘搬上了巡游花车，穿梭于珠村的大街小

---

① 参见刘秋芝《论西河乞巧节的现代变迁》，载《兰州文理学院学报》（社会科学版）2019 年第 5 期。
② 参见储冬爱《城市化进程中的都市民间信仰——以广州"城中村"为例》，载《民族艺术》2012 年第 1 期。
③ 参见曾应枫《广州乞巧风俗改革探析》，载《探求》2017 年第 1 期。
④ 参见储冬爱《甘肃西河与广州珠村两地乞巧文化的比较》，载《文化遗产》2014 年第 6 期。

巷,变成了动感十足的观光秀。① 最引人争议的开发措施莫过于举办乞巧女儿形象创意大赛。这项活动本质上就是一次选美活动,虽受到珠村年轻女孩的欢迎,但是却遭到学者的批评:"以'斗巧'之名,行'斗美'之实,滑向了选美的泥淖,并不遗余力地奔向娱乐主义的大道。"②

### (三)河北:"符号化"——打造"中国情人节"

2002年,河北文联在石家庄举行了首届七夕爱情节以及七夕文化学术研讨会。该会组委会主任冯思德在开幕式上直接表明这次活动的目的:"把农历七月七定位为爱情节,不单单是为了与西方情人节抗衡,更重要的是可以倡导忠贞爱情、稳定家庭。"③

将七夕定义成爱情节后,商家获得了大量的机会,玫瑰、蛋糕、巧克力、烛光晚餐成为七夕节的标准配置,在此基础上也设计了一些具有中国元素的节日活动,如相亲大会、鹊桥、放孔明灯等。总体上看,七夕节虽然定位为"中国情人节",但是由于中国的传统节日中从未有过情人节,七夕的爱情成分也只是与传说附会的结果,这就导致了很难寻找到适宜中国人的过节方式,仍然只能借用西方的过节方式和象征符号。对于这样的"外中内西"的节日,民众过节时并没有普遍认可的过节传统,因此商家成为节日的主导者,商家提供的产品、服务决定了人们怎样过节。而商家不断推出的创新活动,只要能够抓住消费者的需求并将其打造成七夕潮流,就很有可能演变成七夕节发展的新趋势。

## 二、比较分析不同开发方式的优势和存在的问题

三地乞巧节有着不同的开发路径,一方面是基于乞巧节自身的地方特色,另一方面受到地方的经济文化发展水平、城市化发展程度、群众需求等方面的影响。

---

① 参见姚艺《广州珠村"摆七娘"今年不一样 乞巧节突破静态上路巡游》,见新浪网(https://news.sina.com.cn/o/2006-07-31/09549614472s.shtml)。

② 储冬爱:《走在娱乐的大路上——乞巧选秀与媒体选美比较论》,载《理论与创作》2016年第6期。

③ 张勃:《从乞巧节到中国情人节——七夕节的当代重构及意义》,载《文化遗产》2014年第1期。

由于地理位置的原因，西河环境封闭，才得以保存下较为完整的乞巧习俗，乞巧主体较为单一，多是土生土长的村民，本地人对乞巧节的认同度高，充满热情。现在甘肃省整体的经济水平依旧居全国下游，文化产业并不发达。与之相反，广州市经济文化水平高度发达，随着城市化的拓展，珠村已经成为"城中村"，不仅财力雄厚，而且居民成分复杂，有很多到外地务工的新居民。这就使得甘肃西河与广州珠村的乞巧节开发呈现出不同的形态。而河北省打造七夕情人节的做法，就完全舍弃了地方因素，将七夕的部分文化内涵提炼出来，凝结成象征符号。在这样的宏观视野下进行开发，其着眼点并不是地方文化品牌的打造，而是全国甚至是世界性的价值符号的创造。

这三种开发方式的侧重点不同，各有优势，但是呈现出的问题是一致的，这些问题就是我们反思政府打造民俗行为的关键。

## （一）优势

### 1. 甘肃西河

西河政府重在以宣传和展演为推广方式，极大地提高了西河乞巧节的知名度，并且在传播过程中官方仪式并没有取代民间仪式，西河乞巧所具有的神秘、原生特点依旧能够得到很好的体现。

### 2. 广州珠村

珠村采取的科技手段、创意手段让珠村乞巧节更具时尚感，能够吸引更多观众，增加珠村居民的收入。同时，珠村乞巧节有走向文化产业的趋势，能够将"乞巧"打造成IP，不断地推出系列周边产品，有利于拓展乞巧节的产业链及增强其辐射能力。

### 3. 河北

河北的七夕爱情节是当下七夕节的普遍形态的代表，这也证明了这种符号化的开发手段是具有普适性的。在七夕蜕变成爱情节时，商家成为七夕的主导者，商家通过推出的产品和服务来引导消费者如何过节。商家在获得巨大经济利益的同时，也满足了消费者的消费需求；更重要的是，这一做法能够让传统节日迅速重新走入现代社会，焕发出新的活力。

## （二）存在的问题

虽然不同的开发方式有着各自的特点与优势，但它们同时也出现了同样的问题，这些问题的本质是文化保护与开发的平衡问题。

1. **主体移位**

传统的乞巧节的主体是未婚少女，而现代的乞巧节的主体多是上了年纪的老人，如珠村的乞巧婆婆。同时，官方力量的介入使得乞巧的主体由主动变成了被动。例如，西河政府会指定部分学生、事业单位职工作为节目会演的观众；邀请官方组织机构代表、文化名人和明星作为演出嘉宾；节日的组织者也由巧姐变为了政府指定的传承人。而七夕爱情节的主体则由单向的少女群体变成了双向的情侣互动，商家此时成为节日走向的主导者。

2. **内涵扭曲**

乞巧节的创造性转换过程中或多或少地发生了文化重构，较为典型的就是七夕由农耕节日变成了单一的爱情节日。除此之外，官方、媒体也会在实际操作中损害到节日的核心内涵。例如，西河电视台在录制乞巧活动过程中，摄制组为了拍摄方便，指导乞巧姑娘如何"迎水"，这样的"指导"就难免使迎水活动原本所具有的神圣、虔诚消失殆尽了。

3. **官方仪式追求大而全，忽略了地方性**

乞巧节的丰富含义在地方得到了发展，各地乞巧节都有浓郁的地方特征。而官方在对乞巧节进行开发时，过于追求现代元素的融入与形式的新奇，这些手段多是大同小异的，如果只注重形式的创新而忽略了节日的地方色彩，则会消弭各地乞巧节的特色，使它们变得千篇一律。珠村举办的选美比赛就忽略了七姐诞的核心是"巧"，是才智而不是容貌；西河将"坐巧点"从村落搬到了广场上，极大地削弱了乞巧仪式的神圣性和神秘性。人们聚焦于演出舞台时，真实的文化场所受到冷落，这必定会导致文化意义的变迁。

## 三、建议

各地乞巧节各具风采，而各地的开发方式各有短板。鉴于此，笔者尝试对地方乞巧节的共同发展以及官方力量与民间力量的平衡提供一些浅显的建议。

## （一）地域联动

如前文所述，地方乞巧节都有其各自的亮点，如西河以"唱巧"著称，珠村以"摆巧"为重点。因此可以进行全国范围内的联动，在七夕节时选派代表去异地进行交流和比赛，不仅能够丰富各地的乞巧节的内容，提升地方手工技艺，还可以给观众呈现一幅"乞巧全景图"，让观众感受到中华文化的丰富多彩，这样也能避免大而全、流于表面的官方展演。

## （二）产业联动

非遗与文化产业有着天然的亲密度：一方面，非遗种类繁多，可以成为文化创意产业的创作灵感和素材；同时，非遗中所承载的精神内涵，能够强化文化创意产业的文化属性，是建设文化力量的有力工具。另一方面，文化创意产业可以最大限度地提高非遗对公众的影响力，推动它进入现代生活。而传统节日与其他非遗项目相比较，内涵更加丰富、形式更为多样，涉及的地域更为广阔，人群更为多样。因此，传统节日的开发势必需要依靠文化产业各门类的互动。

首先需要打造一些核心品牌。避免非遗流于商业化，就需要把握住其品牌内核。所谓的品牌内核，就是"非遗核心＋情感共鸣"。一个好的故事核心，既要承载非遗的核心理念或者核心技艺，又要能融入现代生活，最为重要的是能够与大众建立情感联系。然后将品牌变成 IP，并能联动影视、音乐、文创、游戏等产业开发周边产品。当下乞巧节的开发过于单一，没有形成良好的产业链，同时忽略了乞巧节外延的文化符号，如喜鹊、蜘蛛、七巧板、织女、穿针引线等。另外，文化产业也需要地域之间的联动，各地的文化发展水平可能有明显差距，这就需要文化产业较为发达的地区在进行开发时不要局限于本土的乞巧节文化，应该将全国的乞巧节文化都作为素材，并且应该在技术、人才等方面为落后地区提供支持。

## （三）媒体是调和官方与民间的力量

在乞巧节的开发过程中，官方与大众媒体的强势介入对乞巧节产生了不同程度的误读与扭曲。官方对传统节日的推广与传播使得更多的局内人与局外人重新认识传统节日的文化价值。此外，民间的声音也在塑造着传统节日的新形态。在这个过程中，媒体尤其是新媒体，能够起到调和作用，既能够帮助官方实现宣传效果，又能够以快速便捷的方式向民众展示传统节日的原始风貌和文化内涵。

新媒体相较于传统媒体，时效性更强，随时随地可获取，能够用不同的说话风格向不同群体传达信息。同时，民众可以在新媒体上实时评论、转发、互动，不仅能够为局内人提供交流经验的平台，也能让局外人产生切实的参与感。①

### （四）持续性开发

以传统、创意、符号为主的开发，都需要明确自己的风格定位，在发现大众喜爱的切入点时，应该持续推出系列活动及相关产品。尤其是针对以创意性为主的开发方式，产品推出应该是一个持续的过程，打造品牌记忆，并在多方面拓展产品发展方向。而对于符号化的开发方式，应该更为强调注重符号的文化内涵，使民众加深认同感，形成文化力量，这样才能使符号成为中国象征，走向世界。

## 结　语

传统节日本身内涵丰富，具有浓郁的地方特色。同时，地区的经济文化水平、城市发达程度、居民成分、消费需求等因素都会导致传统节日的创新性发展呈现不同的形态。在此过程中，我们不应该消弭地方本身的差异，反而应该抓住地方特色，将其作为品牌亮点，再基于地方条件寻找合适的开发方式。

不同的开发方式有各自的优势，也存在一些问题，可以彼此借鉴、地区联动，给观众呈现一幅"乞巧全景图"。同时，需要分析共同呈现的问题，把握发展中的平衡，避免过度扭曲传统的文化内涵，也要避免非遗主体的"失语"。对于符号化的开发方式，尤其要注意媒体所具有的调和作用，强化符号的文化内涵，使其具备"走出去"的能力。在发展过程中，

---

① 参见雷霞《民间与官方的博弈："非遗"文化中的仪式传播——基于西和乞巧节个案》，载《新闻与传播研究》2018年第6期。

定位应该明确：是要打造体现地方特色的文化品牌，还是打造能够普遍运用、效益更高的文化符号？定位精准才能采取合适的手段，而不是在大而全的形式中消弭了文化内涵，又使节日变成大同小异的纪念日。

# 粤港澳"自梳女"文化资源的当代应用

## 樊 盾*

"自梳女"是清末出现于珠江三角洲地区(以下简称"珠三角地区")的一种特色女性群体,这些女性到了适婚年龄,将自己的头发盘成已婚女性的发髻,并相伴结成"金兰会",在神前盟誓永不嫁人。她们往往要靠自己劳作来供养父母兄弟,到了晚年也不能在家中过世,一般要搬到集体的"姑婆屋"中终老。

"自梳"这一特殊的文化现象,在1949年后基本绝迹,随着最后一批自梳女的老去、逝世,"自梳"这种现象也消失于人们的视野。但事实并非如此,我们发现,目前"自梳女"作为一种文化资源正在被不同的群体以多样的方式所取用,以一种新的形态呈现于大众面前。

以往关于"自梳女"的研究中,有对"自梳"这一奇特风俗的产生原因的分析。托普莱认为,经济基础是产生"自梳"的最根本原因,珠三角地区缫丝业的发展提高了女性的劳动地位,使她们可以不依赖于丈夫而生活。另一位美国女性学者萧凤霞则认为,"自梳"还源于对华南地区原有诸如"不落夫家"等习俗的继承,应该从"更广泛的文化和历史脉络中"去把握"自梳"这一行为。徐靖捷在对西樵地区"自梳女"的访谈中提炼出"自梳"还与珠三角地区"阻头不便、跨头不详"的婚俗相关。由于"自梳女"在缫丝业衰退后大面积地选择外出务工当"妈姐",也有学者将研究视野扩展到这些到港澳、南洋当"妈姐"的"自梳女"身上。如李宁利的《清末民初珠江三角洲自梳女移民新加坡的文化调适研究》,万建中的《南洋自梳女的历史考察》。此外,还有一些其他的研究取向:香港学者叶汉明从次文化角度去理解"自梳",曹玄思对"自梳女"宗教信仰的探索,以及邵一飞、柯倩婷关于"自梳女"话语权的探讨。王亚君硕士论文《自梳女群体的当代媒介呈现》则是从传播学角度

---

\* 樊盾,男,中山大学中文系民俗学硕士研究生。

去看"自梳女"在媒体中表现的不同形象，却还没能深入地探讨如何将"自梳女"作为一种文化资源，对其有意识地运用。

## 一、对"自梳女"文化资源的运用形式

我们可以根据对"自梳女"文化利用的方式和层次的不同，将其大致上分为三类。

第一类是对"自梳女"文化的解构和重建。这一种对"自梳女"文化资源的运用，在影视剧方面比较突出。香港都市传说中有一则"七姊妹传说"，其中主人公即是七位"相约独身"的"自梳女"。传说的原型是：

相传在"二战"前香港北角一个古老村落，有七位少女自幼成为总角之交，情同姊妹，于是她们结义金兰，并立下"宁死不嫁"的誓言。后来三妹的父母决定将她许配给同乡，她却不敢违抗父母之命。七位姊妹在她出嫁前一晚相聚痛泣，为遵守"宁死不嫁"以及"虽不能同年同月同日生，但愿能同年同月同日死"的结拜誓词，她们七人一起于当地海边投海自尽。翌日，村民找不着她们的影踪，但海湾出现了七块礁石，形状就如七位少女，他们认为礁石由七姊妹所变成。这七块礁石被称之为"七姊妹石"，而当地的村落亦改名为"七姊妹村"。

这个传说中还有"七姊妹石"，不过在1934年港英政府在此区域填海造屋，"七姊妹石"也因此长埋地底。

乾隆《番禺县志》记载："女子在室，相定为契姊妹者，不得他约，有他约则共起逐之，谓之打相知。"道光《南海县志》记载："广州女子多有结金兰会，誓同日嫁一夫者，相为依赖，不肯适人。"传说的情节基本是对珠三角地区"自梳女""金兰会"等风俗的反映。

2001年，香港无线电视台播放一套由"七姊妹传说"改编而成的电视剧《七姊妹》。2019年，香港电视广播有限公司制作都市玄幻剧《十二传说》中也有对"七姊妹"传说的引用。不过，这些运用都并非对原版传说的简单描述再现，而是以其为引子，在其大体的故事架构下开发新的叙事。如在《十二传说》中，也是七姊妹在学生时代结为金兰，但是并非要相约单身，而是其中一个姊妹插足了另一个姊妹的爱情，这种背弃

"金兰会"盟约的行为引起了其他姐妹的指责。多年后,当年的姐妹再次聚首,但是芥蒂仍存,其中一个姊妹以"七姊妹"传说作为外衣,展开了一场复仇。由此可见,原本以"自梳女"相约不婚而结成"金兰会"的"七姊妹"传说在这里基本上面目全非了,并且加入了诸如三角恋爱情纠葛、同性恋、高智商犯罪的新元素,不过其还是能反映姊妹结会、相守誓言的基本内核。

这种以"自梳女"相关传说为底本进行的文化解构和重构,延续了鲁迅《故事新编》中对中国上古神话处理的艺术手法,使这个古老的风俗和传说以一种更符合现代性审美的方式呈现,让更多的受众了解这一风习。

第二类是对"自梳女"情感的深层次挖掘、再现。20世纪30年代,缫丝业萎缩,大量"自梳女"流向大城市做保姆、帮佣。胡朴安的《中华全国风俗志》记载:

> 粤俗中人之家,有所谓妈姐者,即佣妇之称,如苏沪之所谓杜姐是也。唯其性质,与别不同,每当黄昏,或夜阑人静,则常见有时装革履者,浑身黑服,头发光鲜(此等装束,粤谓之妈姐装),或三五成群,或独行踽踽,于西濠长堤十八甫一带,出没其间。此种人以一般青年寡妇居多,间或罗敷有夫,而为穷所迫者,亦有乡村少妇,既嫁而不肯归家者。

"自梳女"一般是在广州、港澳包括南洋一带务工,她们勤劳肯干、踏实忠心,很受主人家欢迎,通常在一个主人家服务多年,最长的有服务三代人。顺德"自梳女"欧阳焕燕姑太就为新加坡开国总理李光耀一家服务了40多年。在长期的相处中,这些"自梳女"早已成为了主人家庭的一分子,她们和雇主在一起生活的时间比跟自己的亲人还久,在这一过程中结成了一种不是亲情却胜似亲情的真挚感情。

另外一种对"自梳女"文化资源的运用,就是探讨"自梳女"作为"妈姐",和主人家之间的情感,并将这种情感以艺术的形式呈现。比较成功的是香港许鞍华导演的《桃姐》。主角桃姐(叶德娴饰)就是一位"自梳女",她一直在主人家服务,一手带大了第二代少爷罗杰(刘德华饰),她没有自己的家庭和孩子,一生为主人家服务,将自己的母性全部倾注于罗杰身上。由于"自梳女"这种特殊身份呈现出的职业特殊性,能引起观众的兴致,其中表现的那种朴素的"主仆情""母子情"尤能使观众感动。《桃姐》总票房接近1亿,曾一举夺得了金马奖最佳导演、最佳男主角、最佳女主角三项重量级大奖,并于第31届香港电影金像奖上包揽了最佳电影、最佳导演、最佳编剧、最佳男主角、最佳女主角五大奖项。有趣的是,此片导演许鞍华也是未婚未育,奉行独身主义,可称是新时期的"自梳女"。

另一例是香港摄影家唐景峰为在他家服务了37年的"自梳女"颜姐办的摄影展,在连州国际摄影节摘得大奖。唐景峰将颜姐的老物件与她在家族中的旧照片结合,使这些影像成为以"自梳女"为主人公的新叙事。他在谈到自己与颜姐的关系时说:"她是我在这个世界上最爱的人之一,是除了亲生奶奶和外婆之外的'第三个祖母'。"

第三类是以"自梳女"为线索开发相关旅游资源。"自梳女"作为珠三角地区一种特有的风俗,天然地带有人文旅游资源的独特性,能对异地的游客产生吸引力。据史料记载,顺德地区的"自梳女"起源最早,此地风习也最盛;更甚者,其下辖的杏坛村在抗战前8年未出嫁过1人。新中国成立之后,妇女地位提升,"自梳女"基本上不再出现。但是杏坛村留有许多与"自梳女"相关的文化资源,并在近年得到了开发。

2018年8月,顺德区均安镇举办首届"自梳女七夕文化节"。此次活动为期3天,以"游沙头古村、品妈姐味道、赏均安曲艺为主线,让大家全方位、多层次地感受本土人文及传统文化,重拾'自梳女'文化中的一些民俗。活动当天,'摆七姐''拜七姐''唱七夕'等一些传统七夕活动得以在沙头古村再现,活动现场不仅有工艺品展示,还有妈姐菜公益慈善宴会以及均安曲艺、折子戏等表演"。这一系列活动明显是以政府牵头,"文化搭台、经济唱戏"的运作模式。

"自梳女文化节"围绕的活动中心就是70年前由在新加坡务工的"自梳女"们捐资修建以备养老的姑婆屋"冰玉堂"。"冰玉堂"是珠三角地区现存比较完好的"姑婆屋"中占地面积最大的一座,现为广东省文物保护单位。按照当地风俗,"自梳女"们不能终老于娘家,否则会为其家带来不祥,所以她们在年老退休之时往往会去当地专门的"姑婆屋"中养老。1951年秋天,由"自梳女"们筹得8万港元兴建的"冰玉堂"最终落成竣工。"冰玉堂"建成后,规定凡本族旅外姊妹,回到家乡而无所依靠者均可以免费入住。20世纪70年代是"冰玉堂"最热闹的时期,入住的最高峰是1978年,有30位"自梳女"同时入住，盛极一时。

另一项文化资源则是"自梳女"所独创的"妈姐菜"。广府民间俗语有言："食在广州，厨出凤城。"顺德菜在粤菜中最为正宗，且以名厨辈出而闻名。来自珠三角地区的"自梳女"（妈姐）将粤菜风味带到南洋等地，并与当地的饮食习惯相结合，形成了一种独特的菜系——"妈姐菜"。顺德均安仓门村的欧阳焕燕姐妹到新加坡，先后在侨领陈嘉庚和总理李光耀家做"妈姐"。她俩做得一手好饭菜，使曾著畅销书《娘惹菜谱》的李母蔡认娘在家里烹技再无用武之地。"妈姐菜"的代表有荷香鱼、荷香冬瓜卷、鱼羹、鱼腐、炒水蛇丝、水蛇肉饼、榴梿炖鸡等。顺德政府打造"妈姐菜"文化新品牌，吸引更多的老饕食客来顺德"寻味"。

## 二、"自梳女"在文化认同中的纽带作用

"自梳女"从珠三角出发，足迹遍布粤港澳，又以香港为中转站"过番"下南洋，她们带去了自己家乡的本土文化，也借鉴了异乡的优秀文化，实质上成为文化交流的使者，"妈姐菜"就是此例。

"自梳女"也成为这些区域中文化的交叉点。近年来，粤港澳地区乃至新加坡等地，都有记叙或追忆与"自梳女"相关的活动。内地有《走进西樵自梳女》《顺德自梳女文化解读》《中国最后的自梳女》等，还有佛山女学生拍摄的纪录片《自梳》；香港侧重于用现代传媒手段展示"自梳女"作为女性或"母亲"角色的一种细腻温情；澳门则开发曾经是"自梳女"最终归宿的"婆仔屋"；新加坡有"自梳女"收养的养女的回忆录——思静的《我是妈姐的养女》，还有通过"自梳女"来展示那个年代华人生活的纪录片《梳起的岁月》。这些是对同一文化事项不同角度的呈现，各具特色，也共同表现出对"自梳女"的追忆和反思，突出了一种文化交流和文化认同意识。

## 三、对"自梳女"文化的发展和传承

在对"自梳女"这一民俗文化进行传承、保护的过程中，有以下几点需要注意。

首先，要明确对非物质文化遗产运用的态度。对"自梳女"文化的

现代化运用，很容易受到类似德国学者所称的"民俗主义"的批判。我们应该看到的是，"自梳"作为特定时代在特定区域的产物，随着时代的变革，其合理性已经慢慢消失，随着"最后一代自梳女"的相继离世，本真意义上，这一民俗的传承主体也不复存在了，倘或要求这一民俗保留其本来面目，那么其内蕴的生命力会与时消减，直至最终消亡。黑格尔说："我们自己的民族的过去的事物必须和我们现在的状况、生活和存在密切相关，它们才算是属于我们的。如果要把情节生疏的剧本搬上舞台表演，观众就有权利要求把它加以改编，就连最优美的作品在上演时也需要改编。"我们对这些非物质文化遗产最好的保护方法就是使其在活态中传承，即"活水养活鱼"。这就涉及两个方面的问题：一是其精神内核不变，外在形式可以与时俱进；二是这一非物质文化遗产项目必须还具有现实的功能性，或是能丰富人的精神，或是有直接的经济效益。"自梳女"文化资源就基本保留了其女性自强的内核，其外在的展现形式则可以多样化——书籍、电影、电视剧、摄影。这些作品对"自梳女"形象的呈现，对观众们了解"自梳"现象都有裨益，对拉动当地旅游、餐饮相关产业的发展也有积极影响。

其次，要借鉴其他成功的非物质文化遗产的运作经验。"它山之石，可以攻玉"，学习借鉴成功的经验能使我们在非物质文化遗产保护和传承的探索过程中少走弯路。东南亚的"娘惹"文化也是和"自梳女"一样以女性为主的群体文化。新加坡国家电视台制作精良的《小娘惹》电视剧于2008年热播，一时引发热议，不少新加坡人通过各种渠道去重新认识"娘惹"，去探寻她们祖辈的生活方式，一时间，着"娘惹"衣、学做"娘惹"菜成为潮流。新加坡还到中国、韩国、日本、美国等地举办"娘惹文化展览"，显示其强有力的文化软实力。马来西亚也紧随其后，复原马六甲历史文化区，举办"峇峇娘惹文化周"，全方位地展示包括娘惹服饰、娘惹菜、娘惹瓷器和"班顿"歌谣等在内的娘惹文化，唤起了当地土生华人的文化记忆。马来西亚华人公会的创始人陈祯禄谈到文化认同的重要性时说："失掉自己文化熏陶的华人，绝对不会变得更文明。一个人的母语，就像一个人的影子，不能够和他本身分离。"类似"自梳女"群体的还有福建"惠安女"、湖南江永"女书"非物质文化遗产文化传承群体，各地都可以借鉴新加坡、马来西亚等国对"娘惹"文化的发展经验来发展、传承。

"自梳女"是在特定历史时期产生的特殊群体，不管是对"自梳"叙事的解构与重构，还是对"自梳女"相关文化资源的经济化运用，都是在保有其原有内核的基础上，以契合时代意趣的形式再现，为其注入新的生命力。非物质文化遗产的保护与传承，不必一味地寻求"本真"，固守不变，而应将其置于时代大背景下，发挥它在文化交流中的桥梁作用和文化认同中的纽带作用。

# 东山村的人神共同体
## ——关于东山妈祖文化的深描

**曾镜明**[*]

东山村妈祖作为妈祖文化信仰的一部分,在当地村民的神化与俗化之间得到了传承,妈祖文化的原型、传承、内涵的发展,走出了地方特色的道路。妈祖往往被人为标榜为高不可攀的圣母形象,人神世界分开。而在东山村,妈祖文化介乎圣母与圣徒、神性与人性、宏观叙事与微型叙事之间,既强调神的世俗化,也强调人的神圣化,人神形成了一个命运共同体,具有自己弹性的生存机制。东山村的人神共同体,实现了对天人、血统、地域与阶层的超越,将乡村的经济建设与文化建设带向了一个新征途。在粤港澳大湾区建设的宏观主题下,如何结合本地传统文化的特色,实现共同发展?"东山文化"的微型叙事经验提供了一个不错的视角,本文探讨这个小村落人神共同体的内在机制,希望可以抛砖引玉。

## 一、东山妈祖的文化原型

这里要说的东山妈祖,是位于广东陆丰市潭西镇东山村的"祖仙姑婆",其传说的流行、庙堂的坐落、民俗活动的举行,仅在上万人口的小乡村区域范围内。"祖仙姑婆"看起来偏居一村,似乎落寞孤独,但是她作为一种女神信仰,又是粤港澳泛妈祖圈的一部分。当地人对于"祖仙姑婆"的血统与真实性深信不疑,不会把自己村的"祖仙姑婆"叫成妈祖,与妈祖区分为两种不同信仰的神。从族人迁徙路线来看,东山村的庄氏祖先从福建泉州市永春县迁移过来,此地接近莆田妈祖文化中心圈,还有最著名的、建成于南宋庆元二年(1196)的泉州妈祖宫,对于妈祖文化并不陌生。妈祖原型为福建莆田湄洲林氏人家的女儿林默,"生而神

---

[*] 曾镜明,男,中山大学中文系民俗学硕士研究生。

灵，能言人休咎"。李俊甫的《莆阳比事》还提到她海中显圣、受皇家褒封，以及死后被作为海神尊奉。这些传说随着东山祖先的迁徙被传承了下来，并与本地的文化相结合，逐渐发展为以"祖仙姑婆"为核心的东山妈祖文化。

与莆田妈祖原型一样，"祖仙姑婆"也是东山庄氏的某户普通人家的女儿，本村人都认为她具有"神骨"，特别有以伞渡河的神通，与妈祖"布席""乘席"渡海很像。强调将雨伞作为渡河工具，是因为与妈祖作为水神的形象有关系。在很多民谚中，妈祖是与风雨息息相关的，尤其是在广东海陆丰地区，台风来临之前民众都会祈求妈祖。莆田妈祖的灯俗节传统也被传播了过来，东山元宵"扯灯裙"节俗还增多了一种民俗活动，要预测家中下一个孩子是男孩还是女孩——通过看随机采取灯裙的纸条是红色还是白色，这其实也是复制了妈祖未卜先知的"巫女"原型以及"求子"的原型。有关东山妈祖显灵的情节，据说"东山进士"朝拜圣上时，因其不懂礼节而导致龙颜大怒，即将候斩，因带有东山妈祖的香火而得其显灵相救。圣上得知原委后不但不降罪，还表彰妈祖为"一品夫人"。根据《陆丰县志》，东山在清朝康熙年间的确出了一位进士庄汝扬，官居吏部观政，妈祖显灵的传说与本村族群的历史人物联系，实现了本地化。嘉庆年间《台湾县志》说到"莆田林氏族中"，有人将小孩寄托在祖庙里，祷告妈祖照料，忙完回来发现小孩不哭不饿，安然无恙。而东山也有相同说法，只是多了"小孩嘴巴沾着糕粉"的情节，使得妈祖的存在更加合理化、世俗化。随着妈祖文化传播到广东地区，在离东山村不远的大德妈祖庙的"五身妈祖"，其中排行第三的妈祖的故事情节与东山妈祖很类似，也是渡河登山后成仙。如果从情节起源来看，两者都是沿袭了元明时期《三教搜神大全》关于妈祖"仙逝"的说法，但最大的不同是妈祖自尽的情节，清朝康熙年间张学礼《使琉球记》说到"为父投海身亡，后封天妃"，大德三妈祖的投河情节明显发展于此，东山族人在时间上比较早迁出福建，反而保留了传说比较古老的面目。

## 二、东山妈祖的文化传承

东山妈祖前身为东山村的外嫁女，只是到了成亲那天逃婚了，保持着冰清玉洁的女儿身。当地方言以"姑婆"称呼没有结婚生子的女性，村民给这位女神起的名称是很讲究的，他们很看重其处女之身，巧妙地以无情的"天性"包装了这位女神。同镇的某个村落，也有一位结了婚的妈祖，深谙有情人世，东山村用"姑婆太"将之与本村"率性而为"的女神做区别，称呼上带着某种歧视的色彩。早在元明时期，基督教文化就进入了中国沿海地区，在福建泉州妈祖庙前的德济门遗址，还发掘出古基督教的莲花十字架的宗教石刻。德国汉学家蔡洁华曾指出圣母与妈祖很早就相遇的事实，东山村今天也有基督教教堂，教徒有300多人，这些对于东山妈祖形象的形成不能说没有影响，尤其是圣母玛利亚作为"童真女"的身份，与东山"姑婆"是一致的。"童真女"身份的庄氏姑婆，对入世不感兴趣，本不应该承载有情之想，却寄托着村民求子、繁衍种族的愿望。妈祖前身并不存在生子的可能性，让本族的女儿给本族人传宗接代，颇有乱伦和不明智的倾向，要超越生物和世俗的意义，将这位本村"姑婆"作为生育神，与圣母的感生神话有着一致的文化逻辑，显然也是村中男权女权对话后的一个虚构形象。不过，今天人们到祖庙"扯灯裙"，大多抱着狂欢或取乐的意思，过去刻板的求子心理已经被冲淡。

在传说叙事中，妈祖与东山庄族是血亲，村民以父权为统治的历史观给女神的信仰加上了理性的制衡。在庙堂地位的安排上，这位东山女神与妈祖的地位极不匹配，无法像其他的妈祖庙那样独享一堂。庙堂其实是庄氏的宗祠，正厅供奉着东山村的列祖列宗，祠堂的右厅才是妈祖的庙堂，显出当地"重男轻女"的文化倾向。也有民众认为妈祖出生地就在祠堂旁边的民居，所以将神位供奉于一侧。从左卑右贵的等级观念看，这位庄氏宗族的女儿尊贵于左厅供奉的"三山国王"，所以其地位介乎于神圣与世俗之间。

东山人对妈祖的态度，也是在功利与无为之间。妈祖形象的功利性寓意，是祛魅时代的进展结果。祖庙的理事会会长及相关乡贤们这些年一直在努力向政府申请保护，以庄氏宗祠为基点提出打造"东山文化"，让政府参与进来，增加乡村的政治话语权。为了配合打造"东山文化"的计划，祖庙前面的看戏场被铺设为水泥地广场，起名为"东山文化广场"，在村落路口也竖了一块大石碑，上面雕刻了"东山人民欢迎您"的字样。在节日的祭典中，歌舞团与戏班同台献技，复古服饰与西装革履同行，高科技娱乐器材与传统的鼓乐并列。

东山妈祖文化得到了官方某种程度的认可，借助于本村庄氏宗亲网络,或朋友之间的介绍,妈祖走出了东山村,遍及整个广东乃至内地。从东山祖庙的捐资名单中,可以看到不少人为异姓或来自异地。从这个村走出去到香港定居的村民有上千人,几乎家家户户都有侨胞的亲属,东山妈祖信仰也关系着粤港澳大湾区的文化认同。据 70 多岁的东山侨胞庄英豪老人介绍,在新中国成立初期,东山附近乡村很多人到香港谋生,他们大多在白葡林地区的草厂附近搭木屋居住,那里有一片牛奶公司的空地,老乡们就在一棵大松树下建了一间小瓦房,专门供奉东山的妈祖。平时东山附近十几个村落的老乡前来这间祖庙祭拜,还会选出德高望重的老人负责祖庙的管理,到了节日负责筹钱,请海陆丰当地人自己组织的戏团过来演戏。在当地,也有其他民众参与祭拜活动,甚至还有人将妈祖作为信仰供奉起来。只是本地的妈祖庙突出海神信仰,更适合于香港作为渔港的具体情况,东山妈祖没有实现香港本地化,局限于小圈子里,自然难以得到香港政府的认可。直到 20 多年前,香港用地紧张,祖庙的地被征收了,庙也被拆除了。香港的东山妈祖庙与东山村祖庙不同,前者是仿妈祖庙独立出来,将之神化。香港的都市化无疑冲淡了庄氏侨胞对集体的认同,无法使妈祖像在家乡一样,置于宗祠之侧,与庄氏祖宗一起同享香火。幸运的是,香港的东山妈祖从庙里走出后,进入了侨胞们的家中,被供奉在客厅的神龛,以人神同居的形式得到了绵延发展。

## 三、东山妈祖的文化内涵

当福建的妈祖文化传承到了东山村,并逐渐本地化,妈祖的前身成为庄氏宗族某户人家的女儿,并发展成家族神。这与其他各地的妈祖不同,东山妈祖只是作为庄氏的子孙,升仙后依然被供奉在宗祠。东山村民很自豪于其氏族鼻祖为春秋五霸的"楚庄王",并将这位历史豪杰的挂像以宣传牌的形式竖立于街头。从辈分上看,妈祖成为楚庄王的后代,崇拜妈祖与崇拜英雄如出一辙。在东山村,三国演义的故事一度流行,人人皆爱听英雄故事,在元宵节的"放虎炮"仪式开始前,戏台上一如既往地会演出《三英战吕布》。进士庄汝扬作为东山村的真实人物,一直被村中视作英雄人物,他有《祭梅陇洪水文》流传下来,据说写作背景是"三个涌,盖梅陇"的海啸,东山人对邻乡灾难的人文关怀代替了妈祖的显灵,效法圣母的美德,实现了将人神话化。

东山妈祖由夫家往娘家的方向逃婚,在三角渡过河,回到家乡的崎头山升仙,现在山顶的"仙脚桶"石窟即为妈祖升仙留下来的遗迹。诸多地方都有妈祖回娘家的文化传承,而东山妈祖"回娘家"自有其地方特色,并且还被赋予了新的内涵,不但回娘家,还长期住在了娘家,得到了娘家人的接纳和供奉。香港同胞供奉东山妈祖,有祈求平安的愿望,更多地表达了他们的思乡、思亲之情。到了开丁日或"姑婆生日",他们纷纷返回东山老家,与族人同度妈祖的节俗,比春节还要热闹。在城镇化浪潮中,东山人在外地创业成功,并没有选择在城市买商品房,而是优先回到家乡盖新楼房,支持乡村建设。姑婆回娘家,并在家乡做神,似乎是今天东山人的真实写照。

东山村地理位置偏僻,很难得到城市建设规划的支持,村民们选择回村建房,乡亲们的团结自助显得更加重要。祖庙通过血缘与信仰双重文化纽带,让大家形成一个特别的"命运共同体",据村民介绍,今天的他们,以致力于发扬东山文化为己任。2016年重新修葺祖庙时,乡亲们慷慨解囊,捐资600多万元。东山文化带动了乡容乡貌的新变化,"东山文化广场"成为村民们交流感情、休闲娱乐的好去处。

东山祖庙原名为"高仰堂",在重新修葺之后起名为"庄氏宗祠"。祠堂不再是东山人独家的文化财产,而是"以己推人",将远近的宗亲都收归于一家,大家可以实现共享经济、共同致富。因为妈祖的信仰是超越地缘的,周围的人都可以前来拜祭或参与仪式活动,显出一种亲和力。在开典或重大节日时,祖庙会邀请远近村落同姓的人参与之中。各宗亲共济一堂之时,五湖四海俨然一家人。虽然隔着血缘、地缘,东山妈祖的信仰更得人心,从而拉近了人们的心理距离,实现了一个普遍意义上的大同之家。这座有着500多年历史的祖庙以及妈祖的信俗,如一棵常青树一样,在新时代焕发出新的生命力,也带动了乡村的经济与文化建设。在粤港澳大湾区文化认同与振兴乡村的时代主题中,以妈祖为核心的东山文化为我们提供了一个值得肯定的视角和思路,值得我们进一步深入探讨。

# 粤港澳大湾区文化研究态势及知识图谱分析
## ——以733篇中国知网论文为例

王 京[*]

[摘要] 本文基于数据分析方法对1996—2020年间中国知网收录的733篇关于粤港澳大湾区文化研究的期刊论文从作者、关键词和研究主题等维度作出相应的文献计量分析，并运用CiteSpace软件进行知识图谱分析。从数据学角度对20余年相关研究的历时特征、关注热点、研究趋势和阶段性特征进行了探索研究。

[关键词] 粤港澳大湾区　地域文化　人文数据　学术知识图谱

20世纪90年代末，香港科技大学吴家玮教授提出了"深港湾区"的设想[①]，从学术理念的提出到"深化粤港澳合作　推进大湾区建设"国家战略的正式确立[②]，已经历了20余年的历史。在此期间，学界特别是粤港澳大湾区理论研究者围绕这一议题展开了跨学科、多维度的研究分析。其中相当一部分学者敏锐地捕捉到文化在这一重大历史时期中的传承、发展与嬗变特征，并逐渐从"广府文化"的研究核心延伸至民间信仰、地方文化、区域文化、文化经济、宏观文化与可持续发展等诸多研究方面，形成了以粤港澳大湾区文化为牵引的庞杂研究体系。对上述全部文献成果进行全覆盖式的分析，将最大限度地客观反映出这一领域研究的学术史。本文从人文社科大数据的观察视角入手，以传统方法与文献计量分析相结

---

[*] 王京，生于1989年，文学博士，中国科学院计算机网络信息中心大数据技术与应用部在站博士后，主要研究方向为中国传统文化、人文社科大数据、神话学。本文为中国博士后面上基金（批准号2020M680682）阶段性研究成果。

① 参见谭刚《经济特区的新使命与新探索》，载《特区实践与理论》2015年第4期，第26-32页。

② 《习近平出席〈深化粤港澳合作　推进大湾区建设框架协议〉签署仪式》，见中华人民共和国中央人民政府网（http://www.gov.cn/xinwen/2017-07/01/content_5207260.htm）。

合,对收录于中国知网的全部与粤港澳大湾区文化研究相关的论文进行基于 CiteSpace 软件的图谱构建与呈现,并通过共引分析理论和寻径网络算法等综合研究,对本研究领域的学术史发展规律、阶段研究热点和研究方向预测进行探索,完成对粤港澳大湾区文化发展建设过程中数据层面的刻画,进而为相关学术研究的创新与发展提供一种新的观察视角。

## 一、粤港澳大湾区文化研究年度变化趋势及学术影响力分析

为保证分析结果的严谨、科学与全面,本研究对收录于中国知网的期刊论文进行检索,同时考虑到"粤港澳大湾区"作为复合型名词的特殊性,故在数据检索策略上采用"粤港澳+文化"和"大湾区+文化"①的"关键词+篇名+摘要"检索路径,最终得到 733 条数据,其中北大核心期刊 133 篇,CSSCI 期刊 113 篇,CSCD 期刊 11 篇,其他来源期刊 476 篇。② 将上述全部文献的作者信息、发文机构、题名、发表时间、关键词、被引信息和摘要等相关信息以 Refworks 格式导出,为后续对粤港澳大湾区文化进行计量分析与趋势研究提供文献基础和数据来源。

根据图 1 的数据,可以发现粤港澳大湾区文化研究主题的年度文献数量增长趋势具有鲜明的变化特征,可划分为两个阶段。第一阶段是 1996—2016 年的缓慢增长期。文泓 1996 年发表于《近代史研究》的关于香港史研究现状与前景的研讨会报道是收录于中国知网的第一篇期刊论文,文章围绕内地和香港史研究现状述评、重大问题探讨及其研究前景展望等议题展开论述,与会专家学者特别强调了香港文化史研究的紧迫性与重要性,成为粤港澳区域文化研究之发端。③ 该时期,学界多依循历史宏观视角围绕粤、港、澳三者关系展开经济史、侵略史、文化史等方面的概

---

① 本研究的检索条件为 {[(主题%='粤港澳'or 题名%='粤港澳'or title=xls('粤港澳') or v_ subject=xls('粤港澳')] OR [主题%='大湾区'or 题名%='大湾区'or title=xls('大湾区') or v_ subject=xls('大湾区')]] AND [旧版主题='文化'or keyword=xls('文化') or title=xls('文化') or abstract=xls('文化')]}。
② 检索时间为 2020 年 12 月 31 日。
③ 参见文泓《香港史研究现状与前景研讨会在珠海举行》,载《近代史研究》1996 年第 2 期,第 316-317 页。

览性论述,较为全面地梳理了当时学界对粤港澳研究的一般态度与学术倾向。以中国社会科学院近代史研究所中外关系史研究室、广东省社会科学院历史研究所、上海社会科学院等机构为代表的学者们也多围绕此议题展开讨论,但"粤港澳大湾区文化"研究多为史学、经济学、政治学等研究领域之附会,并未形成特定的研究方向。第二阶段是2017—2020年的激增期。在经历了漫长的蓄力与沉淀之后,与粤港澳文化研究相关的学术论文在2018年前后实现了数量上的显著跃迁,2017—2019年环比增长率均在110%以上,实现了发文数量和研究细粒度方面的明显提升。2019年与2020年两年的发文量达450篇,占24年间总发文量的61.9%。分析形成上述趋势特点的原因,或与国家战略层面的激励密切相关。

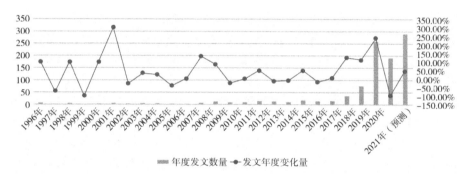

**图 1　1996—2020 年粤港澳大湾区文化研究主题的文献数量及环比增长趋势**

2016年3月,《中华人民共和国国民经济和社会发展第十三个五年规划纲要》明确提出"推动粤港澳大湾区和跨省区重大合作平台建设"① 的重要主张。自此后,《关于深化泛珠三角区域合作的指导意见》、《深化粤港澳合作　推进大湾区建设框架协议》(简称《框架协议》)、《粤港澳大湾区发展规划纲要》(简称《纲要》)等政策纲要先后出台,粤港澳大湾区在国家发展大局中的重要战略地位逐步彰显。《框架协议》特别强调了

---

① 《中华人民共和国国民经济和社会发展第十三个五年规划纲要》,见新华网(http://www.xinhuanet.com//politics/2016lh/2016-03/17/c_1118366322_14.htm)。

"建设以中华文化为主流、多元文化共存的交流合作基地"①。《纲要》中,"文化"关键词共计出现71次,充分认可了"香港、澳门与珠三角九市文化同源、人缘相亲、民俗相近"的文化基底,并在"共建人文湾区"部分详细阐明了湾区在文化交流、传统文化、文化服务、文化旅游等领域的政策导向,等等。② 上述文化政策的密集问世,为粤港澳大湾区文化理论和实践研究者提供了方向和抓手,间接刺激了研究成果数量的稳步累积和研究主题的渐次聚类。

## 二、关于粤港澳文化研究力量的结构分析

相对高产和高影响力的学者对本领域研究进程会起到显著的推动作用,通过对"关键学者"论文成果与研究方向进行研究,可在一定程度上辅助我们更好地理解本领域的学术发展史。而不同时期学者之间的合作关系与被引关系,也可客观反映出本领域研究者之间的学术关联强弱与亲疏,探寻研究力量的分布规律。

通过对1996—2020年间733篇文献进行作者维度的研究,可以得到图2的作者合作关系图谱。如图3所示,在此期间共计有909位学者进行了与粤港澳大湾区文化相关的研究工作,涉及335个节点、168条连线,网络密度(density)为0.003。上述数值反映出本领域作者合作聚合度比较低,合作网络呈现出"散点为主,小范围聚合"的特点。基于上述图谱特征,在对该时期学者力量影响力进行分析时,则需综合参考发文总量和被引量两个指标来确定"关键学者"(详见表1)。综合图2和表1的相关内容,可得出粤港澳大湾区文化研究力量的分布与发展演变存在以下三方面的规律与特征。

---

① 《〈深化粤港澳合作 推进大湾区建设框架协议〉全文》,见泛珠三角合作信息网(http://www.pprd.org.cn/fzgk/hzgh/201707/t20170704_460601.htm)。
② 《中共中央 国务院印发〈粤港澳大湾区发展规划纲要〉》,见中华人民共和国中央人民政府网(http://www.gov.cn/zhengce/2019-02/18/content_5366593.htm#1)。

**图 2　1996—2020 年间粤港澳大湾区文化研究学者的合作关系图谱**

**表 1　粤港澳大湾区文化研究领域关键学者的研究方向一览**

| 作者 | 发文数量 | 总被引量 | 发文时间段 | 研究成果关键词 |
|---|---|---|---|---|
| 范宇鹏 | 5 | 14 | 2014—2017 年 | 粤港澳文化创意产业 |
| 王世福 | 4 | 2 | 2018—2019 年 | 粤港澳大湾区文化空间、城市更新、文化兴湾 |
| 蒋明智 | 3 | 17 | 2008—2012 年 | 龙母文化、粤港澳旅游文化、粤港澳文化认同 |
| 黄晓慧 | 2 | 59 | 2016—2020 年 | CEPA 框架协议、粤澳旅游合作、文商旅融合发展 |

续表1

| 作者 | 发文数量 | 总被引量 | 发文时间段 | 研究成果关键词 |
|---|---|---|---|---|
| 许桂灵、司徒尚纪 | 2 | 57 | 2006—2009年 | 粤港澳文化地缘、文化创新与互动、区域文化 |
| 阎小培 | 2 | 34 | 2003—2004年 | 文化整合、区域经济发展、香港跨境人口流动 |
| 谢宝剑 | 2 | 29 | 2012年 | 粤港澳大湾区青年创新、粤港澳文化认同、"一国两制"背景 |
| 蔡赤萌 | 1 | 117 | 2017年 | 粤港澳合作、湾区城市群建设、对外开放、创新驱动 |
| 陈燕、林仲豪 | 1 | 44 | 2018年 | 产业协同、区位熵分析法、灰色关联度、机制创新、城市群 |
| 马忠新、伍凤兰 | 1 | 39 | 2016年 | 湾区经济、区域经济格局、文化包容度、湾区"引力"模型理论 |
| 欧小军 | 1 | 32 | 2018年 | 大学集群发展研究、世界湾区比较研究 |

一是多学科学者共同关注的热点议题。以表1"关键学者"为代表的各研究方向差异性较高，粗略统计，733篇论文关涉经济体制改革、文化、旅游、高等教育、中国政治与国际政治、宏观经济管理与可持续发展、新闻与传媒、中国语言文学等30余个学科。区别于一般人文社科类研究议题，文献数量居前三位的基金来源分别为国家社会科学基金（34篇）、广州市哲学社会科学规划课题（19篇）和国家自然科学基金（14篇），体现出自然科学和社会科学研究的交叉性与复杂性。其中，许桂灵、司徒尚纪在《粤港澳区域文化综合体形成刍议》一文中，运用文化空间演化的原理和方法，深入剖析了粤港澳区域文化形成的地缘、史缘、族缘关系及文化相互作用，进而论述了粤港澳区域文化综合体的形成轨迹

及特征。① 该论文发表于 2006 年，得到了国家自然科学基金资助项目的资助，在基金关注时序上早于其他社科类基金项目，体现了自然科学对粤港澳区域文化研究的较高敏锐度。相关文章为后世岭南文化研究、大湾区城市群和区域文化等诸多研究分支提供了基于空间演化理论方面的实践来源，使得社会科学研究与自然科学研究的界限逐步被打破，甚至实现了部分融合。

二是凸显区域空间框架下关于粤港澳大湾区文化概念的高包容度。基于粤港澳大湾区概念的提出与发展轨迹的特殊性，不同学科领域的学者、研究者更倾向于从不同视角对粤港澳大湾区的文化现象进行审视，这与区域文化研究的特性有较强的直接关联，与经济政策、政治制度的跨学科研究关系密切。正如有学者明确提出的："从文化根源、文化大传统来讲，粤港澳大湾区同属中华文化范畴，是多元一体的中华文化的重要载体，长期被以爱国主义为核心的中华民族精神所浸润、哺育。""粤港澳在地域上紧密相连，在文化精神方面多元共生，在中华文明的框架中各自竞争而又合作发展。"② 这个论断在多篇论文中都得到很好的阐释。如刘颖在《粤港澳大湾区文化交流的演进与路径研究》一文中认为："粤港澳大湾区文化是岭南文化、广府文化的现代延续和发展。尽管有共同的文化传统，但由于特定的历史际遇，各地形成了各具特色、形态各异的区域文化。粤港澳大湾区文化交流发展经历了自发交流、自觉交流、内涵提升三个阶段，在取得丰硕成果的同时，在文化的观念、行为、制度、器用四个层面展现出的文化交流仍存在改善空间。"③ 杨竞业、杨维真在《粤港澳大湾区文化融合的几个问题》一文中提出："'粤港澳大湾区文化'的融合有多重视角：'在研究方法上，要从一般性和特殊性、世界性与地域性、外生性与内生性之间的关系上把握文化融合的基本关联，从一元性、创新化、时代化、现实化、现代化上把握文化融合的现实要求；在研究内容上，要注重从文化的内在特性及其结构要素把握文化融合的阻碍因素；在发展举措上，要在思想观念、政策制度、民族情感、交往实践和产业创

---

① 参见许桂灵、司徒尚纪《粤港澳区域文化综合体形成刍议》，载《地理研究》2006 第 3 期，第 495–506 页。
② 李宗桂：《创新岭南文化凝聚粤港澳新合力》，载《南方日报》2018 年 11 月 17 日第 2 版。
③ 刘颖：《粤港澳大湾区文化交流的演进与路径研究》，载《特区实践与理论》2020 年第 6 期，第 89–93 页。

造等领域融合发展,提升粤港澳大湾区人民的安全感、获得感、幸福感、认同感。'"① 从研究论文数据中,我们可以看到在"大湾区文化"概念上普遍存在存异求同的研究方法,这也为全面促进大湾区文化建设提供了重要的学术支撑。

三是"分散式分布+小范围聚合"的学者合作研究态势。733 篇粤港澳大湾区文化研究文献中,由单一作者独立撰写完成的篇目数为 429 篇,占全部篇目的 58.53%,且如图 3 图谱所示的网络密度为 0.003,可见学者更加侧重于独立研究与小范围合作共存的研究状态。形成这种作者合作网络的主要原因,一方面源自人文社会学科研究多偏向独立研究的一贯态势,另一方面也间接反映出多研究主题的大量涌现与相对较短的研究发展时期之间的矛盾,致使领军式学者团体尚在孕育之中。其中,小范围聚合的类型主要有以下三类:第一,会议论坛的召开促进了学者跨机构平台的交流。如广东省社科联始创于 1988 年的粤港澳大湾区学术研讨会(原为粤澳关系研讨会)、广东省文联在构建粤港澳人文湾区建设背景下举办的"首届华语电影文化广东圆桌论坛"、2019 年岭南学术论坛"岭南文化与湾区建设"研讨会、由中央社会主义学院等联合主办的"CEPA 与 ECFA 框架下的两岸四地发展"学术研讨会等等,相关综述性论文实现了专家学者之间的成果缔结,也很大程度上促进了跨领域学者的后续深入合作。第二,通过基金项目实现合作力量的聚合。其中,较为有代表性的有 2013 年广东省自然科学基金"粤港澳文化创意产业价值链融合研究"项目,2016 年教育部人文社会科学重点项目"非物质文化遗产保护与粤港澳文化认同研究",2018 年广东省高校教育科研项目"'一带一路'背景下粤港澳文化国际化在英语教育本土化中实现的途径研究",广东省哲学社会科学"十二五"规划项目"粤港澳文化创意产业协调发展研究",等等,借助同基金的平台,实现了跨领域学者的创新性合作。第三,相关政策激励了一批青年学者和学生团体的合作成果。如以肖玫珊、谭育琨、赖井洋等为代表的聚合团体发表的《浅析韶关创建历史文化名城的困境与对策》等论文受到了 2019 年省级大学生创新创业训练项目的支持,以地方案例为切入点探索地方历史传统文化在粤港澳大湾区发展路径中的积极

---

① 杨竞业、杨维真:《粤港澳大湾区文化融合的几个问题》,载《广东省社会主义学院学报》2020 年第 1 期。第 33 – 38 页。

作用①，相关政策项目对青年学者的扶持与倾斜，也为后续本领域研究的持续深入提供了长续航发展周期和稳健的人才保障机制。

## 三、粤港澳大湾区文化研究演进情况及特点分析

利用知识图谱概念模型可以将一个研究领域概念化与抽象化，基本路径为从研究前沿 $\Psi(t)$ 到知识基础 $\Omega(t)$ 的时间映射 $\Phi(t)$，即 $\Phi(t)$：$\Psi(t) \rightarrow \Omega(t)$。②作为对一篇论文主题的高度凝练，关键词信息可在一定程度上反映出研究所涵盖的核心知识与主题，而通过对不同论文间的关键词频次与关联性的综合研究，便可推断明确该文献集所代表的研究领域中各主题之间的关系，据此形成共词网络，从而可以直观捕捉到该研究领域中的重点研究主题、研究热点、发展历程和结构演化。

本文通过 CiteSpace 对 733 篇粤港澳大湾区文化研究文献进行了关键词共现分析，时间区间为 1996—2020 年，选择标准（selection criteria）设定为 Top N = 50，即从每个时间切片中选择最常出现的前 50 个关键词进行分析，可以得到 50 个节点和 52 条连线，网络密度为 0.04（详见图3）。图中，节点大小表示关键词出现的频率，出现次数越多，节点越大；节点之间的连线表示关键词之间存在一定强度的关联，节点间的远近则反映出主题之间的亲疏关系。结合图 3 图谱和表 2 中的高频关键词，我们可以发现本领域研究从计量角度有如下三个特征。

---

① 参见肖玫珊、谭育琨、赖井洋等《浅析韶关创建历史文化名城的困境与对策》，载《南方论刊》2020 年第 1 期，第 88 - 91 页。

② 参见陈超美、陈悦、侯剑华等《CiteSpace Ⅱ：科学文献中新趋势与新动态的识别与可视化》，载《情报学报》2009 年第 3 期，第 401 - 421 页。

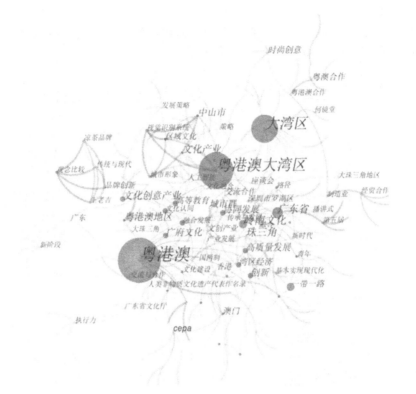

**图3　1996—2020年粤港澳大湾区文化相关研究成果关键词共现知识图谱**

表2　高频关键词及高中心性关键词列表

| 排序 | 高频关键词 | 出现频次 | 年份 | 高中心性关键词 | 中心度 | 年份 |
|---|---|---|---|---|---|---|
| 1 | 粤港澳大湾区 | 332 | 1996 | 粤港澳 | 0.59 | 1997 |
| 2 | 粤港澳 | 91 | 1997 | 粤港澳大湾区 | 0.31 | 1996 |
| 3 | 大湾区 | 88 | 2009 | 大湾区 | 0.22 | 2009 |
| 4 | 中山市 | 29 | 1996 | 岭南文化 | 0.13 | 2010 |
| 5 | 区域文化 | 26 | 1996 | 融合 | 0.12 | 2018 |
| 6 | 传统与现代 | 23 | 1996 | 广东省 | 0.11 | 1998 |
| 7 | 凉茶品牌 | 23 | 1996 | 广府文化 | 0.07 | 2017 |
| 8 | 品牌创新 | 22 | 1996 | 粤港澳地区 | 0.07 | 2001 |

续表2

| 排序 | 高频关键词 | 出现频次 | 年份 | 高中心性关键词 | 中心度 | 年份 |
|---|---|---|---|---|---|---|
| 9 | 广东省 | 21 | 1998 | 珠三角 | 0.07 | 2006 |
| 10 | 城市形象 | 20 | 1996 | 澳门 | 0.06 | 2016 |

一是"粤港澳"及相关关键词是绝对核心。分别根据高频关键词和高中心性关键词进行排序,"粤港澳大湾区""粤港澳"和"大湾区"三个关键词的频次均居前三位,且贯穿于学术史的各个时期。这在一定程度上反映出学界对该类关键词的复写与重申,有效促成了以上述关键词为核心的研究合力。但目前相对单一的核心关键词词组,也从侧面反映出强有力的次生主题仍相对匮乏,研究的口径亟待进一步拓宽。

二是高频关键词的更新速率有待加快。排名居前10位的高频关键词首次出现的年份均集中于1996—1997年,侧面反映出学者们更倾向于围绕粤港澳大湾区文化进行传统问题的探讨,新的议题虽有萌芽,但尚未形成气候。这一特点从关键词突现探测中也可得到进一步印证。通过CiteSpace软件对基于本研究的关键词频次进行节点突现探测(burst detection),基本参数不变,当 $\gamma = 1.0$ 时,可以发现自1996年至今的12个突现词中,有10个均起始于1996—1997年,时序上呈现出较为平均且前段臃肿的分布趋势,对不同时期的突现词参考意义较弱。详见表3。

表3 1996—2020年间粤港澳文化研究突现词列表

| 关键词 | 年份 | 出现强度 | 起始年份 | 结束年份 | 1996－2020年 |
|---|---|---|---|---|---|
| 城市形象 | 1996 | 6.14 | 1996 | 2016 | |
| 观念比较 | 1996 | 5.93 | 1996 | 2006 | |
| 视觉识别系统 | 1996 | 5.93 | 1996 | 2006 | |
| 王老吉 | 1996 | 5.93 | 1996 | 2006 | |
| 凉茶品牌 | 1996 | 5.67 | 1996 | 2016 | |
| 传统与现代 | 1996 | 5.67 | 1996 | 2016 | |
| 品牌创新 | 1996 | 5.36 | 1996 | 2012 | |

续表3

| 关键词 | 年份 | 出现强度 | 起始年份 | 结束年份 | 1996－2020年 |
|---|---|---|---|---|---|
| 区域文化 | 1996 | 4.48 | 1996 | 2016 | |
| 中山市 | 1996 | 3.42 | 1996 | 2014 | |
| 粤港澳 | 1996 | 13 | 2008 | 2017 | |
| 大湾区 | 1996 | 7.12 | 2017 | 2020 | |
| 粤港澳大湾区 | 1996 | 36.99 | 2018 | 2020 | |

三是区域类和地方类关键词承担了桥梁作用。根据结构洞理论，当两结节必须通过某一节点进行联系时，该节点则具有信息和控制优势。而占据结构洞的节点具有较高的中介中心性，能够获取来自多方面的异质性信息，使得该节点获得更丰富的信息资源进而成为信息和知识集散中心，从而具有信息优势。① 根据表2高中心性关键词列表，代表区域概念的"广东省""珠三角""澳门"等关键词占比较高，在本领域网络结构中起到了连接不同研究主题的重要作用。

总之，通过对粤港澳大湾区文化研究趋势多维度考察及知识图谱的分析不难看出，无论是关于该地区的传统文化研究、文化认同研究，还是新时代的文化创新研究，都呈现出较高的关注度，也不断出现新的关注点和热点。通过对这一特定区域文化研究的数据考察，对推进粤港澳大湾区文化新的繁荣将会产生积极的影响。

---

① 参见顾丽敏、段光《基于网络集中度的产业集群知识共享研究——以江苏省科技型产业集群为例》，《南京社会科学》2014年第9期，第142－148页。

# 民俗学如何挑起时代的重担?
## ——"非遗保护与文化认同"学术研讨会综述

梁娟美　曾钶锜*

〔摘要〕在国家层面和广东省层面对粤港澳大湾区建设高度重视的政策关怀下，2019年11月15日至16日，由中山大学中文系、中国非物质文化遗产研究中心、《文化遗产》编辑部等单位联合主办了粤港澳大湾区非物质文化遗产保护与文化认同研讨会。来自北京、上海、武汉、南京、浙江、广西、广东等多地的专家学者，从理论研究、戏曲演艺与竞技研究、个案研究三个方面对非物质文化遗产保护与建构族群文化认同进行了讨论，展示了非物质文化遗产保护在建构文化认同中具有的特殊功能和意义，突出了粤港澳大湾区文化建设在新时代、新形势下建构文化认同对国家命运共同体和统一和谐社会具有的特殊使命。

〔关键词〕非物质文化遗产保护　文化认同　使命　担当　述评

## 一、社会时代背景、现实价值与意义

当前国际形势风云变幻，粤港澳大湾区非物质文化遗产保护和文化认同问题研究，既是时代话题，也是学术问题。2017年3月5日，李克强总理提出了"要研究制定粤港澳大湾区发展的城市群规划"。在充分调研的基础上，习近平总书记从三个方面定位粤港澳大湾区的发展：一是国际一流湾区和世界级城市群；二是把粤港澳大湾区打造成科创中心；三是把粤港澳大湾区打造成为"一带一路"的重要支撑。2018年10月24日，

---

＊ 梁娟美，生于1981年，女，广西南宁人，中山大学中国非物质文化遗产研究中心2018级博士生、广西师范大学国际文化教育学院讲师；曾钶锜，生于1996年，女，广东清远人，中山大学中文系非物质文化遗产研究中心2018级硕士研究生。

习近平总书记在改革开放40周年之际再次来到广东考察时，提出"老城市、新活力""让城市留下记忆""让人们记住乡愁""要用绣花功夫来推动我们城市的微改造"。2019年2月18日，中共中央、国务院正式出台了《粤港澳大湾区发展规划纲要》，明确提出要把粤港澳大湾区建设成为世界一流湾区，对标国际一线城市，成为统领2022—2035年未来粤港澳大湾区的规划和方向。同年8月18日，中共中央、国务院再次出台了《支持深圳建设中国特色社会主义先行示范区》，深圳要建立中国特色社会主义的先行示范区。这是由习近平总书记亲自谋划、亲自部署、亲自推动的两个国家级战略。与此同时，广东省又颁布了《广东省推进粤港澳大湾区建设三年行动计划（2018—2020年）》，通过对100个具体项目的支撑，李希书记呼吁要举全省之力支持粤港澳大湾区的建设。从国家层面和广东省层面对粤港澳大湾区的发展和定位，密集地出台了相关规划和指导文件。人文关怀和精神文明是物质文明发展到一定阶段的时代要求和现实需求。应国家战略部署规划需求，建设国际一流湾区、世界级一流的城市群、国家一流创新中心、国际绿色湾区和国际人文湾区，文化大湾区的建设是极其关键的内容和步骤，是文化大湾区建设的理念支撑和学术支撑。

  文化认同的对立面是认同危机，主要表现为对传统文化和既有社会道德伦理规范的怀疑和批判，并被域外的思想文化取而代之。所以，寻求文化认同最直接、最有效的途径就是保护传统文化，尤其是对传统文化中的非物质文化遗产进行保护。通过粤港澳大湾区非物质文化遗产保护和文化认同的理论和个案探讨，旨在深入挖掘非物质文化遗产所蕴含的凝聚力量。它的最大意义在于强化国家认同，也就是维护国家的主权、统一、稳定和团结，这在当前具有特别重要的现实意义。①

  作为回应，2019年11月15至16日，中山大学中文系、中国非物质文化遗产研究中心、《文化遗产》编辑部等单位联合主办了粤港澳大湾区非物质文化遗产保护与文化认同研讨会。来自中山大学、华东师范大学、中国社会科学院、温州大学、华南理工大学、华中师范大学、中南民族大学、中国农业大学、南京农业大学、华南农业大学、广东外语外贸大学、

---

① 中山大学中文系系主任、长江学者彭玉平教授在"粤港澳大湾区非物质文化遗产保护与文化认同研讨会"的开幕式致辞。（2019年11月15日，中山大学中文堂105室）

澳门城市大学、香港城市大学、佛山科学技术学院、梧州学院等高校和科研机构近40名专家和学者到会,中共广州市委宣传部参与会议开幕式。

会议共举办了三场学术报告,从理论研究、戏曲演艺与竞技研究、个案研究三个方面对非物质文化遗产保护与建构族群文化认同进行了讨论,展示了非物质文化遗产保护在建构文化认同中具有的特殊功能和意义,突出了粤港澳大湾区文化建设在新时代、新形势下建构文化认同对国家命运共同体和统一和谐社会具有的特殊使命。

## 二、评骘:文化认同的本质与区域文化认同的建构、非物质文化遗产的保护与传承

非物质文化遗产凝聚的是集体记忆,镌刻、深藏在人们的骨子里和基因里,是文化的社会道德、伦理规范、价值观念等在当下的传承。对非物质文化遗产的保护,就是对传统文化的保护。传统文化或者文化,本质为何?文化认同的建构在粤港澳大湾区文化建设的功能、价值与意义又如何?在粤港澳大湾区的文化建设和人文建设中,非物质文化遗产的保护与传承,回应了粤港澳大湾区文化认同建构所需的载体,承载的是国家认同的期许,也是民俗学学科的使命。

华东师范大学田兆元在《湾区的文化认同与人物叙事》中,认为民俗学的核心任务就是研究文化及其文化认同,重点强调多元化背景下主导文化对于建构文化认同的重要性,区域文化融入国家一体文化认同的建构是多元一体认同法则存在的意义。民族的核心是认同,民俗研究既是大叙事观也是小语言故事,同时也是整个社会的话语、群体仪式和行为呈现出来的文化景观。民俗的目的是认同,叙事既是民俗的形式,同时也是内容本身。选择地域的具有认同感的"点"和人物的叙事,建构实际性的文化协调网络,认同文化主调并建立共同体意识,是区域认同抵达国家认同、天下大同的路径。区域认同是多元区域的认同,亦是包容原则的体现,追求的是和谐、认同和统一。区域文化的主格调必须是以中华文化为根基、具有深厚文化整体影响的文化内涵,才能够覆盖区域,民俗学科的使命与国家紧密相连。以长三角区域文化认同点选择和人物叙事为例,观照粤港澳三地两种制度下,主旋律和主格调的文化基调是建构文化认同的主心骨。需要重点提出的是,要警惕过度张扬区域文化认同的力度,以免

陷入分裂和割离的陷阱。以江南文化和岭南文化为例，必须将其放入国家的统一文化，同时必须有坚定的信念，区域文化是高度国家化的文化形式。紧抓主导文化，充分发挥民俗学抓手的优势，引导社会，求同存异，同心同德，共建湾区和富裕的国家与强大的文化。

温州大学黄涛在《社区认同与非物质文化遗产本真性》中，围绕非物质文化遗产保护的原则、目的、意义与社区认同建构的关系，从《保护非物质文化遗产伦理原则》（简称《伦理原则》）[1]规定对非物质文化遗产本真性的讨论展开，无论是否能继续使用"本真性"一词，都要坚持传统与变化在非物质文化遗产传承中是相偎相依、同时存在的。对于传统文化的保护与传承，应该在变化中保护，在传承中发展。民俗文化的发展是自在的、自然的，是民众根据自己的趣味、观念、习惯进行变化、创新，形成的社区认同是保持非物质文化遗产传统性的方式，社区动态变化的环境是传统性生存的土壤。因此，黄涛提出社区认同是衡量"本真性"的标准。传统文化既强调传承性又包容变异性，核心机制恒常不变，这符合《伦理原则》对于社区认同"把握非遗本真性内涵文化变异的方向与尺度的准绳"。

华中师范大学孙正国的《重塑认同：非遗保护的文化本质》围绕价值系统、认知系统形成文化符号，建构地方文化代表符号上升为国家文化符号，并建立国家非遗名录。孙正国以香港事件和移民群体的文化根基建构、地方乡土认知对个体和群体认同、身份认同为切入点，认为文化保护的本质是文化认同。地方文化实践、地方文化结构，通过地方文化代表性符号上升为国家文化符号，从而建构起整体中华民族的文化符号系统。守护中国文化最核心的本质和传统文化的本质，就是相同的精神、情怀、乡愁，并提升为国家文化符号系统和文化认同系统，重新建构文化认同，才能确保中华民族文化的延续性，也才能确保中国文化复兴的实现。

广东外语外贸大学的陈恩维回应了孙正国的观点，认为与之很有共鸣。陈恩维在《地方性知识与非遗的生态性保护》中指出，对非遗保护，

---

[1] 参见2015年联合国教科文组织（UNESCO）颁布的《保护非物质文化遗产伦理原则》。2017年12月9日至11日在中山大学举办了非物质文化遗产保护伦理问题国际研讨会，见宋俊华、孔庆夫《评骘、思辨与个案分析——"非物质文化遗产保护伦理问题国际学术研讨会"述评》，载《文化遗产》2018年第1期，第144–150页。

联合国《保护世界文化和自然遗产公约》和《中华人民共和国非物质文化遗产法》两者均强调：①遗产持有者，强调特定社区；②对所处环境及相关知识体系做了强调。因此，非遗保护"本质上是特定的地域和情境中的知识掌握者持有并实践"，核心概念是"地方性知识"。地方性知识有两种，一种是人类学视野中的地方性知识，另一种是科学实践哲学中的地方性知识。即与现代知识相对照的非现代知识，与知识掌握者密切相关，特别强调持有者，属于特定人的知识。地方性知识不仅是非遗的特性，而且也是一种认识、理解和保护非遗的视域和方法。从勒流龙舟的仪式形态、赛事组织及保护实践表明，非遗本质上是一种地方性知识，发掘和利用地方性知识，保护所处地区的文化生态，是对非遗进行生态型保护的有效方式。我们目前的保护强调了传承人的保护，但是忽略了地方的保护，地方性知识的保护，这是需要纠偏的事情。

南京农业大学季中扬的《"非遗"保护与区域文化认同的建构》认为，文化认同的问题，本质上是文化归属和文化自觉。文化认同与非遗的结合（高小康，2007），再到与粤港澳地域文化的结合（蒋明智，2008），是粤港澳文化认同研究的前沿。文化认同具有建构性且与文化资源相关，即与陈恩维所提的"地方性知识"有关联，文化认同是集体的归属感，是集体的文化记忆，以特定的文化记忆场域为基础，建构地方性场域的方言、习俗、传说、节日等非物质文化遗产，从而达到持久的文化认同。非遗保护与区域文化认同之间的耦合性和互转性体现在三个方面：一是非遗具有地方性，二是非遗和文化认同具有相通的审美性，三是非遗的符号性可轻易由非遗自身转入到地方性文化认同中。此外，非遗与区域文化认同耦合或转化的同时，又具有一定的排挤性。非遗地方性知识与区域文化认同界限的不完全重合，是排挤性产生的关键因素。还需要强调的是，建构地方性文化认同与非遗保护有互相借力，但是过度强调地域性与非遗保护会产生对全球化、现代性的过激排斥，警惕陷入民族主义、地方主义的陷阱。

华南理工大学储冬爱、何东颖的《粤籍港人的原乡记忆》从个体、族群的日常生活和未来串联起粤籍港人的原乡情怀和故土记忆，以此考察香港传统的乡村社区和族群与原乡之间的情感绵延。作者从四个方面展开探讨：一是作为"记忆之场"的异乡里的"故乡"，兼具象征与礼仪功能，是替代的故乡和社群的归宿；二是"恳亲"与"联谊"是地方社群

的集体记忆，增强了社群内部的凝聚力，更重建与强化了香港与原乡的关联；三是"怀乡"与"回乡"——个体记忆的绵延，将原乡从观念到行为的实践；四是"籍贯"引发的"港生代"的猎奇心和动力，寻求原乡和出处。粤籍港人的原乡记忆是家国一体的。血缘、地缘和业缘上的关联让"港生代"的"原乡"成为无法回避的历史、现在与未来。如何巩固、构建新的故乡认同值得分析与展望。记忆之场的空间性，异乡即故乡，怀乡与回乡，对粤港澳大湾区的文化认同是学者对时代的担当。

中国社科院王宪昭在《试论中华民族妈祖信仰中的文化认同》中论述了粤港澳大湾区与妈祖信仰的关系、妈祖信仰的状况，以及如何从妈祖信仰中找到文化认同三个问题。认为妈祖信仰是中华民族传统文化的非遗之一，同时拥有很高的文化价值和现实意义，是粤港澳大湾区标志性文化认同的载体；在中国甚至世界范围内，妈祖庙宇分布广泛，信众众多，妈祖能够成为中华民族和中国人民共同的文化记忆；传说、祭祀、诞会等民俗活动都能作为文化认同的载体和纽带，不同地区妈祖母题的实践，具有共同的相关性，它们互相影响、互相促进，构成了文化认同的重要机制，妈祖信仰所表现的"以人为本"的价值观念和与水相关的"保护神"的身份，成为维系海内外炎黄子孙的纽带和作为海上丝绸之路及河海流域的重要文化的构成，对研究妈祖信仰的文化认同具有重要意义。

中南大学向柏松在《中国民间文化艺术之乡建设的发展与规范》中提到民间文化艺术之乡存在内容的拓展与制约、地域之争、传统文化碎片化发明等问题。针对相关的问题，必须合理节制"文艺之乡"到"文化之乡"的发展；对于地域之争及碎片化文化发明，则应以传统为根基的底线原则进行整合。粤港澳大湾区非遗保护与国家战略的接轨，应避免行政区划中非遗和民间文化艺术的品牌和地域之争。

## 三、实践：戏曲、演艺和竞技的非遗保护和传承

非遗保护和传承是在动态的社区环境下和互相粘连的文化场域中，通过各种非遗项目体现出来的。非遗项目的生态语境是恒常变动的，只有在动态变化中，非遗项目才有生存的活力和动力。地域文化语境中化育的非遗各项目如何在动态变化中发展，是这一分会讨论的重点。

中山大学董上德在《从粤剧剧目发展史的遗留问题看林榆剧作的

"示范"意义》中,探讨林榆及其剧作所具有的"粤剧史意义",突显林榆剧作既与时俱进又不失粤剧"本色"的价值所在,回应粤剧"怎样发展"的问题。粤港澳大湾区粤剧申遗10周年,粤剧是湾区文化的重要内容和名片。但作为非遗的粤剧存在剧目原创性少和偏俗的问题。湾区粤剧作为非遗保护和传承的对象,需要不断推出新剧目,在改变中保护,在建设中传承,广东的粤剧界和香港的粤剧界、澳门粤剧界应该互学互鉴。

中山大学陈志勇以日本东京大学、香港文化博物馆和香港中央图书馆藏民国时期广州太安公司下辖戏班的定戏契约及相关经营文书为素材,在《民国粤剧戏班价银的约定与收取——以中国香港、日本藏粤剧戏班经营文书为中心》一文中,直现了戏班(卖戏公司)与买戏主会之间对本价戏银和附加银价(中宵银、利市银、折合银等)的议定,戏班关于度量衡标准、主会克扣拖欠戏金以及各种不确定因素对戏金收取的风险规避。围绕戏金的约定和收取,戏班与买戏主会、行会组织、信息中介人、政府权力部门甚至盗匪、军队之间相互纠缠的利益关系得以清晰呈现。通过史料了解民国时期粤剧戏班生存境遇和岭南墟镇演剧市场变迁,跨越广州、香港、省港的粤剧活动,呈现出戏曲的面貌,民国时期民俗社会以及经营人群在这个戏曲活动中所呈现的面相,丰富了戏曲的研究,也丰富了近代岭南地区的社会风俗和势力博弈的认识,是民俗学与文书学的相互切磋。

华东师范大学游红霞在《机遇与挑战:粉丝文化背景下的相声艺术——以德云社相声为例》一文中探讨了相声艺术在粉丝文化背景下的发展。粉丝文化盛行是当代普遍的社会现象和非遗保护研究的新形态。相声艺术与粉丝文化的耦合,使相声进入到新的发展阶段。通过对德云社相声案例的分析,认识到粉丝文化为相声艺术的传播提供了很好的契机,促进了传统曲艺的生产性保护。与此同时,粉丝文化也存在着一些不和谐、不安定的因素,必须从粉丝群体、艺人及其团队两方面加以正确引导,要使粉丝文化能够更好地助力非遗的传播和发展,就要思考如何使粉丝文化真正地带动传统曲艺的发展,把粉丝认同、偶像认同提升到对传统文化本身的认同上。

佛山科学技术学院姚朝文在《粤港澳共建"功夫影视重镇"的文化认同格局》一文中提出,影视文化,特别是功夫影视作为影响力巨大的文化传媒形式,具有可以跨越不同价值观的功能,利用粤剧武丑表演艺术的转化,也是对非遗文化项目的传承。广州、佛山为北部核心,香港、深

圳为东部核心，澳门、珠海为西部核心，以此构成粤港澳大湾区"三极双核心"影视生态格局。佛山是近代岭南武术之乡，广州为现代中国武术重镇，香港为当代功夫电影之都。功夫电影可以铸就岭南文化产业国际化拓展的名片。

广州的民俗学博士邵一飞在《广州地区特色餐饮业"佐餐演艺"文化传承与认同研究》中，以餐饮业中附带民俗和技艺表演达到促销的特殊营销方式，在广州特色餐饮业这个文化空间场域内探讨民俗文化与认同。广府文化的包容性与港澳文化保持同源共生，具有广泛的文化凝聚力和认同感。餐饮行业中不同餐厅和食府所附带的民俗和技艺的表演具有不同的类型，反映在不同族群选择聚拢的餐饮场地上，是民俗认同、身份认同、文化认同在饮食上的体现。

佛山科学技术学院谢中元在《粤港澳传统醒狮调查研究与数字化保护》中论及，传统醒狮作为国家级非遗名录传统舞蹈类别的表演艺术，是超越身体极限的一种竞技形式，更是融入粤港澳日常生活空间的一种民俗文化。追溯醒狮竞技的历史，梳理粤港澳大湾区醒狮竞技与地方文化特性结合的机制过程，醒狮竞技凝结了地方性文化气质，是文化认同和族群认同的载体。在数字化时代，醒狮竞技活态传承需要技术，结合目标群体，推出契合受众需求的展陈和传承方式。数字化语境下，传承人始终是非遗保护和传承的核心和主体。

香港城市大学的柳逢霖在《非物质文化遗产与流行文化语境》中，以日本对传统文化在流行文化中的成功转化为例，讨论非遗保护和传承的传统文化活化路径，以地方特色和区域经济结合，粘连作品普及流行文化的概念，与当地非遗构成有效互相拉动的体系，从而达到非遗的传统性和产业化、经济性的无缝链接。

## 四、个案研究：黄大仙、龙母、土地崇拜、回娘家、自梳女、乞巧节、妈祖的考察

如何建构粤港澳三地的文化认同，需要在个案中体现，三地所拥有的文化资源既有共性，也有差异性，从这些个案中我们可以探索出"文化认同"究竟是认同哪种文化，哪些案例可作为建构文化认同的标杆，有什么可借鉴的方法。

中山大学蒋明智在《香港黄大仙信仰的认同价值》中以黄大仙为个案探讨了粤港澳大湾区的文化融合。黄大仙信仰在发展初期追求神仙道教长生不老的旨趣,发展过程中,香港啬色园提出"普济劝善"的信条,至今不遗余力向社会提供慈善服务,使其获得了更大的认同空间。改革开放后,啬色园与内地黄大仙祠进行双向认同的联系、交流。粤港澳大湾区文化融合认同是核心,其前提和根本是中华文化重要的组成部分,即广府文化。选取黄大仙为案例能够说明粤港澳大湾区以广府文化为核心,做强黄大仙信仰,并使其成为粤港澳大湾区传统文化和非遗的标杆。非遗保护的目的是传承凝聚力的价值和信仰的核心内容,保存非遗活化造血的功能。以黄大仙为个案,以点带面,既有民俗意义,又有历史神话价值。香港和内地的黄大仙信仰在经济发展交流中进一步确认族群与文化认同,建构文化认同的核心内容,跨越制度,以根系文化作为底色,通过"寻根"热推动国家层面上的认同,形成粤港澳大湾区族群的凝聚力。

梧州学院邓玉莲在《粤桂"大龙母文化"产业的整合和开发研究》中对广东肇庆和广西梧州两地形成的"大龙母文化"做出产业整合和开发的思考,随着"粤桂经济合作试验区"协议的签订,打造龙母文化品牌,挖掘龙母文化的人文内涵,带动地方经济发展,已成为两广人的共识。两地龙母文化的传说故事、形象文化和旅游资源都具有较高的产业和开发价值,两地共有的寺庙文化、水文化和骑楼文化体现西江流域"大龙母文化"的特色。运用粤桂的地理优势和独特平台,广东、广西可以对"大龙母文化"实现更深入的开发和利用。

华南农业大学关溪莹在《从祭社到"起平安"——传统民间信仰的现代变迁与重构》中探讨了位于茂名市茂南区东南部的草园脚村的"起平安"习俗。"起平安"是由传统的祭社转变而来,其仪式内容、组织方式、参与者、仪式器物、流程等都发生了改变,这种转换是"起平安"习俗在进行现代的建构,重构以珠江三角洲独特文化生态环境为背景,以单一姓氏的汉族宗族为文化根基,以村民因生活环境剧变带来的强烈精神诉求为动力,发挥了信仰主体的主观能动性,显示出中国乡村广大民众对传统习俗的选择和变革的巨大力量。

中山大学梁娟美在《肇庆高要春社田野调查报告》中,通过对土地崇拜源流的爬梳,指出在中国传统农耕社会,土地与人的密切关系衍生出民俗文化内涵丰富的土地神崇拜习俗。土地崇拜源于土地纯物质形式的崇拜，在历史演变中逐渐发展为具有特殊意义的人格神。粤港澳大湾区的土地崇拜系统，都源于"社"文化底蕴的支撑和文化归属意识的培育，具有共通的文化符号表征系统。高要春社、澳门土地信俗和香港土地庙三地的土地崇拜形式不一，但民众心理有共通性。在城市化的流动社会，重新确认人与土地的亲近关系，形成群体对地方的归属感，确立土地神仪式系统突显出必要性。粤港澳大湾区的土地崇拜，可以跨越地域和制度，诠释粤港澳大湾区社群共通的文化心理符号，发挥土地民俗信仰的凝聚力与文化归属效应，形成秩序化的社群组织，超越血缘、地缘、业缘最大公约数地整合粤港澳大湾区社群力量，建构粤港澳大湾区整体文化。土地诞反复而周期性的发生，维系民族共同记忆和集体记忆，成为身份和边界标识的符号，形成共同信仰和文化认同，凝聚民众的力量，共同建构粤港澳大湾区命运共同体。

中山大学钟慧娴在《珠三角回娘家习俗的变迁——以东莞市石碣镇刘屋新村为例》中，她以其家乡刘屋新村的"集体回娘家"为例，探讨了从"个人回娘家"到"集体回娘家"的形式变迁中，民俗活动在现代性转换和创新性发展中面临的问题。出嫁女"集体回娘家"突破了血缘认同的单一层面，还纳入到村落认同之上，成为一种更广范围的情感互动方式，在其变迁中如何把握"回娘家"习俗的精神力量，减少形式主义和攀比心理才是避免回娘家习俗失真的关键。

中山大学李明洁在《乞巧节创新性发展过程中的地方差异》中以甘肃西河、广州珠村和河北省三个地域的乞巧节为例，探讨了官方、媒体力量加入后各地乞巧节创新性发展路径的差异，各地乞巧节经过创新性发展后地方性差异有否被消弭的问题。地区的经济文化水平、城市发达程度、居民消费需求等因素都会导致传统节日的创新性发展呈现不同状态，在此情况下，地方性更应该作为节日的亮点，寻找合适的开发方式。

中山大学樊盾在《粤港澳"自梳女"文化资源的当代应用》中关注"自梳女"文化的当代应用，包括"自梳女"叙事的结构与重建、对"自梳女"职业情感的深层挖掘和以"自梳女"为线索开发相关旅游资源，并提出在对"自梳女"文化的发展和传承中学者应该注意的问题。

中山大学曾镜明在《东山村的人神共同体——关于东山妈祖文化的深描》中从文化原型、文化传承和文化内涵三方面讲述了广东陆丰市潭西镇东山村"祖先姑婆"作为妈祖信仰的一部分，如何与东山村的文化和谐互洽，成为东山村宗族团结、经济文化发展的纽带。

非遗保护和传承是加深文化认同的有效路径和方式。与会专家和学者们认为，非遗保护和文化认同是粤港澳大湾区文化建设、文化关联和文化认同的重要学术行动，对粤港澳大湾区非遗保护与文化认同的探讨，是学术探索也是时代的使命。粤港澳大湾区的建设，除了经济建设，文化建设作为经济发展的支撑功能和作用是不可或缺的。文化建设是消除分歧、沟通人心的手段，对粤港澳大湾区一体化建设具有重要的作用和影响。在粤港澳大湾区非遗和文化产业共同发展和保护的历史条件下，特别是当前的粤港澳大湾区由于文化不认同而产生分歧的时代背景下，当下粤港澳大湾区的文化建设面临严峻的挑战。如何应对当前存在的社会问题，既是关系到国家战略的问题，也是考验文化建设的学术问题。民俗学学科的担当也是非遗保护学科的担当，把握学术的发展，紧密联系国家和社会，为建设和谐社会、繁荣统一的中国，是学术研究的使命和责任。与会专家和学者表示，此次会议表明民俗学学科在未来的国家建设、文化建设、国家战略发展过程中有着重要的作用。同时，通过粤港澳大湾区文化建设经验和智慧的参考，对长三角一体化、京津冀、渤海湾湾区三个未来国家战略发展区域的文化建设和发展，也有一定的启示和参考作用。

# 后 记

2019年11月16—17日，"非遗保护与文化认同"学术研讨会在中山大学顺利举行。中山大学中文系系主任、长江学者彭玉平教授，广州市委宣传部副部长朱小燚，广州市委宣传部外宣和新闻发布处处长龚艳华，中山大学中国非遗中心副主任陈志勇教授，中山大学粤港澳研究中心袁持平教授分别做大会致辞，对会议给予大力支持，在此表示衷心感谢！

特别要感谢各位与会代表，不辞辛劳，就会议主题撰写出丰富多彩、富有创新性、材料翔实的论文，并在大会上做了精彩的分享。本书就是这次会议研讨的成果，经过作者会后的打磨，在内容上更趋完善。他们的敬业精神令人感动！

因疫情原因，该文集一度被束之高阁。现承蒙中山大学出版社有限公司的大力支持，得以顺利出版。在此，还要感谢出版社副总编辑嵇春霞、责任编辑刘学谦、封面设计曾斌等的大力支持！没有他们的付出，成果是难以这么快与读者见面的。

这是我们以"大湾区"为中心，对"非遗保护与文化认同"研究领域的一次有益尝试。希望以此为起点，今后能逐步迈上新的台阶。

蒋明智
2020年8月16日